Matin-Asgari），以及我的母亲米娜·那拉吉（Mina Naraghi），我将此书献给她。

我为此书所做的研究，得到加利福尼亚州立大学富勒顿分校（California State University, Fullerton）、美国伊朗研究学会（American Institute of Iranian Studies）和加利福尼亚大学尔湾分校（University of California, Irvine）资助，还得到我的朋友 N. 劳斯特加尔（N. Rastegar）慷慨支持。

图拉吉·达利遥义（Touraj Daryaee）
加利福尼亚大学尔湾分校

Sasanian Persia

萨珊波斯

帝国的崛起与衰落

The Rise and Fall of an Empire

〔伊朗〕图拉吉·达利遥义（Touraj Daryaee）著　吴赟培　译

著作权合同登记号 图字：01-2018-0986
图书在版编目（CIP）数据

萨珊波斯：帝国的崛起与衰落 /（伊朗）图拉吉·达利遥义著；吴赟培译. —北京：北京大学出版社，2021.9
ISBN 978-7-301-31871-3

Ⅰ. ①萨… Ⅱ. ①图… ②吴… Ⅲ. ①萨珊王朝（224—651）–研究 Ⅳ. ① K373.31

中国版本图书馆 CIP 数据核字（2020）第 230691 号

Copyright © 2009 Touraj Daryaee
Simplified Chinese edition © 2021 Peking University Press
Published by arrangement with I.B. Tauris & Co Ltd. London
简体中文版由 I.B. Tauris & Co Ltd. London 授权出版，英文版 *Sasanian Persia: The Rise and Fall of an Empire*，由 I. B. Tauris & Co Ltd 出版。

书　　　名	萨珊波斯：帝国的崛起与衰落 SASHAN BOSI: DIGUO DE JUEQI YU SHUAILUO
著作责任者	〔伊朗〕图拉吉·达利遥义 著　吴赟培 译
责任编辑	张　晗
标准书号	ISBN 978-7-301-31871-3
出版发行	北京大学出版社
地　　　址	北京市海淀区成府路 205 号　100871
网　　　址	http://www.pup.cn　　新浪微博:@北京大学出版社
电子信箱	pkuwsz@126.com
电　　　话	邮购部 010-62752015　发行部 010-62750672 编辑部 010-62750577
印　刷　者	北京中科印刷有限公司
经　销　者	新华书店
	650 毫米 ×980 毫米　A5　11.75 印张　310 千字 2021 年 9 月第 1 版　2022 年 11 月第 2 次印刷
定　　　价	78.00 元

未经许可，不得以任何方式复制或抄袭本书之部分或全部内容。
版权所有，侵权必究
举报电话：010-62752024　电子信箱：fd@pup.pku.edu.cn
图书如有印装质量问题，请与出版部联系，电话：010-62756370

鸣 谢

本书中包含的许多内容，应归功于我的导师和老师们，汉斯-彼得·施密特（H.-P. Schmidt）、米凯尔·G. 莫若尼（M.G. Morony）、C. 拉普（C. Rapp）和 M. 贝茨（M. Bates）。我要感谢我的朋友和同事，他们和我一起讨论材料，或指引我，或为我提供撰写此书的材料。这些人包括 K. 阿布迪（K. Abdi）、西亚玛克·阿德哈米（S. Adhami）、I. 阿夫肖尔（I. Afshar）、D. 阿克巴造德（D. Akbarzadeh）、米凯尔·阿尔拉姆（M. Alram）、P. 安达米（P. Andami）、费耐生（R. N. Frye）、安德瑞·伽里波尔迪（ Gariboldi）、莉卡·居瑟伦（R. Gyselen）、K. 卡玛里-萨尔维斯尼（K. Kamali-Sarvestani）、A. 哈提比（A. Khatibi）、A. 摩萨维 Mousavi）、马赫穆德·乌米德扫劳尔（M. Omidsalar）、泽 宾（Z. Rubin）、拉希姆·肖叶冈（R. Shayegan）、S. 苏莱 Solyemani）、米凯尔·施陶斯伯格（M. Stausberg）、J. T. Walker）和唐纳德·维特寇姆（D. Whitcomb）。我还得 生和助教，凯瑟琳·马尔提内兹（Katherine Martinez） 拉尼（Haleh Emrani）、胡达道德·雷造浩尼（Khoda 和沃伦·搜厄德（Warren Soward）；也得益于以下 一直以来的支持和讨论：M. 阿马纳特（M. Amar (M. Behrooz）、H. E. 切浩毕（H.E. Chehabi）、A.

萨珊世系

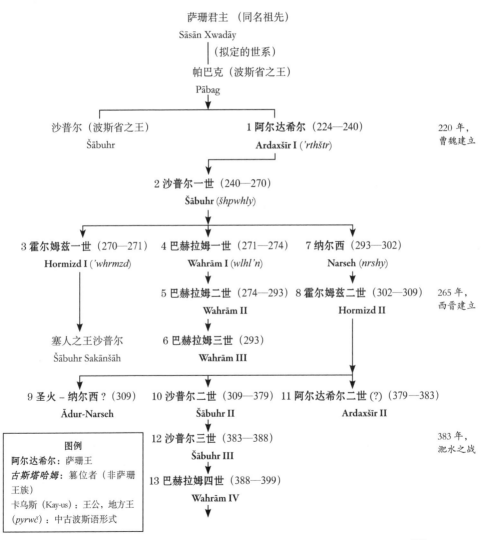

萨珊波斯　帝国的崛起与衰落

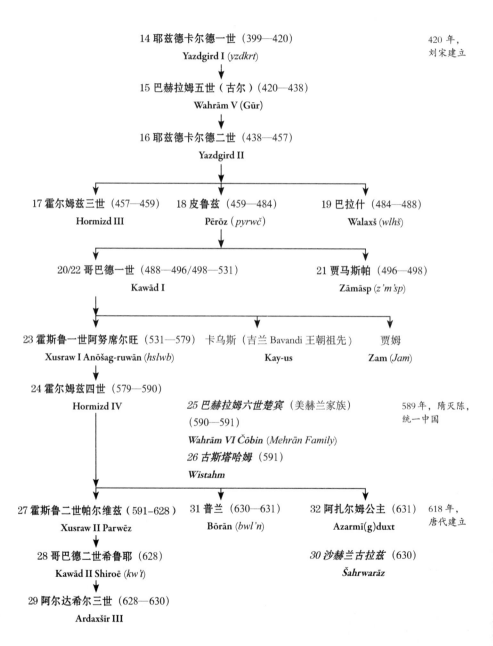

萨珊世系

沙赫里亚尔 (?) [霍斯鲁一世后裔?]
Šahriyār

33 **耶兹德卡尔德三世**（伊嗣俟）（632—651）
Yazdgird III

巴赫拉姆（阿罗憾）　　　皮鲁兹（卑路斯）
Wahrām　　　　　　　　Pērōz

　　　　　　　　　　　　纳尔西（泥涅师）（死于中国）　　　8世纪初，泥涅师
　　　　　　　　　　　　Narseh　　　　　　　　　　　　　　逝世于唐代长安

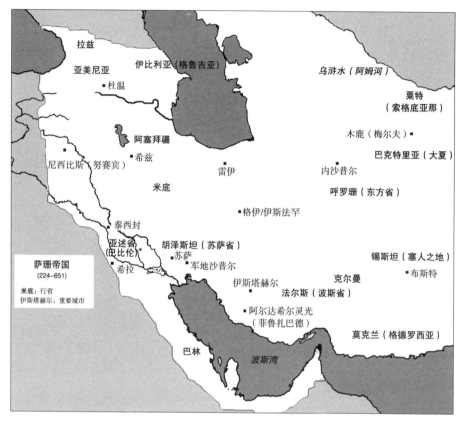

萨珊帝国（224—651）形势图

---

* 原文作 Suristan，置于亚述地区，即美索不达米亚北部。按在萨珊时期，Asurestan 即 Suristan，亚述省，指巴比伦地区，在美索不达米亚南部；亚述地区称 Adiabene/Nodšīragān。而叙利亚地区称 Suriya，伊朗未在此地设单一的行政区。——译者注

目录
CONTENTS

鸣　谢 001

萨珊世系 003

萨珊帝国（224—651）形势图 006

绪　论 I

第一章　"伊朗"与"非伊朗"的政治史 001
　　萨珊王朝之前的伊朗 001
　　阿尔达希尔一世与萨珊帝国的建立 003
　　沙普尔一世及与罗马的战争 011
　　沙普尔一世和摩尼 015
　　萨珊宫廷与官僚制度 016
　　争夺王位：巴赫拉姆们和纳尔西 017
　　3 世纪：概观 023
　　沙普尔、亚美尼亚及东西部的战争 025

i

4 世纪：概观 037

耶兹德卡尔德一世及与基督教的和平 038

巴赫拉姆·古尔，东方问题与迫害基督徒 039

5 世纪：概观 045

哥巴德、马兹达克和混乱 045

霍斯鲁一世，改革和萨珊中兴 048

东西部的战争 052

霍斯鲁二世与疆域最大时期的帝国 055

7 世纪的帝国意识形态、王权和权力 058

兄弟相弑与萨珊帝国的瓦解 059

普兰女王与萨珊合法性的衰落 061

耶兹德卡尔德三世：流浪的伊朗国王 063

注　释 066

第二章　"伊朗国"的社会 077

社会组织：游牧 vs. 定居 077

"王中之王"和万物秩序 080

"阶层"：社会等级划分 082

基于中古波斯语资料的宫廷生活和饮食 093

书　吏 099

帝国的臣民 102

穷人、贫穷者和挑起叛乱者 ………………………………… 105

　　奴　役 …………………………………………………………… 107

　　性别和性欲 ……………………………………………………… 108

　　惩罚与规训 ……………………………………………………… 115

　　注　释 …………………………………………………………… 118

第三章　帝国的诸宗教：琐罗亚斯德教徒、摩尼教徒、
**　　　　犹太人和基督徒** …………………………………………… 127

　　萨珊早期的琐罗亚斯德教 ……………………………………… 127

　　摩尼：光之先知 ………………………………………………… 132

　　克尔迪尔：被遗忘的祭司 ……………………………………… 136

　　基督教和犹太教：迫害、共存与承认 ………………………… 139

　　先于但丁：天堂、地狱和炼狱之行 …………………………… 143

　　克尔迪尔之后的琐罗亚斯德教 ………………………………… 145

　　丰真言之子圣火护与追寻正教 ………………………………… 149

　　马兹达克：异端中的异端 ……………………………………… 151

　　琐罗亚斯德教徒的标志 ………………………………………… 159

　　注　释 …………………………………………………………… 167

第四章　民众的语言和文本的遗存 ………………………………… 175

　　语　言 …………………………………………………………… 175

中古波斯语铭文 180

中古波斯语文本 186

中古波斯语的基督教和摩尼教文献 197

帕提亚语、粟特语、于阗语和巴克特里亚语及文献 198

外来影响 200

翻译技术 204

注　释 206

第五章　"伊朗国"的经济与行政 211

帝国的行政和行政人员 211

重要官员／行政人员及其职能 216

萨珊经济和农业 227

城　镇 228

地方和国际贸易 230

国内经济 237

波斯"巴扎" 239

商　人 241

货币制造 244

宗教捐赠 247

总　结 249

注　释 250

参考文献 259
译名对照表 296
索　引 337

绪 论

撰写萨珊帝国史的原动力，在于目前还没有用英语写作的书论述波斯/伊朗的这一阶段。艾赫桑·雅尔绍特尔（Ehsan Yarshater）所编的《剑桥伊朗史》（The Cambridge History of Iran）第三卷上下两册，不仅研究萨珊王朝，也论述帕提亚（安息）王朝。费耐生（Richard Nelson Frye）的两本重要著作，《波斯的遗产》（Heritage of Persia）和《古代伊朗史》（The History of Ancient Iran），论述古代波斯/伊朗史的整个阶段，而萨珊王朝仅占其中一两章。最近，约瑟夫·维泽胡费尔（Josef Wiesehöfer）令人敬仰的著作《古代波斯》（Ancient Persia），再度完整地回顾了古代波斯/伊朗史。因此，在美国、英国以及其他英语国家研究古典晚期历史的学者，如果他们要讨论萨珊的历史，就必须参阅亚瑟·克里斯滕森（Arthur Christensen）用法语写作的《萨珊人治下的伊朗》（L'Iran sous le Sassanides，1944年），或是克劳斯·施普曼（Klaus Schippmann）用德语写作的《萨珊帝国史的特征》（Grundzüge der Geschichte des sasanidischen Reiches，1990年）。这本书正是为了填补这一空白而写作的。

我当加利福尼亚大学洛杉矶分校的研究生时，曾觉得这是件怪事：萨珊是古典晚期最重要的文明之一，也是罗马帝国最强大的邻居和敌人，但为何却没有历史学家试图提供一本有用的参考书，能

I

涵盖萨珊历史呢？当然，提供一部古典晚期的波斯帝国史有若干困难。语言学上的挑战，可能是为何研究这一时期的历史学家不研究萨珊王朝的一个原因。有关这一时期的文书和资料，不仅性质各异，而且是用不同语言书写的，这使得掌握所有材料成了令人望而生畏的任务，如果不是不可能的任务的话。我们也应该指出，研究伊朗语言和考古的学者垄断了古代伊朗史，只有少数历史学家投身于这一领域。这是显而易见的，因为全世界高校中研究古波斯／伊朗的历史学家的职位十分稀少。最后，在研究古典时期的历史学家，尤其是西方历史学家眼中，只有当他们必须浮光掠影地提到希腊人和罗马人的敌人之时，古波斯／伊朗才变得重要。只消看看古代世界的地图，就能看到研究古代的历史学家们这种有欠公允且时常歪曲的观念。我相信，若要在世界史的背景下理解古代世界，就不仅必须了解地中海世界，还要有更广阔的视角，看到不同的文明如何独立发展，以及如何在与其他文明的互动中发展。古代世界的中心并非毫无例外地是在罗马，这不过是研究古典时代的历史学家所造成的观念。曾经有许多世界中心，其中一个是泰西封（Ctesiphon）①，萨珊帝国的首都，它能与罗马和君士坦丁堡相抗衡。

我在此所做的是提供萨珊文明史的基本框架，以最新的参考书目来评述其历史、社会、宗教、经济、行政、语言和文献。自克里斯滕森著作的时代以来，我们对于萨珊王朝的许多认识都有了改

---

① 即 Seleucia-Ctesiphon，Seleucia 在底格里斯河西岸，萨珊时期又在此岸新建 Weh-Ardashir（又称 New Seleucia），Ctesiphon 在东岸，与前者隔河相对，遗址在今伊拉克巴格达东南 35 公里。——译者注

变,现在正是迈出第一步,提供一部古典晚期的波斯/伊朗史的时候。这部历史不仅研究波斯/伊朗史的学者用得到,研究罗马、印度、中亚的学者也用得上。将来肯定会有更多的著作讨论这一主题和时期,但在那之前,希望这本书能够指引对古典晚期的近东史有兴趣的人,那个时期在许多教科书里,在外行和专业历史学家的历史视野中,都经常是一片空白。

当然,我们必须问:萨珊王朝为何重要?简而言之,存在于公元3世纪至7世纪的波斯帝国,在近东建立了第一个帝国规模的后希腊化文明。然后这个帝国与其他地区互相影响,在东面影响印度和中亚,在西面影响黎凡特和地中海东部。在南面对阿拉伯半岛也有影响,在北面又影响里海地区。从波斯湾到黄海,在丝绸之路上,都能感受到萨珊文化和经济的影响。它的价值和传统,如伦理二元论、世界一统的帝国构想,对世界史有深远的影响。在地区层面上,萨珊帝国是伊朗和美索不达米亚核心文明的联合,它是如此强大,以至于伊斯兰文明在登上历史舞台时别无选择,只能在许多方面都遵循萨珊范例。学者们提出,阿拔斯(Abbasid)哈里发国在许多意义上都是萨珊帝国的复兴。我也相信是这样。对伊朗历史而言,萨珊王朝是塑造波斯化社会中一些重要观念和风俗的朝代,而波斯化社会从今日的塔吉克斯坦一直延伸到伊拉克。在某种意义上,萨珊王朝使得波斯世界观和文明深刻影响了后来被马沙尔·霍奇森(Marshall G.S. Hodgson)称为波斯-伊斯兰世界的地区。伊斯兰文明在后期在多大程度上塑造了波斯化世界,萨珊王朝就在初期在多大程度上奠定了伊斯兰文明的基础。对于伊朗,伊朗这一观念本身,以及赋予这片领土的这个名字,就是萨珊的创造,这些直到今天都留存于民众的心中,留存于波斯文学的传统中。

第一章提供了公元200—700年间萨珊政治史的概览，而不是从罗马视角出发的伊朗政治史。我们很快就会清楚，我们要使不同类的资料对萨珊早期、中期、晚期派上用处。事实上，这是一个历史编纂学的问题，学者们还在努力解决这个问题：晚期书面资料对于早期萨珊历史的有效性。比如，泰伯里（Tabarī）依据一部或一系列旧资料，提供了对萨珊历史的精妙叙述，这些旧资料可以追溯到萨珊王室的编年史，"君主书"或"王书"（Xwadāy-nāmag）。对于早期萨珊历史，甚至可能对于中期萨珊历史，使用这样一种资料，其问题就在于我们手中的泰伯里著作是一部9世纪的阿拉伯语作品，是由一个穆斯林在不同的文化背景下写作的。泰伯里依据的资料大多是阿拉伯语的，这些资料又依据了两三个世纪之前写就的中古波斯语资料。这些中古波斯语资料，尤其是"君主书"，是在被称为"不朽灵魂"（anōšag-ruwān）的霍斯鲁一世（Xosrow I）时期，也就是公元6世纪定型的。由于霍斯鲁一世统治早期和之前的政治、社会问题，他肯定篡改了历史，以便为其改革正名。于是，在萨珊宫廷中，萨珊早期和中期历史被重述，以便与这位伟大君主的世界观、目标和志向相符。结果，以前的叙述被改写，以便符合公元6世纪形成的新的萨珊意识形态。

那么泰伯里的叙述对于我们研究公元3、4或甚至5世纪的萨珊帝国有多少用处？起初明显的答案会是：没多少用处。我们怎么能相信这样一种资料？但问题要复杂得多。一方面，关于3世纪，我们有来源各异的资料，如中古波斯语王室铭文、罗马资料和亚美尼亚历史传说；关于4世纪，尤其是5世纪，我们却没有什么证据和资料。我们是要对 5 世纪保持沉默,拿我们寥寥无几的所知来凑合呢,还是根据历史学家的记述进行逆向阅读?在这种情况下,物质文化,尤其是钱币、印章和封泥(黏土上的印痕),作为另一类资料,就变得十分重要。但这些资料只能给我们提供关于萨珊文明某些方面的特定信息。于是,我们必须回到泰伯里,通过对照现存的另一类资料(罗马、亚美尼亚和叙利亚记载,萨珊铭文、钱币,考古报告,甚至后来的波斯语资料),更好地使用泰伯里的重要文本。这就是为何我们不能通篇使用泰伯里的文本以及与之类似的资料,但这些资料对于政治史的后半章显得尤为重要。我们可以说其他阿拉伯语和波斯语史料也是如此,它们对于 5 世纪以后的伊朗十分重要。

同样,中古波斯语铭文为我们描述了萨珊和伊朗的习俗、价值和观念,尽管铭文出自王室世界观,但对于了解 3 世纪和 4 世纪的一部分是必要的。然后在 5 世纪,钱币学以及亚美尼亚、罗马和叙利亚资料突然获得了重要性。但是,这些资料又有另一种问题。在 4 世纪以前,亚美尼亚人和伊朗人在文化和宗教上都十分相似,现在亚美尼亚人突然改宗基督教,于是信仰琐罗亚斯德教[①]的亚美尼亚人和伊朗人,与新近改宗基督教者之间的争斗,贯穿于古典晚期历史的大部分时间。此后,亚美尼亚历史编纂传统在很大程度上染上了基督教世界观的色彩,于是此前的任何事物都被认为是异教。与萨珊人和琐罗亚斯德教徒密谋的亚美尼亚人或亚美尼亚贵族,自然被认为是恶的,而为了基督而与琐罗亚斯德教"祭司"(*magi*)作

---

① 在汉语学界通常以"琐罗亚斯德教"泛指这一宗教,而以"祆教"特指由粟特人流传东方的一支,译文中两词区别使用。——译者注

战的人则是善的。于是，大多数萨珊国王和大臣或琐罗亚斯德教"祭司"被视为嚣张的异教徒，是来摧毁亚美尼亚人的宗教和生存之道的，这就不足为怪了。但亚美尼亚文本还是暴露了3世纪及以后的实际情况（又一次逆向阅读），展现了亚美尼亚-伊朗世界观、该地区琐罗亚斯德教的重要性、存在于两个国家中的重要机构和职官。亚美尼亚资料也给了我们另一个视角来看待伊朗-罗马斗争、美索不达米亚和高加索的动态，以及这些事件对该地区的影响。叙利亚资料的情况也很相似，不同之处是由于不存在叙利亚民族或国家，因此是宗教和语言留下了印记。从这些叙利亚资料中，我们可以提取对萨珊帝国政治、社会和宗教史的评论，尽管这些评论是从基督教视角出发的。在其中一些资料中，国王是善的，"祭司"是恶的，琐罗亚斯德教徒改宗为基督徒，虔诚的处女为了信仰而殉教。如果我们能越过这些传统主题，就能找到关于古典晚期伊朗生活的细节。

用希腊和拉丁两种语言写作的罗马资料也很重要，但总体上带有敌意。在3世纪，罗马与伊朗的争斗是政治性的。来自罗马的罗马人最终到了美索不达米亚（从一大洲到另一大洲），却惊觉"波斯或伊朗威胁"，如今我们在远隔半个地球的美帝国身上也能看到这种情况。这些资料认为伊朗人应该屈服，放弃他们自己的主权，将他们自己地区内的事务交给另一个"帝国"，因为强权即正义！从公元4世纪中叶开始，随着罗马帝国倾向基督教，事情就愈加复杂，某些资料的敌意也愈加强烈。4世纪的资料，比如阿米安·马塞林（Ammianus Marcellinus），关于萨珊人他了解甚多，却仍然沿用其他资料中对波斯人的刻板印象。但阿米安生活在那个时代，能够看见波斯人行动，知晓其习惯和战争能力。他对萨珊军队的评述可能是最可信的。随着基督教的到来,两大帝国之间就出现了政治和宗教上的双重紧张局面。比如,阿伽提亚斯(Agathias)是6世纪的重要历史学家。他设法前往泰西封,并通过朋友接触到了萨珊王室档案。但阿伽提亚斯对伊朗人和萨珊帝国是完全敌对的,他基本没说过他们什么好话。这就好像我们在读普罗科比(Procopius)的《秘史》(Secret History),但题目改了,成了阿伽提亚斯的《秘史》,不是论述查士丁尼(Justinian)和狄奥多拉(Theodora),而是论述阿尔达希尔一世(Ardaxšīr I)、霍斯鲁一世(Xosrow I)及其先祖和习俗。但这些资料仍然具有重要价值,如果将通常的传统主题、反波斯的偏见、自吹自擂和优越感扫到一旁,那么我们就能获得有关萨珊人及其与罗马人关系的一些详情。这些是研究萨珊帝国的政治史和文本史时会遭遇的一些问题。

第二章有关萨珊社会,这是另一个难以对付的主题。其原因是我们的资料通常是晚期的,又倾向于对过去进行反思。另一个问题是如何建构或者想象萨珊时期的波斯/伊朗社会?我先给出标准的社会阶层结构划分,这是萨珊王族自己希望它呈现的样子。也就是说,我让萨珊中古波斯语文本自己告诉我们社会是什么样的。一旦呈现了这种理想的观念后,继之而来的是更困难的任务:解构它,提供一幅更接近社会真实的图景。因为文本和历史需要讨论两性,因此我专辟一节讨论女性。我们必须记住,文本是以男性为中心的,是宗教性的,给出的是男性对女性的理想观念。这当然不是事实,我们必须另辟蹊径,用其他资料挑战这种系统。穷人和受压迫者也没有碌碌无为,他们愤起抗议,又被镇压。我们必须记住,对于萨珊王族,和对于多数帝国一样,秩序是最重要的,因为在他们心目中,秩序能给一切带来繁荣。

第三章概述萨珊帝国的诸宗教。我特意使用了复数，因为我们习惯于认为古代伊朗仅仅信仰琐罗亚斯德教。诚然，伊朗精神和世界观的基础是琐罗亚斯德教塑造的，但其他宗教也是存在的，而且影响了萨珊政策和宗教观念。萨珊王族必然是祭拜马兹达（Mazda）的人，他们创造了一种琐罗亚斯德教观念，这种观念将成为琐罗亚斯德教传统的基础，一直到最近的时代。但其他人，诸如犹太波斯人，也是这个社会的一部分，他们受到承认，而且通常受到王中之王的尊敬。流散宗主（Reš galuta），即遭流放的犹太社群的领袖，他代表教团与政府进行互动。犹太人参政，拥有土地和奴隶，和国王的非犹太教伊朗臣民一样。犹太领袖通过联姻与琐罗亚斯德教贵族和国王结盟，于是创造了萨珊伊朗的犹太波斯王。当然，这取决于从哪个教团的角度来看待这样一种联盟，是从犹太人还是从琐罗亚斯德教团的角度出发。这又是如何影响基督教团的？这是个难以回答的问题，但到公元 5 世纪，波斯基督教会成立了，而牧首（Catholicos）也驻于泰西封。和犹太人不同，改信基督教的人会遇到更多困境，他们和琐罗亚斯德教"祭司"（magi）有矛盾，和政府有矛盾，和试图维持帝国和平秩序的国王有矛盾。社会和宗教冲突对帝国的安定祥和不利。但是到 5 世纪，无论国王希望与否，基督教显然已经成为一种重要并且不断壮大的宗教，因此国王决定将它纳入萨珊伊朗的宗教世界中去。通过创建在王中之王掌控下的波斯景教教会，不断增长的基督徒也归于帝国掌控。这也削弱了基督教罗马的宣传，这种宣传引起了萨珊帝国的宗教纷争和紧张局势。在那之后，罗马皇帝就不是"已居世界"（oikoumene）中基督徒的唯一领袖了，基督徒有两个领袖，第二个是泰西封的王中之王。

摩尼教是另一种重要的宗教传统，它有类似的普世倾向，和所有的普世宗教一样，在最初的成功后遭遇了困境。我相信，摩尼的宗教和诺斯替（Gnostic）传统，在伊朗传统的历史中具有重要意义。它以某种方式影响了伊朗，甚至直到伊斯兰时期，我们仍在试图探明这些方式。但今日这里没有摩尼教徒来推行他们的事业了。摩尼教于14世纪在中亚消亡。但摩尼教徒曾经生活在萨珊帝国的内部和周边，并影响了帝国的宗教传统。

我们的资料是什么？对于琐罗亚斯德教，萨珊时期最重要的传统，我们有幸拥有3世纪琐罗亚斯德教祭司克尔迪尔（Kerdīr）的铭文，他在公元3世纪推行一种"正教"。琐罗亚斯德教中古波斯语文本，主要来自萨珊晚期和伊斯兰早期，是我们最重要的资料，还有非琐罗亚斯德教文本对萨珊琐罗亚斯德教的评述。有趣的是，印章和封泥也提供了琐罗亚斯德教和其他宗教传统的证据。宗教器具上描绘的全都是服饰、姿势、标语、信念、浮雕和专名学问题。其他器具，诸如魔咒碗和护身符，则向我们提供了萨珊帝国中的另一幅宗教图景，它们展现了萨珊帝国中的大众宗教传统，在这种传统中各宗教少有孤立而多有交融。

第四章讨论萨珊帝国的文本和语言。我希望读者能理解，萨珊社会是一个帝国，和今日的伊朗社会一样，有多种说不同语言的族群，其中一些有亲缘关系，他们给我们留下了各种各样的文字记载。这一章可能读起来像是语言和文本的菜单，但即便如此，我们仍然缺少一份完整的菜单；这也可能是因为我缺乏文学理论的训练。但我试图做到比现存的中古波斯语菜单更有想象力，更去追根问底。

第五章讨论遭到严重忽视的萨珊帝国经济史。当古代世界的历史学家讨论"古代"经济时,他们只想到希腊和罗马,同样多数历史系都略去了古代波斯/伊朗史,而古代伊朗史则被置于近东语言文化或文明系。在北美的学术背景下,这是一个心照不宣的声明,即除了希腊人和罗马人以外,其他人都没有历史,伊朗人/波斯人只是另一支"没有历史的人",但他们的确拥有语言和文化(希腊人和罗马人的语言和文化显然是放在"古典"系)。关于萨珊经济史,我们有充足的资料,但它们不是文本性的,而更多是物质性的。钱币、印章、考古发掘,配合性质各异的文本资料,包括外来的和伊朗语的资料,可以为我们提供伊朗经济的情况。最近发现的来自伊朗高原中心的中古波斯语文书和来自东伊朗世界的巴克特里亚语文书,将为我们提供该时期经济史的新视野。巴克特里亚语文书已由尼古拉斯·辛姆斯-威廉姆斯(N. Sims-Williams)发表。而中古波斯语羊皮卷仍有待翻译,学者尚无法利用。但在萨珊帝国内部和外部发现的窖藏(罐中发现的钱币)告诉了我们萨珊货币的流通情况,以及萨珊钱币在亚洲国际经济中的重要地位。

然而,这本书对于萨珊历史和文明而言,仍然只是绪论,和本章节一样;而我意图在不久的将来,再处理我在本书中讨论的方方面面的问题。萨珊帝国的研究是如此受到忽视,乃至于我相信论述这一文明任何方面的任何作品都是有益的。如果有人要批评这种观点,那我就用沙普尔一世在朝觐者之城(Hajjiabad)铭文[①]中的声

---

① Hajjiabad 在伊朗法尔斯省波斯波利斯以北数公里,沙普尔一世的中古波斯语和帕提亚语双语铭文在 Hajjiabad 对面洞窟中,该地称为 Šayk 'Ali 或 Tang-e Šāh Sarvān。——译者注

明作类比，该铭文论说他自己和他人的箭术："谁若是臂力强劲，就把脚放在这道石头缝中，向那一石堆射箭。然后谁能射至那石堆，他就确是臂力强劲。"

图拉吉·达利遥义（Touraj Daryaee）
加利福尼亚大学尔湾分校

第一章　"伊朗"与"非伊朗"的政治史[1]

萨珊王朝之前的伊朗

阿契美尼德帝国使波斯人成为公元前 6 至前 4 世纪已知世界中的主导力量。我们通常会忽视这个事实，因为我们西方人迷恋古典时代的希腊和环绕着它的群岛。波斯的主导性，在某种意义上，意味着埃及、美索不达米亚和印度三个大河文明的联合。这种交融汇集了多种宗教、技术和政治观念，并将世界带入它在波斯统治下存在的新阶段。比如，崇拜埃兰（Elamite）主神宏般（Humban）的人，会得知琐罗亚斯德教主神阿胡拉马兹达，而阿胡拉马兹达的信徒则会得知位于美索不达米亚众神之首的马尔杜克（Marduk）。希伯来人是坚守道德的一神论者，接触到琐罗亚斯德教徒，就开启了一个硕果累累的交融时期，这个时期在方方面面的信仰上都留下了其印记。这种交融无疑发生在世界罕见的宽容氛围下，后继的希腊马其顿军队和以希腊化时代而知名的时期将以此为鉴。

公元前 4 世纪，亚历山大征服了波斯帝国的省督辖区。即使是这样的希腊马其顿大业，人们也可以不把亚历山大看成外国征服者，而是视为这样一个人：他试图通过自称是波斯王位的正统继承人，而为其征服正名。征服带他进入波斯腹地，他开始采用波斯风俗，参加"祭司"（magi）的仪式，娶波斯公主，象征性地延续阿契美尼德王室的血统。根据历史学家皮埃尔·布里安（P. Briant）的看法，对于波斯而言，亚历山大只是最后一任阿契美尼德统治者。现在，希腊－马其顿人成了早已存在的世界秩序的一部分，他们成了它的新主人。

亚历山大没有活着看见他征服的成果，就死在了巴比伦，留下他的将军们为战利品而争吵不休。其中一个将军塞琉古（Seleucus，公元前312—前281年在位）在波斯建立了塞琉古王朝。这一王朝只是名义上控制了伊朗高原，到公元前250年，已经出现衰落和分裂的迹象。在这一时期，伊朗高原上建立了希腊马其顿殖民地，但很快这些征服者就被纳入了伊朗文明，只有一些人还在驻地坚守。我们不确定当地民众对这些政治事件有什么反应，但如果琐罗亚斯德教文献有些许参考价值的话，那么亚历山大及其成分混杂的征服者们被视为是邪恶的，来自暴怒魔鬼一族①，杀害"祭司"（magi），毁灭祭拜马兹达者的宗教。只有在这些文献中，亚历山大才堕入黑暗腐臭之地，琐罗亚斯德教徒认为是至恶之居的地方，亦即地狱。

到公元前238年，安息人入侵东伊朗高原②，建立了注重波斯和希腊马其顿双重遗产的新王朝。安息人逐渐越来越倾重于波斯文明，并且采用了古波斯统治者的理念和理想。我们对于波斯人

---

① 原文为 seed，即中古波斯语 tohmag，意为"种子；家族，世系"，此处当取后一义。——译者注

② 安息早期历史十分模糊。现在学界一般分为两派，一派认为安息人是阿帕尔纳塞人游牧部落，征服帕提亚后称王，该说法以 Wolsky 为代表，本书作者也属此派；另一派认为安息人是定居的帕提亚人，并无入侵之说，该说法以 De Jong 为代表。另及，通常认为安息纪元始于公元前247年。——译者注

的腹地波斯省/法尔斯（Persis/Fars）① 所知甚少，但基于贫乏的证据，可以说它是半自治的，并且保留了许多古老的传统。地方统治者"至先者"（*fratarakā*）[2] 统治这个区域，他们的钱币显示了他们对过往的尊重。他们受到其他以自己名义铸造钱币的地方统治者效仿，并渐以波斯省之王而闻名。到公元3世纪初，由于未知的原因，有一个地方性的波斯家族，以"萨珊"（*Sasan*）而闻名，他们努力扩大其势力范围，使之远超其所在的伊斯塔赫尔（Istakhr）② 城。此后，一个名叫阿尔达希尔（Ardashir，让我们想起阿契美尼德大帝之名 Artaxerxes，"阿尔塔薛西斯"，以及更晚近的波斯省之王 Ardashir/Ardaxšahr，"阿尔达希尔/阿尔达沙赫尔"③）的波斯省骄子，再次改变了历史的进程。

阿尔达希尔一世与萨珊帝国的建立

阿尔达希尔一世（Ardashir I）于公元224年，在霍尔姆兹甘④（Hormozgan）平原击败阿尔达旺（阿尔达班四世，Ardawan/Artabanus IV），建立萨珊帝国[3]。自此，阿尔达希尔采用"王中之王"（*šāhān šāh*）的称号，并开始征服将被称为"伊朗国"（Iranshahr/

---

① Fars 是伊斯兰化以后的名称；下文 Persis 一律译作"波斯省"，虽称为省，但在某些时期它是方国，有半自治的王。——译者注
② 中古波斯语 Staxr。位于 Polvār 河谷南口，在 Raḥmat 山（古称 Mihr 山）北麓和鲁斯塔姆岩雕之间，位于波斯波利斯（在其南边 5 公里）至伊斯法罕的要道上。是安息时期波斯省之王的治所，萨珊时期波斯省六府之一。——译者注
③ 意为真实/正义统治。——译者注
④ 此地名所在地点尚不明确。据《巴拉米史》，战争发生在 Koš-Hormoz，即 Rām-Hormoz，在 Arrajān 和 Ahvāz 交界处，今 Ahvāz 以东 100 公里。——译者注

Ērānšahr）的领土。但在安息末代君王和萨珊开国之君之间这决定性的一战之前，内外均是多事之秋，这才使得新王朝能够上台掌权。在西方，罗马帝国正在经历其最糟的世纪之一，这是一段不安的时期，未来看起来无法确定。效忠于军团长的罗马军队给帝国带来了混乱，"军营皇帝"一个接一个，一些皇帝只统治了极短的时间。在卡拉卡拉（Caracalla）统治期间，帝国被宗教狂热分子统治，内战不断。公元217年，阿尔达旺四世亲自在尼西比斯（Nisibis）[①] 附近与卡拉卡拉和罗马人交战。公元218年的停战协定带来了金钱赔偿，并使美索不达米亚大部分留在安息人手中。接下来两任罗马皇帝，埃拉伽巴路斯（Elagabalus，公元218—222年）和亚历山大·塞维鲁（Alexander Severus，公元222—235年）必须面对他们自己的内部问题，这使他们无法以安息王朝和之后的萨珊王朝为其头等要务。

在阿尔达旺击退罗马人之时，他在内受到巴拉什（沃洛吉斯六世，Balash/Vologases VI）的竞争，巴拉什直到公元221—222年都在以自己的名义铸造钱币，这说明了一个事实，在安息帝国中，还没有实现王中之王的集权[4]。因此，一个地方武士及其在波斯省的家族，能够在短时间内崛起并开始征服周边领土，这看来并不令人惊讶。阿尔达旺有更大的问题，无法将其注意力转向波斯省中的小新贵。

萨珊王族控制波斯省的征战始于公元205—206年，当时阿尔达希尔一世（Ardashir I）的父亲帕巴克（Pabag）[5] 废黜了伊斯塔赫

---

① 今土耳其Mardin省Nusaybin。罗马时期，尼西比斯是罗马控制的美索不达米亚的主要边防堡垒，也是基督教中心之一。——译者注

尔（Istakhr）的地方统治者，被废的统治者来自巴兹兰齐（Bazrangid）家族，名叫古兹赫尔（Gozihr）。根据资料，帕巴克是伊斯塔赫尔城阿娜希塔（Anahid）圣火祠的祭司，而这里必然是召集崇拜此神的当地波斯武士的舞台[6]。阿娜希塔十分重要，因为她在琐罗亚斯德教圣典"阿维斯陀"（*Avesta*，见第五颂 *Aban Yasht*，《水颂》）中，是英雄、武士和国王信仰的对象。在阿契美尼德时期，公元前5世纪初，阿尔塔薛西斯二世（Artaxerxes II）也崇拜阿娜希塔（Anahid/Anahita）、密希拉（Mihr/Mithra）和阿胡拉马兹达（Ohrmazd/Ahura Mazda）。因此，对她的崇拜在波斯省必然历史悠久，而圣火祠可能是用于保存波斯传统的地方。阿娜希塔的战神特性是古代近东（Ishtar，"伊什妲"）、希腊（Athena/Anaitis，"雅典娜/阿娜伊提斯"）和伊朗传统的融合，这在萨珊时期给王权提供了合法性[7]。

帕巴克曾经意欲立其长子沙普尔（Shabuhr）为继承人，因为我们有钱币是表现沙普尔及其父亲二人的。但沙普尔却神秘地死亡了。在这些钱币上，正面有铭文"圣帝沙普尔王"（*bgy šhpwhly MLK'*），背面是"圣帝帕巴克王之子"（*BRH bgy p'pky MLK'*）[8]。阿尔达希尔及其追随者看起来是凶手，他们从这一"意外死亡"中得益最多，但这无法确切地证实。如果在波斯波利斯的涂画是帕巴克及其子沙普尔的准确肖像，那么就可以作数种假定。第一，萨珊王族正在成为或已经成为波斯省中拥有世俗和宗教双重权力的家族。第二，火崇拜，这是与琐罗亚斯德教紧密关联的观念，在阿尔达希尔上台之前仍然保持着[9]。第三，帕巴克和沙普尔的涂画临近阿契美尼德建筑，说明这些遗迹对萨珊王族十分重要。我们可以假定在沙普尔死后，阿尔达希尔成为下一个继承人，并开始征服波斯省及外部。到此时，阿尔达旺四世警觉起来，但无论是他派遣的兵力,还是他直接指挥的军队,都无法击败阿尔达希尔。巴拉什(Walakhsh/Balash)是阿尔达旺四世的帕提亚王位竞争者,比帕提亚国王活得更长,但在公元229年,他成了阿尔达希尔的下一个牺牲品。到此时,大部分伊朗高原[10]和波斯湾的阿拉伯[11]一侧,已纳入帝国版图[12]。

在阿尔达希尔入侵亚美尼亚[13]、叙利亚和卡帕多西亚时,他与罗马及亚历山大·塞维鲁皇帝发生了冲突[14]。亚历山大·塞维鲁在致阿尔达希尔的信中挑明,阿尔达希尔入侵罗马帝国,是不会像他征服其他邻邦那样成功的[15]。塞维鲁在世时,阿尔达希尔与罗马人谁也不能击败谁(公元231—233的战争)[16]。但是,公元235年塞维鲁一死,美索不达米亚、杜拉(Dura)①、卡莱(Carrhae)②、尼西比斯(Nisibis),最终哈特拉(Hatra)③都遭到萨珊人入侵[17]。此后,阿尔达希尔退位,在波斯省度过人生中的最后岁月,同时他的儿子沙普尔一世参加了公元240年的远征,继续推行征服政策,扩大帝国版图。有人可能会问:为何阿尔达希尔要远征罗马人?这可能是因为罗马与帕提亚两个帝国的稳定国

---

① Dura,即Dura-Europos,在幼发拉底河右岸,安条克城和塞琉古城之间,公元前303年塞琉古一世的将军Nicanor建城,公元256年沙普尔一世将其毁灭,遗址在今叙利亚Salhiye村附近。——译者注

② 在今土耳其Şanlıurfa省Harran,位于Urfa(古代Edessa)东南40公里。罗马时期,该城位于奥斯若恩境内,与波斯毗邻。——译者注

③ Hatra,遗址在今伊拉克北部,幼发拉底和底格里斯河间地区北部沙漠中,Wadi Tartar以西3公里。安息时期,哈特拉是向波斯称臣的一个独立小王国,位于罗马-波斯边界上,在东方通往叙利亚和安纳托利亚的贸易路线上,于2世纪时达到繁荣顶峰。萨珊早期,哈特拉臣属于罗马,阿尔达希尔率军多次围攻,最终在240/241年,哈特拉陷落,并从此废弃。——译者注

界，以前是在奥斯若恩（Osrhoene）①、哈特拉和亚美尼亚，但塞维鲁征服了奥斯若恩，这就置安息王朝和后来的萨珊王朝于危险之中[18]。

我们应该多谈谈阿尔达希尔，因为他在萨珊观念和帝国意识形态的发展中是十分重要的人物。他统治时期留下的物质遗存尤为丰富，向我们展示了他的世界观。为了纪念胜利，他敕令在胜利城（Fīrūzābād）②（图 1）、拉贾布岩雕（Naqsh-i Rajab）③、鲁斯塔姆岩雕（Naqsh-i Rustam）④ 造石刻。在鲁斯塔姆岩雕，他被表现为骑马立于阿尔达旺的尸体上。阿胡拉马兹达面对着他，也骑马立于邪灵阿赫里曼（Ahreman）的尸体上，将君权的象征物递给阿尔达希尔一世[19]。这一浮雕显示，阿尔达希尔相信或希望他人相信，他是神授命来统治这片铭文称之为"伊朗人／雅利安人之国"

---

① 以埃德萨（Edessa，今土耳其 Urfa）为首府的行政区，在塞琉古时期是其行省之一，安息时期是独立的阿拉伯小王国，至公元 249 年最终成为罗马的一个行省。——译者注

② 在今伊朗法尔斯省设拉子以南 110 公里。Fīrūzābād 是 10 世纪之后的名称，萨珊时期称为阿尔达希尔灵光（Ardašīr-Xwarrah），伊斯兰早期称为 Gōr/Jūr。古城遗址在现代城市以西 3 公里，呈一个直径 1950 米的正圆形，最初由阿尔达希尔所建。该城位于宽 10 多公里的 Fīrūzābād 平原，平原以北是 Tang-āb 河谷，河湾东岸山顶有阿尔达希尔最初的宫殿堡垒，今称"女儿堡"（Qalʿa-ye Doḵtar），在其南边的西岸泉畔有其后建的宫殿，今称"圣火祠"（Ātaškada）。河谷石壁上有两幅阿尔达希尔的岩雕。——译者注

③ 在伊朗法尔斯省 Rahmat 山北麓，临近伊斯塔赫尔，在波斯波利斯以北 3 公里。有四幅萨珊岩雕，其中一幅属于阿尔达希尔一世，两幅属于沙普尔一世，一幅属于克尔迪尔。——译者注

④ 在伊朗法尔斯省侯赛因山南端，临近伊斯塔赫尔，在波斯波利斯西北 6 公里。该地属于阿契美尼德遗迹的有一座"琐罗亚斯德天房"和四座王墓（其中一座铭文标明属于大流士一世）。属于萨珊遗迹的有九幅浮雕，刻在阿契美尼德王墓下方（八幅属于王中之王，一幅属于克尔迪尔），以及刻在"琐罗亚斯德天房"上的沙普尔一世铭文和克尔迪尔铭文。——译者注

图 1　胜利城的阿尔达希尔得胜图

(Iranshahr)的领土,统治"伊朗人"(Ērān)的。这片领土所用的名字在"阿维斯陀"(Avesta)中已有先例,指称伊朗人/雅利安人的神话故乡,现在转用于萨珊王族统治的区域[20]。这个观念被帝国的琐罗亚斯德教和非琐罗亚斯德教民众所接受,并在各个阶段,在伊朗社会和政府的各个阶层中,直到现代都留存于波斯人的集体记忆中[21]。不应把这个观念与古典历史学家的证词相混淆,他们说阿尔达希尔企图重获阿契美尼德波斯的领土[22]。"伊朗国"所意味的概念是在宗教领域的,这是很清楚的,而它可能引申出了固定领土的政治概念。这是从3世纪琐罗亚斯德教祭司克尔迪尔(Kerdir)的铭文中得知的,他告诉我们什么被认为是"伊朗国",什么被认为是"非伊朗"(an-Ērān)土地。克尔迪尔告诉我们,他在"伊朗国"设立了许多圣火,根据他的说法,"伊朗国"是指以

第一章 "伊朗"与"非伊朗"的政治史

图 2 雷伊米儿丘的圣火祠

下省份:波斯、帕提亚①、巴比伦、梅珊(Mesene)②、阿迪亚波纳(Adiabene)③、阿塞拜疆④、伊斯法罕、雷伊(Ray)⑤(图2)、克尔曼、锡斯坦和戈尔甘,直到白沙瓦。克尔迪尔告诉我们,萨珊

---

① 一般指里海东南地区,卡拉库姆沙漠以南,在今伊朗东北和土库曼斯坦南部。因其传统上的重要性,通常列于波斯省之后。——译者注
② 中古波斯语 Mēšān/Mēšūn,希腊语 Mesene/Characene,叙利亚语 Maysān/Mayšān,阿拉伯语 Maysān。是塞琉古、安息和萨珊时期的一个方国或行省,在美索不达米亚最南端,今伊拉克南部。——译者注
③ 中古波斯语 Nōdšīragān。在今伊朗、伊拉克和土耳其边境,由底格里斯河及其支流大 Zāb 和小 Zāb 河在西、北、南三面环绕,东面延伸至 Ormīa 湖。塞琉古、安息和萨珊时期的一个行省或方国,首府在 Arbela,今伊拉克 Erbel。——译者注
④ 相应于今伊朗阿塞拜疆省。——译者注
⑤ 在今德黑兰省雷伊,萨珊时期属于米底省。——译者注

控制下的叙利亚、奇里乞亚（Cilicia）①、亚美尼亚、格鲁吉亚、阿尔巴尼亚（Albania）②和巴拉萨冈（Balasagan）③，被认为是"非伊朗"[23]。这一术语也作为形容词使用④，并构成名词"伊朗性"（Ērīh）和反义词"非伊朗性"（an-Ērīh），"非伊朗性"可能等同于古希腊"蛮族"（barbaroi）的概念及其所有文化特征。

阿尔达希尔的钱币[24]也有标准化的用语，3世纪和4世纪继任的国王继续采用这套用语："祭拜马兹达者，圣帝，（国王名，）伊朗的王中之王，其世系来自诸神。"[25]根据这一铭文，阿尔达希尔首先自认为是"祭拜马兹达（阿胡拉马兹达）者"（m'zdysn）[26]。其次，他自视有神的血统："其世系来自诸神。"这当然就带给我们一个问题：他相信他是谁的后裔？哪些"诸神"是他的先祖？这一朝代命名之源"萨珊"（Sasan）对于这个问题显然十分重要。一般认为，在某些帕提亚语陶片和其他文书中的铭文形式 ssn，指明了"萨珊"是琐罗亚斯德教之神，尽管他没有在"阿维斯陀"（Avesta）或古波斯语资料中被提起[27]。最近马丁·施瓦尔茨（Martin Schwartz）提出，在陶片上提到的神与"萨珊"无关，表示的是"瑟森"（Sesen），他是一个古老的闪米特神，早在公元前第二个千年就已出现在乌加里特语（Ugaritic）中[28]。即便如此，我们还是发现公元1世纪塔克西拉（Taxila）的钱币上有"萨萨"（Sasa）之名，这

---

① 在今土耳其东南沿海。阿契美尼德波斯的一个省督辖区，治所在 Tarsus。此后被并入马其顿和罗马帝国。——译者注
② 指高加索阿尔巴尼亚，在今阿塞拜疆和南达吉斯坦。——译者注
③ 该地区北以 Kura（拉丁语 Cyrus）河下游和 Aras（希腊语 Araxes）河下游为界，东以里海为界，南以伊朗阿塞拜疆为界。或多或少臣服于高加索阿尔巴尼亚。——译者注
④ ērān 的单数形式 ēr，既作名词，意为高贵者、伊朗人，也作形容词，意为高贵的、伊朗的。——译者注

可能与"萨珊"有关，因为钱币上的徽章对应于沙普尔一世（Shabuhr I）的纹章[29]。菲尔多西的波斯语史诗《列王纪》（*Shahnameh*）也提到了"萨珊"与东方的联系，这让我们相信，这个家族可能来自东方。尽管有这种困难和混淆，我们仍然可以称阿尔达希尔自视为"诸神"（*yazdān*）的后裔，而萨珊王族可能将"萨珊"提升到神的地位[30]。这个观念完全有可能是伊朗的希腊化过往的一部分。亚历山大大帝和塞琉古王族自认为是"神"（*theos*）的后裔，或是"神显"（*epiphanes*），这与萨珊早期的铭文"其世系来自诸神"正相对应[31]。萨珊早期的艺术元素也可以佐证这个假设，因为在鲁斯塔姆岩雕（Naqsh-e Rustam）和其他早期岩雕中，阿胡拉马兹达和阿尔达希尔一世的形象相似[32]。

沙普尔一世及与罗马的战争

阿尔达希尔之子沙普尔一世于公元240年成为其共治者。这是显而易见的，因为有一种钱币表现两个人在一起，很可能是阿尔达希尔下令铸造，目的是确保继位平稳。这是因为他还有其他子嗣，并且给了他们其他省份的统治权，他们可能会想继位，就像他年轻时所做的一样。这种体系是萨珊王族特有的，在国王统治期间，儿子们被派去统治不同的省份，当统治者去世时，其中一位继承人会继位。在这种情况下，总是有王朝纷争的危险，萨珊人热衷于参与王朝纷争。继位的方式最初是基于前任国王的选择，但后来是贵族和琐罗亚斯德教祭司决定[33]。沙普尔一世确实随同父亲参加过战争，这使得他做好了战争的准备，事实上确保了他对罗马战争的胜利。公元243年，戈尔迪安三世（Gordian III）入侵美索不达米亚，企图收回在亚历山大·塞维鲁死后被阿尔达希尔父子夺走的土地。但沙普尔告诉我们（据 ŠKZ①），他在米希克（Misikhe）杀死了罗马皇帝，此地靠近幼发拉底河，他后来称此地为"胜利沙普尔"②（Peroz-Shabuhr）[34]。现在我们知道，戈尔迪安死于美索不达米亚北部的齐塔（Zaitha）③是在244年，在一个双方看起来不可能发生战事的时间[35]。于是，一些人假定罗马军队战败后，撤退到齐塔时谋杀了戈尔迪安[36]。据沙普尔一世的琐罗亚斯德天房铭文，戈尔迪安带着由"哥特人和日耳曼人"（ŠKZ, Pa4/37 gwt w grm'ny）组成的军队，在一场草率的战役中被击败。结果，阿拉伯人菲利普（Philip the Arab）被迫签订和约，作为战争赔款，割让了大片领土，赔偿大量黄金，多至500000"金币"（denarii）[37]。萨珊人从罗马人那里取得的领土，是美索不达米亚和亚美尼亚的大部分地区[38]。我们不应忽视这个事实，即新近成立的萨珊王朝也正在对抗亚美尼亚的一支安息王族，因此他们必须粉碎安息人的任何抵抗，以便在与罗马人作战时，确保北境稳固。因为这个缘故，大亚美尼亚王国在萨珊时期将有一段动荡的历史。

沙普尔一世在鲁斯塔姆岩雕的一块浮雕上纪念其胜利，展现了他使两位罗马皇帝臣服于他的意志。他也在波斯省的琐罗亚斯德天房上，给我们留下了关于其生平事迹的长篇履历，这是来自萨

---

① Šābuhr I's Ka'ba-ye Zardošt inscription 的缩写，即沙普尔一世的琐罗亚斯德天房铭文。——译者注

② 在今伊拉克 Anbār（意为粮仓），Fallujah 西北5公里，巴格达以西60公里。位于幼发拉底河进入冲积平原处的浅滩，安息时期在此凿有连通幼发拉底河和底格里斯河的运河。——译者注

③ 意为"齐敦果（油橄榄）之地"。在 Circesium（Khabur 河汇入幼发拉底河处，今叙利亚 Busayrah）附近。——译者注

第一章 "伊朗"与"非伊朗"的政治史

珊人自己的第一次长篇证言,它以史诗性的叙事,展现了他们的观念。在其"功业记"(res gestae)中,他提供了关于其宗教信念、世系、他所统治的地区以及罗马人命运的情况。值得注意的有趣之处是,沙普尔一世告诉我们,恺撒(戈尔迪安)说了谎,这就将这些事件置于琐罗亚斯德教教义的背景下,在这个背景下,罗马人代表着谎言/混乱的概念,对抗代表着真实/秩序的波斯人[39]。不管怎么说,沙普尔的第二次战争始于公元252年,在巴尔巴利索斯(Barbalissus)① 对抗60000人的罗马军队。此战以罗马人的完败告终,如果我们相信ŠKZ的叙述,那么伊朗人就夺取了美索不达米亚和叙利亚的37座城[40]。在ŠKZ中,这次战争的理由再次被表述在这样一句话中:"恺撒再次说谎,并对亚美尼亚作恶。"[41] 这一谎言是什么?实际上,尽管菲利普承诺允许伊朗人控制亚美尼亚,但并未将亚美尼亚让给萨珊人。菲利普只同意回到奥古斯都(Augustus)和安息人的时代,那时罗马皇帝为亚美尼亚统治者加冕,而亚美尼亚统治者则由安息的王中之王选定[42]。在萨珊时期,亚美尼亚的安息家族当然不会同意这种传统,而萨珊人视之为北方仇敌,也不会让罗马人为他们加冕。

公元260年,沙普尔一世发动了第三次战争,夺取东美索不达米亚、叙利亚[43]和地中海东岸。在这一战中,瓦勒良(Valerian)皇帝连同元老院成员和士兵都被俘虏,发配萨珊领土(图3)[44]。现在,来自近东的哥特人、罗马人、斯拉夫人和其他民族都被纳入萨珊帝国之中。在此之前,没有其他人能声称他杀死一个罗马皇

---

① 遗址在Qal'at al-Bālis,今叙利亚阿勒颇省Maskanah附近,幼发拉底河左岸。——译者注

图3 鲁斯塔姆岩雕的沙普尔一世战胜瓦勒良和阿拉伯人菲利普图

帝,迫使另一个纳贡,俘虏并囚禁第三个。沙普尔清楚地知道他的丰功伟业,在铭文中毫不迟疑地提到他的勇武[45]。波斯省的一块浮雕展示着瓦勒良跪在他面前,而今日在陛沙普尔(Bīšāpūr)①的古城遗址中,有一个地方被标识为"瓦勒良监狱"。罗马资料也没有遗漏沙普尔一世的胜利,然而因为当时许多人是基督教作者,所以瓦勒良的失败被归因于他的异教信仰,归因于他折磨基督徒,而其他人则给出了对这位被俘皇帝的清醒看法[46]。

---

① 即中古波斯语 Bay-Šābuhr,"圣帝沙普尔"。遗址在今伊朗法尔斯省 Kazerun 以北。萨珊时期波斯省六行政首府之一,由沙普尔一世所建,城中最重要的建筑包括十字形宫殿,半地下的阿娜希塔神庙,以及饰以贵族和乐师的马赛克地面的庭院。城东"马球谷"(Tang-e Čowgān) 有六幅萨珊浮雕,右岸三幅属于沙普尔一世,左岸三幅分别属于巴赫拉姆一世、二世和沙普尔二世。——译者注

尽管罗马和波斯的边界在底格里斯河和幼发拉底河之间变动，取决于某一方的军事胜利，但这并不意味着旅行受到限制。实际上，双方的人从一方旅行到另一方，从事贸易，相互通婚。从边界一方移动到另一方的便易性和开放性，使得间谍十分有用，而向敌人提供信息，则被双方视为巨大的背叛[47]。就当时而论，美索不达米亚在波斯人手中，而亚美尼亚则有待解决，因为亚美尼亚抵挡住了阿尔达希尔并击败了他的军队。

亚美尼亚将成为萨珊人和罗马人之间的焦点，并将一直如此，直到萨珊时期结束。因为战略和经济利益，以及亚美尼亚是波斯和罗马之间的缓冲带这一事实，所以亚美尼亚的处境相当复杂，而且对于双方都很重要。鉴于帕提亚王室的一支留在了亚美尼亚，可以想见为何沙普尔想要了结亚美尼亚问题。他策划了暗杀国王霍斯鲁（Xosrov），另立了一个忠于他的国王梯利达底（Tirdates）①，此王于公元252—262年间统治亚美尼亚。在波斯人眼中亚美尼亚十分重要，这是显而易见的，因为几任萨珊王位的继承人，都驻扎在亚美尼亚，并被称为"大亚美尼亚王"（wuzurg-Arman-šāh）[48]。萨珊帝国没有其他省份与这样重要的头衔相关。

沙普尔一世和摩尼

在沙普尔治下，他的宗教观成了一桩重要的事。克尔迪尔（Kerdir）组建了琐罗亚斯德教"教会"，他试图创立法律体系，使"阿维斯陀"（Avesta）圣典化，创造通行教义，统一信仰系统，创

---

① 中古波斯语 Tīrdād，"天狼星所赐"。——译者注

立依附于国家的琐罗亚斯德教宗教等级制。与此同时,摩尼在美索不达米亚出现,宣扬一种所有人都认为是普世性的宗教。摩尼教资料声称,在阿尔达希尔统治末期,摩尼横穿整个帝国,去往印度。在沙普尔一世统治期间,他回到萨珊帝国,出现在国王面前,受到礼遇,他在国王身边待了一段时间,被允许在帝国境内传教[49]。

在这一时期,将琐罗亚斯德教视为一种排他性的宗教是错误的,因为琐罗亚斯德教是一种被征服的民众也可以采纳的宗教。沙普尔对摩尼的宽容,同时他对阿胡拉马兹达和琐罗亚斯德教的忠诚,给历史学家带来了问题。但如果沙普尔看到琐罗亚斯德教祭司团体的力量和体制不断成长,难道他不会试图向他们显示,王中之王仍然是最终拍板的人?难道萨珊王族不是阿娜希塔(Anahid)圣火祠的守护者和祭司,受到仪式和典礼的训练?萨珊王族对政治的关注,应该没有削弱他们的宗教权威,至少直到巴赫拉姆一世(Wahram I)的时代。摩尼在沙普尔一世父子统治期间,传播他的宗教。但沙普尔一世在其"功业记"中,也提到他为了保佑萨珊家族国王和王后的灵魂,设立了许多屠障圣火(Wahram fires),又将羔羊、葡萄酒和馕献给诸神。在琐罗亚斯德教祭司眼中,这些都可能会被视为"异教"行为,而国王的崇拜方式可能正是那样的。

萨珊宫廷与官僚制度

如果有人将阿尔达希尔一世和沙普尔一世的随从、官僚制度和宫廷规模进行比较,那么他就会开始看到,行政机构和宫廷规模有所增长。这很自然,因为如果帝国要集权,要运作,那就不仅仅需要国王,还需要"知府"(šahrāb)、"副王"(bidaxš)、"司令"(framādār)、"千夫长"(hazārbed)、"书吏"(dibīr)、"司库"(ganǰwar)、"法官"(dādwar)、"巴扎长"(wāzārbed)，还有"持国"(šahrdārān)①、"王公"(wāspuhragān)②、"大公"(wuzurgān)、"贵族"(āzādān)，以及其他在"功业记"(res gestae)中提到的官员。无比忠于自己家族的"大公"，现在臣服于萨珊人[50]。诸如瓦拉兹、苏谅、安地冈（Andigan）、卡谅和其他这样的家族，被授予多种荣誉特权和职位，诸如成为司仪或冕人。他们也在其"冠冕"(kulāf)上展示其族徽或纹章，这在拉贾布岩雕（Naqsh-e Rajab）和鲁斯塔姆岩雕（Naqsh-e Rustam）的浮雕上可以看到。我们不知道哪个符号属于哪个家族，也不知道这些符号究竟意味着什么，它们是否是家族的徽章或名字被制成了图案。

争夺王位：巴赫拉姆们和纳尔西

下一任国王霍尔姆兹一世（Hormizd I，公元270—271年），可能是沙普尔一世的幼子，他登基后仅仅统治了很短的时间[51]，但他有善政的好名声，还在胡泽斯坦建造了安宁霍尔姆兹（Ram-Hormizd）③。泰伯里声称，霍尔姆兹被任命为呼罗珊的统治者，由于他的无畏以及对沙普尔的极度忠诚，因而被选为王位的继承人。

---

① 即方国之王。——译者注

② 大公阶层，其中最重要的是七大公，这是自阿契美尼德王朝以来的定制，安息和萨珊的七大家族是为卡谅（Kāren）、苏谅（Sūrēn）、美赫兰（Mehrān）、伊斯凡迪亚尔（Spandiāδ）、奇克（Żik）、纳哈贝德（Nahābed），以及瓦拉兹（Warāz）或斯帕贝德（Spāhbad），自称起源于国王凯古什塔斯帕治下的七王。他们拥有广阔封地和封建权利，是国家机构的支柱，为国王提供军事和财政来源。——译者注

③ 即今Rāmhormoz，在伊朗胡泽斯坦首府阿瓦士以东100公里。——译者注

他可能在公元 3 世纪 60 年代沙普尔的战争中展现出了军事天赋，就像他父亲一样，这给了国王任命他为继承人的理由。他越过兄长纳尔西（Narseh）[①]而被选中，在沙普尔的琐罗亚斯德天房铭文中，纳尔西被称为"塞人之王"（Sagān-šāh）[②]。在宗教上，霍尔姆兹一世允许摩尼自由传教，也允许克尔迪尔继续其活动，并赐予他新的级别和头衔，我们并不清楚他为什么要这样做。这可能是他双重控制政策的一部分，对试图主导该地区的两种宗教施予控制。巴赫拉姆一世（Wahram I，公元 271—274 年）的统治时间也相对较短，但关于他及其多事的生涯，我们了解得更多。他是沙普尔一世的长子，但被霍尔姆兹越序继位。他被其父指定为吉兰王。看来起初克尔迪尔支持他继位，结果琐罗亚斯德教祭司团体和克尔迪尔本人都从他的登基中得益。公元 274 年，摩尼从东方被召回，觐见巴赫拉姆，我们有一份摩尼教文本，描述先知遭受的严酷待遇。他被谴责不是好医生，也没有任何益处，而巴赫拉姆下令逮捕并监禁他。

巴赫拉姆二世（Wahram II，公元 274—293 年）于公元 274 年继位，可能需要克尔迪尔的支持以便越过纳尔西（Narseh），纳尔西现在是大亚美尼亚之王，正是在这一时期，克尔迪尔开始攀登他真正的权力巅峰。克尔迪尔也开始迫害帝国中的非琐罗亚斯德教徒，诸如犹太人、基督徒、摩尼教徒、曼达教徒（Mandaeans）和佛教徒。

在巴赫拉姆二世治下，克尔迪尔取得了更高的级别和地位，正是在这一时期，萨珊国王失去了宗教权力，将阿娜希塔圣火祠守护

[①] 来自阿维斯陀语神名 Nairiiō.saŋha，"人颂"。——译者注
[②] 即锡斯坦王，锡斯坦的中古波斯语作 Sagestān，"塞人之地"。——译者注

者一职让给了克尔迪尔，使得他成为整个帝国的法官。这意味着自此之后，在帝国境内，祭司扮演法官的角色，很可能宫廷案件现在都以琐罗亚斯德教律法为依据，除非是在其他少数宗教团体成员之间发生争议的时候[52]。我们将在论宗教的第3章中详述这些发展。巴赫拉姆二世是第一个将家人肖像铸造在钱币上的国王。在"银币"（*drahm*）上，他被表现为和王后兼堂妹沙普尔公主（Shabuhrdukhtag）及其子巴赫拉姆三世在一起[53]。他还刻有几幅岩雕，也是纪念他和家人在一起。这是巴赫拉姆二世的有趣特点，即他认为留下其家人的肖像是非常重要的[54]，这偶然地让我们了解了宫廷以及波斯王室"宴饮"（*bazm*）的观念[55]（图4）。

"宴饮"包括饮酒、宴享，以及在国王和廷臣面前表演的音乐和杂耍，其证据不仅来自岩雕，也来自萨珊时期的银盘。亚美尼亚

图4　鲁斯塔姆岩雕的巴赫拉姆二世及其宫廷

资料提示了我们"宴饮"一词在萨珊时期的真正用法。根据亚美尼亚语"倚，躺"（bazmoc'k'），"宴饮"（bazm）原义指的是贵族和国王在宫廷宴饮中使用的卧榻。廷臣可能倚在"靠枕"（barj）上，而靠枕的数量则表明廷臣在宫廷中的重要性。一些宴饮榻可以躺两个人，被称为"榻"（taxt）或"座"（gāh），宴饮榻与王中之王接近，显示出他/她的特权以及与国王的亲近关系[56]。自然，那些离国王的"榻"或"座"较远的人，则意味着他们级别较低；如果被挪得更远，则是降级和耻辱的标志。而这些家庭肖像可能也是使巴赫拉姆二世越过纳尔西继位合法化的一种手段，现在纳尔西肯定已经对屡次被越序继位相当不满了，尽管他是大亚美尼亚之王，而这是一个为王位继承人保留的头衔。巴赫拉姆二世岌岌可危的处境是显而易见的，也因为他的兄弟霍尔姆兹（Hormizd）于公元283年在锡斯坦发动了叛乱。尽管事件的编年并不清楚，但资料仍然告诉我们，霍尔姆兹在其对抗巴赫拉姆二世的战争中，受到锡斯坦人、吉兰人和贵霜人（Kushans/Rufii）[57]的支持[58]。这不是巴赫拉姆二世遇到的唯一问题，因为我们还听说有宗教斗争，在胡泽斯坦省，某个在那里掌权有一段时间的"祭司长"（mowbed）领导了这场斗争[59]。

罗马的普罗布斯（Probus）皇帝已定好计划入侵萨珊领土，但尚未出师身先死，于是卡鲁斯（Carus）发动战争入侵美索不达米亚，趁巴赫拉姆在东方之际，发动了对首都泰西封的围城战，但他于公元283年死于美索不达米亚[60]。次任皇帝戴克里先（Diocletian）必须解决罗马的内部矛盾，于是与巴赫拉姆二世签订和约，划定波斯—罗马的边界。现在，巴赫拉姆可以来对付他的兄弟霍尔姆兹了，而戴克里先则能够将注意力集中在内部改革上，给罗马帝国带来秩序，使其免于混乱。这一和约将亚美尼亚瓜分给两大势力，西亚美尼亚留在梯利达底四世（Tirdates IV）手中，而纳尔西则统治大亚美尼亚（此后称为波斯亚美尼亚，Persarmenia）。到公元293年巴赫拉姆二世去世时，他的对手霍尔姆兹已在东方被平定，但王朝纷争仍在继续。巴赫拉姆之子巴赫拉姆三世也被称为"塞人之王"[61]，他被一支派系推上了王位，可能得到了克尔迪尔、梅珊（Meshan）之王圣火灵光赐（Adur-Farrobay）和塔特鲁斯（Tatrus）之子巴赫拿姆（Wahnām）的支持。但纳尔西不打算再次被越序继位了。他向美索不达米亚进发，受到一群效忠于他的贵族和民众欢迎。我们不知道巴赫拉姆三世下场如何，但巴赫拿姆被俘后受到处决，而纳尔西终于成了王中之王。

纳尔西在北美索不达米亚的派库里（Paikuli）①再次为我们留下了个人证言。这是一份自传，也是一种为其登基正名的叙事，其中说到他是在遇到贵族和廷臣之时，他们给他黄袍加身，劝其夺取王位的[62]。这一铭文和近东的其他铭文，诸如大流士一世（Darius I）的贝希斯敦（Behistun）②铭文和其他前阿契美尼德时期的铭文具有相似性，这使得一些学者相信派库里铭文是较不可信的资料。事实上，近来学界称派库里铭文可能缺乏许多历史信息，因为它属于史诗文学的体裁，而这一体裁是古代近东自古以来便开始使用的。我

---

① 派库里山口，在今伊拉克苏莱曼尼亚省 Barkal 村附近，在苏莱曼尼亚城以南100公里，临近伊朗克尔曼沙省的边境。位于泰西封到阿塞拜疆的古道上，是萨珊贵族前来觐见纳尔西之地。派库里铭文是帕提亚语－中古波斯语双语铭文，刻于一座方形石塔上，今遗址仅存塔基和散落石块。——译者注

② 希腊语 Bagistanon（推测来自古波斯语 *Bagastāna，神之地），阿拉伯地理学家称为 Behistūn，今称 Bīsotūn。位于巴比伦到哈马丹的古道上，在今伊朗克尔曼沙市附近。阿契美尼德王朝大流士一世在山崖上刻有岩雕和三语铭文。——译者注

们无法确定无疑地接受这种推测，我们可以同意这个故事是用史诗风格（程式）来叙述的，但不知道国王可以用多少种方式来叙述他的故事和战争。以一种特定形式或程式来叙述故事或历史事件，并非必然会减损这个故事的历史意义[63]。毕竟，国王发动战争，击败敌人，统治王国。这类事件本身就足以促使国王下令雕刻铭文。

应该说这也是波斯文明展现自己的一种历史悠久的方式，可以在贝希斯敦和鲁斯塔姆岩雕铭文中得到证实。在派库里铭文中，我们遇到这样的观念，即正义国王（纳尔西，真实/秩序的追随者）的敌人是谎言的追随者（邪魔/无序）[64]。这种二元对立，是萨珊琐罗亚斯德教的标志，特别适用于将国王的敌人妖魔化。纳尔西在鲁斯塔姆岩雕的石刻也很重要，因为这幅岩雕表现他从阿娜希塔女神手中接受了王权的符号[65]。撇开宗教含义，这是否可能意味着纳尔西在政治上收回了对伊斯塔赫尔（Istakhr）阿娜希塔圣火祠的控制权？他是否剥夺了克尔迪尔的权力，重新确立对这位神祇的信仰？当然有可能对阿娜希塔女神的信仰从未被抛弃，但我认为展现纳尔西和阿娜希塔在一起，可能暗指萨珊帝国中宗教-政治的重组。这可能重新肯定了纳尔西的父亲沙普尔一世、祖父阿尔达希尔一世和他自己的传统，重申他们都是原初且合法的统治者，以对这位神祇的崇拜为中心，开始他们的战争。

在对外战线上，纳尔西就不怎么成功了。因为罗马干涉亚美尼亚，纳尔西于公元 296 年对罗马宣战。尽管最初他抵御住了伽列里乌斯（Galerius）统帅的罗马军队，但在第二次战役中，萨珊军队被击败，而他失去了妻子和家庭[66]。公元 298 年，他缔结了和约（尼西比斯和约），其中的条款是以归还家人、保障其平安作为交换，割让部分美索不达米亚，把亚美尼亚还给梯利达底，而伊比利亚（Iberia）①国王现在由罗马人选定[67]。罗马在伊比利亚的影响，损害了萨珊在该地区的影响，因为在公元330年，格鲁吉亚国王和贵族皈依了基督教。纳尔西的统治宣告了罗马人和波斯人之间力量的新平衡。在某些钱币的铭文中，他的称号省去了"非伊朗"（an-ērān），这可能显示了帝国宏图中的缺陷。

3世纪：概观

可以说在3世纪中，"伊朗国"（Iranshahr）的前两任君主，从波斯省出发，建立并组织起了波斯帝国。在3世纪，波斯省看来占据核心地位，不仅因为它是所有早期萨珊岩雕提到的第一个行省，也因为它是萨珊家族起家之地。我们也从后来的资料中得知，阿尔达希尔一世像4世纪的君士坦丁（Constantine）一样，也试图为一种宗教建立蓝图，这种宗教是他和他的祖先所尊崇的，他们称之为"祭拜马兹达"的宗教，即琐罗亚斯德教。这是阿尔达希尔和沙普尔的钱币和铭文中出现的第一个词。阿尔达希尔和他智慧的祭司坦萨尔（Tosar）一起，筛选现存的口头和书面传统，这些传统保存在帝国全境，尤其是在波斯省，然后他们开始把这种宗教的教义圣典化，我们今天将这种宗教称为琐罗亚斯德教。到沙普尔一世的时代，罗马人意识到东方有一支新兴力量，这支力量可以击败任何罗马军队，甚至杀死其将领，俘虏其皇帝。沙普尔一世的铭文也展现了这一事实，即萨珊帝国的行政机构发展了，变得

---

① 指格鲁吉亚。——译者注

更为复杂。如果有组织有活力的帝国想要存在，那么行政机构复杂化就是预料之中的。然后，沙普尔一世也试图利用摩尼教，摩尼教看起来在亚洲和地中海世界的不同地区都吸引了许多人。琐罗亚斯德教是祖辈的宗教，但沙普尔一世知道，要想拥有普世性的帝国，就急需普世性的宗教，这种宗教能够将忠诚凝聚到国王和国家身上。做伊朗人的统治者是一回事，而统治"非伊朗"就需要一种更为普世性的宗教。

然而，琐罗亚斯德教祭司数量不断增长，不会允许此事发生，沙普尔死后，在巴赫拉姆一世国王治下，克尔迪尔及其同伙迫使摩尼被禁止传教，并被早早处死，他们确保王中之王仍然是"祭拜马兹达者"，琐罗亚斯德教不惜任何代价向帝国传播。在某种意义上说，克尔迪尔必须为琐罗亚斯德教传统的保守性负责，到萨珊晚期，这种保守性将发展到顶点。沙普尔一世可能开始设想"伊朗国"（Iranshahr）的概念并不必然与琐罗亚斯德教相关，尽管这个概念起源于那一传统，但任何公民，即"男国民"（mard ī šahr）/"女国民"（zan ī šahr），都可以被视为"伊朗人"（Ērānagān）。这一观念将会出现在另一个世纪，它要在新帝国中扎根还为时过早。琐罗亚斯德教祭司不仅使自己成为帝国政府的重要部分，也越来越多地参与社会日常活动。他们还削弱了王中之王的宗教权力，尤其是在沙普尔一世"违背神意地"与摩尼搅和之后。如果琐罗亚斯德教要生存，那它就必须有一种等级制，一种在"阿维斯陀"名下的宗教传统，这种传统必须得到热心维护。巴赫拉姆们屈服于这些需求，而纳尔西则予以反击，试图使萨珊家族成为最终的决策者。到3世纪末，教会和国家之间达到了一种平衡，双方都无法失去另一方而存在，也无法压倒另一方。

在国际上，罗马现在必须面对一个更集权化的新帝国，这个新帝国有特定的地缘政治议程，不怕与地中海帝国发生冲突。这个以罗马为中心的地中海帝国出现在叙利亚，尤其是出现在美索不达米亚，这就造成了这样一种看法，即它无疑是帝国主义的帝国。因为美索不达米亚是萨珊帝国的腹心，首都泰西封坐落于此，这里和胡泽斯坦又是农业中心，而罗马堡垒就在西边很近的距离之内，这令萨珊人警惕。这可能是早先阿尔达希尔和沙普尔一世对那些地区中的罗马所占地发动战争的一个主要原因。我们不清楚萨珊人的东部战争，但可以肯定的是，他们在那里建立了强大的据点，守住了他们与贵霜人的边界。

沙普尔、亚美尼亚及东西部的战争

霍尔姆兹二世（Hormizd II，公元 302—309 年）继承了父亲的王位，但并没有进行多少军事活动，而对萨珊人更糟的是，在他统治期间，亚美尼亚在国王梯利达底四世（Tirdates IV）的统治下皈依了基督教。霍尔姆兹二世试图通过将女儿霍尔姆兹公主（Hormizd-duxtag）嫁给亚美尼亚王子瓦罕·马米科尼安（Vahan Mamikonian）[68]，以巩固波斯 - 亚美尼亚的关系，而这一联姻必然影响了一些亚美尼亚贵族家庭的忠诚。结果，一些亚美尼亚"封建家族"（naxarars）也改宗并支持梯利达底，对抗忠于萨珊人的"封建家族"，更确切地说，是对抗尊崇亚美尼亚古老的马兹达教/琐罗亚斯德教传统的"封建家族"。通常，亚美尼亚人将这一重大事件视为与古老的"异教"过往决裂，亚美尼亚的民族和身份通过基督教而重新确立。但我们也可以用另一种方式看待这一事件，即通过没有皈依新宗教的亚美尼亚人的目光。选择忠于他们古老传统的亚美尼亚人，在亚美尼亚历史编纂中不是沦为恶棍，就是崇拜阿胡拉马兹达（Aramazd）、阿娜希塔（Anahit）和屠障（Vahagn），而基督教历史学家则试图将他们从亚美尼亚历史记忆中抹去，只保留一些作恶者[69]。

对于许多亚美尼亚人来说，"封建家族"，尤其是贵族，他们过往的历史和宗教肯定有某些重要的意义，而采纳新的习俗和宗教（基督教）肯定不是被轻易接受的。毕竟，据这些亚美尼亚贵族说，国王梯利达底才是异教徒，他采纳了一种来自西方的宗教，取代了亚美尼亚的马兹达教，而他们自公元前6世纪起就崇拜阿胡拉马兹达。詹姆斯·罗素（James Russell）终结了异教过去与基督教对立的现代亚美尼亚观念。亚美尼亚历史编纂是基督教的，对琐罗亚斯德教抱有敌意，根据这种历史编纂，亚美尼亚曾是异教的、没有文化的、分裂的，而在4世纪早期采纳基督教之时，才有了统一的构想和统一的"民族"。罗素向我们展示，亚美尼亚人自古以来就是这样一群人：尽管他们的文化受到波斯和琐罗亚斯德教的影响，但对于琐罗亚斯德教意味着什么，他们有自己的观念，并且赋予它以亚美尼亚的外观[70]。因此，在亚美尼亚历史叙述中提到的少数支持萨珊人的"邪恶的""封建家族"，实际上是选择拒绝新来的基督教，以便维护亚美尼亚古老传统的人。对亚美尼亚未来的争议在这一时代不会有定论，而接纳基督教则会在将来的一段时间中进一步引发问题，分化亚美尼亚社会。

在霍尔姆兹二世去世时，其子圣火-纳尔西（Adur-Narseh）被选为统治者，但他只统治了很短的时间，就被贵族和祭司废黜。然后霍尔姆兹二世尚在襁褓中的儿子，即沙普尔二世（Shabuhr II，公元309—379年）（图5），被置于王位之上。关于这位国王，有传

第一章 "伊朗"与"非伊朗"的政治史

图 5　朝觐者之城的沙普尔二世半身像

说说廷臣和祭司是将王冠放到了正怀着他的母亲的肚子上。我们可以假定在他统治早期，是宫廷和琐罗亚斯德教祭司在经营这个帝国，而这个帝国在结构上和管理上，不需要强大的君主就能维持稳定。这一情形也向廷臣和贵族表明，不需要强大的君主，帝国就可以运作，这对他们是有利的。阿拉伯半岛东部的阿拉伯人劫掠萨珊帝国的西南省份，同时君士坦丁和其他皇帝则为罗马帝国的灵魂而奋斗，使得波斯人在西线无战事。当沙普尔二世成年（公元 325 年）时，他向阿拉伯人复仇，并由此得到了"刺肩者"（阿拉伯语 Ḏu'l-Aktāf）的称号，这指的是他给阿拉伯部落带来的惩罚。战争的结果是，一些阿拉伯人被逼回阿拉伯半岛的腹地，波斯湾地区留在萨珊帝国手中。这是萨珊人保卫波斯湾整体战略的一部分。一些阿拉伯部落被迫背井离乡，被强行迁徙到萨

027

珊帝国境内。塔格里布（Taghlib）[①]部落被安置在达林（Darayn/Dārīn[②]，巴林的一个港口）和哈特（al-Khatt[③]），阿卜杜勒·卡伊斯[④]（'Abd al-Qays）和塔米姆[⑤]（Tamim）部落被安置在哈杰尔（Hajar）[⑥]，巴克尔[⑦]（Bakr b. Wa'il）部落被安置在克尔曼，哈纳兹拉（Hanazila/Banu Hanzalah）[⑧]被安置在阿瓦士附近的拉玛利亚（Ramila/Ramaliyyah）[71][⑨]。于是，阿拉伯人和波斯人就不只是

[①] Taghlib b. Wa'il，是 Rabī'ah 部族的一支部落。在 6 世纪初 Basūs 之战中战败之前，居住在内志（Najd），处在萨珊王朝及亲萨珊的拉赫姆王朝（Lakhmids）势力范围内，在相当程度上基督教化。520 年代拉赫姆王朝重新控制希拉（Hira）后，该部落成为支持该王朝的中坚力量之一。——译者注

[②] 阿拉伯地理学家说或在巴林岛上，或在附近的波斯湾海岸。今日仍有地名称为 Dārīn，是阿拉伯东海岸 Tarout 岛的主要城镇，临近 Qatīf 和 Dammām。——译者注

[③] 早期伊斯兰资料用此词指称阿拉伯东海岸，从波斯湾北端一直到阿曼，没有进一步的明确定位。——译者注

[④] 'Abd al-Qays，在世系上是属于 Rabī'ah 部族的一支部落。发源于内志东部内陆地区，早期向波斯湾西海岸，巴林和卡提夫（Qatīf）迁徙，这些地区自沙普尔二世时期便受波斯统治，之后由拉赫姆王朝接管。该部落因此无法得到充足的资源以维持在阿拉伯东海岸绿洲中的生活，常越过波斯湾入侵法尔斯海岸。——译者注

[⑤] Tamīm b. Murrah/ Ma'add，其中心在叶麻默，是 Rabī'ah 部族的 Taghlib 和 Bakr 部落的对手。该部落总体上与萨珊王朝和拉赫姆王朝关系亲近，与哈杰尔的波斯当局合作，为萨珊和拉赫姆政权维护阿拉伯中部至也门的贸易路线。——译者注

[⑥] 指波斯湾西海岸，今日的科威特、卡塔尔和沙特阿拉伯东部，早期伊斯兰资料也称之为巴林（指巴林岛和临近大陆地区）。——译者注

[⑦] Bakr b. Wa'il，也是 Rabī'ah 部族的一支部落，最初在叶麻默地区游牧，后北迁至幼发拉底河中下游的沙漠边缘。在 Taghlib 部落迁至上美索不达米亚后，Bakr 部落与拉赫姆王朝有所接触，一些诗人出现在拉赫姆宫廷，同时该部落也开始与游牧的 Tamīm 部落发生冲突和战争。——译者注

[⑧] Hanzalah b. Mālik，是 Tamīm 部落中的一支。——译者注

[⑨] 此处合并了 Ibn Miskawayh 和 Tabari 的论述。原文另起一段引用 Tabari，重复谈到 Bakr b. Wa'il 和 Banu Hanzalah 两部落的迁徙情况。按两人说的是相同的五部落，Ibn Miskawayh 所述 Hanazila 和 Ramila，即 Tabari 所述 Banu Hanzalah 和 Ramaliyyah（在胡泽斯坦）。在作者为 Encyclopaedia Iranica 所写的 ŠĀPUR II 词条中，行文几与此处相同，但未另辟一段重复谈论 Bakr 和 Hanzalah，当属衍文，应并入此处。——译者注

第一章 "伊朗"与"非伊朗"的政治史

在边境上有外部关系，在萨珊帝国中也有内部关系了[72]。为了防止境外的阿拉伯人进一步发动攻击，沙普尔二世筑造了一个防御系统，称为"大食人长城"（*war ī tāzīgān*）[73]。这道长城看来在希拉（Hira）城①附近，以"沙普尔之堑"（*Khandaq i Shapur*）而闻名[74]。

在西部边境，罗马统治者支持亚美尼亚，导致沙普尔二世对他们发动了战争。当君士坦提乌斯（Constantius，公元337—338年）继位时，战争开始了，沙普尔二世发动了三次尼西比斯围城战，战事持久，但双方都没有占到上风。堡垒和"边防"（*līmes*）阻碍了沙普尔在这一地区的战事，但一些堡垒沦陷了，如维特拉（Vitra）[75]。中亚游牧部落的入侵迫使沙普尔转而关注东方[76]，到公元350年，与罗马的战争在僵局中结束。大概在这一时期，我们第一次听说匈人（Chionites/Xyōn）②部落入侵萨珊帝国，也威胁印度的笈多（Gupta）王朝③，他们很可能是寄多罗人（Kidarites）。刚从叙利亚边境返回的沙普尔二世遏制住了他们，并与匈人之王格伦巴底斯（Grumbates

---

① 拉赫姆王城，在今伊拉克库法以南。——译者注
② 1. Chionites 和 Xyōn 的关系。Chionites 即拉丁语 Chionitae，首次见于4世纪的 Ammianus Marcellinus 记载，词源来自中古波斯语 Xyōn，粟特语 xwn。一些学者将 Chionitae 和 Xyōn 视作同义（如本书作者、F. Grenet 等），泛指在公元第一个千年中活跃在欧亚草原上的若干游牧部落。另一些学者认为 Chionitae 是 Xyōn 的一支（如 W. Felix、M. Schottky 等），Chionitae 特指从4世纪开始入侵伊朗的匈人中的第一波，其后为寄多罗人（Kidarites）、阿尔匈人（Alkhon）、泥孰人（Nezak）和嚈哒人（Hephthalites）。2. Xyōn 和匈奴的关系。我们不确定中国史籍中公元前的匈奴是公元后欧亚草原上匈人的先祖，还是不同族群起源的匈人部落采用了匈奴的称号。但可以确定的是魏晋南北朝时期的匈奴和伊朗语的 Xyōn/Xwn 可以互译，如311年刘聪率匈奴破洛阳，此事在粟特古书信中得到记载，匈奴被称为 xwn；又如《魏书》记载"粟特国……匈奴杀其王而有其国"，据钱币证据此匈奴应指寄多罗人（尽管《魏书》也称寄多罗为匈奴所逐）。——译者注
③ 原文给笈多王朝标定的年代为公元320—500年，应为公元3世纪—543年。——译者注

议和，并结盟共同对抗罗马，从而化其东方劲敌为友。通过这样的行动，他预见了一支对抗罗马人的同盟军[77]①。沙普尔二世又立其子为东方之王，赐予"贵霜王"（Kūšān-šāh）的头衔，这个头衔出现在贵霜领地的钱币和一些铭文上。

很可能沙普尔二世击败了东方的敌人，确立了萨珊帝国对贵霜人的统治[78]。这可以被两条中古波斯语铭文证实，这两条铭文提到在沙普尔二世治下萨珊帝国的东部边界，包括信德、锡斯坦和土兰（Turan）②[79]。阿米安·马塞林（Ammianus Marcellinus）也列举了那一时期萨珊帝国的省份及其统治的族群：亚述省（Assyria）③、苏萨省（Susiana）④、米底省（Media）⑤、波斯省（Persis）、帕提亚省（Parthia）、大克尔曼省（Greater Carmania）、戈尔甘省（Hyrcania）、木鹿省（Margiana）⑥、巴克特里亚人（the Bactriani）、粟特人（the Sogdiani）、塞种人（the Sacae），以及喜马拉雅（Imaus）山脚下的斯基泰省（Scythia）、山外的赛里斯省（Serica）、赫拉特省（Aria）⑦、

---

① 原书上一段与此处重复，故并入此处。——译者注
② 在史诗中，土兰是伊朗之敌，与伊朗以阿姆河为界。在历史上，土兰作为萨珊至伊斯兰早期的地名，在今巴基斯坦俾路支中部山地。——译者注
③ 萨珊时期指巴比伦地区，在美索不达米亚中南部，首都泰西封在该省内。而亚述地区称为 Adiabene/Nōdšīragān。——译者注
④ 即胡泽斯坦。苏萨省得名于苏萨城，即《圣经》中的书珊城，波斯语 Šuš，此城曾是埃兰首都，是伊朗阿契美尼德王朝的首都之一。——译者注
⑤ 米底人（Medes）之地，中古波斯语 *Māy/Māh。该地区以哈马丹为中心，萨珊时期范围远至今德黑兰省的雷伊，也称为雷伊省。——译者注
⑥ 即 Murghāb 河流域，该河发源于今阿富汗中西部，向北流入土库曼斯坦的卡拉库姆沙漠，古代省的首府在今土库曼斯坦的梅尔夫。——译者注
⑦ 即 Harīrūd 河谷地区，该河发源于今阿富汗中部，向西流至波斯边境，是为河谷地区，此后北向流入土库曼斯坦的卡拉库姆沙漠，古代省的首府在今阿富汗西北的赫拉特。——译者注

婆罗犀那人（Paropanisadae）①、疾陵省（Drangiana）②、阿拉霍西亚省（Arachosia）③和格德罗西亚省（Gedrosia）④[80]。泰伯里还提到，沙普尔二世在信德和锡斯坦（Sijistān）建造了城市，这些都属于他的建城计划，[81] 这证实了他统治过那个地区。最后，沙普尔二世铸造的大多数金币出自东方的铸币局，诸如木鹿，而贵霜人也在那里铸金币。还有一大批出自锡斯坦（Sakastān）和喀布尔铸币局的铜币存在[82]。这可能意味着沙普尔二世从被征服的东方敌人那里，得到了大量黄金和其他贵金属。

公元359年，沙普尔二世在格伦巴底斯的支持下，进攻叙利亚，包围艾美达（Amida）⑤，73日后破城而入[83]，将城中居民迁往胡泽斯坦。艾美达城被洗劫，其居民被流放，这是为匈人⑥王子战死而施行的惩罚。公元361年，罗马的新皇帝尤利安（Julian）继位，公元363年，他展开反击，数次战胜沙普尔二世，甚至包围了泰西封。然而，由于罗马军队的混乱和劫掠，萨珊首都没有被攻下[84]。

---

① 即 Paropamisadae，帕拉帕米萨斯人，来自 *para-uparisaina，《大唐西域记》将 uparisaina/abarsēn 称为"婆罗犀那"。Paropamisus 即兴都库什山。在阿契美尼德铭文中，Paropamisadae 即犍陀罗省。——译者注

② 希腊拉丁语 Drangiana，古波斯语 Zranka，中古波斯语 Zarang。在 Hāmūn 湖和 Helmand 河流域，在赫拉特省以南，锡斯坦以北。阿契美尼德时期该省首府 Zranka，遗址在 Dahan-e Gholaman，今伊朗锡斯坦省 Zabol 东南30公里。萨珊时期 Zarang 是锡斯坦首府，遗址在 Nād ʿAlī，今阿富汗西南边境城市 Zaranj 以北4公里。——译者注

③ 此省名来自河名，即今 Hermand 支流 Arghandāb，此河在阿维斯陀语中作 Haraxvaitī，与梵语 Sarasvatī，"婆罗室伐底"同源。该省中心在今阿富汗坎大哈。——译者注

④ 即古波斯语 Maka，现代波斯语 Mokrān/Makran，在今巴基斯坦俾路支南部海岸。——译者注

⑤ 位于底格里斯河上游西岸，在今土耳其 Diyarbakır。——译者注

⑥ 原文作寄多罗，死者为 Chionitae 之王格伦巴底斯之子，寄多罗与 Chionitae 能否等同存疑。——译者注

尤利安预期他会战胜波斯人，就在上约旦河谷刻下了铭文，上面刻有"蛮族灭绝者"（BARBARORVM EXTINCTORI）的称号，很可能是因为 363 年 3 月他在安条克（Antioch）①最初的胜利，但他高兴得太早了[85]。我们得知，罗马将军中有一个波斯降将，名叫霍尔姆兹（Hormizd），他统帅骑兵。尤利安凿沉了己方的战船，以防军队撤退[86]，而沙普尔二世在美索不达米亚采取焦土政策来应对，导致罗马军队粮草不济。363 年 6 月，波斯军队带着大象，战胜了罗马人，尤利安在战斗中身受重伤，可能是被"长矛骑兵"（kontophoroi）所伤，死于帐中[87]。欧特罗庇厄斯（Eutropius）亲眼见证了这次战争，确定尤利安死于敌人之手[88]。

约维安（Jovian）被选为皇帝，被迫与沙普尔二世议和，罗马人将这一和约称为"耻辱和约"（ignobili decreto）[89]，割让了东美索不达米亚、亚美尼亚和相邻地区，还有 15 座堡垒和尼西比斯[90]。苏谅（Surenas/Sūrēn）传达了波斯的条款和条件，他同意尼西比斯的大部分基督教民众迁入罗马领土，同时要求城中升起波斯旗帜[91]。约维安离开了美索不达米亚，罗马人将不再与萨珊人交战，因为瓦伦斯（Valens）皇帝必须对付巴尔干半岛上的日耳曼部落。

关于亚美尼亚边境，在沙普尔统治初期，亚美尼亚在梯利达底四世（Tirdates IV，298—330）国王治下接纳了基督教（公元 314 年）。结果，一些亚美尼亚"封建家族"（naxarars）也改宗基

---

① 位于 Silpius 山脚，Orontes 河左岸，临近地中海东岸，是古代叙利亚北部城市，在今土耳其 Antakya 附近。塞琉古一世于公元前 300 年建城，并成为塞琉古王朝首都，此后一直是中东地区贸易路线的主要中心之一。——译者注

督教并支持梯利达底四世，对抗忠于萨珊人的"封建家族"，或者更确切地说，是反对尊崇亚美尼亚古老的琐罗亚斯德教传统，仍然崇拜阿胡拉马兹达、阿娜希塔和屠障的"封建家族"。岌岌可危的内部斗争，"封建家族"、国王和教士摇摆不定的忠诚，带来了亚美尼亚历史上一段动荡的时期。蒂兰（Tiran）国王试图在罗马人和波斯人之间周旋，维持亚美尼亚独立，却命丧沙普尔二世之手。他的儿子阿尔沙克二世（Aršak II，公元350—367年）继位，他起初也企图与罗马人和波斯人双方和平共处，但最终加入了尤利安对萨珊人的远征[92]。作为沙普尔和约维安和约的一部分，亚美尼亚和格鲁吉亚归于萨珊控制，而罗马人将不会参与亚美尼亚事务[93]。亚美尼亚国王被波斯人俘虏，监禁在忘却堡中（在亚美尼亚资料中，以胡泽斯坦省的 Andməš 堡或 Anyuš 堡而知名），据说他在宦官德拉斯塔玛特（Drastamat）来见他时自杀了[94]。阿尔塔沙特① （Artashat）、瓦加尔沙帕特（Vałaršapat）②、叶尔万德沙特

---

① 意为"真实/正义之乐"。亚美尼亚王阿尔塔什斯一世于公元前176年建城，此后至公元163年迁都瓦加尔沙帕特之前，是亚美尼亚首都。古城遗址在今亚美尼亚阿拉拉特省省府 Artashat 以南8公里。据 Faustus（数据不可信，以下译注同），沙普尔二世强迁全城人口，有4万亚美尼亚家庭和0.9万犹太家庭至波斯。——译者注

② 意为瓦加尔什之城。在今亚美尼亚阿马维尔省，在首都埃里温以西18公里。瓦加尔什，亚美尼亚语 Vałarš，即波斯语 Walaxsh/Balash，巴拉什，希腊拉丁语 Vologases，沃洛吉斯。指建城者亚美尼亚王瓦加尔什一世（公元117—140年），在罗马皇帝图拉真死后，哈德良签署 Rhandeia 和约，放弃罗马征服的东方土地，同意安息王朝立其王子为亚美尼亚王，是为瓦加尔什一世。该城继阿尔塔沙特之后，于公元163—428年间是亚美尼亚首都。迁都杜温后，瓦加尔沙帕特仍是宗教中心，并得名 Ejmiacin，即亚美尼亚教会牧首所驻之地。据传，沙普尔二世强迁该城1.9万个家庭至波斯。——译者注

(Eruandashat)①、扎雷哈万(Zarehawan)②、扎雷沙特(Zarishat)③、凡(Van)④、纳希切万(Nakhchivan)⑤诸城被占领,其居民被迁徙,其中有许多犹太家庭[95]。亲波斯的"封建家族",即瓦罕·马米科尼安(Vahan Mamikonian)和梅鲁让·阿尔克鲁尼(Meružan Arcruni),追随沙普尔二世,并因其援助而受到嘉奖,而波斯人齐克(Zik)⑥和卡谅(Kāren)率领一支大军,掌管亚美尼亚事务[96]。格鲁吉亚也处在波斯控制下,沙普尔二世在东格鲁吉亚立瓦拉兹巴库尔(Aspacures,格鲁吉亚语 Varaz-Bakur)为王,但最终罗马皇帝瓦伦斯(Valens)也在西格鲁吉亚立绍尔玛格(Sauromances,二世,格鲁吉亚语 Saurmag)为王[97]。

---

① 意为"叶尔万德之乐"。遗址尚未发掘,位于 Akhurean 和 Araxes/Aras 两河交汇处,在今亚美尼亚 Armavir 省 Bakhchalar 和 Kherbeklu 之间。该城于公元前 200 年前后由亚美尼亚王叶尔万德(亚美尼亚语 Eruand)/奥龙特(希腊拉丁语 Orontes)所建,直到前 176 年迁都阿尔塔沙特之前,是亚美尼亚首都。据传,沙普尔二世强迁 2 万个亚美尼亚家庭、0.3 万个犹太家庭至波斯。此城自此走向衰亡。——译者注

② 意为扎雷城。扎雷,亚美尼亚语 Zareh,即波斯语 Zarer,扎里尔,意译"金火",希腊语 Zariadris。Zareh 是塞琉古王朝安条克三世的亚美尼亚地方长官,于公元前 189 年自立称王。该城在古代亚美尼亚 Bagrewand 地区,今土耳其 Ağrı 省 Eleşkirt (亚美尼亚语 Alaškert) 平原 Murad-su (亚美尼亚语 Aracani,希腊语 Arsanias) 上河谷。据传,沙普尔二世强迁 0.5 万个亚美尼亚家庭和 0.8 万个犹太家庭至波斯。——译者注

③ 意为扎雷之乐。在古代亚美尼亚 Aghiovit/Kajberunik 地区,今土耳其 Kars 省 Arpaçay 地区。据传沙普尔二世时,1.8 万个亚美尼亚家庭和 1.4 万个犹太家庭被强迁波斯。——译者注

④ 在古代亚美尼亚 Tozb/Tosp 地区,今土耳其凡城。据传,沙普尔二世强迁 1.5 万个亚美尼亚家庭和 1.8 万个犹太家庭至波斯。——译者注

⑤ 在今阿塞拜疆的飞地纳希切万自治共和国(夹在伊朗和亚美尼亚之间)。据传,沙普尔二世强迁 0.2 万个亚美尼亚家庭和 1.6 万千犹太家庭至波斯,此地也是亚美尼亚俘虏最初集合之处。——译者注

⑥ 姓,萨珊七大贵族家族之一。——译者注

第一章 "伊朗"与"非伊朗"的政治史

帕普（Pap）是亚美尼亚统治者阿尔沙克之子，阿尔沙克逃往罗马人那里，而帕普在罗马的支持下，于367年被推上王位。公元371年，亚美尼亚人在巴加万（Bagawan）① 附近抵御住了沙普尔二世的进攻[98]。然而，帕普因为他亲阿利乌教派（pro-Arian）的政策，在"封建家族"和亚美尼亚教会中不受欢迎，这使得他被亚美尼亚资料诽谤，说他因为母亲（休尼克的帕朗杰姆[P'aranjem of Siwnik']）的宗教信仰而崇拜"魔鬼"（dēwān）[99]。帕普成了"封建家族"和"军长"（sparapet）穆谢格·马米科尼安（Mušeł Mamikonean）之间内部分歧和斗争的牺牲品，最终在瓦伦斯皇帝的煽动下被杀[100]。公元377年，亚美尼亚被沙普尔二世和瓦伦斯瓜分，之后高加索处在相对和平的状态下。

在萨珊帝国内部，一个名叫丰真言之子圣火护（Ādurbād i Mahrspandān）的琐罗亚斯德教祭司，要将"阿维斯陀"和琐罗亚斯德教传统圣典化。如费耐生（Richard Frye）所称，与奥斯曼土耳其"自治法庭"（millet）近似的系统最初始于这一时期，此时基督教主教和犹太教"流散宗主"（exilarch）驻于泰西封，他们纳税以换取和平和安全。到这一时期，宗教团体正在建立，而琐罗亚斯德教祭司、犹太教拉比和基督教教士正在一起奠定古典晚期波斯社会的基石[101]。我们不知道沙普尔二世能在多大程度上削弱大公和祭司的权力，但既然他是强大的统治者，他就有办法掌握自己的权力。唯一可能意味着琐罗亚斯德教祭司对君主严加控制的线索，是

---

① 意为"神城"，是亚美尼亚前基督教时期的主要圣城之一。位于Npat（希腊语Niphates，土耳其语Tapa-seyd）山脚，在古代亚美尼亚Bagrewand地区，今土耳其Ağrı省Diyadin以西。——译者注

沙普尔二世是最后一个自称"其世系来自诸神"的国王。王中之王可能最终成了世俗统治者,他们的宗教权威变得微乎其微。

正是在这个历史节点,萨珊纪念岩雕在波斯省消失了,重现于北部的米底省(Media)。在花园拱门(Tāq-e Bostān)①,有阿尔达希尔二世(公元379—383年)及其侄子沙普尔三世(公元383—388年)的纪念岩雕。我们可以认为是波斯省的琐罗亚斯德教祭司太强大,国王决定不仅要把他们的重心从其出身地这个传统据点转移出去,而且要转向另一个可以展现新形象的地方。是什么促使国王作出这一行动?是什么促使国王采用新的称号?这些并不清楚。米底省新的艺术风格与波斯省的在本质上并不相同。在阿尔达希尔二世登基浮雕上,新国王从沙普尔二世/阿胡拉马兹达的混合形象手中接过冠带,二人脚踏倒下的罗马皇帝尤利安,密希拉(Mithra)的形象变得突出,站在国王身侧。另一幅浮雕刻在拱门内②,沙普尔二世和沙普尔三世被表现为静止的形象,正面直立,两侧有两则简短的中古波斯语铭文,上面有最初阿尔达希尔一世在其钱币和铭文上采用的传统用语。他们并不从神手中接过冠带,也不战胜任何敌人,而是为个人肖像摆好姿势。阿尔达希尔二世、沙普尔三世和巴赫拉姆四世(Wahram IV,公元388—399年)[103]全都暴毙而亡,这意味着自沙普尔二世时期以来,贵族和祭司的权力不断增长[104]。贵族不断增长的权力也反映在对阿尔达希尔二世统治的简述中,据说他为了削弱他们的权力,处死了许多大人物和权威人士[105]。在巴赫拉姆四世治下,亚美尼亚失去了任何独立的迹象,

---

① 在今伊朗克尔曼沙市东北。——译者注
② 原文对浮雕和世系关系的描述有不确之处,已修正。——译者注

西部成为罗马帝国的一部分，而东部则处于王中之王的兄弟巴赫拉姆 – 沙普尔（Wahram Shabuhr，亚美尼亚语 Vramshapuh）的统治下，他于公元 394 年成为波斯亚美尼亚（Persarmenia）之王。但巴赫拉姆四世最伟大的功绩，则是遏制了进入叙利亚和美索不达米亚北部的匈人（Huns）[106]。

4 世纪：概观

关于公元 4 世纪，可以说亚美尼亚人将基督教视为对琐罗亚斯德教的重大威胁，视为与古代传统的断裂。亚美尼亚，继而是格鲁吉亚，通过接纳基督教，开始向东罗马帝国靠拢。这是因为君士坦丁（Constantine）及其继任者允许基督教繁荣，然后将基督教捆绑到皇帝和帝国的机构上。罗马皇帝自视为世界上所有基督徒的领袖，于是萨珊帝国中的基督徒就不再可靠。像沙普尔二世这样强大的国王，像丰真言之子圣火护这样的琐罗亚斯德教祭司，就反对基督教的扩张。这种策略并不成功，到 5 世纪萨珊人找到了另一种方式来缓解这种情况。像沙普尔二世这样强大且长寿的国王，给萨珊帝国带来了安定，保卫了西部和南部边疆。在东部，沙普尔二世遏制了东方游牧部落的入侵。他与匈人缔结联盟，获得某种程度的效忠。沙普尔二世对阿拉伯半岛和海岸的劫掠，不仅惩罚了阿拉伯部落，可能也保卫了波斯湾地区。萨珊人现在可以称波斯湾为"我们的海"（mare nostrum）。但王权制度还会随着琐罗亚斯德教会等级制的加强而重新定义。自此之后，王中之王不再称其世系来自"诸神"，他成了世俗君主，但仍然是祭拜马兹达者。

耶兹德卡尔德一世及与基督教的和平

在耶兹德卡尔德（Yazdgerd，公元399—420年）治下，我们开始接触到一种新的帝国意识形态，以及一种新的对待少数派的方式。钱币上的标语称他为"宁国"（*Rāmšahr*），而萨珊资料则称他为"作恶者"（阿拉伯语 *al-Athīm*，波斯语 *bazahgar*）。"作恶者"纯粹是祭司的宣传，因为耶兹德卡尔德不仅处死了一些蔑视国王善待宗教少数派之举的琐罗亚斯德教祭司，还友善地对待犹太人和基督徒[107]。事实上，在耶兹德卡尔德治下，当"景教"会议于公元410年召开时，基督教就成了被认可的宗教[108]。阿伽提亚斯（Agathias）称耶兹德卡尔德一世是亲基督教的君主，但更重要的是，他是"友善且平和的"统治者，一次也没有对罗马人发动战争[109]。因此，他的称号"宁国"就与这一时期十分相称，而我们也可以将这个称号与凯氏王朝（Kayanid）① 的意识形态相关联。在中古波斯语史诗《扎里尔志》（*Ayādgār ī Zarērān*）中，最后一位凯氏王朝的统治者凯古什塔斯帕（Kay Wištāsp）被赋予了"宁国"的称号，此事也见于《宗教事》（*Dēnkard*）[110]。甚至在出现诸如"凯"（*kay*）和"灵光"（*xwarrah*）这样的称号和术语之前，"宁国"这一称号就已经显示出"阿维斯陀"/凯氏王朝意识形态的倾向。很难说这种意识形态的新框架在多大程度上是因为与东方的接触而产生的，但帝国的东境越来越受到关注，必然对国王的观念产生了影响。

---

① 凯氏王朝，又译凯扬王朝。中古波斯语/波斯语 Kayān，即 Kay 的复数形式。Kay，源自阿维斯陀语 *kauui*，对应梵语 *kavi*，原指印度伊朗时期拥有灵视的诗人。在伊朗阿维斯陀时期，作为复数的 *kauui* 被贬为一类邪恶的祭司诗人，同时作为单数的 *kauui* 成为少数英雄的头衔。拥有这个头衔的英雄组成凯氏王朝。——译者注

所有的记载都称耶兹德卡尔德一世的统治是和平的，伊朗与罗马帝国互相尊重。事实上，阿卡狄乌斯（Arcadius，公元 383—408 年）曾请求波斯统治者做其子狄奥多西二世（Theodosius II）的保护人[111]；而这一传统将延续下去，有时是罗马人，有时是波斯人，请求对方保护自己国家的王位继承者。这一举措表明，到 5 世纪时，双方均认为对方可与自己平起平坐，值得将自己的继承人送往对方的宫廷，或者他们只是想确保王位继承，他们惧怕内部的反对更甚于对方的军队。我们不应忘记，在耶兹德卡尔德一世之前，三个国王相继在贵族手中暴毙，而耶兹德卡尔德一世必须作出反应，他也确实作出了反应，处死了许多贵族，因而在萨珊官方记载中被称为"作恶者"。耶兹德卡尔德一世的这一称号，可能是因为他对其他宗教的宽容，他开启了波斯基督教历史上的新篇章，同样也可能是因为他确立了王权机构与贵族和琐罗亚斯德教祭司之间的权力平衡。

巴赫拉姆·古尔，东方问题与迫害基督徒

公元 420 年，耶兹德卡尔德一世去世，长子巴赫拉姆 - 沙普尔（Wahram Shabuhr/ 亚美尼亚语 Vramshapuh）离开亚美尼亚前来继承王位，却被贵族谋杀，贵族立霍斯鲁（Khusro）为王，而霍斯鲁与耶兹德卡尔德一世没有直系关系。这一行动意味着贵族和祭司阶层反感耶兹德卡尔德一世的所作所为，他所做的事最终使自己的儿子遭到危险。耶兹德卡尔德一世的另一子巴赫拉姆（Wahram），早先被送往希拉（al-Hira）的阿拉伯宫廷，现在率领以阿拉伯人为主力的军队回国，迫使霍斯鲁退位。所有的记载都称巴赫拉姆（公元 420—438 年）是一个成功的统治者，公元 422 年，他在西部签

订和约，赋予萨珊帝国中的基督徒和罗马帝国中的琐罗亚斯德教徒以宗教自由。这份和约针对的是国内对基督徒的迫害，这次由琐罗亚斯德教祭司煽动的迫害看来始于耶兹德卡尔德一世统治末期[112]，或者更可能始于巴赫拉姆统治之初[113]。巴赫拉姆战胜了东方的另一支部落嚈哒，杀死了他们的国王，阻止了他们侵略帝国东境。在巴赫拉姆出征时，他留下幼弟纳尔西（Narseh）掌事，而他回来时，纳尔西被任命为呼罗珊之王。我们还听说"大司令"（*wuzurg-framadār*）一职被赐予密希拉 – 纳尔西（Mihr-Narseh）[114]。此时，亚美尼亚的情况也发生了变化，亚美尼亚的"封建家族"（*naxarar*s）再次向援萨珊人求援，以废黜他们的国王巴赫拉姆 – 沙普尔（Vramshapuh）之子阿尔塔什斯（Artashes）①。公元428年，巴赫拉姆五世废黜了他，在亚美尼亚设"边境守护"（*marzbān*），迎来了在亚美尼亚历史上以"边境守护"（*marzpanate*）时期著称的时代。

关于巴赫拉姆五世，有许多浪漫的记载，诸如引进印度乐师"吉卜赛人"（*lurī*s）②，他爱喝酒，尤其爱狩猎，得到了"野驴"（*Gur*）的称号。在早期的波斯语文献汇编中，第一首波斯语诗歌的创作也归于他，这自然是没有根据的想象。甚至巴赫拉姆的神秘死亡也激发了人们的想象，据说有一天他在米底（Media/Māh）狩猎时，掉进沼泽或井中消失了，他的尸体从未被发现。琐罗亚斯德教启示录文本的作者，还将他记忆为一个带来和平时代的人，在这个时代中邪恶和魔鬼都隐匿起来[115]（图6、图7）。

---

① 即Artaxias IV，亚美尼亚最后一任安息国王。——译者注
② 原文作*lurs*，译法来自汉译《列王纪》"巴赫拉姆从印度召吉卜赛人到伊朗"一节；今日俾路支仍有 *lūrī/lūṭī*，他们是乐师和工匠，歌唱诗歌，口传故事，打铁，在节日击鼓领舞，每个村子至少有一家 *lūrī*。——译者注

第一章 "伊朗"与"非伊朗"的政治史

图 6　法尔斯省的柏园宫拱顶

图 7　法尔斯省的柏园宫

在耶兹德卡尔德二世（Yazdgerd II，公元 438—457 年）统治早年，关注点转向了东方，他与资料称之为贵霜人的民族作战，而这些人很可能是匈人。耶兹德卡尔德在呼罗珊驻扎了一段时间，守卫了帝国东境，而巴克特里亚归于萨珊控制。然后他转向亚美尼亚和阿尔巴尼亚（Albania）[①]，因为守住高加索阻止匈人西进是当务之急，罗马人也参与了这场战争[116]。亚美尼亚还有更多难题，这些问题可能是"大司令"密希拉-纳尔西引发的，他发布了一道政令，重立琐罗亚斯德教为亚美尼亚的官方宗教[117]。这一政令让我们窥探到密希拉-纳尔西有趣的察宛派（Zurvanite）倾向，以及亚美尼亚人应该改宗琐罗亚斯德教的理由[118]。此事导致了一些已经成为基督徒的亚美尼亚"封建家族"叛乱。我们可以说亚美尼亚人没有因此而团结起来，结果在公元 451 年阿瓦拉尔（Avarayr）[②]战役中，由瓦尔丹·马米科尼安（Vardan Mamikonian）率领的亚美尼亚军队被歼灭，许多人被迁往波斯[119]。亚美尼亚人（基督徒）不会忘记这个灾难，它成了纪念他们反抗琐罗亚斯德教邻邦的标志。

这一反基督教的措施不只落到了亚美尼亚的基督徒身上，因为这一时期的叙利亚殉教文献，提到了对基督徒和犹太人的迫害。结果，琐罗亚斯德教祭司和萨珊编年史，将耶兹德卡尔德二世记载为一个击败敌人（非琐罗亚斯德教徒），但善待琐罗亚斯德教徒和军队的人。从帝国意识形态来看，他是第一个使用新的称号"祭拜马兹达者、圣帝、凯"（*m'zdysn bgy kdy*）的国王。这意味着至少在带

---

① 指高加索阿尔巴尼亚，在今阿塞拜疆和南达吉斯坦。——译者注
② 阿瓦拉尔平原在今伊朗西阿塞拜疆省边界地区，战役发生在当时波斯-亚美尼亚界河 Zangemār/Tḷmut 河河畔。——译者注

第一章 "伊朗"与"非伊朗"的政治史

有这个称号的钱币流通的帝国中，萨珊国王不再被视为是神的形象，而是与"阿维斯陀"的凯氏王朝相关联①。但是，我们应该记得这一趋势是从耶兹德卡尔德一世及其称号"宁国"（Rāmšahr）开始的，而耶兹德卡尔德二世的"凯"（kay）则是这一凯氏王朝意识形态的第二次显现。尤其有趣的是，这种"阿维斯陀"倾向，正好出现在萨珊国王再次关注东方，并在那个地区驻扎了数年之际。我们不能认为因为他驻扎在呼罗珊，或者接触巴克特里亚，所以才对凯氏王族着迷，因为已经有"宁国"的称号出现在前。对凯氏王朝的身份认同，现在被萨珊王族全盘采用，并将在数种称号中展现出来，我们将在下文讨论。这意味着萨珊王族并不将阿契美尼德王族视为其祖先（就我们所知，萨珊王族可能将阿契美尼德纪念建筑视为波斯省之王的作品），他们通过凯氏王族的意识形态，将自己与原初的国王，尤其是与"阿维斯陀"（Avesta）中的凯氏王族联系起来[120]。

耶兹德卡尔德二世的两个儿子，霍尔姆兹三世（Hormizd III，公元457—459年）和皮鲁兹（Peroz，公元459—484年）相继统治，后者在权力斗争中废黜了前者。同时，霍尔姆兹三世可能是自行加冕的，我们听说他的母亲迪娜（Dēnag）控制了首都或一部分首都。在这场混乱中，阿尔巴尼亚（Albania）②获得独立，帝国的东境向嚈哒人敞开。当皮鲁兹登上王位后，他平定了阿尔巴尼亚，但允许亚美尼亚人继续信仰基督教，并与东罗马帝国缔结和约，合力守卫

---

① 与凯氏王朝相关联，并不意味着不再被视为是神的形象。如 Bundahišn 26.105 称，神使 Nēryōsang 从诸神（bagān）世系召唤凯氏家族。当然，bag(ān) 一词既可指神，也可指帝王，但此处与神使召唤相关，应指神。——译者注

② 指高加索阿尔巴尼亚，在今阿塞拜疆和南达吉斯坦。——译者注

高加索山口。萨珊人在呼罗珊迎战劲敌嚈哒人,公元 469 年,皮鲁兹以及他的后宫和随员被胡什纳瓦兹(Khwashnawaz)俘虏。这场灾难发生在第三次战争中,而在前两次战争中,皮鲁兹的战争得到罗马人的部分资助[121]。这是萨珊统治的低谷,实际上他们向嚈哒人割地纳贡,以换回国王及其随员。"祭司长"(mowbed)、皮鲁兹之子哥巴德(Kawad)和他的女儿都被嚈哒人扣为人质[122]。罗马人没有进攻波斯的唯一理由,是芝诺(Zeno)皇帝面临严峻的内部问题,无法将其关注点转向东方[123]。

我们知道此时发生了宗教迫害,尤其是对犹太人的迫害,而干旱饥馑肆虐帝国,公元482年,亚美尼亚发生了叛乱[124]。但皮鲁兹(Peroz)决心为自己在东方的失败复仇。这次行动发生在公元484年,结果全军覆没,他自己和七个儿子丧命[125]。正是在此,我们听说了皮鲁兹"珍珠耳环"的著名传说,他的珍珠耳环是如此珍贵,因此皮鲁兹死前将它扔到地上,这样就再没有人能戴上它了[126]。巴拉什(Balāš/Walāxš)①的短暂统治(公元 484—488 年)中没有大事发生,因为帝国软弱,国王与亚美尼亚和嚈哒人保持了和平关系,向后者纳贡。巴拉什看来受到贵族支配,有趣的是,我们看到这一时期帕提亚贵族的影响力逐渐增长。其中一个是卡谅家族的苏法拉伊(Sokhra),亦称扎尔密希拉(Zarmihr),他在皮鲁兹死后拯救了残余的萨珊军队,另一个是美赫兰(Mehran)家族的沙普尔[127]。巴拉什于公元 499 年被贵族和祭司废黜,而哥巴德一世(Kavad I,公元 488—496、499—531 年)被推上王位。

---

① 贵族谋杀了本要继位的皮鲁兹之子扎里尔(Zarēr),另立皮鲁兹之弟巴拉什为王。——译者注

5 世纪：概观

总体而言，5 世纪的国王是软弱的，贵族和琐罗亚斯德祭司取代宫廷，施加影响。一些国王，如耶兹德卡尔德一世确实惩罚了一些琐罗亚斯德教祭司和贵族，以削弱他们的权力，但这只在短时间内妨碍了他们最终接管国家。但是，这并不意味着帝国就不起作用了，或者不再集权化了。官僚机构在祭司的控制下，达到了这样一种复杂程度，国王的死亡不会让帝国倒台，反而会对祭司和贵族有利。行政印章上出现的头衔[128]数量不断增长，钱币上出现铸币标记，从这些地方也都可以看到中央集权。帝国在经济上并不顺利，因为干旱、饥馑和激烈的战争，这些战争的结果是向嚈哒人缴纳巨额贡赋，在西部也没有任何胜利可以从罗马人那里得到黄金。

哥巴德、马兹达克和混乱

于是，哥巴德一世（Kavad I）必须面对经济和政治问题，这些问题在 5 世纪末降临到萨珊帝国头上。在哥巴德统治的第一个阶段，一个名叫马兹达克（Mazdak）的琐罗亚斯德教祭司受到哥巴德一世的注意，两人合力进行改革，这些改革超过了公认的宗教教义和现有社会秩序所允许的范围。马兹达克带来的社会改革，在当时，尤其是在其成功后，激起了琐罗亚斯德教祭司怨恨。文献告诉我们，马兹达克宣扬一种平等主义的社会体制，要平等分享财富、女人和财产。拜占庭资料声称，是哥巴德向波斯人引入了这种观念，即他们"应该与女人集体性交"[129]。马兹达克的观念有神学和宇宙论的维度,我们将在论宗教的第 3 章中详细讨论,但他的观念也有政治和社会的影响[130]。在此处,我们要从马兹达克派运动的功能是充当哥巴德的政治工具这一角度,来看待这场运动。哥巴德使用马兹达克的观念,以削弱贵族、大公、大土地所有者和祭司的权力,祭司现在卷入了国家的方方面面,而且并不总是诚实的[131]。马兹达克的教诲反对"阿维斯陀"规定的社会分层,或者可能反对琐罗亚斯德教祭司阐释"阿维斯陀"的方式。现在马兹达克对琐罗亚斯德教传统有了新的阐释,甚至是新奇的阐释。哥巴德可能相信他的启示,也可能不相信,但他无疑加以利用,通过采纳马兹达克派的观点,铲平上层阶级,国王更能吸引大众、更平易近人。他打开了帝国粮仓,把土地重新分配给农民。反对这次改革的祭司撰写了琐罗亚斯德教文本,在这些文本中,这一时期被视为混乱的时代,这个时代中女人由所有人共享,再没有人知道自己的世系。

公元 496 年,不满的贵族和祭司逮捕了哥巴德,将他囚禁在"忘却之狱"中,让他的兄弟贾马斯帕(Zamasp)在王位上坐了几年。贾马斯帕以温和和正义感著称,这可能是反马兹达克派的宣传[132],贾马斯帕很可能试图撤销哥巴德的改革。哥巴德在他姐妹的帮助下逃到嚈哒人那里。① 公元 499 年,他从那里起兵,夺回王位,而贾马斯帕逊位。这一行动也暴露出帝国的困境,在混乱的时代,一小支军队就能推翻贵族-祭司联盟。哥巴德不仅迫使帝国民众接受马兹达克宗教——许多人肯定是乐意的,尤其是

---

① 皮鲁兹之子哥巴德,曾在皮鲁兹战败后做过嚈哒人的人质,在此期间与嚈哒人建立了友好关系,也正是为此,贵族废黜巴拉什而立他为王。——译者注

下层阶级——还迫使萨珊王朝的藩属国接受这种宗教,如在6世纪的前二十五年中,向内志(Najd)①和汉志(Hijaz)②的阿拉伯人推行[133]。

一旦经济、政治和社会情况得到控制,哥巴德就开始实行体制改革,这些改革对于6世纪的帝国是至关重要的,通常被归功于霍斯鲁一世(Khusro I)。哥巴德在"祭司长"(mowbed)这一级别中设立了"贫穷者的说情者和法官"(drīyōšān jādaggōw ud dādwar)一职,以帮助穷困者和受压迫者,这不仅是对马兹达克派运动的一种反应,也是基督教、琐罗亚斯德教和后来的伊斯兰教的一种共同趋势[134]。在行政上,他创立了四"部"(diwān),很可能这是对应于四"军长"的军事划分[135]。此前是一名"伊朗军长"(Ērān-spāhbed)统帅军队,而现在面对多条战线,他分身乏术。在哥巴德治下,开始丈量农业土地,重整赋税系统,还在帝国中创设新区[136]。

在宗教上,景教成为波斯官方认可的教会,到霍斯鲁一世时期,我们得知基督教首领有了"伊朗牧首"(Ērān Cathollicos)的头衔[137]。对萨珊人来说幸运的是,到公元515年,嚈哒人已处在衰亡和分裂之中。但是在西部,情况就不一样了,公元502年,一场延迟已久的战争开始,结束了长期的和平。普罗科比告诉我们,哥巴德欠了嚈哒人钱[138],而另一种资料提出,罗马人不愿出力抵御匈人,因此波斯人很不高兴[139]。哥巴德入侵亚美尼亚,占领狄

---

① 在今沙特阿拉伯中部。——译者注
② 在今沙特阿拉伯西部。——译者注

奥多西城（Theodosiopolis）①。他继而从亚美尼亚西进，包围并占领了艾美达[140]。哥巴德继续向西发动袭击，但在这种为了战利品而发动的掠夺性侵略中，他的成功是有限的。然而，和谈对波斯人有利，公元506年，战争结束了。524年，伊比利亚（格鲁吉亚）国王古根（Gourgenes）站到了罗马人一边，因为哥巴德试图强制推行琐罗亚斯德教。这一行为威胁到了波斯对该王国的控制，但直到公元528年，波斯人都牢牢控制着这一地区。从公元527年开始的进一步战争中，美索不达米亚首当其冲，而阿拉伯部落和匈人也被卷入其中。到公元529年，和谈破裂，公元530年，哥巴德入侵达拉（Dara）②，正当查士丁尼（Justinian）统治期间。查士丁尼的干将贝利撒留（Belisarius）被派去守城，对抗波斯将领美赫兰（Mehran）[141]。公元531年，战争在美索不达米亚—叙利亚边境以及亚美尼亚继续，但这些战争中没有一场有明确的赢家。

霍斯鲁一世，改革和萨珊中兴

萨珊中兴发生在这一时期，其结果是格鲁吉亚连同阿拉伯半岛内部的部分地区和阿曼，现在都由波斯人控制[142]。波斯人早已在中亚定居，商人去往印度、中国，甚至远至印度尼西亚[143]。他

---

① 在今土耳其埃尔祖鲁姆。亚美尼亚语称之为Kārin，其名源自帕提亚贵族卡谅家族。4世纪末，罗马和波斯分治亚美尼亚后，该城划归罗马，改称狄奥多西（一世）之城。——译者注

② 东罗马皇帝Anastasius在与哥巴德的战争（502—506）结束后，于507年建造，距尼西比斯（今努赛宾）18公里，距罗马和波斯的实际边界仅5公里，在今土耳其Mardin省（近叙利亚边界）。查士丁尼皇帝加固了城防，使之成为罗马控制美索不达米亚的基地，因此成为波斯军事行动的重点目标之一。——译者注

第一章 "伊朗"与"非伊朗"的政治史

们对做生意更有兴趣，希望能控制香料和丝绸贸易，这是由经济利益激发的，而不是国家资助的行为。公元531年，哥巴德去世，马兹达克派拥护他的儿子卡乌斯（Kay-us/Kāvus），卡乌斯是长子也是继承人（和父亲一样，也使用凯氏国王的名字）。此处，我们得知宫廷和宗教阶层决定拥护霍斯鲁一世（Khusro I），霍斯鲁年幼，但他是反马兹达克派的。卡乌斯正在北方统治塔巴里斯坦（Tabarestan）①，他与霍斯鲁一世争权，最终被击败[144]。至此，霍斯鲁一世成了谋杀马兹达克及其大量信徒的工具，这些信徒自以为安全，可以宣称他们忠于马兹达克。尽管《列王纪》（Shahnameh）可能夸大了马兹达克派的结局，但直到今日都深入波斯人之心，它这样描述道："凯斯拉（霍斯鲁）的宫中有个花园，花园四周建了一道墙垣。沿着墙垣挖了一个深坑，把那些人一一推入坑中。就像棵棵大树被人砍倒，这个人的头压住那人的脚。"[145]据说，霍斯鲁让马兹达克到花园中看他自己的行为结出的恶果，而"祭司长"（mowbed）看到自己的信徒这般惨状，大声惊呼，摔倒在地。随后，他被吊起来，乱箭射死。故事结尾，菲尔多西告诫道："聪明人，可别走他这条道路。"[146]（图8）

霍斯鲁一世（Khusro I，公元531—579年）代表着萨珊和近东历史上哲学王的典型。有如此多的事都归功于他，以至于难以分辨事实和虚构。但确定无疑的是，甚至是在萨珊衰落，伊斯兰教到来之后，他都能激发人们的想象。霍斯鲁一世对帝国的改革和改变，成了国王、哈里发还有苏丹们的蓝图。但是，在进行大变革之前，霍斯鲁需要巩固王权。他的权力首先受到兄长卡乌斯竞争，卡乌斯

---

① 在黑海南岸，相当于今伊朗马赞得朗省。——译者注

图 8 伊朗国家博物馆所藏镶金盘,上有霍斯鲁一世像

的据点在北方马赞得朗。历史资料记载,不拥护马兹达克及其信徒的贵族,站在了霍斯鲁一世一边。但实际上,霍斯鲁一世继承了他父亲对行政和经济改革的构想,为了实现改革,就需要削弱大贵族的权力。看起来霍斯鲁一世将自己表现为反马兹达克派的候选人,致力于实现一个稳定有序的时代,但实际上他是在击败并摧毁旧秩序之后创造新秩序。

当霍斯鲁一世作为反马兹达克派上台之时,他并没有恢复大贵族家族、大土地贵族阶层的权力,相反他支持小土地持有者,小土地持有者在中古波斯语资料和波斯-阿拉伯资料中被称为"乡绅"①(dehgān/dehghān) [147]。"乡绅"不仅会成为萨珊军队的主心骨,

---

① 音译"德赫干"。——译者注

更重要的是，他们作为税收官员成为国家的经济基础。他们也将在未来成为波斯文化和历史的宝库，到 11 世纪，其中一员会在穷困潦倒中完成《列王纪》(Shahnameh)。

为了保护萨珊帝国的边境，霍斯鲁建造了一系列"长城"(war)作为防御措施，类似于不列颠北方的哈德良（Hadrian）长城和中国的长城。但是，波斯长城是在帝国的四方边境上建造的。一座建于东北，沿着戈尔干平原，抵御嚈哒人，一座建于西北，在高加索山口，一座建于东南，还有一座建于西南，被称为"大食人长城"(war ī tāzīgān)[148]。

在智识方面，看来伊朗与其他民族的关系有了新开端，尤其是与印度和罗马的关系。医学和天文学作品、礼仪书（mirrors for princes）①、寓言故事、象棋等游戏的手册，从印度翻译过来[149]。来自罗马的乐器、科学作品、医学论文和哲学文本，也传入伊朗。一些哲学家从雅典来到霍斯鲁一世的宫廷，尤其是在查士丁尼关闭新柏拉图主义学园之后。霍斯鲁对哲学的兴趣，从他被称为"柏拉图的哲学王"这一记载中就可以看出来[150]。关于萨珊帝国的文化发展，我们将在第 2 章详述。但霍斯鲁和罗马皇帝查士丁尼，代表了古典晚期的开明君主和值得纪念的统治者。"正义"(ādel)感——波斯语文本这样谈到霍斯鲁一世编撰法典的事业（Mādayān ī Hazār Dādestān,《千条判决书》）的编纂很可能始于霍斯鲁一世时期，终于霍斯鲁二世），以及行政和军事改革，几乎在两个帝国中同时进

---

① mirror 相当于波斯语 āyīna，中古波斯语 ēwēnag，其构词来自波斯语 āyīn，中古波斯语 ēwēn，指"举止、习俗、规矩、得体"；这类文献称为 ēwēn-nāmag/āyīn-nāma。——译者注

行。学者们争论是否一个国王影响了另一个,但与其试图单向地看待这一过程,我们更应该将这些关系视为相互的,双方相互激发,可能还想赶超彼此。

霍斯鲁一世也进行了行政和军事的革新,完成了哥巴德的改革。他将帝国分为四区,每区设立一个"军长"(spāhbed)。现在,东北、西北、西南、东南的四"军长",取代了"伊朗军长"(Ērān Spāhbed)。他创设了兵"部"(dīwān)。还吸收不同部落民,诸如答儿密人(Daylamites),以加强军事力量,这及时改变了军队构成,使军队效忠于国王。还有税制改革,不仅按照土地的数量,也按照农作物的种类收税。

东西部的战争

通过这些改革,霍斯鲁一世使萨珊帝国恢复了活力。这些改革的成功可以从其军事胜利中看到。在东部,公元557—558年,霍斯鲁一世击败嚈哒人,公元572—577年,遏制了突厥人入侵近东[151]。在西部,公元532年,霍斯鲁一世与查士丁尼缔结和约,这后来以"永久和平"而著称,和约对波斯人有利。波斯人会收到黄金,保护高加索山口,控制亚美尼亚和伊比利亚(格鲁吉亚)大部分地区,而罗马人则放弃他们在美索不达米亚的根据地[152]。然而,公元540年,哥特王维蒂吉斯(Vitiges)告知霍斯鲁一世,查士丁尼正在北非和意大利征战,而亚美尼亚又向波斯人请求援助,于是霍斯鲁一世在西部发起战争[153]。他在美索不达米亚和叙利亚开始了战争,占领了安条克城[154]。公元541年,在亚美尼亚人和拉兹人(Lazics)的怂恿下,霍斯鲁一世再次入侵亚美尼亚,以减少罗马人对该地区的骚扰。公元542年，霍斯鲁发动了另一场战争，但瘟疫阻止了国王继续进军。公元543年，战争继续，罗马人在亚美尼亚被击败。544年，波斯人包围埃德萨（Edessa）①，向其居民索取大量黄金。这场战争历时长久，始于公元541年，终于557年，双方同意缔结和约。然后，霍斯鲁挥军前往帝国东境，向嚈哒人发动战争，并取得了胜利，此后他控制广袤土地，一直到阿姆河（Oxus）。

这一和约持续到公元565年查士丁尼去世。当查士丁二世（Justin II）成为新皇帝时，他要求对斯瓦内蒂（Suania）②的控制权[155]。这成了战争的导火索，而战争结果对罗马人是灾难性的，到公元573年，波斯人在高加索、美索不达米亚和叙利亚取得了实质性的进展。达拉（Dara）再次被霍斯鲁一世占领，这对已经得病的查士丁来说是沉重一击[156]。随着新皇帝提贝里乌斯（Tiberius）登基，关于美索不达米亚的和谈开始进行，但战争于574—575年在高加索继续，继而蔓延到美索不达米亚。战争的这一阶段延续到莫里斯（Maurice）皇帝执政时期及以后，直到7世纪[157]。霍斯鲁一世在阿拉伯半岛获得了立足点，一直到也门。因为恢弘的胜利和成功，霍斯鲁一世在他特别发行的钱币上铸下这样的铭文"伊朗已无所畏惧"（*ērān abē-bīm kard*）和"伊朗已繁荣"（*ērān abzōnhēnīd*）[158]。这是在哲学王的率领下，萨珊帝国荣耀和权力的顶峰。

霍斯鲁之子霍尔姆兹四世（Hormizd IV，公元579—590年），

---

① 在今土耳其 Şanlıurfa 省首府 Urfa。塞琉古一世于公元前303年前后建城，在古代是奥斯若恩的首府。在罗马控制的美索不达米亚，尼西比斯是主要边防堡垒，埃德萨则是提供人员和物资的基地。——译者注

② 希腊拉丁语 Suania，格鲁吉亚语 Svaneti，意为 Svan 人之地。位于高加索山南坡，在今格鲁吉亚西北。——译者注

无论是赫赫威仪还是政治观，都比不上他的父亲。霍尔姆兹四世以其傲慢和暴政而闻名，他在宫廷中树敌甚多[159]。塞贝奥斯（Sebeos）告诉我们，霍尔姆兹四世对处死许多贵族负有责任，这使得他受到巨大的仇恨[160]。他继续支持"乡绅"（dehgan），很可能这一阶层力量得到增长，而"贵族"（āzādān）则受到削弱，他也残暴地对待琐罗亚斯德教祭司。在东方，公元589年，突厥人遭遇萨珊将军巴赫拉姆·楚宾（Wahram Chubin），巴赫拉姆·楚宾因击败突厥人而在帝国中声名远扬。他出身于高贵的安息后裔美赫兰（Mehran）家族，可以追溯到比萨珊王族更古老的世系。当巴赫拉姆·楚宾在亚美尼亚对抗罗马人遭到小小失利之时，霍尔姆兹四世就诽谤他，对他进行非法指控，使得这位将军叛变，并进军泰西封[161]。在以古斯塔哈姆（Wistahm）和本都伊（Windoe）为首的贵族帮助下，他们废黜了国王，立其子霍斯鲁二世（Khusro II）为王①。

这些事件发生在公元589—590年，相当重要的是，这是第一次萨珊家族以外的人试图掌控帝国，很可能对萨珊王族来说是意外的震惊。这体现了集权系统的力量和萨珊帝国宣传的问题，尤其是在软弱的或被人憎恨的国王在位之时。在哥巴德一世和霍斯鲁一世时期得到改革和加强的机构，到此时是如此强大和稳固，乃至它们无视政治混乱而继续运作。关于地方事务，也可以这么说，在地方上，"乡绅"成了重要官员，而地方事务对于地方民众来说，比帝国的政治事件更为重要。我们可以想见，在7世纪阿拉伯穆斯林征服伊朗时，萨珊帝国的形象受到了更严重的损害，但却没有动摇帝

---

① 巴赫拉姆·楚宾逼近泰西封时，霍斯鲁二世弃城而逃，巴赫拉姆·楚宾入城自立为王。——译者注

国的机构和官员,在穆斯林统治者治下,那个"系统"继续运作。哈里发采纳波斯行政系统及其职员,可以证明这一点。

霍斯鲁二世与疆域最大时期的帝国

到公元 6 世纪末,霍斯鲁二世(Khusro II,公元 590—628 年)(图 9)无法抵挡巴赫拉姆·楚宾的军队[162],他感到国内不再安全,于是于公元 590 年逃至东罗马帝国,在希拉波利斯(Hierapolis)①

图 9 花园拱门的霍斯鲁二世半身像

---

① 意为女神 Atargatis 的"圣城",古称 Bambyce 或 Mabog,在今叙利亚阿勒颇省 Manbij。当时是东罗马幼发拉底省首府,Comentiolus 将军驻扎在此,霍斯鲁派代表从此城出发去见莫里斯皇帝,表示愿给罗马皇帝当儿子,并割让美索不达米亚北部和高加索的土地。——译者注

城避难，向莫里斯（Maurice）皇帝求援[163]。罗马皇帝向霍斯鲁二世提供了罗马军队，主要是亚美尼亚军队，使他能在当年回国并击败巴赫拉姆。现在这位叛变的将军逃至东方，最终在霍斯鲁的煽动下被突厥人暗杀。我们知道，巴赫拉姆认为自己是合法的国王，因为他铸造钱币达两年之久（公元590—591年），第一年是在西南，主要在伊拉克和米底（Media），第二年是在东北，他逃亡的地方。甚至在其死后，巴赫拉姆都能激发人们的想象，人们创作了关于他的歌谣和故事，在阿拉伯语和波斯语中保存下来。

霍斯鲁登基后，开始向参与谋杀其父亲的人复仇，尽管我们不确定他自己是否与这次谋杀毫无干系。他的舅舅古斯塔哈姆（Wistahm）曾是霍斯鲁的支持者①，现在被其敌人选为攻击目标，结果他逃至米底，以自己的名义铸造钱币，很可能在那儿一直活到公元600年[164]。因此，到6世纪的最后十年，有两个被萨珊王族视为非法统治者的人在铸币。这是意味深长的，因为在此前366年中，除了萨珊国王之外没有人得到许可或者能够以自己的名义铸币。正是此事对萨珊威望的损害，引发了霍斯鲁二世的征战。

霍斯鲁二世巩固了他在波斯湾的权力，派遣使者去阿拉伯半岛调查情况，所行远至麦加。公元602年，希拉（al-Hira）的最后一位国王努曼三世·伊本·孟迪尔（Al-Nuʿmān III ibn al-Mundhir）被杀，拉赫姆（Lakhmid）国被置于其他亲萨珊势力的统治下。当罗马皇帝莫里斯（Maurice）被谋杀，福卡斯（Phokas）登基时，霍

---

① 另一个主要支持者本都伊，在590年霍斯鲁败于巴赫拉姆·楚宾时，牺牲自己使霍斯鲁得以脱身逃往拜占庭。——译者注

斯鲁二世利用这一事件作为征服叙利亚等地的借口。起初，霍斯鲁占领了罗马控制的亚美尼亚[165]，公元604年，他的两位将军沙欣（Shahin）和沙赫兰古拉兹（Shahrwaraz）① 以迅雷不及掩耳之势征服叙利亚[166]。公元619年，波斯人占领巴勒斯坦，继而占领埃及，甚至行军远至利比亚[167]，又于公元619—622年间征服安纳托利亚。我们有安条克·斯特拉太古（Antiochus Strategos）对公元614年萨珊人征服耶路撒冷城并夺走十字架的生动描绘，此事震惊了罗马帝国，受到深切哀悼[168]。公元610年，希拉克略（Heraclius）成为东罗马帝国皇帝[169]。他本来意欲开赴北非，但据说神父说服他留了下来，在教会的资助下反击伊朗。希拉克略从黑海进入亚美尼亚，公元624年，进入波斯帝国的腹地，洗劫了甘哲（Ganzak）②附近的公马圣火（Adur Gushnasp）③ [170]，以报复萨珊人从耶路撒冷夺走了"真十字架"。甚至在阿拉伯穆斯林开始征服之前，基督教世界和东方第一次真正的"圣战"就这样发生了。随着波斯军队的撤退，波斯贵族和亲波斯势力也从叙利亚和伊拉克撤退[171]。数年之间，霍斯鲁二世从一个追求恢复阿契美尼德王朝完整领土的世

---

① Šahr-warāz，"国彘"，本是国家军事首领的头衔而非人名，在历史文献中这一头衔被当作人名记载，今译名从《列王纪》汉译本。——译者注

② 地名来自 ganj，"国库，宝库"。此城并非以诗人内扎米而闻名的甘哲（在古代 Arrān，今阿塞拜疆，最初建城于伊斯兰早期），而是古代阿塞拜疆的首府（在今伊朗阿塞拜疆省，最初建城于阿契美尼德时期，到伊斯兰早期废弃），遗址在 Urmia 湖南岸 Miāndōāb 平原上 Laylān 附近。另，公马圣火最初设在 Ganzak 附近的山丘上，公元5世纪之后迁至 Taxt-e Solaymān，由此发展出 Šīz 城，由于 Ganzak 与公马圣火有数百年密切关联，传统上难以分割，因此 Šīz 有时与 Ganzak 混淆。事实上希拉克略占领了 Ganzak，洗劫了位于 Taxt-e Solaymān 的公马圣火祠，并非在 Ganzak 附近。——译者注

③ 原文作 Adur Farrobay，按萨珊时期 Adur Farrobay 在波斯省，而 Adur Gushnasp 才在阿塞拜疆省。——译者注

界征服者，沦为一个无法保护琐罗亚斯德教圣火祠及其臣民的耻辱国君。公元628年，贵族和祭司废黜了霍斯鲁二世，到公元630年，所有被征服的土地都已归还罗马人[172]。

7世纪的帝国意识形态、王权和权力

就帝国意识形态而论，我们可以说早期萨珊王族认为自己的世系来自诸神，他们也在钱币和铭文中使用波斯阿契美尼德和帕提亚王朝的称号，诸如"王中之王"。公元4到6世纪，这一遗产被搁置一旁，取而代之的是采纳了凯氏王朝（Kayanid）的意识形态。而霍斯鲁二世宣告回归阿契美尼德王朝和凯氏王朝的双重遗产，他将自己的名字和"王中之王"的称号一起铸在钱币上，也第一次刻上"灵光增长"（xwarrah abzūd）这一标语。"灵光"（xwarrah）是古代波斯王室意识形态的核心，如"阿维斯陀"中展现的那样，它是伊朗世界统治权的先决条件。在波斯艺术中，灵光通常用环绕在国王头部的光环来表现[173]。

霍斯鲁二世是武士国王，类似于萨珊早期的国王。花园拱门的石窟，将他表现为全副武装的武士，这是萨珊重骑兵的典型形象，而诸水女神阿娜希塔在他上方。在许多方面，霍斯鲁二世代表着萨珊专制主义（absolutism）的顶峰，最后一次回归往昔的荣光。尽管阿胡拉马兹达被认为是至高无上的，但在花园拱门，我们也会遇见另外两位神祇，即密希拉和阿娜希塔。这些正是公元前5世纪阿尔塔薛西斯二世（Artaxerxes II）所崇拜的三联神，所以，此时就是全面回归这三神信仰。霍斯鲁二世宫廷的骄奢淫逸，也在花园拱门的岩雕中清楚地展现出来，国王被表现为在舟中狩猎，乐师们演奏竖琴，伴随着随行官员。（图10）霍斯鲁在波斯历史上被记载为一个骄奢淫逸的国王，给波斯帝国带来了毁灭[174]。但是，也许是他的宗教政策，尤其是他对基督教的兴趣，才是他被琐罗亚斯德教资料谴责的根源[175]。他最爱的妻子希琳（Shirin）在史诗和浪漫主义文学中十分著名，据说她和霍斯鲁另一个基督徒妻子，东罗马帝国的公主马利亚（Maryam）一起，在帝国中推行基督教[176]。

图10　花园拱门霍斯鲁二世行猎图中的竖琴手

兄弟相弑与萨珊帝国的瓦解

霍斯鲁二世之后，哥巴德二世希鲁耶（Kavad II Šērōē）于公元628年登基。他犯下兄弟相弑的大罪，杀死了萨珊家族中几乎每一个有资格或有能力的男性继承人。这也可能是因为他父亲霍斯鲁二世加冕过他的弟弟马尔丹沙（Mardānšāh）为其继承人。无论如何，哥巴德二世的行为会对帝国的未来产生毁灭性的影响。他不愿再与有关父亲的记忆有什么关系，这一事实可以从他的钱币恢复到霍斯鲁一世的样式看出来[177]。他又与希拉克略签订和约，根据和约，他归还了萨珊人占领的所有土地[178]。同年，哥巴德二世自己也遇刺身亡，和他的兄弟遭受同样的命运，这进一步暴露出泰西封王室事务的困境。

公元 628 年①，哥巴德的幼子阿尔达希尔三世（Ardashir III）登基，在他治下，萨珊王族第三次受到外人挑战。此人是萨珊将军沙赫兰古拉兹，曾率领霍斯鲁二世的军队征战四方。他很快进入首都泰西封，于公元 630 年结束了年幼国王的统治，声称自己是新的王中之王。他的行动可能部分出于对霍斯鲁二世的敬意，因为他处决了所有参与谋杀这位国王的人。公元 629 年，他与希拉克略在阿拉比索（三河）（Arabissus [Tripotamus]）签订和约，约定幼发拉底河为萨珊波斯和罗马帝国的永久国界[179]②，据一种亚美尼亚资料，很可能是后者的支持，给了沙赫兰古拉兹接管王位的动力[180]。这是萨珊帝国意识形态又一次严重的挫折。但是，沙赫兰古拉兹无法保住王位，数月之后，他也被杀死[181]。

---

① 原书 628—631 年之间编年有误，译者有所调整。——译者注
② 即 Arabissus，在卡帕多西亚，此时属罗马亚美尼亚，在今土耳其的 Afşin 附近。——译者注

普兰女王与萨珊合法性的衰落

霍斯鲁二世的一个女儿，名叫普兰（Bōrān），于公元630年登基，统治了两年[182]。她的统治是巩固帝国权力和重建帝国的时期。如伊斯兰资料所述，她试图巩固帝国，免除重税。她对过去的观念和对父亲的尊重也是明确的，因为她将其钱币改回父亲的样式。她也铸造金币，金币本质上是仪式性的，而不是用来广泛流通的，而金币称她是其世系的复兴者，即神族的复兴者，而萨珊早期曾着重强调萨珊王族是神族。她钱币上的铭文这样写道："普兰，神族的整顿者"（*Bōrān ī yazdān tōhm winārdār*）[183]（图11）。萨珊帝国中女性登上王位，对此当然应该多说几句。很可能是因为哥巴德二世谋杀了所有的兄弟后，她和她的姐妹成了仅有的合法继承人，因此她才被推上王位[184]。普兰也试图与罗马人保持良好关系，派牧首

a) 正面　　　　　　　　　　b) 反面

图 11　普兰女王的银币

(Catholicos)圣耶稣赐(Mār Ishoʿyahb)①去见希拉克略,这样她就有机会重新整顿帝国[185]。

普兰又被另一位萨珊将军废黜,现在我们看到,在王权机构动摇、贵族和琐罗亚斯德教祭司相争之际,军事将领能够僭取权力。继她之后,阿扎尔姆公主(Azarmigduxt)当上女王,统治了短暂的一段时间,她的钱币上铸有男性的半身像,很可能是重复使用旧钱币,没有足够的时间铸造新钱币。从公元631年普兰去世,到公元632年耶兹德卡尔德三世(Yazdgerd III)继位之间,有一大批"僭主"登上王位,他们要么被废黜,要么受到萨珊王族的其他远亲反对。这一时期可以被称作帝国中派系斗争和分崩离析的时期。我们有铸造钱币的国王名单,还有从文献资料中得知的其他国王,但这一时代在继承上十分混乱,只能提供一个暂定的顺序。其名单如下:公马奴(Jošnasbandah)、阿扎尔姆公主(Azarmigduxt)、霍尔姆兹五世(Hormizd V)、霍斯鲁三世(Khusro III)、皮鲁兹二世(Peroz II)和霍斯鲁四世(Khusro IV)[186]。晚期萨珊帝国,开始与安息王朝衰亡之前的帕提亚封建体系类似了。这一体系使地方官和"乡绅"(dehgan)成为最强大的精英,因为统治者和政府官员无法保有权力[187]。从钱币学证据来看,从公元631年末到公元637年,霍尔姆兹五世、霍斯鲁三世、皮鲁兹二世和霍斯鲁四世同时统治帝国的不同地区,而耶兹德卡尔德三世早已登上王位数年了[188]。

---

① 指 Ishoʿyahb II,又称 Gdala 的 Ishoʿyahb,628—645 年间任东方教会牧首,先是代表波斯与希拉克略会谈,后在伊斯兰征服时期与穆斯林首领会谈,以保障基督徒权益。在其任期中,阿罗本赴中国传教。——译者注

第一章 "伊朗"与"非伊朗"的政治史

因此,我们可以说在这一时期,国王在首都泰西封还保有一些权力,这里是国王加冕的地方,被废黜的国王从一个行省转移到另一个行省,而"乡绅"很可能数量最多,他们与地方的琐罗亚斯德教祭司共事,统治帝国的不同地区。公元632年,在伊斯塔赫尔(Istakhr),萨珊王族古老的权力中心,耶兹德卡尔德三世在阿娜希塔圣火祠加冕,这是不祥的。这可能不仅是象征性的举措,也是该地区效忠萨珊王族的反映,这使耶兹德卡尔德感到在法尔斯(Fars)较为安全。但是,他的统治正值阿拉伯穆斯林入侵近东与地中海东部。

耶兹德卡尔德三世:流浪的伊朗国王

耶兹德卡尔德三世(Yazdgerd III)被迫一个行省一个行省地转移,寻求效忠、钱财和支持。在这位君主治下,波斯看起来像是中世纪日耳曼的统治体系:流浪的王权。从公元633年起,阿拉伯人进入伊拉克,但公元634年,在桥①战(Battle of the Bridge)中被击败。公元636年,在伽迪西亚(Qadisiyya)②战役中,鲁斯塔姆(Rustam)率领的萨珊人战败,首都泰西封落入阿拉伯穆斯林手中,穆斯林进城没有受到抵抗,贵族和廷臣此前就已逃往波斯腹地[189]。公元642年,在哈里发欧麦尔(Umar)的指挥下,阿

---

① 在幼发拉底河畔距今伊拉克库法不远处,波斯军队驻扎在东岸Qoss al-Nāṭef,阿拉伯军队驻扎在西岸Marwaḥah,河上建起浮桥。——译者注

② 在拉赫姆王城希拉(Hira)西南,伊拉克低地和阿拉伯沙漠交界处。可能是萨珊波斯所谓"大食人长城"或"沙普尔之堑"边防系统中的一座军营城镇。——译者注

拉伯人攻陷胡泽斯坦，同年在纳哈万德（Nahāvand）[①]战役中，米底被占领。波斯腹地就此向伊斯兰征服者洞开，没有任何成规模的抵抗了。我们应该记得在哥巴德一世和霍斯鲁一世的改革下，军队一分为四，四支军队各守一方边境。于是，一支军队被击败，帝国腹心就洞开了。派系之间的内部斗争也必然损害了常备军的团结和力量。阿拉伯穆斯林的胜利有一系列的理由。除了国内问题之外，萨珊重骑兵也不是阿拉伯轻骑兵的对手，后者要灵活得多。伊斯兰文本通常称波斯士兵的数量有数十万或数万，好几次都多于阿拉伯军队。这是纯粹的虚构，这是炫耀性的文献，意在夸大阿拉伯穆斯林的成就，这种记载可以与希腊人对希波战争的描述相比。萨珊军队不可能召集到这样一支大军来抵御阿拉伯人，因为与罗马帝国的长期战争和内部斗争，导致许多人被杀，或者无法前来。无论如何，耶兹德卡尔德三世逃至波斯省，但是到公元650年，阿拉伯人已征服了那一地区，耶兹德卡尔德三世被迫逃往东方。在那里，他必须面对不愿帮助他的地方官员，他被木鹿（Merv）的边境守护和巴德吉斯（Bādghīs）[②]的嚈哒统治者联合击败。传说，公元651年，他在木鹿被磨坊主所杀，这个磨坊主没有认出耶兹德卡尔德是王中之王。

耶兹德卡尔德之子逃往东方，请求唐高宗协助他们与阿拉伯穆斯林作战。公元658—663年间，耶兹德卡尔德的长子皮鲁兹

[①] 在今伊朗哈马丹省，在哈马丹以南90公里，Alvand 山将其与哈马丹隔开，地处从伊拉克中部经过克尔曼沙通往伊朗北部的古道上。——译者注

[②] 东西走向的兴都库什山横贯巴德吉斯地区，南坡溪流汇入赫拉特河（Harīrūd），北坡的水流汇入木鹿河（Murghāb）盆地。巴德吉斯南以赫拉特和赫拉特河为界，在今阿富汗西北赫拉特省和巴德吉斯省，北以木鹿河源头为界，在今土库曼斯坦南端。——译者注

(Pērōz)①，在锡斯坦建立了一个王国，称为"波斯都督府"，驻扎在疾陵（Zarang）。中国人承认他是合法的波斯国王[190]，但到公元674—675年，我们听说他去了中国的首都，很可能是因为阿拉伯穆斯林的进一步胜利[191]。他死于公元679年左右，其子纳尔西（Narseh）②被推上流亡中的波斯王位。有一尊石人像纪念皮鲁兹，至今还立在唐高宗的乾陵入口，上有铭文"右骁卫大将军兼波斯都督波斯王卑路斯"[192]。萨珊王族在中国保有王室地位，成为大将军，在敦煌（沙州）、武威（凉州）、长安和洛阳建起祆祠，并与其他波斯人一起生活，那些波斯人在那里经商，或因阿拉伯穆斯林的征服而逃亡到那里[193]。耶兹德卡尔德的另一个儿子巴赫拉姆（Wahram）③试图夺回失去的领土。尽管他最终没有成功，于公元710年死去[194]，但中古波斯语文本，尤其是一首短篇中古波斯语诗歌，叫作《论奇迹般的巴赫拉姆到来》（*Abar Madan ī Wahrām ī Warzāwand*），可能含有他战事的部分事实。巴赫拉姆之子霍斯鲁（Khusro）④，在突厥人的帮助下入侵波斯，但还是无法击败阿拉伯人，这是我们最后一次听说萨珊王族的成员试图夺取波斯王位[195]。阿拉伯穆斯林征服者在帝国部分地区遭到一些"乡绅"和琐罗亚斯德教祭司顽抗，而其他人同意支付人头税，向阿拉伯统治者臣服，但仍然掌管他们的领土。部分萨珊士兵也加入阿拉伯军队，结果保住了他们的地位，并继续征服这一地区和中亚。征服使亚洲各民族的关系更加密切，现在阿拉伯人、波斯人、印度

---

① 中国史籍中称"卑路斯"。——译者注
② 中国史籍中称"泥涅师"。——译者注
③ 中国史籍中称"阿罗憾"。——译者注
④ 中国史籍中称"俱罗"。——译者注

人和中国人再度在丝绸之路上相遇，而冲突减少了。在巴赫拉姆死后，波斯人仅仅等了40年，就推翻了大马士革的阿拉伯统治者，到9世纪，他们将在波斯建立自己的独立王朝。甚至到那时，穆斯林统治者，无论是波斯人、阿拉伯人还是突厥人，都会记住萨珊人，并且以这种或那种方式自称是萨珊的后裔[196]。萨珊人永远不会被忘记。

注 释

1 萨珊历史的基本框架以泰伯里《历史》为依据，见 Al-Tabarī 1879-1901。英译及大量注释见 Bosworth 1999。二手资料见 Morony 1997；Christensen 1944；R.N. Frye, *The History of Ancient Iran*, München, 1983, pp. 287-339；R.N. Frye, "The Political History of Iran under the Sasanians," *The Cambridge History of Iran*, vol. 3(1), 1983, pp. 116-180；Schippmann 1990；Wiesehöfer 1996, pp. 151–222；Rubin 2000。关于比较视角下萨珊和罗马帝国的综合概述和重要评论，见 Howard-Johnston 1995。关于萨珊帝国地图，见 Kettenhofen 1993。
2 对"至先者"（*Fratarakas*）的最新论述，参见 Panaino 2003。
3 Dio Classius, LXXX.3,1–2 提到阿尔达希尔三胜安息人；Herodian, VI.2,6–7。
4 Schippmann 1990, p. 70.
5 Agathias, 2.27, p. 61. 关于帕巴克及其与阿尔达希尔的关系，见 Frye 1985；Shaki 1990。
6 关于阿娜希塔崇拜的研究，见 Chaumont 1965, 1958。泰伯里介绍了更多情况，见 Bosworth 1999, p. 4。
7 Piras 2004, p. 251.
8 Lukonin 1971/1350 Š., pp. 268–269.
9 Herzfeld 1941/1988, p. 309.
10 Herodian, VI.2,2.
11 Hoyland 2001, pp. 27–28.

12　Widengren 1971; Wiesehöfer 1986.
13　亚美尼亚当然独立于罗马，并成功击败阿尔达希尔，见 Dio Cassius, LXXX.3,3。
14　Dio Cassius, LXXX.3.
15　Herodian, VI.2,4. 罗马资料当然让亚历山大·塞维鲁战胜阿尔达希尔，见 Eutropius, VIII.23。
16　阿尔达希尔与亚历山大·塞维鲁之间的战争描述，见 Herodian, VI.5。关于此时期的波斯罗马战争，见 Winter & Dignas 2001, pp. 39–40。
17　关于 3 世纪波斯罗马战争的详细研究，见 Kettenhofen 1982。在此次远征中，阿尔达希尔之子沙普尔一世是主要人物，见 Kettenhofen 1982, p. 19；Winter & Dignas 2001, p. 40。
18　Potter 2004, p. 217.
19　关于表现阿尔达希尔在霍尔木兹甘战役的浮雕和其他浮雕，见 Hinz 1969, pp. 127–134；Herrmann 1977, pp. 87–90。
20　Gnoli 1989.
21　A. Banuazizi, E. Yarshater, R.N. Frye, W. Hanaway, M. Atkin, A. Ashraf, N. Rahimieh, "Symposium: Iranian Cultural Identity," *Iranian Studies*, vol. 26, no. 1/2, 1993, pp. 139–168.
22　Herodian, VI.2, 2–3; Dio Cassius, LXXX.4,1–2; Zonaras, XII,15.
23　Gignoux 1991, p. 71.
24　Alram 1999.
25　关于萨珊钱币，见 Göbl 1968；Alram 1986。
26　萨珊国王的人类特征明显，他们缺乏神圣属性，见 Panaino 2004, p. 558。
27　Livshits 1977, p. 176.
28　Schwartz 1996, 1998.
29　R.N. Frye, *The History of Ancient Iran*, München, 1983, p. 200.
30　在沙普尔一世的琐罗亚斯德天房铭文（ŠKZ 25/20/46）中，萨珊被称为"君主萨珊"（s's'n ZY MR'HY; *Sāsān ī xwadāy*）。中古波斯语的 *xwadāy* 意味着政治意义上的君主，同时在有些例子中，*xwadāy* 也是阿胡拉马兹达的头衔，从而赋予此词以宗教含义。关于 *xwadāy*，见 Shayegan 1998。在埃及影响下，经亚历山大推行使用，神化统治者／国王成了重要传统，这一传统也可能影响了波斯人，见 Daryaee 2000; T. Daryaee, "Notes on Early Sasanian Titulature," *Journal of the Society for Ancient Numismatics*, vol. 21, 2002, pp. 41–44。萨珊王朝和塞琉古王朝有许多相似性，因为后者的君主向其臣民显现为"神"（*theos*）的后裔，或者是"神显"（*epiphanes*），见 Peters 1970/1996, p. 232；这些观念在波斯省之王的时代已经流行了，见 Skjærvø 1997。同样必须注意的是，阿尔达希尔和其他早期萨珊君主自称为"圣"或"帝"（*bay*），此词以表意符号的形式写作 *ALHA*，同时在诸如《扎里尔志》（*Ayādgār ī Zarērān*）等中古波斯语文本中，阿胡拉马兹达也拥有这个称号，作"圣帝阿胡拉马兹达（*ohrmazd bay*）。这也意味着萨珊王族相信自己有神性。

31　Daryaee, "Notes on Early Sasanian Titulature," *Journal of the Society for Ancient Numismatics*, vol. 21, 2002, p. 42.

32　Gariboldi 2004, p. 32.

33　据一种晚期资料《坦萨尔书》（*Nāma-ye Tansar*），国王驾崩时，由一个委员会来选择下一任国王，而"祭司长中的祭司长"（*mowbed ī mowbedān*）必须同意这一决议。见 Minovi 1932/1311 Š., p. 88；英译见 Boyce 1968, p. 62。

34　关于戈尔迪安的死因，罗马资料各不一致。*Oracaula Sibyllina* XIII,13–20 断言戈尔迪安的倒台是因为一次背叛；Aurelius Victor, *liber de Caesaribus* 27,7–8:7 声称他是其禁卫军长官马库斯·菲利普（Marcus Philippus）① 诡计的受害者；Festus, *Breviarium* 22 提及戈尔迪安在与波斯人的战争得胜归来途中，被菲利普谋杀。关于所有这些资料，见 Dodgeon & Lieu 1991, pp. 36–45。关于细节，见 Kettenhofen 1982, pp. 31–37。

35　Potter 2004, p. 236.

36　Potter 2004, p. 236.

37　ŠKZ 5/4/9.

38　Zonaras, XII,19; Evagrius, *Historia Ecclesiastica* V,7 只提到亚美尼亚，见 Dodgeon & Lieu 1991, pp. 45–46。

---

①　在戈尔迪安死后，马库斯·菲利普继位为罗马皇帝，被称为阿拉伯人菲利普。——译者注

39 "谎言"(*druγ*)的概念,是古波斯伦理和"秩序/正义"(*aša*)观念的反题,见 Boyce 1992, pp. 56–57。
40 ŠKZ 12/9/11.
41 ŠKZ 6/4/10. 关于这次战争,见 Kettenhofen 1982, pp. 38–46。
42 Potter 2004, p. 237.
43 关于萨珊人可能根据祖传(安息)的权利声索叙利亚,即要求占有卡莱(Carrhae)、埃德萨(Edessa)和尼西比斯(Nisibis)诸城的观点,见 Rubin 1998, pp. 183–185。
44 关于此战的详情(包括地图),以及沙普尔一世占领的城市,见 Kettenhofen 1982, pp. 97–126; ŠKZ 15/11/24–25。
45 关于 3 世纪的波斯 – 罗马战争,见 Kettenhofen 1982。
46 如 Lactantius, *de mortibus persecutorum* 5; Eusebius, *Historia ecclesiastics*, VII, 13, 尤其是 Orosius, *adversus pagano*,见 Dodgeon & Lieu 1991, pp. 58–65。
47 关于罗马和波斯的边界和边疆,见 Elton 1996, pp. 97–99。
48 Agathangelos, *History of the Armenians*,见 Thomson 1976, p. 35。
49 *The Kephalaia of the Teacher* 15.28,见 Gardner 1995, p. 21。
50 关于 3 世纪萨珊宫廷职能一览表,见 Frye 1956。
51 Agathias, IV,24,5.
52 关于萨珊时期祭司的角色,见 Shaked 1990。
53 Choksy, "A Sasanian Monarch, His Queen, Crown Prince and Deities: The Coinage of Wahram II," *American Journal of Numismatics*, vol. I, 1989, pp. 117–137.
54 Shahbazi 1998.
55 关于"宴饮"(*bazm*)的概念及对其重要性的认识,唯一的详细研究见 Melikian-Chirvani 1992。
56 Garsoïan *apud*. Buzandaran Patmut'iwnkʻ, *The Epic Histories attributed to P'awstos Buzand*,见 Garsoïan 1989, p. 515; 关于沙普尔二世治下的宴饮,见 Buzandaran Patmut'iwnkʻ, IV.XVI。
57 Rufii 可能是 Cusii 之讹,Cusii 即贵霜人,见 Dodgeon & Lieu 1991, p. 373。
58 *Panegyrici Latini*, III/11,17,2,见 Dodgeon & Lieu 1991, p. 112。
59 *Die Chronik von Arbela* 8,66.

60　大多数资料声称，尽管卡鲁斯得胜，但他却被雷击中，如 Eutropis, IX,18,1。

61　Agathias, IV,24,6–8 也为巴赫拉姆三世提供了同样的称号。

62　NPi, Parthian line 18，见 Humbach & Skjærvø 1983, p. 44。

63　Mori 1995 认为，派库里铭文基本上是叙述传统的近东故事，以史诗形式叙述一个国王如何在诸神的帮助下获得至高权力。他也相信，像泰伯里作品这样的早期伊斯兰文本，对理解萨珊历史派不上用处。对此我质疑，如果是那样，如果我们的历史铭文和萨珊王室编年史对理解萨珊历史派不上用处的话，那么我们又只能依靠希腊 – 罗马资料了！

64　NPi, Parthian line 18，见 Humbach & Skjærvø 1983, p. 44。

65　Shahbazi 1983.

66　Lactantius, *de mortibus persecutorum*, 9,6–8 提供了一种明智的看法，解释伽列里乌斯如何通过亚美尼亚入侵伊朗，并俘获纳尔西的从属，见 Dodgeon & Lieu 1991, p. 110。

67　Petrus Patricius, *frag.* 14, *FGH* IV, p. 189，见 Dodgeon & Lieu 1991, p. 116。

68　Buzandaran Patmutʻiwnkʻ, IV.50,59。

69　Aramazd、Anahit、Vahagn 即阿胡拉马兹达（Ohrmazd）、阿娜希塔、屠障（Wahram）。这一事实表明，亚美尼亚人并不把这些神视为伊朗特有的。参考 Agathangelos，见 Thomson 1976, pp. 51–53。这些神也等同于宙斯、阿尔忒弥斯和赫拉克勒斯。

70　Russell 1987.

71　Ibn Miskawayh，见 Emami 1990/1369 Š., p. 135。Al-Tabarī，见 Bosworth 1999, p. 56。

72　Hoyland 2001, p. 28.

73　*Šahrestānīhā ī Ērānšahr*，见 T. Daryaee, *Šahrestānīhā ī Ērānšahr, A Middle Persian Text on Geography, Epic and History*, Mazda Publishers, Costa Mesa, 2002, p. 43。

74　Frye 1977/1979, pp. 8–11; Mahamedi 2004, pp. 156–158.

75　Ammianus Marcellinus, XX.7.9.

76　*Die Chronik von Arbela*，见 Kawerau 1985, p. 85。

77　Ammianus Marcellinus, XVII.5.1.

78　Azarnoush 1994, p. 14.

79 沙普尔二世时期的塞人王沙普尔波斯波利斯铭文，Ps-I.3，见 Back 1978, pp. 490–492。
80 Ammianus Marcellinus, XXIII.6.14.
81 Ṭabarī，见 Bosworth 1999, p. 65。
82 N. Schindel, *Sylloge Nummorum Sasanidarum,* vol. 3, *Shapur II.-Kawad I,* Verlag der Österreichischen Akademie der Wissenschaften, Wien, 2004, p. 26.
83 Ammianus Marcellinus, XVIII.9.
84 Libanius, xviii，见 Norman 1969/2003, pp. 254–255。
85 Bowersock 1978, pp. 123–124.
86 Libanius, xviii，见 Norman 1969/2003, p. 263。
87 Ammianus Marcellinus, XXV.3.6；Libanius, xviii, 见 Norman 1969/2003, pp. 269-270。
88 Eutropius, X.16.
89 Ammianus Marcellinus, XXV.7.13.
90 Ammianus Marcellinus, XXV.7.9.
91 关于沙普尔二世的战争，见 Winter & Dignas 1991, pp. 51–54; *Chronicon Paschale*, 554。
92 Ammianus Marcellinus, xxiii.3.5; xxiv.7.8.
93 Ammianus Marcellinus, xxv.7.12.
94 Buzandaran Patmut'iwnk', V.vii.
95 Buzandaran Patmut'iwnk', IV.lv.
96 Buzandaran Patmut'iwnk', IV.lviii.
97 Ammianus Marcellinus, xxvii.12.15.
98 Garsoïan 2004, pp. 90–91.
99 Buzandaran Patmut'iwnk', IV.xliv.
100 Garsoïan 2004, p. 91.
101 R.N. Frye, "Iran under the Sasanians," *The Cambridge History of Iran*, vol. 3(1), Cambridge, 1983, p. 132.
102 Back 1978, pp. 490–491.
103 克尔曼沙（Kermānšāh）这一地名来自巴赫拉姆四世，他登基之前称为"克尔曼王巴赫拉姆"（Wahrām Kermānšāh），见 Th. Nöldeke, *Geschichte der*

        Perser und Araber zur Zeit der Sasaniden, Leiden, 1879, p. 71, fn. 2。

104   泰伯里记载阿尔达希尔二世处死了许多大公贵族；沙普尔是被同一些"贵族家庭"（阿拉伯语 *ahl al-buyūtāt*）所杀，而巴赫拉姆四世则为一个不知名的团伙所杀，见 Th. Nöldeke, *Geschichte der Perser und Araber zur Zeit der Sasaniden*, Leiden, 1879, pp. 70–72。这个团伙很可能是宫廷、贵族或军队。

105   Tabarī, 见 Bosworth 1999, pp. 68–69。

106   Th. Nöldeke, *Geschichte der Perser und Araber zur Zeit der Sasaniden*, Leiden, 1879, p. 72, fn. 1。

107   关于玛撒（Martha）赴波斯传教，以及耶兹德卡尔德诛杀一些琐罗亚斯德教祭司，见 Socrates Scholasticus, VIII.7.9。

108   Labourt 1904, pp. 87–109; Asmussen 1983, p. 940.

109   Agathias Scholasticus, IV.26.8. 关于 Agathias 对萨珊人的论述，见 Cameron 1969/1970, p. 126–127。

110   *Ayādgār ī Zarērān* 63, 见 Gheiby 1999, p. 21。关于此称号出现在 *Dēnkard* (DkM, 600.12)，见 Shaki 1986, p. 265。

111   Procopius, I.ii.1–10.

112   Cyril of Scythopolis, *Vit. Euthym.* 10 (18.5–19.9)，见 Greatrex & Lieu 2002, p. 37。

113   *Conf. Peroz* (*AMS* IV.258–259); Socrates Scholasticus, *HE*, VII.18 (363.2–365.24), 见 Greatrex & Lieu 2002, pp. 38–39。

114   Th. Nöldeke, *Geschichte der Perser und Araber zur Zeit der Sasaniden*, Leiden, 1879, p. 76.

115   *Zand ī Wahman Yasn*, 见 Cereti 1995, p. 152。

116   Priscus, *frg.* 41.1.1–3–27, 见 Greatrex & Lieu 2002, p. 57。

117   关于密希拉-纳尔西的铭文，见 Back 1978, p. 498; Bier 1986。关于密希拉-纳尔西忠于琐罗亚斯德教及其侍奉圣火祠，即至善真（Ardwahišt）和丰饶阿尔达希尔（Abzōn-Ardašīr）圣火祠，参考 *Mādayān ī Hazār Dādestān*, A39.11–17, A40.3–5, 见 Perikhanian 1997。

118   Ełishē, *History of Vardan and the Armenian War*, 见 Thomson 1982, pp. 77–80。Łazar P'arpets'i 也记载了这些事件，见 Thomson 1991。

119   Ełishē, 见 Thomson 1982, pp. 178–179。

120　Daryaee 1995.
121　*The Chronicle of Pseudo-Joshua the Stylite*, 见 Trombley & Watt 2000, pp. 9–10。
122　T. Daryaee, "Ardašīr Mowbed-e Mowbedān: Yek Taṣīḥ dar Matn-e Bundahiš," *Iranshenasi*, 2001/1380 Š., pp. 145–146.
123　关于 5 世纪罗马与波斯的关系，见 Winter & Dignas 2001, pp. 54–57; *The Chronicle of Joshua the Stylite*, 见 Trombley & Watt 2000, pp. 9–10。
124　Łazar Pʻarpetsʻi, 见 Thomson 1991, p. 136。
125　Sebeos, 8.67 说皮鲁兹的七个儿子和他一起被杀，见 Thomson 1999, p. 5。
126　关于皮鲁兹在东方的战争，见 Procopius, *History of the Wars*, I.i–iv。
127　Th. Nöldeke, *Geschichte der Perser und Araber zur Zeit der Sasaniden*, Leiden, 1879, p. 134, fn. 1.
128　关于行政印章及其功能的详细研究，见 R. Gyselen, *La géographie administrative de l'Empire sassanides*, Paris, 1989。
129　Procopius, *History of the Wars*, I.v.1–2. 又见 Agathias, *The Histories*, 4.7, "众人甚至说他制订了一条法律，妻子应该共有"，见 Frendo 1975, p. 130。
130　有学者提出马兹达克是一个虚构的人物，见 Gaube 1982。
131　Crone 1992, p. 30. 在土库曼斯坦的埃尔克卡拉（Erk-kala）发现的一块陶片上写道："他发了伪誓，但'祭司长'（*mowbed*）不应说谎，于是他死了……"见 Nikitin 1992, pp. 105–106。
132　Agathias, *The Histories*, 4.28, 见 Frendo 1975, p. 131。
133　Kister 1968.
134　Shaki 1991, p. 406; 对证据的评论，见 T. Daryaee, "Modāfeʻ Darvīšān va Dādvar dar Zamān-e Sāsānīyān," *Tafazzoli Memorial Volume* (*Yādnāma-ye Doktor Ahmad Tafazzolī*), Tehran, 2001/1380 Š., pp. 179–188。
135　Gurnet 1994, pp. 36–37.
136　Rubin 1995, pp. 227–296.
137　Sebeos, 9.70, 见 Thomson 1999, p. 10。
138　Procopius, 1.7.1.
139　Zachariah of Mytilene, *HE* VII.3 (22.15–22), 见 Greatrex & Lieu 2002, p. 63。
140　Theophanes A.M. 5996 (145.24–146.15), 见 Greatrex & Lieu 2002, p. 67。

141 Procopius, I.14.34–55, 见 Greatrex & Lieu 2002, pp. 89–91。
142 Wilkinson 1975, pp. 98–99。
143 Schafer 1951.
144 关于卡乌斯（Kavus）及其不满霍斯鲁（Khusro），试图夺取王位，参考 Z. Maraʿšī, *Tārīkh-e Tabarestān va Rōyān va Māzandarān*, 见 Dorn 1850/1984/1363 Š., pp. 201–206。
145 Ferdowsi, *Shahnameh*, 见 *The epic of the kings: Shah-nama, the national epic of Persia*, translated by R. Levy, University of Chicago Press, 1967, p. 321。①
146 Ferdowsi, *Shahnameh*, 见 *The epic of the kings: Shah-nama, the national epic of Persia*, translated by R. Levy, University of Chicago Press, 1967, p. 321。②
147 关于"乡绅"的功能，见 Tafazzoli 2000, pp. 38–58。
148 Frye 1977/1979.
149 *Wizārišn ī Čatrang ud Nīhišn ī Nēw-Ardaxšīr*, 见 T. Daryaee, "Mind, Body, and the Cosmos: The Game of Chess and Backgammon in Ancient Persia," *Iranian Studies*, vol. 34, 2002, pp. 218–312。
150 实际上古典文献相当负面地描绘了霍斯鲁与哲学家的见面，Agathias, *The Histories*, 2.3。
151 关于波斯的军事策略和能力，参考 *Maurice's Strategikon*, 见 Dennis 1984, pp. 113–115。关于伊朗材料，见 Tafazzoli 1995。有一份对波斯军事战略的论述，年代虽早却仍有价值，是 Inostrantsev 1969/1348 Š.。
152 Greatrex & Lieu 2002, pp. 96–97.
153 Procopius, II.2–3.
154 Malalas 18.87 (405.65–479.23–480.5) 和其他记载，见 Greatrex & Lieu 2002, pp. 103–107。
155 Theophanes (of Byzantium) 1 (*FHG* IV.270), 见 Greatrex & Lieu 2002, pp. 135–136。

---

① 汉译本：菲尔多西，《列王纪全集》5，张鸿年、宋丕方译，湖南文艺出版社，2001 年，第 320 页。——译者注

② 汉译本：菲尔多西，《列王纪全集》5，张鸿年、宋丕方译，湖南文艺出版社，2001 年，第 321 页。——译者注

156　Theophanes (of Byzantium) 4 (*FHG* IV.271)，见 Greatrex & Lieu 2002, p. 150。

157　关于 6 世纪波斯 – 罗马关系，见 Winter and Dignas 2001, pp. 57–65。

158　如果我们接受《本元创造》(*Bundahišn*)的描述，将这些称号赋予霍斯鲁一世的话，那么这些硬币可能属于霍斯鲁一世，而不是霍斯鲁二世。

159　Theophylact Simocatta, iii.17.1.

160　Sebeos, 10.73, 见 Thomson 1999, p. 14。

161　Theophylact Simocatta, iv.1.1.

162　Theophylact Simocatta, iv.9–10.

163　Theophylact Simocatta, iv.12.8. 关于霍斯鲁（Khusro）致莫里斯（Maurice）书信内容的不同版本，参考 Sebeos, 11.76, 见 Thomson 1999, pp. 18–19。

164　我们知道古斯塔哈姆铸有"六年"的钱币，但 Paruck 声称他还见过一枚"十年"的钱币，这可能是正确的，因为霍斯鲁二世每次击败敌人，就会改铸钱币，见 Daryaee 1997。

165　*Narratio de rebus Armeniae*, 109–13 (p. 41)，见 Greatrex & Lieu 2002, pp. 186–187。

166　Morony 1987, pp. 87–95.

167　Altheim-Stiehl 1992, pp. 87, 92. 关于纸草学证据，见 Venetis 2004。

168　Antiochus Strategos, 见 Conybeare 1910。关于 614 年的事件，参考 *Chronicon Paschale*, 见 Whitby & Whitby 1989, p. 156。

169　关于拜占庭的事态，见 Stratos 1968。

170　Theophanes A.M. 6114, 307.19–308.25; Movsēs Daskhuranstʻi II.10 (130.3–132.5), 见 Greatrex & Lieu 2002, pp. 200–2003。关于其他资料，见 Garsoïan 1983, p. 592。

171　Fiey 1987, p. 97.

172　一些资料声称，霍斯鲁在泰西封卧病垂死，参考 Theophanes A.M. 6118 (325.10–327.16), 见 Greatrex & Lieu 2002, p. 223。

173　关于最新研究，见 Soudavar 2003。

174　*Māh ī Frawardīn Rōz ī Hordād* 27，说霍斯鲁看到过十八种神奇事物，隐射他骄奢淫逸。

175　据说，耶路撒冷陷落后，霍斯鲁在宫廷中召集基督教主教，并主持辩论，

Sebeos, 46.149, 见 Thomson 1999, p. 115。
176　Sebeos, 13.85, 见 Thomson 1999, p. 29。
177　关于哥巴德二世及其生平的论文，见 Malek 1995。
178　*Chronicon anyonymum ad a.d. 1234 pertinens*, 100, 见 Greatrex & Lieu 2002, p. 225。
179　*Chronicon* 724, 147.18–24, 见 Greatrex & Lieu 2002, p. 226。
180　Sebeos, 40.129, 见 Thomson 1999, p. 88。
181　*Chronicle of Seert*, 93, PO 13.556, 见 Greatrex & Lieu 2002, p. 227。
182　Malek & Curtis 1998.
183　T. Daryaee, "The Coinage of Queen Bōrān and its Significance in Sasanian Imperial Ideology," *Bulletin of the Asia Institute*, vol. 13, 1999, pp. 77–82.
184　关于普兰女王的详细研究，见 Emrani 2005。
185　关于 7 世纪波斯 - 罗马关系，见 Winter & Dignas 2001, pp. 67–71; *The Khuzistan Chronicle*, 29, 见 Greatrex &Lieu 2002, p. 237。
186　关于萨珊历史中的这一时期，见 T. Daryaee, *Fall of the Sasanian Empire and the End of Late Antiquity: Continuity and Change in the Province of Persis*, PhD Thesis, UCLA, 1999。
187　关于萨珊晚期和伊斯兰早期"乡绅"的重要性，见 Tafazzoli 2000, pp. 38–58。
188　关于事件和统治者的编年史，见 Daryaee 2004, pp. 59–79。
189　Sebeos, 42.136, 见 Thomson 1999, p. 98。
190　Harmatta 1971, p. 374.
191　Forte 1996, p. 190.
192　陈国灿 1980, 第 198—203 页；Forte 1996, p. 191。
193　关于这一时期中国 - 波斯关系的经典著作是 Laufer 1919，也见 Schafer 1963, pp. 10–25。更全面的研究，见 Gernet 1982, pp. 282–287。最新的研究是 Compareti 2003。
194　Cereti 1996.
195　Harmatta 1971, p. 375; Forte 1996, pp. 193–194.
196　Bosworth 1978.

第二章 "伊朗国"的社会

伊朗历史的一个持久特征,是定居民众和游牧部落之间的共生关系。但是,由于缺少资料,这种关系我们只能管窥蠡测,而且只有当游牧部落协助维持或破坏帝国秩序之时,他们才在我们的资料中出现。对古典晚期波斯社会的研究有各种不同的方法,传统视角是考察萨珊君主利用"阿维斯陀"时期古老的宗教传统而设立的阶层划分。萨珊人通过建立"伊朗国"(Iranshahr),使"阿维斯陀"准则及其阶层结构,迁移到这个伊朗高原的社会中。然而,现存社会并不等同于古代社会,现存社会自有其特征,这些特征是在阿契美尼德和帕提亚时期发展而来的。为了我们的目的,在此要通过萨珊世界观和阶层组织的棱镜来看待"伊朗国"的社会。但我们在讨论萨珊伊朗的城镇历史时,仍应将游牧传统置于视野之内。亚历山大·包萨尼(Alessandra Bausani)在其著作《波斯人》(I Persiani)[1]中,概括了伊斯兰时期伊朗城镇人口和游牧人口之间相互作用的主要特点,其中一些原则可能也适用于萨珊伊朗。

社会组织:游牧 vs. 定居

萨珊帝国的目标是成为城镇性的帝国。看起来更多人定居在新旧城市中,这些城市是萨珊城镇化计划的一部分。比如,到萨珊时期结束时，美索不达米亚拥有近代以前最大的人口密度。这不是偶然，而是萨珊帝国在其腹地的城镇化计划和道路、水坝修建工程的结果。建城是萨珊国家建设方案的主要特征，对于古典晚期的波斯社会，具有政治、社会和经济上的影响。中古波斯语文本《伊朗国的诸城》（*Šahrestānīhā ī Ērānšahr*）展现了萨珊国王以自己的名义建造和重建城市的热情。许多城市的建造归功于阿尔达希尔一世（Ardashir I）本人，其中最重要的是波斯省的"阿尔达希尔灵光"（*Ardashir-xwarrah*）①，沙普尔一世（Shabuhr I）甚至建造了更多城市，而最值得注意的是"伊朗灵光沙普尔"（*Eran-xwarrah-Shabuhr*）② [2]。我们认为将"伊朗"一词嵌入城市名中是有意为之，是以"阿维斯陀"观念为基础，将公元3世纪的城市与波斯的古老"神话"和"史诗"相联系[3]。"伊朗灵光"作为城市名的一部分出现，这属于"阿维斯陀"意识形态"伊朗人/雅利安人灵光"的复兴，展现了萨珊意识形态的信念[4]。许多城市中也有罗马人、哥特人，有不同宗教信仰的人，诸如基督徒，很可能还有来自新月沃土的异教徒，以及其他在与罗马的战争中被俘的俘虏。这种人口迁徙导致了非波斯人口涌入帝国。俘虏中许多人是技术工匠，诸如工程师，萨珊人利用他们建造王城，以及诸如桥梁和水坝这样的基础设施，同时波斯民众也逐渐熟悉罗马技术（图12）。这种人口迁徙和安置的经济影响十分重要，我们将在论经济的第5章中讨论。看起来沙普尔之所以在西部发动军事战争的部分原因，是要从罗马人那里获得战利品和赔款，增强萨珊在

---

① 10世纪以后称为胜利城（Fīrūzābād）。——译者注
② 苏萨省/胡泽斯坦省首府，也是整个行省的名称。此城也称 Karkheh，遗址 Ayvān-e Karkheh，在 Karkheh 河沿岸，距 Dezful 18 公里。——译者注

第二章 "伊朗国"的社会

图 12　法尔斯的萨珊桥梁遗迹

高加索、美索不达米亚和新月沃土的力量，以及引进技术工匠，为帝国新建或重建的城市补充人口，尤其是建设充斥着外国工匠的王城和工坊。这一举措也有另一种后果，即最终导致基督徒涌入，基督教在帝国中传播[5]。

关于住在伊朗高原的游牧部落，我们没有什么证据，与定居人口的情况相反。最重要的游牧部族是用"库尔德"（中古波斯语 kurd）一词来指称的。这个词可能是指游牧的库尔德人，但在中古波斯语文献中，是用来指广义上的游牧民，他们可能与注重城镇的萨珊人关系紧张。如果我们相信伊本·巴尔黑（Ibn Balkhi）的记述，那么他们加入了萨珊军队，这就意味着他们最终受到国家利用[6]。关于答儿密（Daylamite）和吉兰部落，我们了解得更多，他们也在

079

萨珊和伊斯兰时期被召入军队。其他值得一提的部族是克尔曼人（Kermani），他们看来也是一支游牧部落，据伊斯塔赫里（Istakhri）所说，他们生活在波斯省。库尔德人和克尔曼人都作为军队的一部分在中古波斯语文献中出现，这证实了萨珊/早期伊斯兰军队曾利用过他们[7]。在定居城市的人口和游牧民之间，"乡绅"（dehgān）扮演了重要的角色，因为哥巴德一世（Kavad I）和霍斯鲁一世（Khusro I）的改革，"乡绅"的重要性从公元6世纪以后开始显现。

"王中之王"和万物秩序

立于萨珊帝国之首的是"王中之王"（šāhān šāh）。众人始终祈祷他健康安泰，使用"愿您不朽"（anōšag bawēd）的口号向他致敬。6世纪以后的萨珊钱币上，日月位于四方，这意味着国王位于世界的中心，而日月围绕他旋转（图13）。实际上，他是"世界四方之王"，这是美索不达米亚的古老观念。其他所有统治者都是他的臣属，因

a) 正面　　　　　　　　　　　b) 反面

图13　萨珊钱币

为宫廷中另有三个小王座，是为罗马、突厥和中国统治者准备的。令人敬畏的宫廷和王殿在萨珊资料中有详细记载。国王穿彩装，化妆，用黄金装饰胡子，而王冠太重了，只好把它吊在天花板上[8]。

当一个人有机会觐见国王时，他/她会见到王中之王在垂帘之后，隐藏在普通人看不到的地方。统治者和大众之间应保持距离，这种观念也可以在罗马和中国看到。这些统治者必然知道彼此的宫廷礼仪，并且试图互相效仿，胜过对方。人们来到波斯国王面前时，必须"以面伏地"（pad rōy ōbast），这在东罗马帝国叫作"俯吻"（prosykenesis），在中国叫作"叩头"。他只能与"执帘"（parda-dār）接触，国王的旨意通过"执帘"来传达。这是波斯王权私密的一面。但是，国王在两大场合，"新年"（Nowruz）① 和"密希拉节"（Mihragan）② 接见民众。如德庸（de Jong）所提出的，这两个节日使不同阶层相聚，或者至少是使不同阶层的首领相聚，将社会团结在国王的统治下。王权机构和不同阶层之间的团结，通过交换礼物而象征性地得到强调和维护[9]。同样值得一提的是，这两个节日正好相隔六个月，这意味着这种关联可以在全年中得到规律而稳定的维护。早期萨珊国王被认为是神圣的，如他们自己在王室铭文中提到的那样。他们被称作"圣"（bay），也可以译为"帝"，其世系来自诸神。因此，国王并非普通人类的一员，他应当受到尊重，并表现出神圣的样子。最终，在琐罗亚斯德教神学和帝国宣传进一步发展时，就更加强调国王的神圣责任。正如阿胡拉马兹达从混乱中建

---

① 琐罗亚斯德教历 Frawardin 月 Ohrmazd 日，即 1 月 1 日，在春分。——译者注
② 琐罗亚斯德教历 Mihr 月 Mihr 日，即 7 月 16 日，在公历 10 月，也称为波斯中秋节。——译者注

立秩序，并与宇宙中的混乱作战，国王也同样与混乱作战，以便将秩序带回大地。民众的福祉通过秩序而受到保障，这种福祉只有通过国王施予正义才能够实现。"圣帝"的称号也与一位最著名的萨珊国王紧密相关，即在公元 6 世纪施行统治的霍斯鲁一世。如果国王不公正，那么社会就可能陷入混乱。另一方面，如果社会陷入无序，那么国王应义不容辞地将秩序带回社会。这里所说的秩序，是指一种有序的阶层划分，据我们的资料，这种划分受到了极力维持。

"阶层"：社会等级划分

面对以城镇为中心的萨珊人，我们必须转向城市和城镇社会组织，以便理解波斯社会史。正是在这种环境中，萨珊人才能最好地控制并扩张其社会–政治模式。必须强调的是，对于在哪个时期阶层排序和划分达到终极固化，甚至对于它们究竟有多么僵化，我们是无法确定的，因为我们只有 8、9 世纪出自某种宗教视角的中古波斯语文本，提供了关于这方面的详情。这些文本可能提出了一种理想的社会阶序，因此代表了萨珊的愿望，这种愿望肯定起过作用。我们可以说，到公元 3 世纪末，这种固化可能就开始形成了。各种资料都提出，有四个"阶层"（*pēšag*），它们得到国家承认，并由宗教机构推广。

"祭司"（*āsrōnān*）组成一个阶层，这一阶层进一步按照级别和职能来划分："祭司长"（*mowbedān*）、侍火的"教师"（*hērbedān*）[1]，

---

[1] *hērbed*，来自阿维斯陀语 *aēθrapaiti*，指教授"学生"（*hāuuišta, aēθriia*）背诵神圣文本的"长者"（*paiti*）。——译者注

"权威"(*dastwarān*)、"法官"(*dādwarān*)和有学问的"领袖"(*radān*)，他们从宗教群体的各个级别中选拔出来。如果我们看一下诸如《教师典》(*Hērbedestān*)这样的文本，就会遇到更多祭司头衔，这些头衔能证实他们在宗教活动中的重要性和专长[10]。他们也在国家机构和宫廷中起各种各样的作用。如前所述，法官来自这一阶层，因为他们拥有关于宗教事务的知识，而宗教事务规范着帝国的法律和准则。他们也扮演"谏议长"(*handarzbed*)的角色，据铭文遗存，我们知道有"祭司谏议长"(*mowān handarzbed*)，他们也是重要官员。其他重要的祭司职位包括"阿胡拉马兹达祭司长"(*ohrmazd mowbed*)[11]①。我们必须提醒自己，这些头衔并非都是在一个时期或者在萨珊王朝初期创设的，而是随着国家行政和宗教机构增长，级别和头衔激增。到公元5世纪，每一级别的祭司都有自己的首领，我们有其中两个的证据，"祭司长"的首领称为"祭司长中的祭司长"(*mowbedān mowbed*)，而侍火的"教师"，则有"教师中的教师"(*herbedān hērbed*)。

祭司在研讨院中受到训练，学习并记诵宗教经典和祷文，在监督下讨论神学问题。宗教学院包括"祭司院"(*mowestān*)和"教师院"(*hērbedestān*)。在某些资料中，我们还遇到一个头衔，这个头衔看来在祭司中地位最高，我们可以将其译为"至似琐罗亚斯德"(*zarduxšttom*)[12]。我们不知道"至似琐罗亚斯德"的官邸何在，但如果我们接受中古波斯语文本的记载，那么他肯定必须待在帝国内，不能冒险外出[13]。用以指称整个宗教团体的术语是"承

---

① 此职位存疑，本书第三章"克尔迪尔：被遗忘的祭司"一节，译作"霍尔姆兹（国王）的祭司长"，详见该处译注。——译者注

负宗教者"(dēnbarān),他们专注于学习和"文化"(frahang)[14]。祭司举行正确的仪式,能使武士战胜敌人,使农民更好地耕种土地,并给大众带来救赎[15]。因此,祭司的引领和行动,保证了社会的福祉。中古波斯语文本《智慧之灵的判决》(Dādestān ī Mēnōg ī Xrad)详述了祭司的职能,以及他们不应参与的活动。这些包括我们通常对所有宗教祭司的预期:"(祭司的本职是)善持宗教;善且审慎地祭拜和召唤诸神;如祭拜马兹达者圣洁的善宗教所启示的那样,持正确的决定、判决、规矩和约束;告知众人德性与善;展示通向天堂之路和来自地狱的恐怖与惩罚。"[16]

当然,不是所有祭司都在国家机构中工作,或者属于琐罗亚斯德教国家教会的一部分;一些祭司或被谴责,或索性被视为异端。祭司不仅在宗教和法律机构中起作用,也在经济领域中起作用,他们监督国家税收,这可以从他们在封泥或"陶片证据"上以图章戒指的形式出现的签名来证实。在其中一例中,一个祭司被指责欺骗或说谎,宗教法庭对此有裁判权[17]。"教师"(hērbed)也是人们学习宗教圣歌和仪式的师长,他们的宗教关注点很可能是"圣火祠"(ātaxš kadag)。一部中古波斯语文本提供了"教师"可能要记诵的"阿维斯陀"篇章,包括《颂》(Yašt)、《偕诵》(Hādōxt)①、《诸神》(Bayān)②和《辟魔律》(Widēwdād)。他们也肯定学习了"释经"(zand)[18]。6世纪的基督教殉教文献也证实了他们背诵和唱诵圣歌。后来被称为"四拱门"(Chahar Taq)的一大批建筑,很可能是这

---

① 指 Hādōxt Nask,属于萨珊"阿维斯陀"中的"圣言宗卷"(Gāsānīg nask)之一,今仅存残卷。——译者注

② 即 Bayān Yašt,或者指萨珊"阿维斯陀"中的"律法宗卷"(dādīg nask)之一,或者指 Yasna 19-21。——译者注

些宗教中心（圣火祠），是琐罗亚斯德教众时常出入的地方。出入圣火祠的不仅是想在圣火前祈祷的人，想倾听"教师"的人，还有在饥渴的时候，人们也会向圣火祠求助[19]。

到萨珊晚期，不同祭司的职能和观念之间可能存在着鸿沟，这与中世纪欧洲的基督教类似。这意味着"祭司长中的祭司长"和其他祭司团体过着奢侈的生活，在行政机构中工作，这可以由他们的图章戒指证明，而其他人则过着简朴的生活，辛苦劳碌，开垦土地。《宗教事》（*Dēnkard*）第六书为我们保存了一个重要的段落，其中两个祭司耕种土地，从井中汲水，唱诵他们的宗教真言[20]。一个高级别的祭司路过，看到他们的举动，十分感动，于是送给他们数千"银币"（*drahm*s）和"贵族之带"（*wandag ī āzādīh*）[21]。然而，他们只接受了两枚"银币"，把其余的退了回去，称他们只接受他们需要的。但这个故事本质上是教条性的，用基督教的术语来说，它展现了一种苦修生活。这可能为一群祭司（在我们的文本中他们是 *hērbed*，"教师"）赢得了盛名，它描绘出一幅别样的萨珊琐罗亚斯德教图景[22]。帝国中最重要的圣火祠属于祭司阶层，名叫"灵光赐圣火"（Adur Farrobay），这是他们的典礼中心。

"武士"（*artēštārān*）组成第二社会阶层，其职能是保护帝国及其臣民，军队最初由一个"伊朗将军"率领。后来在哥巴德一世及其子霍斯鲁一世时期，撤销了这一官职，由四"将军"（*spahbed*）驻守帝国四"方"（*kust*）。到那时，另一官职"武士首领"（*artēštārān sālār*）成了萨珊军队中的最高军衔。"持国"（*šahrdārān*）、"王公"（*wispuhrān*）、"大公"（*wuzurgān*）和"贵族"（*āzādān*），加入军队并提供支持。武士实际上是贵族中最大的一部分，他们的职能是保卫帝国、仁慈待人以及恪守誓言[23]。但到萨珊晚期，从游牧民中征召雇佣兵削弱了军队上层的地位。

军队可分为"骑兵"(*aswārān*)和"步兵"(*paygān*)。就像祭司必须上研讨院一样,士兵也必须受到军事科学和军事战争手册训练,这种手册的残篇出现在《宗教事》(*Dēnkard*)中的"武士典"(*artēštārestān*)中[24]。祭司和武士的联盟具有至高的重要性,因为在萨珊人治下,"伊朗国"(*Iranshahr*)的观念显现为固定不变的领土,由武士贵族统治,由祭司在观念上进行发展和复兴。在萨珊帝国初期,这一联盟对于国家存续十分重要,它成为琐罗亚斯德教公理的一部分,即宗教和国家是两个彼此不可分割的支柱。人们相信,两者缺一,则两者都不能存续。实际上,两群人都试图向对方施加自己的意愿,这一长期的争斗导致了最终的分裂和帝国的衰弱。

军队被称为"军"(*spāh*),并被进一步划分。"骑兵"是军中最重要的部分,通常由"大公""贵族"和在兵法战术上展现出罕见天赋的人组成。公元4世纪,阿米安·马塞林(Ammianus Marcellinus)描述了波斯骑兵。他们全身披铠,戴着头盔,头盔仅为眼睛留出两个洞。他们的马匹也披戴铠甲;霍斯鲁二世在花园拱门的石窟,展示了萨珊铠甲发展的顶峰,但仍然让我们想起阿米安·马塞林的描述(图14、图15)。根据泰伯里对霍斯鲁一世治下改革的描述,骑兵的武备包括:马铠、士兵的锁子甲、胸甲、腿甲、剑、长枪、盾、杵,以及系在腰间的腰带、战斧或杖、装着两张弓及弦的弓匣、三十支箭和两根绳索[25]。到公元6世纪,"兵部"(阿拉伯语 *dīwān al-muqātilah*)为骑兵规定了稳定的薪金[26]。正是从这些士兵中,选出了被称为"长生军"(the Immortals)的精英部队[27],其首领很可能是"禁卫首领"(*puštībān-sālār*)。

第二章 "伊朗国"的社会

图 14　花园拱门的霍斯鲁二世（Khusro II）全副铠甲图

图 15　花园拱门的披铠国王半身像

还有一支轻骑兵，由帝国中的雇佣兵或部落民组成，包括答儿密人、吉兰人、格鲁吉亚人、亚美尼亚人、突厥人、阿拉伯人、贵霜人、可萨人（Khazars）和罗马人畏惧的嚈哒人。在战争中使用的另一种骑兵形式是"象兵"（pīl-bānān）。这些动物可以被认为是古代世界的坦克，波斯临近印度，因此能够保证战象的稳定供应。阿米安·马塞林描写大象拥有可怕的体型、野蛮而大张的嘴巴，弱者难以忍受，它们看上去如同行走的塔楼[28]。根据泰伯里的记载，我们可以看到早在公元 3 世纪沙普尔一世治下就使用大象了，沙普尔一世用大象夷平了哈特拉（Hatra）城[29]。皮鲁兹（Piruz）在公元 5 世纪对嚈哒人的战争中用了 50 头大象[30]；花园拱门的一块浮雕描绘了霍斯鲁二世时期的象兵；据伊斯兰文献记载，在 7 世纪对抗阿拉伯人的战争中也使用了大象。

"步兵"（paygān）由"步兵首领"（paygān-sālār）率领。他们配备了盾和矛，在战斗编队中，在他们后面的是弓箭手。莫里斯（Maurice）的《论战略》（Strategikon）给了我们关于战略的详情，以及武器的复杂细节，还有武器在波斯和罗马士兵中用法的差异[31]。骑兵和步兵当然要求庞大的后勤机构，以便供给食物、修缮武器、照料伤员、搭建帐篷等，后勤机构可以由民众中的应征者来维持。当要用到攻城武器之时，萨珊人也使用罗马技术，这些攻城武器包括蝎炮（scorpions）、弩炮、冲车、移动塔楼、投石机和掘地机。

我们应当提到萨珊海军，因为从一开始，阿尔达希尔一世征服波斯湾的阿拉伯海岸时就用到了海军[32]。控制波斯湾既是军事需要，也是经济需要，使萨珊得以免于海盗威胁和罗马入侵，也能控制阿拉伯部落。又据泰伯里的记载，看起来波斯"船舰"（kaštīg）

可载 100 人，其中 8 艘在 6 世纪霍斯鲁一世治下被派遣到也门 [33]。另一早期伊斯兰资料也证实了霍斯鲁一世派遣 8 艘船舰，每艘 100 人，这意味着波斯海军船舰能够承载 100 人。这个故事的有趣之处，在于那些人是被关押在监狱里的人。因此，这就不可能是一支十分有效的海军。故事又说，其中 6 艘船在瓦赫雷兹（Vahrez）① 的指挥下安全抵达亚丁（Aden）② 海岸 [34]。海军首领可能有"舰长"（*nāvbed）的头衔 [35]。

我们还从晚期资料中知道有其他的头衔和分类，包括另外几个军事职位，有"堡长"（hargbed）③、"边境守护"（marzbān）、东"境"（kanārag）图斯（Tūs）④ 将军的世袭头衔，以及"军队首领"（gund-sālār） [36]。武士阶层也有一座指定的圣火祠，"公马圣火"（Adur Gushnasp），它仅次于"灵光赐圣火"（Adur Farrobay）。这座圣火祠在希兹（Shiz）⑤，在乌尔米耶湖（Lake Urmiya）⑥ 东南方

---

① 此为头衔，其人名叫 Bōē（希腊语 Boēs，现代波斯语 Būya），在哥巴德一世治下率军远征伊比利亚国王古根（事见第一章"哥巴德、马兹达克和混乱"一节），523 年，在霍斯鲁一世治下征也门。——译者注
② 今也门临时首都。距离红海与亚丁湾交界处 170 公里。——译者注
③ 已在派库里铭文和安息萨珊时期的希腊资料中出现，并不晚出。词义有两种推测，一种认为 harg 即波斯语 arg，故为堡长，另一种认为 harg 即波斯语 xarāj，故为税长。——译者注
④ 萨珊时期呼罗珊（东方省）首府，因凯氏王朝努扎尔国王之子图斯而得名。——译者注
⑤ 此名来自阿维斯陀语 Čaēčasta，中古波斯语 Čēčast/Čēst，本为凯霍斯鲁传说中的湖名，后因凯霍斯鲁被说成是公马圣火的创设者，所以公马圣火被认为设在此湖岸边，5 世纪初该圣火迁至 Taxt-e Solaymān 后，山顶小湖开始称为 Čēčast/Čēst，而湖畔发展起来的小镇也以此为名。——译者注
⑥ 5 世纪前，公马圣火在 Ganzak 和此湖附近，故此湖也称作 Čēčast/Čēst。5 世纪后，公马圣火迁至 Taxt-e Solaymān，并不在 Ganzak 附近，只是传统上保留了该圣火和 Ganzak 的联系。——译者注

向的甘哲（Ganzak）附近，国王和武士来此祭拜。巴赫拉姆五世·古尔（Bahram V Gur）战胜突厥人后，送来珠宝战利品，悬挂在这座圣火祠中[37]。我们应当记得，3世纪时阿尔达希尔一世向伊斯塔赫尔（Istakhr）的阿娜希塔圣火祠作了相似的供养，他的供品是叛乱者的头颅。但这一事实可能意味着，在琐罗亚斯德教祭司控制了阿娜希塔圣火祠时，"公马圣火"起到了某种特定的崇拜功能。

第三阶层包含了"农民"（wāstaryōšān）和"乡绅"（dahigān），他们的职能是耕种土地，使帝国繁荣昌盛，有一个"农民首领"（wāstaryōšān sālār）代表他们。他们是食物的生产者，也是帝国的税收基础，因此政府丈量土地，并从中获取税收。在哥巴德一世和霍斯鲁一世改革期间，根据其出产来估算土地、不同种类的作物和税收。耕种土地是琐罗亚斯德教的善行，而任其荒芜则是罪行。农民的本职是"务农，使之繁荣，尽可能地使世界昌盛，保持繁荣"[38]。"崇高密希拉圣火"（Adur Burzenmihr）是帝国中的第三大圣火祠，是农民在特定的典礼时去的地方。

第四阶层比其他三阶层人数更多，琐罗亚斯德教法律对他们的论述有些不同。他们是"工匠"（hutuxšān）[39]。根据中古波斯语文本的结构和区别用语，我们可以理解祭司对工匠／商人的不安。《智慧之灵的判决》（Dādestān ī Mēnōg ī Xrad）这一文本（30章）讨论了前三个阶层的职能，祭司、武士和农民在这一章得到讨论，而工匠却另辟一章进行讨论（第31章）。用于说明这一阶层职能的语言和篇幅，显示了琐罗亚斯德教徒对工匠阶层的负面态度："（工匠的本职是）他们不懂的工作，就不要动手；他们懂得的工作，就好好地小心地做；合法地要求报酬；因为不懂那工作的人硬要去做，那么那工作就毁了没用了，如果那人满意地做自己的工作，那么罪恶就在他那儿生根了。"[40]

相比前面讨论前三个阶级的段落，这一段中负面的语气表明，当琐罗亚斯德教祭司开始为社会事务而编纂法典时，工匠／商人被放到了最底层[41]。尽管古典晚期波斯有大量的工匠／商人，但还是对工匠或商人阶层持这种灰暗看法，这就尤为重要了。这种负面态度可能是因为琐罗亚斯德教越来越少插手这些事务，而宗教少数团体则向工匠业和商业靠拢。看来政府从未插手开放的经济市场，也没有积极参与贸易，而私人团体才是贸易的主要倡导者。政府只是维护道路、确保安全，然后征收通行费。是个人为经济繁荣所做的贡献最大。

粟特"商人"住在萨珊波斯帝国的东北疆域中，他们不必然是祆教徒，他们乐于接受来自不同传统的宗教观念[42]。当我们听说为了丝绸等商业和贸易而在远东建立的波斯侨民区时，基督教波斯人就更为重要了。这些基督徒可能利用了反琐罗亚斯德教的立场，填补社会中工匠业和商业的空白，并通过向主顾传教而扩大信徒数量。基督教对商业和工匠业的态度，要比琐罗亚斯德教积极多了，这可能是伊斯兰征服近东之后，基督教仍然保有力量的一个原因。摩尼教在家信众（Hearers）① 是工匠和商人，但同时摩尼教出家选民（Elect）② 就像琐罗亚斯德教祭司一样，自己不从事商业。尤为有趣的是，出家选民必须依赖在家信众以满足基本需求。这可能是伊斯兰教传入伊朗高原时，能够迅速传播的一个原因，因为伊

---

① 即 *niyōšagān*，古译"耨沙喃"。——译者注
② 即 *ardawan*，古译"阿罗缓"。——译者注

斯兰教对贸易十分友好。从 7 世纪开始，粟特商人、摩尼教工匠和琐罗亚斯德教生意人，都将伊斯兰视为支持商业也支持他们这一阶层的宗教[43]。波斯东部（包括阿富汗）佛教的消失，可能也是因为同样的原因，经济事务迫使宗教重心倾向伊斯兰教。这样一幅场景是很讽刺的：国家意识到工匠/商人阶层富有而强大，是巨大的收入来源，却仍然将注意力集中在农业上，以农业为主要的生产方式，并迫使工匠和商人做社会的最低阶层。也许波斯社会的宗教基础加强了这种负面态度，拒绝承认崛起的工匠/商人阶层是一个重要的社会阶层，结果工匠/商人先是倾向摩尼教和基督教，后是倾向伊斯兰教，就是理所当然的了。

王室作坊由国家控制，以便保持高标准，制作诸如银盘这样被当作宣传工具使用的贵重物品，为贵族生产玻璃和其他商品。罗马、哥特和美索不达米亚的技术工匠都在这一群体中，他们在工艺生产上使用罗马技术。然后，安置外国劳动者的城市，在王室作坊中工作的人，都受到严密监视。"工匠长"（kirrōgbed）掌管生产和工匠。并没有为工匠/商人阶层而设的第四座大圣火祠，这也意味着他们地位低下，以及/或者这一阶层中非琐罗亚斯德教徒数量众多。四个阶层都由一个"阶层首领"（pēšag sālār）监督[44]。

这是根据中古波斯语资料和伊斯兰资料而描绘的大致社会划分，但我们也可以用两个群体的方式来看待社会：有钱人和没钱人，或贵族和大众。在这样的划分中，我们可以分出宫廷生活和其他人的生活，最后是穷人、奴隶和暴民。我们不会单独讨论女性，而会把她们作为社会的一部分来讨论，女人出生的阶层决定了她的权利和特权，受到琐罗亚斯德教法律约束。法律也适用于所有的客籍民，他们也是社会重要的一部分，尤其是因为许多人是在国王的西征中，为了给帝国增加人口，以及引进新的技术工匠，而强制迁徙到帝国内的。这一群体主要由罗马人、哥特人以及叙利亚的基督教人口组成，根据他们的技能，他们又被当作农民和奴隶来使用。

基于中古波斯语资料的宫廷生活和饮食

从文本和实物证据来看，宫廷生活和贵族生活是奢华和享乐的。在中古波斯语文本《霍斯鲁与少年》(Xusraw ud Rēdag)[①]中，详细列举了贵族享用的食物、饮品、点心和游戏。我们已经提过重要的宫廷活动"宴饮"(bazm)（图16），廷臣聚集宴饮，尽情欢乐。这些宫廷事件被描绘在银盘上，表现国王端坐，舞女应着乐师而表演。有各种各样的乐器和乐师，包括"奏竖琴者"(čang-srāy)、"奏箜篌者"(win-srāy)、"奏诗琴者"(kannār-srāy)、"奏唢呐者"(sūrāzīg-srāy)、"吹笙者"(mustag-srāy)、"奏冬不拉者"(tambūr-srāy)、"奏琵琶者"(barbut-srāy)、"吹笛者"(nāy-srāy)和"击鼓者"(dumbalag-srāy)[45]。

杂耍和其他表演在宫廷前演出，诸如"绳戏"(rasan-wāzīg)、"锁链戏"(zanjīr-wāzīg)、"柱戏"(dār-wāzīg)、"蛇戏"(mār-wāzīg)、"圈戏"(čambar-wāzīg)、"箭戏"(tīr-wāzīg)、"杯戏"

---

① 中古波斯语中部分乐器和食物的释读和释义争议较多，Mackenzie 词典和该文本的 Unvala、Monchi-zadeh、Chunakova、Azarnouche 等多个译本均有差异。原书作者采用 Monchi-zadeh 1982 中的比定，译者主要依据 Azarnouche, Samra. 2013. *Husraw ī Kawādān ud Rēdag-ē. Khosrow Fils de Kawād et un Page: texte pehlevi édité et traduit*, Paris. 部分词汇并非定论，以下不再一一注出。——译者注

图 16 摩尼教手稿,绘有宴饮图

(*tās-wāzīg*)、"走绳戏"(*wandag-wāzīg*)、"中空戏"(*andarwāy-wāzīg*)、"盾戏"(*spar-wāzīg*)、"铠甲戏"(*zēn-wāzīg*)、"球戏"(*gōy-wāzīg*)、"镖枪戏"(*sel-wāzīg*)、"剑戏"(*šamšēr-wāzīg*)、"匕首戏"(*dašnag-wāzīg*)、"杵戏"(*warz-wāzīg*)、"瓶戏"(*šīšag-wāzīg*)和"猴戏"(*kabīg-wāzīg*)[46],而"厨师"(*xwahlīgar*)[47]恭敬地站在火和食物旁,以面罩遮住口鼻,这样就不会污染王室宴席。"歌声甜美"(*xwaš-āwāz*)的"少女"(*kanīg*)也一边歌唱,一边伴着"奏箜篌者"(*win-srāy*)而"演奏竖琴"(*čang-srāy*)[48],舞女在杯中斟上葡萄美酒,艺伎则为之暖席。"艺人"(*huniyāgar*)也有其他名字,诸如"乐师"(*rāmišgar*)或"歌人"(*gōsān*),还

有后来的 *chamagu*，当然他们并不必然是女性。事实上，最著名的是霍斯鲁二世宫廷中的传奇人物巴尔巴德（Barbad），他与另一个传奇的女乐师娜奇萨（Nakisā）一起歌唱国王和他最爱的妻子希琳（Shirin）的故事[49]。实际上，在琐罗亚斯德教传统中有"声音"（*wang*）的分类，其中"箜篌"声（*win*-voice）被描述为义人的声音，而唱诵"阿维斯陀"时则用一种"弦"（*zīh*）乐器伴奏[50]。这让人想到摩尼教传统，"真言领诵者"（*mahrsrāyān*）由弦乐器和其他乐器伴奏[51]。宫廷中这种奢华和享乐的气氛，尤其是在公元6世纪霍斯鲁一世的时代，传达出的是不仅萨珊帝国一切都好，波斯也繁荣昌盛[52]。

贵族习"骑术"（*aswārīh*）、"弓术"（*kamānwarīh*）和"矛术"（*nēzagwarīh*），这些能燃烧掉他们吃下去的奢侈食物。文献中提到一些食物，包括"小山羊"（*wahīg*）抹上"酸酱"（*āb-kāmag*）和"香羹"（*kāmag*）；"孔雀"（*frašmurw*）、"野雉"（*tadar*）、"水鸭"（*murw ī ābīg*）都被做成佳肴。在一处文本中，提到喂养得好的动物和散养鸡能提供最好的肉，用"大麻籽"（*šāhdānag*）、"乳酪羹"（*kāmag ī kaškēn*）和"橄榄油"（*rōyn ī zayt*）喂养并且让它奔跑的鸡，被认为是最好的（禽类）食物。冷菜包括涂抹"酸醋"（*sig ī truš*）然后做成"牛肉冷盘"（*halām*）的"小牛"（*gawdar*）。关于甜点，每个季节都必须上一套不同的甜点。夏季要"杏仁酥"（*lawzēnag*）和"核桃酥"（*gōzēnag*）。冬季要"奶糕"（*šiftēnag*）和"雪糕"（*wafrēnag*），以"晶糖"（*tabarzad*）和"芫荽"（*gišnīz*）调味。但最好的是用苹果汁做的"冰粉丝"（*pālūdag*，波斯语 *pālūdeh*）。关于蜜饯，有"枸橼和矢车菊根"（*wādrang ud wahman ī spēd*），最好的是"中国姜和腌榄仁"（*sinjibīl ī čīnīg ud halīlag ī parwardag*）。还提到了"干果"（dānēnag），包括"开心果"（bistag）和"椰枣"（xormā）等。关于饮品，酒看起来是人们最爱的选择。人们喜爱来自各地的葡萄酒，包括康国酒（may ī kanīg/kandag）、赫拉特酒（may ī harēwag）、木鹿河酒（may ī marw-rōdīg）、布斯特酒（may ī bustīg）和胡尔万浆（bādag ī hulwānīg）①，而"亚述酒"（may ī āsūrīg）和"巴兹兰齐浆"（bādag ī wāzrangīg）② 被认为是最好的[53]。他们喝"红葡萄酒／白葡萄酒"（may ī suxr / may ī spēd），品评酒的清澈和味道[54]。各种各样奇异的饮食，再次展示繁荣的帝国，这个帝国应有尽有，值得邻国效仿。

狩猎是贵族喜爱的另一种活动，女性也参加狩猎[55]。狩猎在和平时期映射了战争，象征性地表明武士做好了战斗的准备。随着日耳曼人的到来，类似的观念也在欧洲发展，在日耳曼人中，狩猎成为武士贵族认可的活动。如果花园拱门的场景精确地描绘了狩猎场景的话，那么这些活动可能是相当奢侈的（图17）。当国王在舟中狩猎时，他面前有几排竖琴手、大象、随从和其他人员。银盘也大多遵循古老的近东传统，将国王的形象表现为英雄，他或是屠狮，或是狩猎，骑着马用箭或剑杀死猎物。国王作为终极英雄的形象不仅被描绘出来，也在沙普尔一世的琐罗亚斯德天房铭文中被提到。在这一铭文中，他数次提到自己的英雄事迹，

---

① Bust/Bost，遗址在今阿富汗西南，地处Helmand河和支流Arḡandāb河交汇处。Hulwān/Ḥulwān，在今伊朗克尔曼沙省Sarpol-e Zahab，距希琳堡33公里，近扎格罗斯山脉Paytak山口，位于古代亚述和米底的天然分界线上。——译者注

② āsūrīg，萨珊时期指巴比伦地区的。Wāzrang/Bazranj，据《世界境域志》6.31-32，在泷尔斯的沙达干河（Šāḍkān）和锡林河（Šīrīn）发源地。两河发源于Boir Aḥmadī山区，今属科吉卢耶－博韦艾哈迈德省，该省东南邻法尔斯省，西部邻胡泽斯坦省Behbahān地区，今Behbahān有上Bāzrang村和下Bāzrang村。——译者注

第二章 "伊朗国"的社会

图 17　花园拱门（Taq-i Bustan）的霍斯鲁二世行猎图

亲手俘虏罗马皇帝，而在朝觐者之城（Hajjiabad）的另一铭文中，沙普尔一世又声称，他在贵族面前拉弓射箭，箭射得极远，他发出挑战，问是否有其他任何人能射得更远[56]（图18、图19）。

巴赫拉姆二世尤其热衷于在盘子上和铭文中表现他和家人在一起。他在伊朗法尔斯省萨尔马什哈德（Sar Mashhad）① 的岩雕属于最有趣的一类，因为他不仅被表现为正在屠狮，让我们想起亚述，尤其是阿契美尼德的艺术表现，而且还描绘了王室家庭和王后（们）。在迪拉克塘（Barm-i Dilak）②，巴赫拉姆二世也被表现

---

① 在今 Kazerun 地区，巴赫拉姆二世的岩雕刻于该村附近的山体一侧，其上还有克尔迪尔的铭文。萨珊时期，此地位于陛沙普尔城以南55公里，在陛沙普尔通往波斯湾的古道上。——译者注

② 在伊朗法尔斯省设拉子东南10公里。——译者注

图 18　萨珊银盘：国王狩猎，伊朗国家博物馆藏

图 19　朝觐者之城（Hajjiabad）的萨珊壁画，图来自阿扎尔努西（Azarnoush）

为和家人、廷臣以及女性在一起 [57]。通过比较沙普尔一世的琐罗亚斯德天房铭文和纳尔西的派库里铭文，我们对廷臣和贵族阶序有所认识。"王公""大公"和"贵族"看起来是其中最重要的。但他

第二章 "伊朗国"的社会

们之上还有方国之王和王后，以及王中之王的家人。大公看起来包括"副王"（*bidaxš*）、"千夫长"（*hazārbed*）、"军长"（*spāhbed*）、显贵家族古拉兹（Waraz）、苏谅、安地冈和卡谅；继而是其他有头衔的人，包括"知府"（*šahrāb*）、"谏议长"（*handarzbed*）、"执剑"（*šafšēlār*）、"侍从长"（*paristagbed*）、"供需长"（*grastbed*）、"书吏长"（*dibīrbed*）、"司狱"（*zendānīg*）、"门长"（*darbed*）、"堡长"（*dizbed*）、"司库"（*ganjwar*）、"司令"（*framādār*）、"宫监"（*šābestān*）、帝国法官和其他较低级别的官员。这些官员根据国家给他们的服饰、冠冕和腰带而排序，区分开来。我们应该提到，还有晚期资料提供了其他的官员头衔，诸如"司仪首领"（*andēmāngārān sālār*）、"马厩长"（*āxwarbed*）、"千夫长"（*hazārbed*）①、可能是太监的"司盏"（*tagārbed*）②。还有"廷长"（*darīgbed*）③，据希腊语资料等同于"司廷"（*kouropalatēs*）④，以及"太医长"（*drust-bed*）[58]。

书 吏

"书吏"（*dibīrān*）的职能和重要性，随着萨珊政府官僚机构的增长而增长。他们行使一系列职能，需要具备各种各样的技能。一

---

① "马厩长"（释读有争议）和"千夫长"两词已见于沙普尔铭文，并非晚出。——译者注
② 见于纳西尔的派库里铭文，并非晚出。——译者注
③ 低阶官员，出现在沙普尔的鲁斯塔姆岩雕铭文所列官职的末位，并非晚出。——译者注
④ 拜占庭官职，原义为宫廷总管，后成为最显贵的官职之一，但此处所说希腊语资料指沙普尔三语铭文的希腊语部分，此词可对应 Theophylact Simocatta 的《历史》3.18.12，当时仅指宫廷侍卫长。——译者注

些书吏随同萨珊军队[59]，为军队服务（*spāh-dibīr 或 *gund-dibīr，"军队书吏"）[60]，而其他书吏受方国之王雇佣。王室书吏负责起草王室铭文，然后写下来的草稿被翻译成希腊语、阿拉伯语、梵语和其他语言[61]。一些书吏必须会两种语言，以便使用其他语言进行翻译和书写，很可能有一些书吏来自罗马、阿拉伯和其他地区。从普通"书吏"一直到"书吏长"（dibīrbed），都留下了印章，这些印章展示了他们的级别和任职的地区。在"文书院"（dibīrestān）中[62]，要求"书吏"学习不同形式的书法，诸如"善书"（xūb-nibēg）、"速记"（ray-nibēg）、"知微"（bārīk-dānišn）、"如意指"（kāmgār-angust）[63]。看起来他们具备用于书写的七种书体的知识，第一种是"宗教书体"（dēn-dibīrīh），即在萨珊时期发明的"阿维斯陀"文字。第二种是"复合书体"（*wīš-dibīrīh），其性质和功能不明。伊斯兰资料称，它用于相面术、占卜和其他非正统的目的。第三种字体称为"圆体"（*gaštag-dibīrīh），用于记录契约和其他法律文书。第四种称为"半圆体"（*nēm-gaštag-dibīrīh），用于医药和哲学。第五种是"秘书体"（rāz-dibīrīh），用于诸如国王之间秘密通信之类的事务。第六种是"书信体"（nāmag-dibīrīh），第七种是"通用书体"（hām-dibīrīh）。"书吏"要起草"书信"（nāmag）和"通信"（frawardag），我们有这样一本手册，论述人们为不同目的、在不同场合应采用的书仪。

于是，致大公或"君主"（xwadāyān）的通信，每种类型都有一套程式，首先是"问苦辛"（bēš-pursišnīh），问是否"安乐"（hunsandīh），然后是如何起始和结束这些信[64]。来自波斯人占领埃及时期的7世纪纸草，也展现了这种书仪系统。这些纸草信件通常以向收件人"致敬"（namāz）和"致安"（drōd）开始，结尾

第二章 "伊朗国"的社会

有时有书写信件的"日期"（*rōz*）[65]。这些书吏包括"州府计账书吏"（*šahr-āmār-dibīr*），他们使用一种叫作"州府计账书体"（*šahr-āmār-dibīrīh*，阿拉伯语 *kātib al-xarāj*）的特殊书体。"内廷计账书吏"（**kadag-āmār-dibīr*）使用"内廷计账书体"（*kadag-āmār-dibīrīh*），"国库计账书吏"（**ganj-āmār-dibīr*）使用"国库计账书体"（*ganj-āmār-dibīrīh*，波斯语 *dabīr-ī xazāna*），"马厩计账书吏"（**āxwar-āmār-dibīr*）使用"马厩计账书体"（*āxwar-āmār-dibīrīh*）。还有与圣火祠相关的计账书吏，"圣火计账书吏"（*ātaxšān-āmār-dibīr*）使用"圣火计账书体"（*ātaxšān-āmār-dibīrīh*）。"灵魂救济会计账书吏"（**ruwānagān-āmār-dibīr*）使用"灵魂救济会书体"（*ruwānagān-dibīrīh*）。派去帝国诸省的王室税收官被称为"州府书吏"（*šahr-dibīr*，阿拉伯语 *kātib al-kūra*）[66]。法律决议由使用"法律书体"（*dād-dibīrīh*）的"法律书吏"（**dād-dibīrān*）书写[67]。由这些书吏起草的与法律事务相关的文书或契约，在执行之后盖章封存，称为"决议"（*wizīr*），"决议"被定义为"封泥和文书"（*gil ud nāmag*）[68]，其副本保存在不同的"文书档案"（*nāmag-niyān*）中[69]。他们也必须在调查法庭中保存一份巨细靡遗的记录。这些记录很可能由祭司起草，讨论琐罗亚斯德教法律。还有几种契约和文书，包括"权威所作敕令"（*dib ī pādixšāy-kard*）[70]、"和约"（*pādixšīr*）、"放妻书"（*hilišn-nāmag*）、"自由书"（*āzād-nāmag*）、为宗教目的而转移财产的"所有权书"（*pādixšīr*）[71]、"神判授权书"（*uzdād-nāmag*）[72]，以及为罪人起草的"神判书"（*yazišn-nāmag*）[73]。与圣典相关的，有"宗教书吏"（**dēn-dibīr*）使用"宗教书体"（*dēn-dibīrīh*）抄写在萨珊时期被付诸书写的圣典[74]。书吏的首领和其他职业一样，拥有以"长"（*bed*）为后缀的头衔，即"书吏长"

101

(*dibīrbed*)。书吏在宫廷中十分重要，而随着阿拉伯人的到来，他们将会留下来侍奉哈里发。

许多出身于萨珊王族的方国之王，拥有自己的随员，包括"谏议长"(*handarzbed*)、"祭司"(*mow*)、"书吏"(*dibīr*)、"贵族"(*āzādān*)、"使者"(*frēstag*)和"首领"(*sardārān*) [75]。最后一组有进一步的分类，诸如"家主"(*kadag-xwadāyān*)和"乡绅"(*dehgānān*)，后者由于哥巴德一世和霍斯鲁一世的改革，到5世纪末6世纪初时已上升至显要地位。我们应该记得，因为马兹达克派（Mazdakite）起义，哥巴德一世抓住机会削弱了上层贵族的权力，反之也增强了下层贵族"乡绅"的权力。到公元6世纪时，有地产的"乡绅"已成为国家的主心骨，而国家又依赖这些小地主。"乡绅"地位的增长以贵族地位的衰落为代价，因为他们扮演了向农民收税的税收官角色，并且参军。这最终必然导致地方主义兴起，地方上的地主视自己的利益比萨珊国家的利益更重要，而当阿拉伯穆斯林开始征服这一地区时，他们愿意支付"人头税"(*jizya*)，以便在新主人手下保有类似的权力和职能。"乡绅"也充当了波斯道德、理想和社会规范的传播渠道，这些都被保存在中世纪伊斯兰波斯的史诗和传奇故事中。史诗文本展现了他们对英雄的品味和阶层意识，这种品味和意识必然与城市定居人口的不同，在城市人口中，很可能国王和英雄的故事有不同的版本，可能强调了吸引这些普通民众的其他方面。

帝国的臣民

帝国臣民称为"群众"(*ramān*)，他们组成了社会中最大的群体。我们也应该提到，他们之中有非琐罗亚斯德教徒，即犹太人和基督徒，他们很可能有自己的居住区。比如，我们知道伊斯法罕附近的格伊（Gay）城是犹太人之城。伊斯兰时期这座城在扎因代河（Zayandeh Rud）①西岸，被称为"犹太城"（al-Yahudiyah），比河东岸的部分更大[76]。看来也有大量犹太人生活在苏萨（Susa），先知但以理（Daniel）的陵墓就在那附近。关于基督徒，在波斯基督教会（景教）得到认可，并从拜占庭教会分裂出去之后，情况就好了许多[77]。教区的设立和印章的存在，可以告诉我们基督徒地位显要，以及他们在哪里数量最多。比如在波斯省，六府②都有基督徒管理的教区[78]。这种宽容，可能是这样一种传教性的宗教甚至在贵族中都能获得成功的原因，王室女性改宗尤多，如希琳（Shirin）和玫瑰公主（Gulinduxt）③，这一时期殉教文献数量众多[79]。

帝国的基督教臣民分为两群人：一群是波斯本土基督徒，他们很可能对萨珊事务更有影响力，并且建立了景教教会，而第二群人包括罗马战争的战俘，以及在叙利亚被俘并被迁入萨珊帝国的人。关于第二群人，陛沙普尔（Bīšāpūr）城中的建筑遗存，以及

---

① 发源于扎格罗斯山脉 Zard 山，向东流入伊斯法罕东南的 Gavkhouni 盐沼，全长400公里。——译者注

② 根据萨珊行政印章，萨珊波斯省分为六府，Ardašīr-xwarrah、Bay-Šābuhr（即Bīšāpur 或 Šābuhr-xwarrah）、Staxr（即 Istaxr）、Weh-az-Amid-Kawād（即 ArraJān）、Dārābgerd，以及 Nēw-Dārāb。最后一个治所不明。前五个在早期伊斯兰资料中列为波斯省五府，后又加上 Fasā 成为六府，后又将 Fasā 替换为设拉子。——译者注

③ 公元6世纪人，出身琐罗亚斯德贵族。侍奉她丈夫的基督徒战俘使她皈依基督教，她在丈夫战死后受洗，改名玛利亚。霍斯鲁一世不能使其改回琐罗亚斯德教信仰，遂将她囚禁于忘却堡，判处死刑。在霍尔姆兹治下她饱受折磨，后来奇迹般脱狱，来到罗马的 Nision，被尊为活着的殉教者。后游历耶路撒冷，很可能死于希拉波利斯（Manbij）。——译者注

展现出西方品味的道路和桥梁，意味着这些基督徒被用于建筑工程，工程师被用于修建基础设施。到 6 世纪晚期，萨珊贵族改宗基督教的问题，以及圣徒传记和殉教文献的数量，意味着基督教已经渗透到琐罗亚斯德教社会的核心。更重要的是，耶兹德卡尔德三世（Yazdgerd III）①及其子皮鲁兹（Piruz）在中国委托修建基督教堂这一证据，意味着改宗的潮流也波及了王室家族[80]。非琐罗亚斯德教女性，尤其是犹太人和基督徒，确实会嫁给琐罗亚斯德教徒，尤其是贵族，还有王中之王。比如，巴赫拉姆五世的母亲是犹太人，霍斯鲁二世最宠爱的妻子、普兰女王的母亲是基督徒。这可能确保了她们各自教团的安全，因为这样的女性代表了教团关注的事务。

到公元 5 世纪，国家意识到了宗教少数团体的重要性，试图将其纳入管理体系，依据法律律令，所有人都被认为只是"男／女国民"（mard / zan ī šahr）。每一教团都与地方宗教传统密切相关，处于拉比和／或牧师的司法权下。当不同宗教团体中的人发生冲突时，国家法庭具有优先权。尽管琐罗亚斯德教法律是国家法律的基础，但帝国创造了一个体系，将所有公民纳入其中。这样，一个人可以被认为是"高贵者／伊朗人"（ēr），其教团属于"伊朗人"（Ērānagān）。犹太人和基督徒成了"伊朗／伊朗国"（Iran / Iranshahr）的一部分，他们也继而接受了这个观念，但受到迫害的摩尼教徒从来都没有接受。"伊朗"的观念，以这种方式离开了琐罗亚斯德教根源，又由于萨珊人，这种观念甚至在萨珊王朝和作为国家宗教的琐罗亚斯德教衰亡后，仍继续存在[81]。

---

① 古译"伊嗣俟"，其子为"卑路斯"。——译者注

穷人、贫穷者和挑起叛乱者

社会的另一大部分是穷人、受压迫者和暴民。但根据沙基 (Shaki)，我们应该区分"贫穷者"(driyōšān) 和"赤贫者"(škōhān)，宗教规定"贫穷者"应当受到帮助和保护，而"赤贫者"则对国家不满，目无纲纪。值得敬重的贫穷者，通常在琐罗亚斯德教文本中受到称赞，男女皆有。如文本告诉我们的那样，他们是安于其所有、仅能维持基本生计的人，他们的名称后来被中世纪和近代的"伊斯兰苦行僧"(darvīš) 继承。[82]。宗教诫令说要帮助贫穷者，不帮助他们的人会在地狱中受到惩罚，受到永远的折磨[83]。沙基相信，"贫穷者"是博学祭司的阶层[84]，而这就使他们更有可能是伊斯兰时期"苦行僧"的先驱了。另一方面，"赤贫者"必然人数众多，和其他古典晚期的社会一样。大多数社会紧张局势可能是他们制造的，因此他们在琐罗亚斯德教中古波斯语文本中被说得很坏。从论述赤贫者的文本语言来看，赤贫者不仅对自己的悲惨境遇不满，也对萨珊国家不满，而且仇富。他们多数是普通的小偷和罪犯，偷窃，扰乱城镇治安，给帝国远距离贸易制造混乱。如果他们被捕，就会遭受"墨刑"(drōš)，并因此被认作是叛离阿胡拉马兹达社会的人。正如"贫穷者"形成了一个群体，"赤贫者"必然也以某种方式组织起来，不仅帮助自己，也帮助他们的同类。一个不满其所有，或是不服其处境的人[85]，很容易就能被说服去偷窃富人的钱财。"赤贫者"可能来自第四阶层，是劳动者，或者只是失业者，他们辛勤劳作，却被祭司和国家用怀疑的眼光看待。据丰真言之子圣火护所说，人们能遭遇的五大灾难之一，就是"赤贫者"暴动反抗"君主"(xwadāyān)[86]。

这使我们遇到萨珊社会中的另一群人,他们是"青年团"(*mard i juwan*)或"男性联盟"(*Männerbund*),在伊斯兰时期被称为"青年团"(*Javan-mardan*),代表着不满的青年。关于这些不满的青年,伊斯兰资料给了我们更正面的信息,而萨珊国家则视他们为暴民。这些人有自己的行为准则,并非一心一意要抢劫任何见到的人,他们有明确的目标,即帮助社会中的穷人和受压迫者。中古波斯语资料只言片语地提到了他们,从这些文本所提供的寥寥无几的片段中,我们可以将他们的罪行理解为劫富济贫。更有趣的是,他们自认为劫富济贫是功德之举[87]。他们可以与伊斯兰时期被称为"流浪汉"(*ʿayyarun*)的社会团体相比,加上一些想象,"流浪汉"就与东罗马帝国的蓝党和绿党有一些相似性。据记载,马兹达克派的活动与"青年团"相似,因为在6世纪早期,是马兹达克派信徒努力将富人的财产分给穷人。当然这源于他们的宗教信念,他们相信阿胡拉马兹达将尘世之物赐给所有人平分,但有些人做错了,拿走了其他人的财富和财产[88]。因此,看来这些人是根据一套神学理论而行动的,这套神学有别于国家的琐罗亚斯德教神学。

琐罗亚斯德宗教有一种帮助穷人和受压迫者的机制。这一机制是为了护佑逝者的灵魂,由个人执行,称为"灵魂救济会"(*ruwānagān*)。根据萨珊法律,一个人的财产可以分成三类,三分之一可以用于护佑灵魂。为自己或家族成员而设立慈善基金会的人,他/她可以指定一些人,在这些人的监管下,建造基础设施,给穷人分发钱财和食物。这一制度肯定缓解了一些苦难和紧张局势,但现存中古波斯语文本并没有提到[89]。后来设立"贫穷者的法官和说情者"(*driyōšān dādwar ud jāddag-gōw*)一职,也是针对哥巴德一世时期社会和经济问题的对策。社会紧张局势与琐罗亚斯德教社会的理想背道而驰，在这种理想中，每个人都有自己的位置，秩序被赋予重要地位。于是，法律和国家用惩罚来处置违背社会规范的人。比如，被认为是"男／女国民"（mard / zan ī šahr）的罪犯，会被打上烙印，如萨珊法律文本所述，也会受到"棍击"（čōb zadan）①、"截肢"（brīdan）和"监禁"（zēndān）[90]。

奴 役

存在着大量的奴隶，根据他们的功用、来源和性别可以进行分类。典型的"奴仆"（bandag）是家庭仆人，在家庭范围内工作，也在圣火祠工作。家中的"侍女"（bandag paristār）是普遍的，家里的男性对她们有完全的控制权，可以和她们生下子女，这从许多法律案件中都可以证实，这些案件牵涉到女奴、自由民及其子女的地位。负债者，或者发愿向圣火祠奉献自己一些时间的人，他们也可以被归入奴仆范畴里。外国奴隶，以及其他只被用于农场奴隶劳动和体力劳动的人，叫作"俘虏奴"（wardag）。这些是最常见的奴隶，但还有一个更基本的奴隶阶层，称为"身"（tan），他们被当作抵押物②。奴隶获释，可以是在主人死亡之时，或者只要主人决定释放他们。奴隶也会收到工资，能够拥有自己的家庭[91]。

---

① 即 falak kardan，犯人平躺，用绳索将其双脚绑在一根长棍上，然后由两人分别抬起长棍一端，再由一人用棍子抽打犯人的脚心。——译者注

② 债务人将一个人作为抵押物交付给债权人，这个人可能是债务人的亲戚或担保人，如果在规定时间内不能还债，这个人就成为债权人的奴隶，这个人称为 tan。——译者注

性别和性欲

关于性别，女性的地位取决于她们的阶层。像王后和王太后这样高级别的女性，在活动和决定的领域要自由得多。她们的印章表明了她们的重要性，表现她们出席王室"宴饮"（bazms）的浮雕也证明了这一点。如前所述，她们和男性一起参加狩猎和宴饮，穿华丽的服装，还有两位女性在 7 世纪施行统治。尽管所有记载都说普兰和阿扎尔姆公主（Azarmigdukht）两位女王是 7 世纪萨珊家族仅存的合法成员，但萨珊资料接受她们的统治并善意地记住她们，则意味着祭司也接受了她们。其他得到记载却并未统治的王后，有阿尔达希尔 – 阿娜希塔（Ardashir-Anahid），她是巴赫拉姆二世的姐妹和妻子，还有后来的沙普尔公主（Shabuhrdukhtag），她是巴赫拉姆的另一位妻子，是唯一一位其肖像和国王（巴赫拉姆二世）并排刻在钱币上的王后[92]（图 20）。

琐罗亚斯德教中古波斯语文本，是为了让教团知道他们应如何在社会中行使职能而写的，而且因为是男性祭司写的，因此是他们的意见为人所知[93]。根据德庸（de Jong）的观点，祭司希望的女德，用一个词来描述就是"服从"[94]。普通女性被认为是男性的所属物，价值 500 "重币"（stēr）。① 许多反女性的宗教诫令，严加于非贵族女性之身。祭司煞费苦心地详述女性生活的每一方面，以及她们的仪式和权利。关于萨珊社会中女性的地位，此处我们不能作详细的讨论，但是要对不同的问题进行考察。女性被视为可能会给社会带来毁灭的造物，和她们在琐罗亚斯德教宇宙论中的反面对应物女魔

---

① 1 "重币"（stēr）=4 "银币"（drahm）。——译者注

第二章 "伊朗国"的社会

图20 陛沙普尔城的女子像

鬼"妓"（jēh）一样[95]。《本元创造》（Bundahišn）中颇为有趣地提到，阿胡拉马兹达找不到任何其他造物来孕育孩子，只找得到女人，阿胡拉马兹达称如果有其他办法，他就会用其他办法。这给了我们这样的感觉，在祭司或男性心目中，女性并不总是属于"阿胡拉马兹达的"国度[96]。

琐罗亚斯德教中古波斯语文本告诉我们，女性必须衣着朴素，外观谦卑。这意味着遮盖头部和足部很重要[97]。普通女性很可能被禁止化妆和戴假发，因为《真实者维拉兹之书》（Ardā Wirāz Nāmag）称，某些被扔进地狱的女性，是（在脸上）"施色"（rang nihād），用"他人的头发"（moy ī kasān）作装饰，吸引神之民众眼睛的女性[98]。法律禁止女性在"经期"（daštān）参与日常活动，诸如烧饭、打扫卫生以及接触圣火，这些法律详尽且丰富。"经期行房"(*daštān-marzān*)的女性"应判死罪"(*marg-arzān*)。男性应在女性经期回避她们,因为这个时期女性被视为对所有生灵都最有传染性,最危险。根据《辟魔律》(*Widēwdād*),她们应在"月经室"(*daštānestān*)中禁足,不能被看见,直到经期结束[99]。对于什么类型的器皿和盘碟可以给予月经中的女性,以及月经结束后她要如何被净化,有详尽的讨论。关于月经周期的论述也给出了女性何时会受孕,何时不会的看法,如文本告诉我们的那样,"经期"结束后十天,她们能够怀孕。这些法律和神话的诫令,主要源于对血液污染的恐惧。"流产"(*wišūdag*)也被视为一种应判死罪的罪行。

在法律上,女人被视为与儿童和奴隶等价,一个女人的嫁妆约是 2000 "银币"(*drahm*),与一个奴隶的价格相等。人们相信一旦女孩满九岁,就应该被嫁出去,而男孩满十五岁则应该娶妻。这是人类的理想年龄,在世界的终结,人类都会是这个年纪,住在天堂中。女人被要求每日三次跪在丈夫面前,询问他有什么愿望,怎样能让他高兴[100]。根据琐罗亚斯德教法律,有几种婚姻形式。男人的正妻,拥有全部权利,被称为"主"(*pādixšāy*)妻,她比其他妻子拥有更多权利。如果"丈夫"(*šōy*)不能生育后代,他可以把妻子给别人作"代"(*čagar*)妻,这样她就进入了收继婚,以便生育儿子。这种形式的婚姻通常是与近亲缔结的,这样可以保证这种婚姻是家族事务。如果丈夫死了却没有留下男性继承人,那么他的女儿①就应做"代婚人"(*stūr*),这意味着她有义务为父亲②提供继承人,和家族的另一成员生育孩子,这个孩子会继承死去丈夫的遗

---

① 或姐妹。——译者注
② 或兄弟。——译者注

产,这样就能确保家族延续[101]。如果她离开丈夫和另一个人生育孩子时受到"伤害"(rēš),那么应该将她还给丈夫[102]。为了完成"继承的义务"而进入这类婚姻的女儿或姐妹,被称作"继承人"(ayōkēn)[103]。但是,妻子还是可以要求"离婚"(hilišn/abēzārīh),而且会收到一份"放妻书"(hilišn-nāmag)。男性和女性都可以要求离婚。

男性可以与妻子离婚,条件是她被认为是"不育的"(starwan),或者她犯"通奸"(*gādārīh)罪、搞"巫术"(jādūgīh),无法完成强制性的义务,拒绝服从丈夫,无法遵守"经期"(daštān)禁足的规定[104]。和"代"(čagar)妻离婚要容易得多。如果她刚到青春期,又抛弃了丈夫,那么她就"应判死罪"(marg-arzān)[105]。如果她想嫁给一个人,而家长,即这个"自主"(xwarāyēn)女性的父亲[106]没有认可这个人,那么这桩婚姻就被视为"不当联姻"(jud āyōzišn)。女孩"离家"(bēastan)①结婚也是无法接受的[107]。有一些办法可以保护妻子。比如,如果男性与妻子非法离婚,那么即使这个男人已把财产施舍出去,妻子还是能得到一些补偿。法律要求一部分财产应归还妻子。看起来根据《千条判决书》(Mādayān ī Hazār Dādestān),如果女方决定离婚,那么她可以保有她带进婚姻的"财产"(wāspuhragān)或"嫁妆"(pēšīgān),但其利润则归丈夫所有[108]。女性根据其年龄和地位,可以要求离婚并得到许可[109]。但更有特权的男性会有两个"妾"(abōg,波斯语 havū),几位萨珊国王甚至有更多妾。"家长"

---

① 指女性拒绝父亲指定的结婚对象,以便嫁给自己的心仪之人,比自主婚好。——译者注

（pater-familias）拥有全部权力，如果他"无力养家"（adbadāt），或因为"死亡和恶疾"（margīh ud raxtagīh），他甚至可以卖掉妻儿[110]。如果已婚女性被强奸，那么她会收到300"重币"（stērs）作为赔偿，被绑架则会收到500"重币"[111]，如果她"未成年"（aburnāyag）时被强奸，那么也会收到1200"银币"（drahms）[112]。婚姻之外的"结合"（āmēzišn）被认为是"偷盗"（duz）[113]。

如中古波斯语文本所示，性欲是萨珊时期的重要问题。如果我们相信，根据《本元创造》（Bundahišn），女人受到邪恶女魔的污染①，那么她们的行为也就会很危险，必须加以控制。女人被视为强大的力量，主要通过她的性欲，使男人背离宗教责任和义务。这并不意味着善宗教禁止孕育孩子。相反，男人必须参与生殖行为，这是一条"圣诫"（mitzvah）。事实上，如果男人和不育的女人性交，那么这会被认为是罪行，因为他浪费了精子。据《扎兹普兰选集》（Wizīdagīhā ī Zādspram），女性的子宫被视为容器，男性的种子放置其中，而孩子由种子而生。因此，浪费精子被视为违背宗教的罪行，会引发各种困境，包括丧失体力和智力。而早婚（男性十五岁，女性九岁）的诫令是为了保证生育。我们还遇到一些篇章，其中表现了理想女性的观念，包括"心中喜爱丈夫""在丈夫的床上不会无耻地说好话"。关于外貌，她必须是"身高中等，其

---

① 原文说《本元创造》称女人是邪恶女魔的后裔。但实际上，《本元创造》中称女魔 Jeh 和女人是对立的（5.3，14a.1）。阿赫里曼亲吻 Jeh，使她月经来潮（4.5），而她请求阿赫里曼赐给她对男人的欲望（4.7）。在邪恶入侵世界后，女人无法完全抵御 Jeh 的进攻，因而受到经血、淫欲等污染。世间万物皆受邪恶污染，男人也会受淫欲（warān）、贪婪（āz）等魔鬼污染而荒淫。事实上，正当的性欲是诸神的赐予，缺乏性欲是魔鬼导致的，《本元创造》还以颇具挑逗性的手法描写了女性性欲萌动的身心状态，而这是受到神认可的（14.28）。——译者注

胸宽，头、臀和颈部有（好）形状，其腿短，腰细，脚底弓起，指长，其肢体柔软而光滑丰满，乳房如楒椟，其全身至指甲如雪，脸颊石榴色，其眼杏形，唇如珊瑚，眉弯，齿白、鲜而亮，头发黑、光亮而长[114]。

不遵循社会准则的女性，会因各种各样的理由而受到惩罚，最常见的理由是巫术和渎神，这很可能意味着她们不服从丈夫，而这也会受到惩罚。不想嫁人的女人或少女也应判死罪。在中古波斯语文本中，还有一系列反女性的声明，这表现出祭司阶层对女性的不安。其中一些相当普遍，也可以在其他社会中找到。这里只选出一些文句，以展现男性对女性的普遍看法。通常希望男人能得到这样的女人为理想的结婚对象："要喜爱知耻的女人"[115]，"要娶年轻女人为妻"[116]。关于萨珊社会中男性对女性的看法，负面的箴言给了我们更多的证据。最常见的格言包括"女人无智慧"[117]，"莫向女人吐露秘密"[118]，"不服从丈夫命令的女人，不应娶她为妻"[119]，"不要相信女人，这样你就不会落入耻辱和悔恨"[120]。其他应避免的包括"年轻男人娶老女人为妻"[121]。

另一种应判死罪的重大罪行是鸡奸，以诸如"肛交"（*kunmarzīh*）、"不正的淫欲"（*waran ī abārōn*）和"不正的性交"（*abārōn marzišnīh*）这样几种术语而知名。许多法律和案件与这种行为有关，这意味着这种行为确实存在。《智慧之灵》（*Mēnōg ī Xrad*）说邪恶造物是通过这种方法而创造的："邪谬的阿赫里曼（Ahreman）通过自我肛交而怀上伪神（*dēwān*）和邪魔（*druzān*）。"[122] 于是，首先肛交被解释为邪恶在宇宙中繁衍更多邪恶的工具，其次阿赫里曼被视为同性恋/肛交者。在《辟魔律》（*Widēwdād*）VIII.26-27 中，称如果男人不是自愿地肛交或被肛交，那他们应受鞭笞，但如果他们自愿，那就应判死罪①。从《真实者维拉兹之书》(Ardā Wirāz Nāmag) 的证据来看，同性肛交者比与女人肛交的人更邪恶[123]。许多文本表明肛交是男人和女人之间进行的，但也有一些例子，我们可以从中看到萨珊时代的同性恋世界。这些法律在"阿维斯陀"的一部分中被详细记载，但现在已经佚失。《宗教事》(Dēnkard) 第八书第34章，是"阿维斯陀"《胡斯帕拉姆宗卷》(Huspāram Nask) 的概要，论述对罪行的法律规诫和其他事务，其中声称有这样的法律："论肛交被动方 (wīftag) 和主动方 (*wēbēnīdag)，其残暴的淫欲，堕落的行为，败坏的荣誉，堕落和污秽的身体。"[124]《真实者维拉兹之书》(Ardā Wirāz Nāmag) 是中古波斯语文献中最具想象力的文本之一，我们能在书中找到对同性恋和肛交者的惩罚。维拉兹 (Wiraz) 在地狱之旅中，看到有人受到这样的惩罚，多条蛇从肛门钻进来，从口中钻出去。天使们告诉他："这是那个邪谬之人的灵魂，他在尘世中行肛交，他让男人在自己身上。"[125]在另一章中，有个男人因为和女人肛交的行为而受到惩罚，但惩罚没有那么重[126]。不用说，法律宣判他们因这种行为"应判死罪"(marg-arzān) [127]。

只有一种功德可以抵消"肛交的邪恶影响"，那就是实行"亲婚"(xwēdōdah)。近亲结婚的问题在20世纪早期颇有争议，但任何懂阿维斯陀语或中古波斯语的人，又经外国资料的证实，都不可能怀疑萨珊波斯确实有这类婚姻。"亲婚"是争论最激烈的制度

---

① "'创造者啊，不情愿地肛交或被肛交的人，有何种惩罚？'阿胡拉马兹达说：'马鞭八百击，廷杖八百击。'""'创造者啊，情愿地肛交或被肛交的人，有何种惩罚，有何种赎罪，才有洁净？'阿胡拉马兹达说：'没有惩罚，没有赎罪，没有洁净，因为这是永远永远不可赎的罪恶。'"——译者注

之一，争论的一方是欧洲学者，另一方是琐罗亚斯德教徒[128]。我们有来自阿契美尼德时期的证据，表明亲婚是王室的通用习俗，但在大众中证据较少。根据费耐生（Frye）所说，亲婚的起源如果不是琐罗亚斯德教的，则可以在埃兰人（Elamites）中寻找，阿契美尼德王族可能效仿了这种习俗，以保持王室血统纯正。最终这种习俗在大众中也通行起来，在萨珊早期，琐罗亚斯德教祭司克尔迪尔告诉我们，他缔结了许多"亲婚"，这些是他善行的一部分。不仅 3 世纪的铭文，后来的中古波斯语文本也详述了这种婚姻的益处。《宗教事》(*Dēnkard*) 第三书（第 80 章）证实这种婚姻有三种，在父女、母子和兄妹之间[129]。我们应当意识到"亲婚"除了宗教意义之外，也是一种保持家族财富完整无损的办法，与把女儿嫁给另一家族从而给出部分财富正好相反。"亲婚"不仅确保了家族及其财富完整无损，也确保了家族的宗教仍归属于琐罗亚斯德教[130]。

惩罚与规训

惩罚是国家用来控制社会的一种手段。萨珊波斯实行鞭刑、肉刑和墨刑。比如，在规定时间未出现在宫廷，或是丈夫在妻子经期不为她提供食物而迫使她去偷盗，那么惩罚就是"墨刑"（*drōš*）[131]，如果一个人因为各种罪行而受到四次墨刑，那么犯罪者会受到终身监禁[132]。另一种类型的惩罚和羞辱是把罪人放在动物上，通常是放在驴上，当街游行。这种惩罚最早可以在帕提亚语史诗《扎里尔志》（*Ayādgār ī Zarērān*）中找到，其中说到在战争最后，伊朗人俘虏了敌人首领阿尔贾斯帕（Arjasp）。割掉了他一只手、一条腿、一只耳，烧掉了他一只眼，把他放在一头瘸腿的驴上，送回他自己的城[133]。根据这一段落，我们可以推测这是一种古老的惩罚，如果我们记得阿契美尼德王朝的王中之王大流士一世，他惩罚弗拉欧尔特斯（Phraortes），割掉他的鼻子、耳朵和舌头，挖掉一只眼睛，那么我们就能看到这个传统了[134]。在公元4世纪，纳尔西试图夺权期间，我们再次听到了这样一种惩罚。据派库里铭文，他的对头名叫巴赫拿姆（Bahnam），被俘虏了，绑在瘸腿的驴子上带到他面前[135]。

有一系列关于洁净和污染的禁令，也反映了萨珊人对待自然和动物的方式。砍伐树木，污染河流、湖泊和大地，被认为是罪行。甚至在被迁徙到帝国中的外国人不断涌入的情况下，这些禁令也能够遏制环境灾难，使得萨珊比东罗马帝国更少流行瘟疫。当然，祭司对洁净和污染问题的这种偏执，也给大众造成了难题。因为水是完全神（Hordad）的显现，水的污染意味着大罪，琐罗亚斯德教祭司发现了巧妙的办法来避免这一大罪，尤其是针对清洗和沐浴[136]。我们得知，在城镇中，"热水澡堂"（*garmābag*）临近圣火祠和举行"六季之节"（*gāhānbār*）①的地方[137]。

死尸也会带来污染，逝者的尸体必须在三夜中受到照顾和看护，这样邪灵就无法在尸体腐烂之际，将灵魂拖进地狱[138]。据说葬礼并不隆重，但是有几种资料指出，在帝国的东部是举行哀悼仪式的，撕扯衣服表现痛苦，受到国家祭司和中古波斯语文本作者的鄙视。事实上，《智慧之灵》（*Mēnōg ī Xrad*）称，人们在其上悲泣

---

① 指分隔六个季节的六个节日，指中绿节（Ratu Maiδyōi.zarəmaya）、中夏节（Ratu Maiδyōi.šam，夏至）、收谷节（Ratu Paitiš.hahya）、归来节（Ratu Ayāθrima）、中年节（Ratu Maiδyāirya，冬至）和夏道中节（Ratu Hamaspaθmaēδaya，春分，新年）。——译者注

"哀悼"（*mōyag*）的土地是最痛苦的。据琐罗亚斯德教神学，逝者的亲属越是哭泣，就会有一条越大的河将逝者和通往天堂的桥分隔开来。然而，这种宗教禁令，并不意味着它被应用于萨珊帝国的每一地区。中古波斯语文本提供了萨珊官方琐罗亚斯德教的观念，禁止哀悼，但同时在帝国的东疆，我们有自残和哀悼仪式的证据。据早期波斯语文本，在呼罗珊，在特定的日子里，袄教祭司会哀悼无辜英雄夏沃什（Siyavash）之死，他被不公正地杀害了。这一哀悼仪式以"悼夏沃什"（*Sōg ī Siyāwaxš*）而知名，后来成就了波斯文人梅斯库布（Meskūb）[139] 的佳作，而直至今日仍在波斯省举行的仪式，被称为"萨巫颂"（*suvašun*）。波斯语文本告诉我们，这一事件随着被称为"祭司泣"（*girīstan-i mughān*）的哀悼仪式而被歌唱[140]；波斯著名学者比鲁尼（Biruni）告诉我们，粟特人在特定的日子里为死者哭泣和哀悼，并且髡面[141]，其图像表现可以在中国发现的一块石板上找到，石板上有一个袄教祭司在举行哀悼仪式[142]。

埋葬死者也被认为是罪行，因此死尸被置于称为"寂静塔"（*dakhma*）的隔离建筑中，暴露在外，供秃鹫和犬类食用。其原因是他们认为，一旦灵魂离开肉体，肉体就开始腐烂，而尸体在持续不断地造成污染。搬运尸体者会采取细致的措施，并在完成任务后接受繁复的净化仪式[143]。接下来太阳会净化尸骨留下的污染①，然后尸骨被收集起来，置于容器中，通常可以在"纳骨器"（*astōdān*）② 中发现。这样，大地就可以保持洁净，不受污染。对于罗马人和在战争中被俘的人来说，当他们听说或看见这些习俗时，肯定至少觉

---

① 须日晒雨淋一年。——译者注
② 原文译作 rock tombs，实际上此词来自 *ast*-"骨"和 -*dāna*"容器"，大小不一，包括石墓、石棺、石坑、石罐、陶罐等。——译者注

得很奇怪，很可能也无法理解。可以提出的问题是，犹太人和基督徒是怎样埋葬死者的？他们难道不会被认为不洁，并因此而不可接触吗？有一例是耶兹德卡尔德一世允许基督徒埋藏尸体，而在巴赫拉姆五世或耶兹德卡尔德二世时期，这些尸体被挖了出来，骨头被撒在阳光下。我们知道，实际上，基督徒也在地上和石头建筑中建造坟墓，这些墓对琐罗亚斯德教徒和基督徒双方来说都是可以接受的。但随着穆斯林征服萨珊帝国，我们听说琐罗亚斯德教徒看见死尸被埋葬并玷污神圣大地时惊恐万分。

这些因素和其他原因，很可能导致了人们依据宗教信仰而隔离开来，因此城市的每一部分，都有属于一个教团的一区，有些区的划分依据了琐罗亚斯德教、犹太教和基督教信徒的洁净律法。可能也有一些城市由单一的教团所主导，如格伊（Gay，伊斯法罕的老城）就属于犹太人。我们应该记得，琐罗亚斯德教徒很可能人数更多，由其他教团主导整座城市的情况会很少，因此交流是不可避免的。对于琐罗亚斯德徒来说，从波斯省出发，越是东行，或是西行去美索不达米亚，和非琐罗亚斯德教徒的交流就越不可避免。当然，在远东中国的波斯侨民区，必须用他们自己的方式来对待洁净和污染的律法。

注 释

1　Bausani, *I Persiani*, Florence, 1962.
2　关于萨珊人的建城计划，见 Pigulevskaïa 1963。
3　Gnoli 1989, p. 148.
4　Gnoli 1989, p. 131.

5　Lieu 1986.
6　Ibn Balxī, *Fārsnāma*, 见 Le Strange & Nicholson 1921, p. 168。
7　*Zand ī Wahman Yasn* 7.9，见 Cereti 1995, p. 206。
8　de Jong 2004, p. 356.
9　de Jong 2004, p. 358.
10　F.M. Kotwal and Ph.G. Kreyenbroek with contributions by J.R. Russell, *The Hērbedestān and Nērangestān*, vol. I, II, Studia Iranica Cahier 10, 16, Paris, 1992, 1995. ① 也见 J.J. Modi, *The Religious Ceremonies and Customs of the Parsees*, Bombay, 1922, pp. 335ff。
11　R. Gyselen, "Note de glyptique sassanide les cachets personnels de l'*Ohrmazd-mogbed*," *Études irano-aryennes offertes à Gilbert Lazard*, Paris, 1989, p. 186.
12　Kreyenbroek 1994.
13　据说无论何时一个"至似琐罗亚斯德"死在国外，一个异端就会出生，参考 *Šāyest nē-Šāyest* IX, 见 Mazdapour 1990/1369 Š., p. 111。
14　*Šāyest nē-Šāyest*, 见 Mazdapur 1990/1369 Š., p. 95。
15　*Šāyest nē-Šāyest*, 见 Mazdapur 1990/1369 Š., p. 181。
16　*Mēnōg ī Xrad* 30, 见 Tafazzoli 1975/1354 Š., p. 48。
17　Nikitin 1992, pp. 105–107.
18　*Xusraw ud Rēdag* 9, 见 Monchi-Zadeh 1982, p. 64。
19　在一篇名为《该死的阿巴利西》（*Gizistag Abāliš*）的短文中，一天，文本的主人公饥渴交迫，去往"圣火祠"（*ātaxš-kādag*）接受帮助并做祈祷，见 Chacha 1936。
20　*Dēnkard* 6, 见 Shaked 1979。
21　M. Shaki, "The Fillet of Nobility," *Bulletin of the Asia Institute*, vol. 4, 1990, pp. 277-279.
22　回顾琐罗亚斯德教传统中苦修主义的材料，见 T. Daryaee, "Sasanian Persia," *Iranian Studies*, vol. 31, 1998, pp. 444–445。
23　*Mēnōg ī Xrad* 58, 见 Tafazzoli 1975/1354 Š., p. 77。

---

①　共 4 卷, vol. III, IV, Studia Iranica Cahier 30, 38, Paris, 2003, 2009。——译者注

24 *Dēnkard* 8.26，见 Tafazzoli 1995。
25 Al-Tabarī，见 Bosworth 1999, p. 262。
26 Al-Tabarī，见 Bosworth 1999, pp. 262–263。比较泰伯里（al-Tabarī）和《辟魔律》（*Widēwdād*）14.9 的武器列表，可以看到二者极为相似，因此萨珊时期"阿维斯陀"文本可能有所变动，见 Shahbazi 1986, p. 497。
27 Shahbazi 1986, p. 497。
28 Ammianus Mercelinus, 25.1.14; Shahbazi 1986, p. 497。
29 Al-Tabarī，见 Bosworth 1999, p. 36。
30 Al-Tabarī，见 Bosworth 1999, p. 118。
31 *Maurice's Strategikon*; Inostrantsev 1969/1348 Š.
32 Piacentini 1985.
33 Al-Tabari，见 Bosworth 1999, p. 240。
34 Ibn Hišam, *Sīrat rasūl Allāh*，见 Guillaume 1955, pp. 41–43。
35 Tafazzoli 1974, pp. 191–196.《宗教事》（*Dēnkard*）VIII 提供了一小段关于航海的论述，应属于已佚的"阿维斯陀"（*Avesta*）《萨卡通宗卷》（*Sakātum Nask*）。见 Ch. A'zamī-Sansari, "Sanadī az ayyīn-e nāvbarī dar asr-e sāsānī," *Mehr o dād o bahār*, ed. A.K. Balazadeh, Tehran, 1998/1377 Š., pp. 33–37。
36 Grignaschi 1966, pp. 1ff, 24, p. 42, n. 76; Shahbazi 1986, p. 498。
37 Al-Tabarī，见 Bosworth 1999, pp. 96–97。
38 *Mēnōg ī Xrad* 30，见 Tafazzoli 1975/1354 Š., p. 48。
39 Shaki 1992, p. 654。
40 *Mēnōg ī Xrad* 31，见 Tafazzoli 1975/1354 Š., pp. 48–49。
41 在以王室档案为依据的伊斯兰资料中，有时武士被置于祭司之上，参考 Ibn Miskawayhi, *Tajarib al-Umam*，见 Emami 1990/1369 Š., p. 120。
42 Foltz 1998.
43 Frye 1995, pp. 67–68.
44 *Mādayān ī Hazār Dādestān*, MHD III. (Chap. 18) 2.17-3.8，见 Perikhanian 1997, p. 30-33; Shaki 1992, p. 654。
45 *Xusraw ud Rēdag* 62，见 Monchi-Zadeh 1982, pp. 76–77。
46 *Xusraw ud Rēdag* 62，见 Monchi-Zadeh 1982, pp. 76–77。
47 关于烹饪，见 Ž. Amuzgar, "Cooking ii. In Pahlavi Literature," *Encyclopaedia*

Iranica, vol. VI, Fasc. 3, 1993, pp. 246-252。进一步评论见 Amuzgar 1997/1376 Š.。中古波斯语文献《宴饮词》(*Sūr Saxwan*) 18 段也提到了"厨师"(*xwahlīgar*)。
48 *Xusraw ud Rēdag* 63, 见 Monchi-Zadeh 1982, p. 77。
49 Curtis 1998.
50 *Bundahišn* 19, "论声音的性质", 见 Bahār 1990/1369 Š., p. 93。
51 关于摩尼教材料, 见 Ch.J. Brunner, "Liturgical Chant and Hymnody among the Manicheans of Central Asia," *Zeitschrift der Deutschen Morgenländischen Gesellschaft*, vol. 130, no. 2, 1980, pp. 342–368。
52 de Jong 2004, p. 358.
53 *Xusraw ud Rēdag*, 见 Monchi-Zadeh 1982, p. 75。
54 Gignoux 1999, pp. 43–44.
55 *Nāma-ye Tansar*, 见 Minovi 1932/1311 Š., p. 23。
56 MacKenzie 1978.
57 Shahbazi 1998.
58 这些头衔在 *Encyclopaedia Iranica* 中各有其词条, 评论见 T. Daryaee, "Sasanian Persia," *Iranian Studies*, 1998, pp. 453–456。
59 Tafazzoli 2000, pp. 21–22.
60 Tafazzoli 2000, p. 30.
61 Tafazzoli 2000, pp. 23, 29.
62 *Handarz ī Ādurbād ī Mahrspandān* 58, 129; Tafazzoli 2000, p. 27.
63 *Xusraw ud Rēdag* 10, 见 Monchi-Zadeh 1982, p. 64。
64 *Abar Ēwēnag ī Nāmag-Nibēsišnīh*.
65 这些信件的最新版本, 见 Weber 1992。
66 Tafazzoli 2000, pp. 31–33.
67 Tafazzoli 2000, p. 33.
68 *Mādayān ī Hazār Dādestān*, 见 S.J. Bulsara, *The Laws of the Ancient Persians as Found in the "Mâtîkân ê hazâr Dâtastân"*, Bombay, 1937, pt. 2, p. 34; Shaki, "Documents i. In Pre-Islamic Periods," *Encyclopaedia Iranica*, vol. VII, fasc. 5, 1995, p. 459。
69 M. Shaki, "Documents i. In Pre-Islamic Periods," *Encyclopaedia Iranica*, vol.

VII, fasc. 5, 1995, p. 459.
70 *Mādayān ī Hazār Dādestān*, 见 S.J. Bulsara, *The Laws of the Ancient Persians as Found in the "Mâtîkân ê hazâr Dâtastân"*, Bombay, 1937, pt. 2, p. 38; Shaki, "Documents i. In Pre-Islamic Periods," *Encyclopaedia Iranica*, vol. VII, fasc. 5, 1995, p. 459。
71 Frye 1992.
72 *Mādayān ī Hazār Dādestān*, 见 S.J. Bulsara, *The Laws of the Ancient Persians as Found in the "Mâtîkân ê hazâr Dâtastân"*, Bombay, 1937, pt. 1, p. 78。
73 *Mādayān ī Hazār Dādestān*, 见 S.J. Bulsara, *The Laws of the Ancient Persians as Found in the "Mâtîkân ê hazâr Dâtastân"*, Bombay, 1937, pt. 2, p. 13; Shaki, "Documents i. In Pre-Islamic Periods," *Encyclopaedia Iranica*, vol. VII, fasc. 5, 1995, p. 459。
74 Tafazzoli 2000, p. 34.
75 Shapur Sakanshah's Persepolis Inscription, 见 Frye 1966, p. 84; Back 1978。
76 Le Strange 1905/1966, p. 203.
77 关于萨珊帝国基督徒的经典之作，见 Fiey 1979。
78 R. Gyselen, *La Géographie administrative de l'empire Sassanide, Les témoignages sigillographiques*, Paris, 1989, p. 72.
79 叙利亚语殉教事迹合集，John of Ephesus, *Lives of the Eastern Saints*，波斯部分节译见 Brock & Harvey 1998, pp. 67ff。
80 A. Forte, "Edict of 638 Allowing the Diffusion of Christianity in China," in *L'Inscription nestorienne de Si-Ngan-Fou*, Paris, 1996, pp. 353–355, 361–362.
81 Daryaee 2003/2004, pp. 19–28.
82 关于"贫穷性"（*driyōšīh*）概念的研究，见 Ito 1975。
83 *Ardā Wirāz Nāmag* 41.16; 对穷人的初步讨论，见 M. Shaki, "Darvīš i. In the Pre-Islamic Period," *Encyclopaedia Iranica*, vol. VII, fasc. 1, 1994, pp. 72-76; T. Daryaee, "Modāfeʿ darvīšān va dādvar dar Zamān-e Sāsānīyān," *Tafazzoli Memorial Volume* (*Yādnāma-ye Doktor Ahmad Tafazzolī*), Tehran, 2001/1380 Š., pp. 179–189。
84 Shaki 1992.
85 *Dēnkard* 6.145, 见 Shaked 1979, pp. 58–59。
86 J.M. Jamasp-Asana, *The Pahlavi Texts*, vol. 1, Bombay, 1897, p. 71; Shaki

1993/1372 Š., p. 29.
87 *Pahlavi Vendidad* 3.41; *Ardā Wirāz Nāmag* 33.19.（也见 *Dēnkard*, Madan II.723。）
88 Shaki 1978, p. 305, n. 142.
89 这一机构对瓦合甫（*waqf*）的影响，见 Macuch 1987, pp. 178–179。
90 见 *Gizistag Abāliš* 3。
91 Macuch 1988; Shaki 1992.
92 对萨珊时期女性的介绍，见 Rose 1998。
93 de Jong 2003, p. 148.
94 de Jong 2003, p. 150.
95 de Jong 1995.
96 *Bundahišn* 16, 见 Bahār 1990/1369 Š., pp. 83–84。
97 注意现代波斯语习语"没有（遮）头和（遮）脚"（*bē sar o pā*）。
98 *Ardā Wirāz Nāmag* 45.2–4, 见 Vahman 1986, p. 213。
99 直到最近，克尔曼（Kermān）的琐罗亚斯德村庄还有小屋让人想到"月经室"（*daštānestān*）。
100 引文见 Shaki 1993/1372 Š., pp. 42–43。
101 Shaki 1971.
102 *Mādayān ī Hazār Dādestān*, 见 S. J. Bulsara, *The Laws of the Ancient Persians as Found in the Mātīkān ē Hazār Dātastan*, Bombay, 1937, pt. 1, p. 105; Shaki 1995, p. 445。
103 Shaki 1975, p. 229.
104 *Rivāyat ī Ēmēd ī Ašawahištān* 7; *Sad-dar Nasr* 92.
105 *The Pahlavi Rivāyat of Āturfarnbag* 14.
106 Shaki 1988, pp. 96–98; Shaki 1999, p. 185.
107 *Rivāyat ī Ēmēd ī Ašawahištān* 30; Shaki 1999, p. 185.
108 Shaki 1995, p. 445.
109 Shaki 1995, p. 444.
110 *Mādayān ī Hazār Dādestān*, 见 S. J. Bulsara, *The Laws of the Ancient Persians as Found in the Mātīkān ē Hazār Dātastan*, Bombay, 1937, pt. 1, p. 33; Shaki 1971, p. 337; Shaki 1999, p. 187.

111 *Mādayān ī Hazār Dādestān*, 见 S. J. Bulsara, *The Laws of the Ancient Persians as Found in the Mātīkān ē Hazār Dātastan*, Bombay, 1937, pt. 1, p. 73; *Nērangestān*, fol. 7r; Shaki 1999, p. 188。

112 *Rivāyat ī Ēmēd ī Ašawahištān* 42; *Mādayān ī Hazār Dādestān*, 见 S. J. Bulsara, *The Laws of the Ancient Persians as Found in the Mātīkān ē Hazār Dātastan*, Bombay, 1937, pt. 1, p. 73; *Šāyest nē-Šāyest* I, 见 Mazdapur 1990/1369 Š., p. 2; Shaki 1999, p. 189。

113 *Nērangestān*, fol. 6v; Shaki 1999, p. 189.

114 *Xusraw ud Rēdag*, 见 Monchi-Zadeh 1982, pp. 81–82。

115 *Handarz ī Anōšag Ruwān Ādurbād ī Mahrspandān* 50.

116 *Handarz ī Anōšag Ruwān Ādurbād ī Mahrspandān* 111.

117 *Fragments* 9.

118 *Handarz ī Anōšag Ruwān Ādurbād ī Mahrspandān* 11.

119 *Fragments* 11.

120 *Wāžag ē-Čand ī Ādurbād ī Mahrspandān* 48.

121 *Handarz ī Anōšag Ruwān Ādurbād ī Mahrspandān* 152.

122 *Mēnog ī Xrad* 7, 见 Tafazzoli 1975/1354 Š., p. 22。

123 Gheybi 2000 收集了相关文本。

124 *Dēnkard*, 见 Sanjana 1874-1928, vol. 16, p. 30，有一些改动。现代帕西注疏者也认为关于肛交的笼统说法与同性恋行为有关。

125 *Ardā Wirāz Nāmag*, 见 Vahman 1986, pp. 24, 202。

126 *Ardā Wirāz Nāmag*, 见 Vahman 1986, pp. 44, 213。

127 关于同性恋的一系列文本和讨论，见 Gheiby 2000。

128 见 West 1882。相反观点见 Sanjana 1932。

129 *Dēnkard* 3.80，见 de Menasce 1973, pp. 85–86。O. Bucci, "Il matrimonio fra consanguinei (khvētūdās) nella tradizione giuridica otesdelle genti iraniche," *Apollinaris*, vol. 51, 1978, pp. 291–319. 收集了这种习俗的大量证据。又参见 Frye 1985 的重要论述。

130 de Menasce 1955, p. 7; Gnoli 1989, p. 172.

131 *Mādayān ī Hazār Dādestān*, A15.2, 见 Perikhanian 1997, p. 273; Shaki 1999, p. 187。

132　*Mādayān ī Hazār Dādestān*, 73.1–2.
133　*Ayādgār ī Zarērān*, 见 Gheybi 1999, pp. 9, 16, 27。
134　Darius' Behistun Inscription, Column II, § 32.2.70–78, 见 Kent 1950, p. 124。
135　Narse's Paikuli Inscription 58, 见 Humbach & Skjærvø 1983, p. 54。
136　琐罗亚斯德教祭司规定，露天的澡堂更好，因为太阳会净化污染。直到最近，亚兹德还有这样的澡堂，见 Mazdapur 1996/1395 Š., p. 319。
137　*Rivāyat ī Ēmēd ī Ašawahištān* 19, 见 Safa-Isfehani 1980, pp. 145–146。
138　Schmidt 1994.
139　Meskūb 1971/1350Š., p. 27. (*Dēnkard* XXXIII.11)
140　*Tārīx-e Buxārā*, 见 Naršaxī 1972/1351 Š., p. 28。
141　*Athār al-Baghīya*, 见 Sachau 1878, p. 235。
142　*Ancient Art from the Shumei Family Collection*, The Metropolitan Museum of Art, 1996, pp. 142–143. 进一步的评论，见 Lerner 1995。
143　J.K. Choksy, *Purity and Pollution in Zoroastrianism: Triumph Over Evil*, Austin, 1989.

第三章　帝国的诸宗教：琐罗亚斯德教徒、摩尼教徒、犹太人和基督徒

萨珊早期的琐罗亚斯德教

琐罗亚斯德教通过阿尔达希尔和萨珊家族，被推为帝国的官方宗教。这一宗教在萨珊时期之前肯定在波斯省就有信徒，阿契美尼德王朝以波斯省为中心进行统治，并崇拜阿胡拉马兹达。从公元前2世纪初到公元2世纪末，波斯省的钱币表现出阿胡拉马兹达受到祭拜和尊崇。这些钱币的背面表现的是国王，有时是两人以尊敬的姿势举起手来，朝向一座建筑，这座建筑很像是鲁斯塔姆岩雕（Naqsh-i Rustam）的琐罗亚斯德天房（Kaʿba-ye Zardošt）（图21）。阿胡拉马兹达以阿契美尼德风格的人形，悬停在这座建筑之上。因此，阿尔达希尔是在延续一种自阿契美尼德时期以来就存在于波斯省的宗教传统。所有记载都称阿尔达希尔的家族在琐罗亚斯德教阿娜希塔崇拜及其在伊斯塔赫尔城（Istakhr）的圣火祠中扮演祭司的角色。他们对传统（琐罗亚斯德教）的知识，为政治性地掌控该地区乃至整个伊朗高原做好了准备。我们可以将萨珊家族与后来北非的苏非（Sufi）武士，或波斯的萨法维（Safavid）家族类比，他们都起身于宗教运动，是宗教领袖，后来又成为武士团的领袖。

图 21　鲁斯塔姆岩雕的琐罗亚斯德天房

我们无法确定萨珊家族是什么人，也不确定他们与波斯省之王是什么关系，但可能并不相互支持或尊重，因为阿尔达希尔的家族是一支新贵[1]。阿尔达希尔在一幅登基岩雕上，消除了我们对其宗教信仰的一切疑问，他声称："这雕像属于祭拜马兹达者，'圣帝'（中古波斯语 bag，帕提亚语 xwadāy）阿尔达希尔，伊朗的王中之王，其世系来自'诸神'（yazdān），圣帝帕巴克（Pabag）王之子。"[2]他的钱币也铸有类似的称号，这意味着在击败阿尔达旺四世（Ardawān IV）之前，阿尔达希尔就以类似的称号来铸币。然后，统治者来自诸神的世系，这一观念自从亚历山大大帝东征以来，就以某种形式存在了。这种观念可以从波斯省之王的钱币上证实，上面有阿拉米铭文"属于诸神"（阿拉米语 ZY

第三章 帝国的诸宗教:琐罗亚斯德教徒、摩尼教徒、犹太人和基督徒

'LHY')①。琐罗亚斯德教传统注意到了宗教知识的圣典化进程。中古波斯语文本《宗教事》(Dēnkard)称:

> 先帝阿尔达希尔,王中之王,帕巴克之子,在坦萨尔正确的权威下,令将散落的学说全部收归宫廷。坦萨尔主持,接受确切的学说,将其余的留在圣典之外,并下令道:"此后,那些就是我们所有的源自马兹达教的阐述,因为现在没有遗漏在外的认识和知识了。"[3]

上述段落意味着阿尔达希尔尽管出自祭司家族,却并不精通这种宗教,而这种宗教即将成为帝国的官方宗教,因此一个名叫坦萨尔(Tosar/Tansar)的祭司被选为宗教权威。我们也可以得出这样一个结论,即阿尔达希尔及其家族熟知的是阿娜希塔(Anahid)崇拜,而不是整体的马兹达教传统。我们看到坦萨尔之名在沙普尔一世的铭文中被提到,尽管奇怪的是,铭文说他是阿尔达希尔宫廷一名成员的父亲。《宗教事》这部分也给了我们另一线索,这也可以得到其他资料证实,即阿尔达希尔的宗教观没有被帝国中所有的琐罗亚斯德教徒所接受[4]。首先,文本称关于琐罗亚斯德教教义,学说散落四野,这可能意味着对琐罗亚斯德教有不同的信念或理解。结果,他起用坦萨尔,根据现存的文本、记载以及由"可靠的"祭司所传承的口头传统,将琐罗亚斯德教教义系统化。我们可以与《新

---

① 公元前2世纪波斯省之王的钱币,标有"人名,prtrk' ZY 'LHY'"。若 'LHY' 为阿拉米表意符,则对应中古波斯语是 *yazdān* 或 *bayān*。*bayān* 可指神,也可指帝王。——译者注

约》权威文本的集结及其圣典化的过程作类比，在这个过程中，有些文本和宗教权威被视为不可信，而其他的则得到认可。琐罗亚斯德教徒和基督徒的神圣文本圣典化，大致发生在同一时期，以一种相似的形式发展，但随着由专制君主所支持的两种不同世界观的成型，两种宗教的信徒在古典晚期兵戎相见。

阿尔达希尔以及他称为帝国官方宗教的宗教，我们甚至可以视为是对琐罗亚斯德教传统的一种偏离，因此是一种异端。也就是说，他称之为"正教"的琐罗亚斯德教，看来并没有被所有人接受。萨珊王族所创造的这种新传统，被萨珊国家和祭司采纳，而琐罗亚斯德教徒被迫遵从。在某种意义上，关于萨珊初期，我们不应该谈论"正教"，因为它很可能并不存在。在《坦萨尔书》(Letter of Tansar) 中，吉兰和马赞得朗之王独立于阿尔达希尔，并谴责他是异端，给传统带来了革新。阿尔达希尔不得不回应说，虽然革新是事实，但革新必须发生，这样才能给"国家"和"宗教"带来统一[5]。支持阿尔达希尔的琐罗亚斯德教祭司，只能诉诸超自然的方式，诸如称他的降世是前定的，才能进一步支持阿尔达希尔的主张[6]。

直到帝国衰亡，什么是真正的琐罗亚斯德教或正教的问题，始终无法解决，尽管萨珊王族和依附于国家的祭司想要描绘出一幅宗教团结的图景[7]。关于崇拜活动，阿尔达希尔之子沙普尔一世，给我们留下了关于这类习俗的一些详情。在萨珊早期，萨珊王族通常致力于建造圣火祠。沙普尔一世称他至少立了五座圣火，一座以他自己的名义，一座以女儿沙普尔公主的名义建造，又为统治亚美尼亚、梅珊（Meshan/Mesene）和锡斯坦的三个儿子每人各立一座。从献给一座圣火祠的祭品数量（每天 20 只羔羊，以及馕和葡萄酒），我们可以想见已建造的和将建造的圣火祠的经济状况和维护费用。

第三章　帝国的诸宗教：琐罗亚斯德教徒、摩尼教徒、犹太人和基督徒

每位国王看来都立了几座圣火，随之而来的是祭司侍奉圣火，以及在圣火祠土地上劳作的人们使之运作和繁荣。当时有临时为圣火祠做奴仆的观念，人们献出时间，为圣火祠劳作，以便净化灵魂，或达到宗教目标。这些人被称为"火奴"（ātaxš-bandag）或仅仅是"身"（tan），他们献出自己的一些时间来侍奉圣火祠。一座圣火有几种侍奉者，"奴隶"（anšahrīg）、"奴仆"（bandag）和"首领"（sālār），他们各有特定的职能[8]。这些应当让我们想起古代近东的神庙传统，以及神庙的广大地产和权力，毫无疑问这也影响了琐罗亚斯德教圣火祠。这意味着古代近东神庙的结构，可能会是琐罗亚斯德教圣火祠经济及其功能的原型。

于是，在早期萨珊波斯，我们有一位国王，他既是阿娜希塔圣火祠的守护者，也是一个崇拜中心的武士。他引入了一个名叫坦萨尔的宗教权威，将所谓知宗教者铭记于"心"（dil）的神圣文本圣典化。这说明了口头传统的重要性，从现存出自阿拉霍西亚（Arachosia）、粟特和波斯省的"阿维斯陀"圣歌可以证明[9]。最后，还有为神祇崇拜而举行祭祀，以及以国王、王后和贵族的名义兴建圣火祠。如果我们考虑到有一些祭司或尊重阿胡拉马兹达崇拜的人，他们像萨珊王族一样也将自己奉献给阿娜希塔女神，那么情况就更为复杂了。正如萨珊王族以阿娜希塔崇拜为中心，其他人则以密希拉（Mithra）等其他神为信仰活动的中心，他们对于"琐罗亚斯德教"意味着什么，很可能有各种各样的观念，并且想强调他们所崇拜的神祇的重要性[10]。于是，我们可以看到这样一种宗教，有几位神祇在民众以及当地崇拜活动中扮演了重要的角色。关于当时非伊朗的神以及神庙，由于希腊和美索不达米亚的影响，肯定是存在的，但没什么真正可以说的。这种类型的崇拜，现在要么得舍

弃，要么得整合进阿胡拉马兹达的宗教。

摩尼：光之先知

在沙普尔一世治下，先知摩尼出现在历史舞台上，而国王愿意接受他的观念，允许他自由来去，传播其宗教。如摩尼对沙普尔所说，"我是医生，来自巴比伦之地"（*bizešk hēm az bābel zamīg*），他出生于萨珊王族试图征服波斯省并挑战帕提亚人的时期。他的早年看来是与其父母一起度过的，在宗教上关注巴比伦地区（Babylonia）的浸礼教派①，这一教派很可能受到了基督教和诺斯替主义的影响[11]。所有记载都称摩尼的宗教体系是二元论的，一如他自己在《沙普尔书》（*Šābuhragān*）中解释的那样，是以"二元"（*dw bwn*）为基础的。因此，摩尼教是一种二元论体系，使用琐罗亚斯德教术语，以便向熟悉琐罗亚斯德教神祇和教义的人传播教旨。这应该也从侧面告诉我们，3世纪的琐罗亚斯德教十分重要，信徒众多。

然而，这并不意味着摩尼所指的琐罗亚斯德教就是萨珊王族的琐罗亚斯德教，在这么短一段时间内，伊朗高原的民众要熟悉萨珊式的琐罗亚斯德教，看来不大可能。因此，我们必须猜测，摩尼是向伊朗高原信仰阿胡拉马兹达和其他琐罗亚斯德教/马兹达教诸神（如在摩尼教中具有重要职能的密希拉，Mihr/Mithra）的民众传教，这些民众并不完全接受萨珊王族以及现在依附于国家的宗教机构所信奉的特定教义。在摩尼教文本中，用"察宛"（*Zurvan*）来指

---

① 即后文的 Elkasaites，一支古代犹太基督教派。——译者注

第三章　帝国的诸宗教：琐罗亚斯德教徒、摩尼教徒、犹太人和基督徒

最高神，也表明了此神在萨珊早期的重要地位，而摩尼使用这一名字，是因为根据察宛派信徒，此神很可能被认为是最高神，是阿胡拉马兹达和阿赫里曼（Ahreman）的父亲。

摩尼教和琐罗亚斯德教的相似性已尽于此。摩尼教导精神和物质的对立。一切精神的都是善的，而一切物质的都是恶的。这与琐罗亚斯德教善生的观念截然相反，琐罗亚斯德教观念认为此世一切美丽悦目的造物，都是阿胡拉马兹达及其共事者"不朽丰神"（Amahraspandān）的杰作。在摩尼教中，不拒斥性欲最终会导致肉体（人身）中的光明因子被囚禁，因此对于摩尼教出家选民（the Elect）来说，苦修禁欲是其教义的核心。母暗魔赔素撕（Pēsūs）[①]创造出第一对人类[②]，这对人类囚禁了代表着精神的光明因子。相反，在琐罗亚斯德教中，创造的行为、享受世界的果实、欢庆大地的富饶都受到庆祝。我们只要称摩尼教是反物质的，非尘世性的，而琐罗亚斯德教是尘世性的，允许其信徒在此世和彼世都享受阿胡拉马兹达的创造，就可以概括两种宗教的区别了。摩尼教徒必须等待，直到夷数（Jesus）出现，复活人类，将受苦受难的摩尼信徒置于天国之中。

然而，使得摩尼传教成功的，却是他住在巴比伦这一事实，那里为数众多的不同团体和宗教并存，每个宗教团体都有自己的教义和神。摩尼使用出自这一地区本土词汇的名字、术语和概念，来传

[①]　帕提亚语和粟特语摩尼教残卷中的名字，亚美尼亚人 Theodore bar Koni 称之为 Namraël，叙利亚人 Michael 称之为 Nabröel，她和公暗魔 Šaklōn 交配而产下人类，这对暗魔被称为 Āsrēštār，狮形，荒淫而残暴。——译者注

[②]　即亚当和夏娃。——译者注

播他那可以称为反物质二元论的宗教，以便使民众能更好地理解他的观念。继而他组织了一支书吏团队，书吏不仅着手将摩尼的观念译成不同的语言，写成不同的文字，而且每一本书都用一种不同的语言书写。摩尼向沙普尔一世呈上中古波斯语的摩尼教文本，明智地称之为《沙普尔书》(Šābuhragān)[12]。他的宗教被认为是普世宗教的另一个理由，则是他自称是封印先知，这意味着他是要补全琐罗亚斯德教徒、基督徒、佛教徒和曼达教徒（Mandaeans）的教义。摩尼也吸纳了埃德萨的巴尔戴桑（Bardesanes of Edessa）①、马西昂（Marcion）和其他人的诺斯替体系。他只是来补全先哲和先知们的教旨[13]。摩尼看来只对犹太教怀有敌意，这十分有趣，因为他出生于一个有大量犹太人居住的地方。这可能是因为他的成长教育，俄尔卡赛教派（Elkasaites）②的反犹观念对年少的摩尼产生了影响[14]。另一个理由可能是美索不达米亚庞大的犹太教团不接受他的观念，拒斥他的任何教义。

我们知道，摩尼远行至印度和中亚，对非亚伯拉罕宗教，即印度教和佛教，了解颇多。沙普尔一世可能喜欢摩尼的宗教融合主义和普世主义[15]，而摩尼也将在下一任国王霍尔姆兹一世治下平静地生活。到巴赫拉姆一世时期，由于克尔迪尔掌权并反对摩尼，事情发生了转变。据说，当摩尼进入重要的医学中心军地沙普尔

---

① Bardesanes，即 Bar Daisan，意为 Daisan 河之子，Edessa 坐落于 Daisan 河上。——译者注
② 即上文所谓"巴比伦地区的浸礼教派"。——译者注

第三章　帝国的诸宗教：琐罗亚斯德教徒、摩尼教徒、犹太人和基督徒

(Wendoy-Shabuhr, Gundīšāpur/Jundīšāpur)① 时，他入城如同基督进入耶路撒冷，引起了很大轰动。就在此时，克尔迪尔伙同其他琐罗亚斯德教祭司申诉，致使摩尼被捕[16]。我们有一些来自摩尼教资料的详细报告，描述了摩尼与国王巴赫拉姆一世决定性的会面，以及克尔迪尔的阴谋：

> 于是，克尔迪尔祭司长和侍奉王前的同伙谋划……嫉妒而狡诈……[17]

国王这样传召摩尼并训斥他：

> 他这样说道②："哎！什么事需要你？你既不去打仗，又不去狩猎。可能为着这医术，为着这施药，需要你。而你连这都不做！"[18]

摩尼被囚，死于狱中，但这并未终结摩尼教徒的宗教活动，现在他们的重心转向中亚，那里的突厥部落和中国人对他的教义产生了兴趣。除了埃及之外，摩尼教在西方都不会很成功，因为正在得

---

① 作者在第四章"外来影响"一节又作 Weh-andīōg-šābuhr，即"比安条克更好的沙普尔城"，意味着此城系沙普尔迁徙安条克居民至此而建，此名出自沙普尔的琐罗亚斯德天房铭文；而 Wendoy-šabuhr 一名见于《伊朗国的诸城》，既可能是上述形式的缩音 W(eh)-and(i)og-šabuhr，也可能意为"沙普尔所获"；而现代波斯语 Gundīšāpur，既可能是上述中古波斯语的规则音变，也可能来自 Gund-i šapur，"沙普尔之军"，或 *Gund-dēz-i šapur，"沙普尔的军堡"。军地沙普尔是萨珊时期胡泽斯坦省四大城之一（另三城为首府伊朗灵光沙普尔、苏萨和胜苏萨），遗址比定为今 Dezful 东南 14 公里的 Šāhābād 村以南。——译者注

② 原文缺此句对译。——译者注

势的基督教最终会使之绝迹。然而，确实有摩尼教徒生活在罗马，但他们逐渐从我们的资料中消失了。从摩尼教文本中所述的这一事件来看，巴赫拉姆对摩尼震怒，可能是受克尔迪尔和其他人煽动。巴赫拉姆也可能是醉了，因为同一残篇称这发生在宴饮之后，当国王走向先知时，一只手搭在塞人（Saka）王后肩上，另一只手架在阿尔达旺（Ardawān）之子克尔迪尔肩上。

克尔迪尔：被遗忘的祭司

克尔迪尔从琐罗亚斯德教"教师"（hērbed）的级别，上升到拥有全权的"祭司长"（mowbed），一路上还取得了其他头衔，这对于理解萨珊早期的琐罗亚斯德教来说十分重要。克尔迪尔在波斯省数处都留下了传记，这些传记与萨珊王室铭文和岩雕在一起。3世纪下半叶他最终的权力和影响是显而易见的，因为他是3世纪唯一一个得到许可将自己的传记刻在岩石上的非王室人物，本来岩雕传记为波斯王室所特有[19]（图22）。在他的传记中，我们可以找到两种不同的信息。一种与他的政治抱负和建立统一的宗教教义有关。而另一种，则可以用来探明这种权力增长的过程是怎样的，以及克尔迪尔如何能够证明他的宗教信念胜于帝国的其他臣民。在传记中，他误导我们以为他从阿尔达希尔一世时期就十分活跃并手握大权。克尔迪尔告诉我们，在沙普尔一世治下，他巡视帝国，设立圣火祠，赋予祭司更多金钱，也许是更多权力，于是他们满足了，而克尔迪尔便授予他们正确的典礼和仪式。他以"教师克尔迪尔"的名章为圣火祠签署特许状，使之更具权威（也许是接受了克尔迪尔条件的圣火祠，奉行所谓萨珊式的琐罗亚斯德教）。他的头衔意

第三章　帝国的诸宗教：琐罗亚斯德教徒、摩尼教徒、犹太人和基督徒

图 22　拉贾布岩雕的琐罗亚斯德教祭司克尔迪尔

味着当时他只是普通祭司，或者还没有真正的宗教等级制，但这种情况会发生改变。他也必然致力于设立"教师院"(*hērbedestān*)，祭司会在那里受到关于宗教事务的充分训练。这一体系会确保教义事务的统一，辨别受到认可的祭司，因为现在其他人就可以被贴上异端的标签了。这些研讨院是会讨论大部分教义和仪式问题的宗教学院。正是在"教师院"中，起分歧，存辩论。以这一帝国宗教及其研讨院为焦点，就会产生两个问题：一是克尔迪尔和中古波斯语文本描绘了一种统一的琐罗亚斯德教教义，当时大部分琐罗亚斯德教徒都信奉这种教义，实则未必。其次，因为关注点在官方宗教，大众宗教被忽视了，而在民众和琐罗亚斯德教知识分子之间，必然存在着一种兼容并包的趋势，而这种趋势却大体上被置于视野之外[20]。

正是在霍尔姆兹一世治下，克尔迪尔接受了新的头衔和荣誉。如他所称，他接受了上层阶级的标志，"冠冕和腰带"（*kulāf ud kamar*），也接受了"祭司长"（*mowbed*）的头衔。克尔迪尔还接受了一个新头衔，在很长一段时间中这个头衔被误读了，现在根据菲利普·于塞（Ph. Huyse）所说，我们可以将这一头衔读作"克尔迪尔，其灵魂为屠障（战神）所救，霍尔姆兹（国王）的祭司长"①[21]。到巴赫拉姆一世统治时期，我们开始看到克尔迪尔地位的变化。克尔迪尔在铭文中描述他在最初三个国王治下的丰功伟绩时，只是程式化地描述了他的事迹，除了他获得的新头衔之外，几乎没有不同。当克尔迪尔描述巴赫拉姆一世时期之时，明显这位国王赐予了他更多的荣耀。这从巴赫拉姆一世允许克尔迪尔接受的头衔就可以看出，首先是克尔迪尔成为权贵，或是取得了权贵地位，其次是他成为整个帝国的"法官"（*dādwar*），这意味着从那之后，法官都是从祭司阶层中选出的。再次，赐予克尔迪尔伊斯塔赫尔阿娜希塔圣火祠的守护者身份。我们必然感到萨珊国王和圣火祠的关系有所改变，或者国王的宗教职能有所改变，他们的宗教职能曾经与这个重要的崇拜中心紧密相连。统治者的宗教权力基础现在完全拱手让给了一个祭司，因此公元 3 世纪晚期，国王的职能发生了变化，职业化的宗教组织和等级制兴起，并取得了重要地位。

---

① 原文据 Huyse 译作 Kerdir, whose soul (the god) Wahram saved, the Mowbed of (king) Hormizd，文本作 *Kerdir ī boxt-ruwān-wahrām ī ohrmazd mowbed*，而本书第五章"祭司长"节中据 Grenet，且本书第二章"阶层：社会等级划分"一节中又据 Gyselen，将 *ohrmazd mowbed* 释作"阿胡拉马兹达（神）的祭司长"。译者按，*Dēnkard* 4.22 中出现了 *ohrmazd mowbed* 一名，故 Huyse 将其释为霍尔姆兹国王的祭司长有待商榷。——译者注

第三章 帝国的诸宗教：琐罗亚斯德教徒、摩尼教徒、犹太人和基督徒

如果琐罗亚斯德教有各种思想流派，那么流派之间可能有宗教教义的差异，因为克尔迪尔称，他扑灭了异端，并试图使所有不同的马兹达教思想者与官方的国家宗教一致："我惩罚并谴责他们，直到我改善了他们。"[22] 克尔迪尔使用的另一个重要的、但也更含糊的术语，是"祭司院"（*mowestān*），这个词有不同翻译。我在这个词中看到的是为"祭司"（*mowān*）而设的宗教研讨院，"祭司长"是克尔迪尔[23]。这就肯定了《宗教事》（*Dēnkard*）的陈述，说在沙普尔一世治下，集结"阿维斯陀"，检验与宗教相关的不同思想流派，这样对权威性文本就不会再有争议，这也意味着统一化的典礼、仪式和教义[24]。克尔迪尔还提到了另一个重要的术语，即"宗卷"（*nask*，铭文第 29 段），这个词颇为有趣。"宗卷"指的是"阿维斯陀"的分卷，琐罗亚斯德教传统认为"阿维斯陀"包含 21 部"宗卷"。"宗卷"是书卷，或文本的集合，因此这意味着"阿维斯陀"可能在公元 3 世纪就以某种形式写了下来。

基督教和犹太教：迫害、共存与承认

帝国对其他教团的迫害也是显而易见的，因为在铭文（KKZ①第 9—10 行）中，克尔迪尔称"犹太人"（*yhwd-y*）、"沙门"（*šmn-y*）、"婆罗门"（*brmn-y*）、"拿苏剌教徒"（*n'cr'-y*）②、"基督徒"（*krstyd'n*）、

---

① Kerdir's Ka'ba-ye Zardošt Inscription 缩写。——译者注
② *Nāṣrā*，有两派看法。Gignoux 和本书作者等认为指 Nazarenes，拿撒勒教派，公元初期的一支犹太基督教派；Widengren、注释中引用的 Back 等认为指 Nazoreans，即曼达教徒。——译者注

"马克达克教徒"(*mktk-y*)①、"异教徒"(*zndyk-y*)②受到损害[25]。下一行指出帝国中存在着偶像,或者存在偶像崇拜,这很可能是指基督徒和佛教徒尊崇他们各自领袖/师尊的图像。波斯语"偶像"(*but*)一词,就是从"佛陀"(*Buddha*)③而来,这增加了克尔迪尔迫害佛教徒这一事实的可信度。基督徒将因为几种理由而成为迫害对象。首先,基督教在东罗马帝国基督教化之前,倾向于持普世性的观念,就像摩尼教那样,而且始终坚持普世性的理想。但是随着君士坦丁(Constantine)以及罗马帝国接纳基督教,波斯基督徒的效忠对象就一分为二了,一部分忠于并非基督徒的王中之王,另一部分忠于自称是"已居世界"(*oikoumene*)所有基督徒首领的君士坦丁皇帝[26]。公元4世纪,沙普尔二世为战争而向基督徒征双倍的税,这也说明了基督徒效忠王中之王的问题。《西缅④行传》(*Acts of Simeon*)记载,据说一旦基督徒领袖拒绝服从这一要求,沙普尔就说"西缅想让他的追随者和民众反叛我的王国,把他们变成恺撒的仆人,恺撒和他们是一个教派的"[27]。其次,基

---

① 所指存疑。Widengren 和 Back 等读作 *Muktik*,疑指耆那教徒(?);Bailey 认为词根来自 *mak-*,"使潮湿,洗",疑指浸礼教派(?);Gignoux 认为其指难以考明;本书作者译作曼达教徒。——译者注

② *zandīk* 泛指异教徒,特指摩尼教徒。——译者注

③ *but* 有晚期阿维斯陀语形式 *Būiti*(*Vidēvdād* 19.1),指一个魔鬼,推测此词于公元前2世纪中叶已进入伊朗语,并不必然与迫害佛教有关。除了摩尼教之外,没有任何一种少数教派(包括基督教和犹太教)记载过克尔迪尔的迫害,因此克尔迪尔是真做了还是自夸仍是不确定的。——译者注

④ 即 Shem'on bar Ṣabba'e(染匠之子西缅),塞琉西亚-泰西封主教。因拒绝服从沙普尔二世向基督徒征双倍税收的敕令而被捕,遣送至伊朗灵光沙普尔,在与国王会面中坚持信仰,最终于341或344年殉教。——译者注

第三章 帝国的诸宗教：琐罗亚斯德教徒、摩尼教徒、犹太人和基督徒

督教是一种传教性的宗教，这就使基督教与琐罗亚斯德教等级制发生了冲突。毕竟，波斯的基督徒在改变谁的信仰？我们有许多例子，甚至出身贵族的人都改信了基督教，并为信仰而殉难。克尔迪尔和其他祭司肯定不喜欢这样。从这一时期开始，一旦萨珊人与罗马人打仗，就会迫害基督徒，尤其是在公元4世纪[28]。从公元5世纪开始，因为波斯的基督教会得到官方认可，牧首（Catholicos）驻于泰西封，迫害基督徒才有所减少。

看来萨珊人大为优待犹太人。如果通读萨珊时期书写的非宗教类中古波斯语文本，就会看到萨珊君主和犹太人之间的紧密关系，尤其是和犹太教团首领的紧密关系。如在《伊朗国的诸城》(Šahrestānīhā ī Ērānšahr) 中，据说一个萨珊国王就出身于萨珊国王和犹太女性的联姻："花剌子模城，犹太人之子纳尔西所造（第10段）。"[29] 或者，"苏萨和胜苏萨城①，由沙普尔之子耶兹德卡尔德之妻西辛公主所造，她是犹太人之王流散宗主之女，也是巴赫拉姆·古尔之母（第47段）。"中古波斯语"流散宗主"（Rēš Galudag），就来自阿拉米语"流散宗主"（Reš Galuta）。我们也从非萨珊资料中，得知犹太人和萨珊人的这种密切关系。上述两条材料来自耶兹德卡尔德一世（Yazdgerd I，公元339—420年）时期，根据《塔木德》(Talmud)，这位国王与犹太教团关系密切。甚至还耶兹德卡尔德礼遇拉比，引用他们的经典，当然还娶了犹太女人，即西辛公主（Šīšīnduxt）[30]。这也可能是犹太历史编纂和宣传的产物，但我们无法否认萨珊人和犹太人之间关系的历史性。而巴赫拉

---

① Šūštar，在今伊朗胡泽斯坦省阿瓦士以北92公里。萨珊时期，该城坐落在Karun河中的岛上，并成为夏都。——译者注

姆五世·古尔（Wahram V Gur），琐罗亚斯德教波斯人可以视他为合法的统治者，而犹太人则视他为犹太国王。毕竟他母亲是犹太人，所以他也是犹太人。

如果萨珊人不是自己已经知道了阿契美尼德人，那么犹太人就会是传播关于阿契美尼德人知识的重要源头。《圣经》中提到阿契美尼德人，这是至关重要的。这意味着在古典晚期，琐罗亚斯德教祭司可以看到中古波斯语版《圣经》。公元5世纪的狄奥多勒（Theodoret）称，《圣经》被翻译成了中古波斯语[31]。在《塔木德》（Talmud）中，也提到了以斯帖（Esther）的故事是否可以用波斯语背诵，这意味着口头传诵阿契美尼德人的故事也是可能的[32]。在犹太人向萨珊人传播的关于阿契美尼德人的记忆中，以斯帖的故事是其核心。不仅《圣经》反映了犹太人着迷于阿契美尼德人，杜拉欧罗普斯（Dura-Europos）的壁画也铭记着古典晚期的《圣经》故事。壁画带我们来到叙利亚杜拉欧罗普斯的犹太会堂，关于萨珊时代对以斯帖故事的理解，可以在这里发现一些至关重要的情况。在沙普尔一世时期，萨珊官员访问了杜拉欧罗普斯的犹太会堂。在保存得最好也最精美的壁画中，有一幅表现了以斯帖的故事。这幅图表现的是王座上的亚哈随鲁/阿尔塔薛西斯（Ahasuerus/Artaxerxes）①，他在犹太人面前听取汇报。莫底改（Mordecai）骑

---

① 亚哈随鲁，希伯来语 'aḥašwerōš，在《旧约·以斯帖记》的希腊语版本中作 Artaxerxes。但是，在语言学上，希伯来语 'aḥašwerōš 应是古波斯语 Xšayaršā 的对译，而古波斯语 Xšayaršā 对译成希腊语是 Xerxes，薛西斯。《旧约·以斯拉记》4.5-4.7 记载波斯王位继承顺序为大利乌（即大流士一世）、亚哈随鲁、亚达薛西（即阿尔塔薛西斯一世），按正确的继位顺序，亚哈随鲁即薛西斯一世。——译者注

第三章　帝国的诸宗教：琐罗亚斯德教徒、摩尼教徒、犹太人和基督徒

着一匹王室骏马，哈曼（Haman）牵着那匹马 ①。重要的是，在这幅断代为公元 3 世纪的图像上，有几条中古波斯语涂写。这些是沙普尔一世的波斯使节访问犹太会堂时留下的铭文，上面也给出了日期（公元 255 和 256 年）[33]。

耶吉谢（Elisaeus）告诉我们，在耶兹德卡尔德二世（Yazdgerd II，公元 438—457）时期，宫廷和国王都听说了《圣经》中波斯人的故事，以及阿契美尼德人如何对待犹太人的故事[34]。其他中古伊朗语的《圣经》翻译仍有残篇存在，很可能是萨珊帝国和中亚基督教传教士的作品[35]。在阿契美尼德王的故事中，必然保存了丰富的犹太 - 波斯传统[36]，这种记忆在波斯犹太人中传承[37]。当萨珊波斯人统治亚洲，宽容一切人，尤其是宽容犹太人之时，犹太人必然曾使波斯人想起这光辉的过去。这就使得犹太人的地位比他们的对手基督教团要稳固得多，但最终却是基督徒和他们的宗教得到了波斯人注意。

先于但丁：天堂、地狱和炼狱之行

我们应回到克尔迪尔，讨论其 3 世纪铭文的第二个重要意义。这与其宗教使命及其异世之旅有关，这异世之旅是为了寻求真正的宗教典礼和仪式[38]。在铭文中，关于他对天堂、地狱和炼狱的灵

---

① 以斯帖故事的梗概如下：以斯帖父母死后，被堂兄莫底改收为己女。后以斯帖为亚哈随鲁王后。亚甲族人哈曼与莫底改结仇，诬告莫底改，于是王诏令天下灭犹太人。莫底改与以斯帖商议，以斯帖设宴邀请王与哈曼，王命哈曼牵王所乘骏马，使莫底改骑马，游于邑衢。返而赴宴，以斯帖揭露哈曼诬告之计，王处死哈曼，以其家财赐莫底改，诏令天下赦免犹太人。——译者注

视,有着引人入胜的描绘。但是,葛乐耐(Frantz Grenet)指出,克尔迪尔并非自己旅行,而是引导其他人[39],即"少年"(rehīg)"坐着"(nišast),以获得灵视[40]。马丁·施瓦茨(Martin Schwartz)则展示了异世的灵视是在"镜子和真言"(ēwēn mahr)中实现的[41]。这种预言方法并非源于伊朗,却可以在古典晚期的地中海世界找到,因此这就显示出萨珊早期琐罗亚斯德教祭司借用了外来因素。这个事实意味着琐罗亚斯德教仪式和传统尚未成形,易受外来因素影响。我相信正是采用这样一种非伊朗的预言方法,才使得克尔迪尔从琐罗亚斯德教传统和萨珊历史传统的记忆中被抹去了。

那么,伊朗式的预言和异世之旅是什么?在一部有关这种旅行的中古波斯语文本中,真实者维拉兹(Wiraz)喝下名叫"古什塔斯帕之麻药"(mang ī wištāsp)的饮品,一种大麻或莨菪药剂,从而抵达天堂和地狱,将其见闻告诉琐罗亚斯德教祭司[42]。在一部琐罗亚斯德教启示录文本中,先知琐罗亚斯德喝下阿胡拉马兹达给他的水,以获得"全知之智"(xrad ī harwisp āgāhīh),从而能够看到未来将要发生的事[43]。亨里克·萨缪尔·努贝尔格(Henrik Samuel Nyberg)早就提出,这种琐罗亚斯德教传统是中亚遗产的一部分,这种遗产在西伯利亚的萨满中仍然普遍存在[44]。

然而,克尔迪尔能够通过"不正确"的方法,看到仪式和典礼的正确形式,且使他确信天堂与地狱的存在。克尔迪尔自灵视中获得的道德力量,被用作一种武器,他不仅使用这武器与异端作战,也与在帝国中越来越重要的摩尼作战,摩尼必须在巴赫拉姆一世统治期间被迅速解决[45]。其他宗教也未能免于迫害,克尔迪尔的铭文证实了这个事实。随着纳尔西登上王位,克尔迪尔的权力被削弱,而到这个时候,他肯定已经很老了。我们看到纳尔西在派库里铭文

第三章 帝国的诸宗教：琐罗亚斯德教徒、摩尼教徒、犹太人和基督徒

中不仅提到阿胡拉马兹达，也提到了阿娜希塔，这就显示出他对阿娜希塔崇拜有特别的兴趣，他的祖父阿尔达希尔一世正是从这个崇拜团体中获得权力的[46]。他特意提到阿尔达希尔和沙普尔是萨珊帝国的合法统治者，略去了在他父亲和自己统治之间介入的霍尔姆兹和三个巴赫拉姆。在鲁斯塔姆岩雕（Naqsh-i Rustam），他命人雕刻了一块浮雕，表现他从阿娜希塔那里接受君权的冠带，从而不仅使对她的崇拜再次变得重要，可能也对伊斯塔赫尔的圣火祠表现出个人关注，这座圣火祠曾落入克尔迪尔及其同伙的手中。

克尔迪尔之后的琐罗亚斯德教

我们也应谈论萨珊时期受到支持的"官方"琐罗亚斯德教的性质。中古波斯语资料是祭司传统的产物，引导我们相信"宗教之道是唯一的"（rāh ī dēn ēk）[47]，而依附于国家的祭司是其代表。宗教与国家相关，两者被认为是密不可分的，这种观念在《宗教事》（Dēnkard）著名的段落（Madan 版 470 页 7 行）中被提及：

> 君权即宗教，宗教即君权。……对于它们，立君权于宗教，立宗教于君权[48]。

即使我们不了解多少琐罗亚斯德教派的情况，也还是知道琐罗亚斯德教的察宛主义（Zurvanite）和一神论形式。萨珊时期，在某些琐罗亚斯德教"祭司长"（mowbeds）和国王中，察宛主义曾是主流模式，这个观点已经提出有一段时间了。关于萨珊早期，这种倾向并非萨珊人告诉我们的，而是从摩尼教资料中推论出来的。摩尼

在用中古波斯语和帕提亚语（显然是为了伊朗高原的民众而写作）叙述其教义时，并不用阿胡拉马兹达来指称至上神，而是用他称之为最高神的察宛（Zurvan）。根据这个证据，可以设想早期萨珊国王甚至克尔迪尔都可能是察宛主义的信徒，尽管这是基于摩尼教资料的猜测。克尔迪尔也可能是反察宛主义的，于是认为摩尼在进一步危害琐罗亚斯德教。再到萨珊中期，在巴赫拉姆五世和耶兹德卡尔德二世统治期间，我们从著名的"大司令"（*wuzurg-framādār*）密希拉－纳尔西（Mihr-Narseh）那里得知察宛主义盛行（他将自己一子命名为 Zurvandad，"察宛赐"）。亚美尼亚资料，诸如耶吉谢（Elishe）和科格布的耶兹尼克（Eznik of Kolb）也告诉我们，密希拉－纳尔西试图强迫亚美尼亚人接受琐罗亚斯德教，他推行的正是其察宛主义形式。察宛主义思想肯定在某些巴列维语文本中留下了印迹，如《智慧之灵》（*Mēnōg ī Xrad*），尽管在伊斯兰早期记载宗教传统的书吏力图清除这种思想。

察宛是永恒时间之神，他自洪荒时代就已存在。有察宛主义倾向的祭司基本上相信邪灵阿赫里曼是由于察宛的怀疑而降世的，阿胡拉马兹达在其后出生。于是，在这个体系中，阿胡拉马兹达和阿赫里曼是双胞胎兄弟。这种观念可能源于琐罗亚斯德的《歌》（*Gathas*）中的一段（*Yasna* 30.3），其中提到二灵诞生，二者在思与行上对立[49]。现在我们知道这种阐释可能是错误的，因为在《歌》中，是"丰灵"（*Spənta Mainiuu / Spenāg Mēnōg*）① 与"邪灵／阿

---

① *Spenāg Mēnōg* 原文作 *Amahraspandān*，按 *Spənta Mainiuu / Spenāg Mēnōg* 和 *Amaša Spənta / Amahraspand* 是两个概念。前者是阿胡拉马兹达用以创造善的世界的一个灵，后来逐渐等同于阿胡拉马兹达。而后者在 *Gathā* 中从未出现，最早见于 *Yasna Haptaŋhāiti*，广义上指所有神，狭义上指七主神。——译者注

第三章　帝国的诸宗教：琐罗亚斯德教徒、摩尼教徒、犹太人和基督徒

赫里曼"（Angra Mainiiu / Ahreman）对立，而不是阿胡拉马兹达与阿赫里曼对立。在《歌》的原始琐罗亚斯德教教义中，在丰灵和邪灵的对立和二元论中，阿胡拉马兹达处于二灵之上和之外，而丰灵则是阿胡拉马兹达用以创世和传播教义的助手。然而，萨珊时期的琐罗亚斯德教祭司提高了阿赫里曼的地位，使他与阿胡拉马兹达处于平等地位①。关于琐罗亚斯德教祭司着迷于邪恶，即阿赫里曼，以及力图用洁净律法把他从世界上清除出去，有很多可说之处。这些观念给民众留下了深刻印象，而民众也求助于非琐罗亚斯德教的宗教。然而，应该说由于萨珊资料中并未提到这样一位察宛，由于阿胡拉马兹达是铭文中所尊崇的神，所以我们不应该太相信察宛主义假说是一支独立的思想流派。如肖尔·沙克德（Shaul Shaked）提到过的，这则映射在萨珊国家宗教上的创世神话，很可能在这一时期从未作为琐罗亚斯德教的一种独立教义而存在[50]。

亚美尼亚和古典资料告诉我们，波斯国王崇拜太阳和月亮，而罗马资料说沙普尔二世被称作"日月的兄弟"（拉丁语 frater Solis et Lunae），但这在萨珊本身的资料中却并未出现[51]。有两种可能。一是太阳可能指的是密希拉神。而更有趣的解答则是：这可能是印度-伊朗特征，印度-伊朗人相信其祖先来自玛努切赫尔（Manuščihr）/ 摩奴（印度语 Manu），而其父是广耀（阿维斯陀语 Vīuuaŋᵛhant/ 中古波斯语 Wīwanghān/ 梵语 Vivasvant），两者在印

---

① 可能阿契美尼德时期阿赫里曼就与阿胡拉马兹达地位相等了，据第欧根尼·拉尔修《名哲言行录》I.8，亚里士多德说波斯人相信 Oromasdes 和 Arimanios 善恶二灵。——译者注

度分别等同于月亮和太阳①[52]。除此之外，琐罗亚斯德教的二元论形式，即阿胡拉马兹达与阿赫里曼交战，而人类必须在两者中选择其一，这是琐罗亚斯德教的主导形式。但在知识阶层中可能存在分歧，而分歧可能是由于外来影响，因为《宗教事》(Dēnkard)声称，在沙普尔一世时期，非宗教的作品被收集起来纳入"阿维斯陀"：

> 沙普尔，王中之王，阿尔达希尔之子，将散布于印度、希腊及其他地方关于医学、天文星占、运动、时间、空间、本质、偶然、生成、毁灭、变形、逻辑和其他技艺的非宗教②文书收集起来，与"阿维斯陀"相校验，下令将每一正确的抄本存于国库中，并进行反思以便将所有无垢的（知识）建立于祭拜马兹达的宗教上。[53]

这一段的重要性在于它告诉我们，国王下令从希腊和印度科学中汲取知识，将其纳入"阿维斯陀"中。于是，萨珊"阿维斯陀"是来自世界的观念和学问的杂烩，这些观念和学问看来对沙普尔所信仰的或他正在创造的琐罗亚斯德教是有用的，或与之一致。也很显而易见的是，宫廷中有一种活跃的氛围，对什么可信什么不可信进行"反思"(uskārišn)。最终这部书面"阿维斯陀"的"抄

---

① 不确。伊朗从未称玛努切赫尔之父是广耀，"阿维斯陀"时代已称其父是伊拉治(Yašt 13.131)，而广耀是贾姆之父(Yasna 9.4, Vidēvdād 2.3)。印度从未称摩奴与月亮等同，而广耀，吠陀时代尚未等同于太阳，仅称广耀是阎摩之父，尚未称其是摩奴之父，至史诗时代之后，广耀与太阳同化，摩奴和阎摩共享一个父亲，摩奴成为日族世系始祖，其女伊拉嫁月亮之子水星后成为月族世系始祖。——译者注

② 原文作 az dēn，Zaehner、Boyce 均译作"来自宗教"；唯有 Shaki 译作"非宗教"。——译者注

第三章　帝国的诸宗教：琐罗亚斯德教徒、摩尼教徒、犹太人和基督徒

本"（pačcen）被存入国库。这并不是萨珊"阿维斯陀"所经历的最后一次编纂。这可能也表明了沙普尔一世的决策不仅允许兼容并包的摩尼传教，也使得"阿维斯陀"在普世论的时代成为国内外学问的汇编。实际上，《宗教事》（Dēnkard）展现了亚里士多德和新柏拉图主义的影响以及一般的希腊思想，这些思想必然已经进入帝国，某些祭司接受了它们并整合进他们自己的信仰中去[54]。我们不禁能看到这样的情形：尽管琐罗亚斯德教祭司和国家在灌输一种"正教"的观念，但他们在传统的名义下，是真正的创新者，是兼容并包的传统的建筑师。我们也应该提及犹太教对琐罗亚斯德教智性生活的影响。在中古波斯语文本的某些篇章中，确实有一些陈述，指向萨珊王朝和伊斯兰早期的琐罗亚斯德教中有强烈的闪米特因素。比如，在一则关于创造的奇异故事中，据说原人凯尤玛尔斯（Gayōmard）是从"泥土"（中古波斯语 gil）中创造的，因此得到了"泥王"（中古波斯语 gilšāh）的称号[55]。另一则是有关琐罗亚斯德教中第一对夫妇马夏（Mashya）与马夏妮（Mashyane）所犯的罪，他们的人生有时具有《圣经》的色彩，类似于亚当和夏娃的故事[56]。

丰真言之子圣火护与追寻正教

当然，琐罗亚斯德教祭司中出现分歧，并不需要外来因素。丰真言之子圣火护（Ādurbād ī Mahrspandān）是琐罗亚斯德教历史中又一个重要人物，公元 4 世纪"阿维斯陀"和琐罗亚斯德教律法的进一步编纂也归功于他。在沙普尔二世时期，他是祭司长：

149

> 沙普尔，王中之王，霍尔姆兹之子，他通过辩论使各洲之人趋近诸神，将所有的口传带入反思和检验。在圣火护的拯救之后，凭借与所有别种教团和别种教派的通宗卷者一起接受神判的判词，他这样说："现在我们在存在中看到了宗教，我们不会放任恶宗教的任何人，我们会加倍努力。"而他这样做了。[57]

在这一段中，我们得知曾经有一次大会议或议会，"各洲之人"（*hamāg kišwarīgān*），可能指的是琐罗亚斯德教神学家，在会上讨论手中的材料。我们也看到在此讨论的是"口传"（*gōwišn*）和已经下令书写并存放在国库中的"阿维斯陀"。口传可能是指"释经"（*zand*），是引起诸多分歧和讨论的"阿维斯陀"注释。我们知道释经有分歧，是因为有一堆术语描述"别种[琐罗亚斯德教]教派"（*ǰud-ristagān*），比如"别种教团"（*ǰud-sardagān*）和"通宗卷者"（*nask-ōšmurdān*）。从丰真言之子圣火护成功护教这一角度来看，除了国家宗教之外的所有其他教派，都被称为"恶宗教"（*ag-dēnīh*）。

丰真言之子圣火护证明其观念胜于其他琐罗亚斯德教教派和神学家的方法，对于认识宗教生活的本质也有启示作用。据说丰真言之子圣火护也经历过神判，什么是神判，则可以借其他文本加以说明。在《真实者维拉兹之书》（*Ardā Wirāz Nāmag*）中，据说在丰真言之子圣火护之前，民众和祭司都处在怀疑中，这是亚历山大破坏"阿维斯陀"、屠杀祭司的结果，当时有各种"信条"（*kēš*）、"信仰"（*wurrōyišn*）、"别种教义"（*ǰud-ristagīh*）、"怀疑"（*gumānīh*）和"别种律法"（*ǰud-dādestānīh*）。于是，丰真言之子圣火护出现，通过以下仪式重整宗教：

第三章　帝国的诸宗教：琐罗亚斯德教徒、摩尼教徒、犹太人和基督徒

丰真言之子圣火护，对他进行了依据宗教的神判，将熔化的铜浇在他胸膛上，他对别种信条者和别种信仰者作了一些判决和审判。[58]

于是他通过经历神判，证明了自己的观点，根据琐罗亚斯德教传统，神判能证明一个人是真实还是邪谬。这让我们想起古美索不达米亚人用以证明无罪或有罪的神判：被扔进河里。但此处是熔化的金属浇在人的胸膛上，而存活则是其信仰真实的证据。熔化金属的神判肯定唤起了《歌》（Gathic）的想象：在时间终止时，真实者行走在熔化的金属中，如同行走在温热的牛奶中，而邪谬者则会烧起来。这只是古波斯所使用的"六种热神判"（6 war ī garm）之一[59]。在另一部中古波斯语文本《可与不可》（Šāyest nē Šāyest）中，故事是这样说的：丰真言之子圣火护在胸膛上被浇上"熔化的金属"（āhan ī widāxtag），但由于他是真实的，就觉得像是牛奶浇在他胸膛上一样。而邪谬的信徒却烧死了[60]。将烧红的铁放到舌头上等其他神判也被用于检验人是否无罪。这基本上意味着一个人是有罪的，直到他/她由于神判而死或者活过了神判。还有另一种波斯人证明其所言真实的方法，就是喝硫磺，这被认为与波斯语"发誓"（sōgand xwardan）相关[61]，但这个关联被马丁·施瓦茨（Martin Schwartz）证伪了[62]。

马兹达克：异端中的异端

因此，在萨珊教团眼中，"异端"的问题足够严重，以至于有一个祭司使用外来传统，从而获得对天堂和地狱的灵视，而另一个

祭司在其胸膛上浇上熔化的金属，从而与异端抗争，使他人相信其所说和所行，并编订"阿维斯陀""宗卷"(nasks)。当然，对于依附于国家的琐罗亚斯德教祭司而言，头号异端非马兹达克莫属，马兹达克出现在公元5世纪末6世纪初。关于此人，我们必须讨论另一个问题，即"阿维斯陀"的释经。甚至在"阿维斯陀"被编订和书写之时，它的绝大部分对于祭司而言都是不可理解的，因此又写下了"释经"(zand)，以便使之可以被人理解。没有理由怀疑"阿维斯陀"曾经有各种各样的"释经"。结果，对神圣文本作出无法接受的释经的人，就被标为"异端"(zandīg/ahlomōγ)。一些注疏很可能对"阿维斯陀"作了某种诺斯替主义的释经，这种释经可能在宫廷祭司看来是令人反感的，就像摩尼及其教义受到反感那样。某些阿维斯陀释经受到的这种外来影响，导致了宗教团体诋毁"混合律法"(gumēzag dād)，这指的是某个名叫森(Sēn)的异端，还有马兹达克。这些异端的教义假定是与信奉"善宗教"(weh dēn)的人相悖的。但我们必须记住，琐罗亚斯德教神学家有充足的机会从外来宗教和资料中获取知识，这可以从《宗教事》(Dēnkard)的篇章中得到证实。"阿维斯陀"的秘传释经是存在的，它在中古波斯语文本中留下了踪迹，尤其是与诸如"秘密"(rāz)这些术语相关[63]，而马兹达克派信仰"阿维斯陀"的"隐藏"(nihānī)含义[64]。

据所有记载，马兹达克(Mazdak)的社会使命，是在饥荒时期创造一种平均分配财富的体系，这必然导致了进一步的社会紧张局势。琐罗亚斯德教中古波斯语资料视马兹达克为"异端中的异端"(ahlomōγān ahlomōγ)，他命令民众共享妻子、孩子和财产，导致社会混乱。中古波斯语资料告诉我们，子不知其父，因此他们不能确

第三章 帝国的诸宗教:琐罗亚斯德教徒、摩尼教徒、犹太人和基督徒

定其阶层所属。帕特里夏·克容(P. Crone)指出,马兹达克使"代婚制"(*stūrīh*)普遍化了,在这种制度中,一个没有男性后嗣的男人,可以将妻子给另一个男人进行收继婚[65]。这意味着马兹达克派也使得跨阶层的"代婚制"成为可能,也许是在哥巴德(Kavad)的支持下强制执行的。这里看来颇不寻常的是,马兹达克很可能反对历史悠久的格言"从自己的世系中娶妻"(*zan az paywand ī xwēš kunēd*)[66],即"亲婚"(*xwēdōdah*)[67]。下层民众必然拥护这位"祭司长"(*mowbed*,即马兹达克)的宣言和观念,马兹达克称这些宣言和观念是以"阿维斯陀"的"释经"为基础的。事实上,当时马兹达克的观念并非完全外来的,只不过贵族和依附于国家的祭司厌恶他对"阿维斯陀"的释经。

据中古波斯语资料和其他资料,马兹达克的观念受到一个来自法扫(Fasā)城①、名叫扎尔多什特(Zardosht)的人影响,其信徒被称为信奉"正教"(*drist-dēn*)的人[68]。扎尔多什特很可能生活在公元5世纪,是马兹达克的先驱,马兹达克现在重新表述并进一步发展他的观念。马兹达克派信奉扎尔多什特的教诲,然后又信奉马兹达克的教诲,据说他们规定了可以要求琐罗亚斯德教徒的全部优良品质,即宣扬善行,避免罪恶,履行祭司职责。然而,他们所欠缺的是,他们较少遵循典礼和仪式,《宗教事》(*Dēnkard*)中论及他们的最重要的语句,宣告了他们的首要罪行:

> 对于祭拜马兹达者的宗教,他们(马兹达克派)这样认为:考察宗教,寻求办法[69]。

---

① 在法尔斯省设拉子东南170公里。——译者注

这意味着他们的"释经"是一种在嚈哒入侵、饥荒和社会紧张局势下,补救这一时期社会和经济困难的手段。马兹达克派相信母系血统,承认来自母亲的世系,这与萨珊人设立的琐罗亚斯德教相反[70]。马兹达克可能属于被称为"通过解释来歪曲前代先哲所授之事"的异端[71]。正是在此,沙克德(Shaked)相信曾经有对"阿维斯陀"的秘传解释,就更令人信服了。据说马兹达克歪曲了宗教的规诫,这看来意味着他为"阿维斯陀"作出了秘传解释,并赞同苦行,甚至可能赞同素食主义[72]。如果马兹达克派是素食主义者,并相信通过善行,即使没有正确的仪式,他们也能够得救,那么他们的观念与大众观念或国家支持的祭司观念就并没有很大差异。根据传统,据说丰真言之子圣火护说:"尽力避免食用牛脂羊脂。"[73]在国家支持的琐罗亚斯德教中,其他许多方面都有不同的观念,与印度和希腊的哲学和宇宙论观念近似[74]。

在此,关于马兹达克派,可用伊斯兰历史的发展作类比:当哈里发国采纳严格的伊斯兰教义和仪式时,一些穆斯林觉得国家支持的宗教缺乏最初曾有的人性和精神性。于是,本地反权威的伊斯兰习俗受到拥护,广受欢迎,尤其是受到早期哈里发迫害的苏非主义(Sufism)和苏非(Sufi)习俗。迫害苏非主义,在宗教层面之外,还有一个目的,就是哈里发通过控制宗教,从而控制所有人的政治忠诚。我们可以看到马兹达克和他的艰难事业,在琐罗亚斯德教国家教会和王中之王之间,有一种类似的发展。

贵族和祭司削弱了王权,哥巴德一世就利用马兹达克来颠覆他们的权力,这也给国王带来了大众的支持,使他和马兹达克成为平民主义的国王和祭司。我们可以说,马兹达克是平民主义者,他的教义受到下层民众支持,《宗教事》(Dēnkard)称,马兹达克

第三章 帝国的诸宗教：琐罗亚斯德教徒、摩尼教徒、犹太人和基督徒

以琐罗亚斯德教精神领袖自居，帮助"饥寒交迫者"（gursag ud brahnag）。还帮助其他下层民众，根据文本，这些民众看来是劫富济贫的"青年团"（Jawan-mardān）[75]。国王还设立了"贫穷者的说情者和法官"（drīyōšān jādaggōw ud dādwar）一职，应对需要帮助的受压迫的大众[76]。

我们还知道，在萨珊晚期，为救赎灵魂而设立了慈善机构，而钱款用于济贫，或用于使群体受益的公共建设项目，这是后来伊斯兰"瓦合甫"（waqf）①的原型[77]。从这一时期开始，在哥巴德一世的支持下，马兹达克派传教者行迹远至阿拉伯半岛，凡帝国所及之处，马兹达克派都得以立足。我们不知道这些马兹达克派对阿拉伯和伊斯兰教义有多少影响，但他们确实出现在麦加。甚至当反马兹达克派的霍斯鲁一世掌权后，马兹达克派也能在远离波斯的地方生存下去，尤其是在阿拉伯。

在哥巴德晚年，出现了争夺继承权的问题，而马兹达克派错误地选择了王位竞争者卡乌斯（Kavus）。霍斯鲁一世（Khusro I）得到反马兹达克派系的支持，他一登基，就实现了对其支持者的承诺，恐怖屠杀了马兹达克和众多信徒。如果我们相信中古波斯语文本，那么最终，"阿维斯陀"的释义和"释经"的教导都受到了限制：

> 在《善思（神）祭》（wahman yasn）、《完全（神）祭》（hordād yasn）和《正义（神）祭》（aštād yasn）的"释

---

① 穆斯林为慈善或宗教目的所作的捐献。——译者注

经"(zand)① 中启示道：般达德之子该死的马兹达克（gizistag Mazdak ī bāmdādān），悖逆宗教者，显现于世。他们悖逆诸神的宗教。而哥巴德之子、有不朽灵魂的霍斯鲁（anōšag-ruwān Xusraw ī kawadān），将月赐（Māhdād）、阿塞拜疆的宗教权威律法阿胡拉马兹达之子沙普尔（Šabuhr ī Dādohrmazd）、不虚妄的圣火灵光赐（Ādur Farrbay）、圣火密希拉之子圣火护（Ādurbād ī Ādurmihr）和命运所佑（Baxtāfrīd）召唤至前。他要求他们承诺："不要隐藏这些《祭》（Yasn），但不要教授你们世系以外的人'释经'。"他们向霍斯鲁承诺。[78]

我们意识到马兹达克以自己"释经"为基础的宗教观念，与其他琐罗亚斯德教神学家的观念差异是如此之大，以至于霍斯鲁刚镇压了他的活动，就召集了所有的宗教权威，明确要求他们对圈外人士"不要教授释经"。从这一篇章中，可以看到在"释经"问题上出现了对外人的排斥，以及随着琐罗亚斯德教宗派激增，萨珊王族产生了忧虑。在《宗教事》（Dēnkard）中，关于霍斯鲁一世的宗教政策，另有一则证词值得一提：

> 今圣霍斯鲁，王中之王，哥巴德之子，在其以完全敌对之势消灭异端和暴政后，根据宗教启示，大大增进了四阶层所有异端学说的详尽知识和反思。在世界集会上，他这样说："已经知道了祭拜马兹达的宗教的真实性，智者已经能通过反思使之稳固地立于尘世。"[79]

---

① 今仅存《善思祭之释经》（zand ī wahman yasn）。——译者注

第三章 帝国的诸宗教：琐罗亚斯德教徒、摩尼教徒、犹太人和基督徒

此处，我们看到的是依附于国家的琐罗亚斯德教会眼中的异端。对于他们而言，"异端"（ahlomōyān）分为数种：不遵循典礼和仪式的人、持秘密教义的人，以及以不同方式解释"阿维斯陀"的人。甚至在依附于国家的祭司中也有神学分歧，而国家在名义上支持这些祭司，并且允许他们行使职能。然而，其他人就没有这么幸运了，很可能因为他们的观念或"释经"远远偏离了已确立的教义或阐释可接受的尺度。我们知道另有一位祭司，他的判决和信条受到祭司们谴责。在《可与不可》（Šāyest nē šāyest）中，我们读到琐罗亚斯德教祭司们与森（Sēn）意见不一，他们声称：

> 我们有无垢律法和善宗教，我们是原教者，森的信徒有混合律法，异端、基督徒、犹太人和此类中的其他人有恶律法[80]。

森被视为"异端"，可能有数种理由。可能是祭司们认为他的教义属于"混合律法"，这可能意味着他有诺斯替或外来的神学来源，因为在同一文本的后续章节中基督徒和犹太人受到了谴责。也可能就是简单地，他的"释经"与琐罗亚斯德教以"三教义"（sē čāštag）[81] 而知名的官方神学教导如此不同，以至于他被视为异端。《宗教事》（Dēnkard）中也提到了他，并把他归为异端，因为据说森的信徒认为自己优于信奉古人教诲的其他祭司，这意味着他们给出了新的阐释[82]。

还有其他证据可以显示其他祭司也不怎么受宫廷祭司待见。如果假定宫廷祭司的中心在波斯省，那么我们知道米底省的雷伊城（Ray）附近住着一群祭司，中古波斯语文本谴责他们为异端。（图23）《本元创造》（Bundahišn）中说这个地区的祭司使人们怀疑

图 23　雷伊米儿丘的萨珊灰泥装饰

诸神,他们自己有邪恶思想,并通过宗教劝导别人相信这些邪恶思想[83]。伊斯兰资料称,公元 8 世纪时,雷伊祭司所住的区域筑起了堡垒,这也是琐罗亚斯德教"大祭司"(*masmoyān*)的驻地[84]。这座堡垒据说临近达玛温德山(Damāvand)。阿拔斯(Abbasid)哈里发马赫迪(al-Mahdi)摧毁堡垒,令人杀死"大祭司"[85]。雷伊的祭司是否可能是中古波斯语文本在论述异端和恶宗教时,负面地谈及北方的原因?甚至在巴列维语《辟魔律》(*Widēwdād*)中,腐灵以"恶疑"(*wattar gumānīgīh*)——"自己有疑且使人有疑"——的形式给雷伊带来了悖逆,而这里是阿胡拉马兹达所创造的至善之地之一,人们相信琐罗亚斯德来自这里[86]。

在"释经"问题扰乱国家教会之时,另一团体则对这些问题有截然不同的看法。这些琐罗亚斯德教徒可以被称作反"释经"派,

第三章　帝国的诸宗教：琐罗亚斯德教徒、摩尼教徒、犹太人和基督徒

当然《宗教事》(Dēnkard）将其视作异端。据他们说，除了琐罗亚斯德的《歌》(Gāthās）是神之言以外，"阿维斯陀"的其他部分以及注疏都是人类的著作，可能有讹误[87]。因此，一方面，依附于教会的祭司为了维系自身，必须对抗允许外来观念进入其宗教的琐罗亚斯德徒，或是其"释经"与自己不同的琐罗亚斯德教徒。而另一方面，他们又必须反对另一群琐罗亚斯德教神学家，这些神学家拒斥所有阐释，也拒绝由坦萨尔主持编纂并在数个世纪中历经变迁的"阿维斯陀"。问题在于如果我们看一眼《歌》的中古波斯语译文，就会意识到当时琐罗亚斯德教祭司对阿维斯陀语的理解非常不完善，因此他们对《歌》的理解也并不完善。

琐罗亚斯德教徒的标志

上文我们讨论的都与琐罗亚斯德教思想史有关。现在我们可以转向大众宗教的领域，大众宗教与祭司的思想之争有所不同。此处要用到沙克德（Shaked）的范式。他称，我们可以在萨珊时期的琐罗亚斯德教中分辨出三个层次或类别：1）国家认可的官方宗教；2）以施魔法为基础的大众宗教；3）所谓的通用宗教习俗，与上述两类都有交叉[88]。马兹达克是大众领袖，很可能甚至在其死后民众仍支持他的教义；在萨珊王朝覆灭后，亲马兹达克的力量将会挑战哈里发国[89]。在这个例子中，是思想论辩引起了民众运动。

国家认可的宗教为信仰者规定了信条和一套特定的仪式。早晨，须"以羊尿洁手洁面，以水净之"[90]。须经常祈祷和礼拜，"每日三度入火祠，行火祀"[91]。作为琐罗亚斯德教徒，须"如教师般（hērbedīhā）记诵《颂》(Yašt)、《偕诵》(Hādōxt)、《诸神祭》

159

（*Bayān-yasn*）、《辟魔律》（*Jūd-dēw-dād*），章章节节听闻'释经'（*zand*）"[92]。作为琐罗亚斯德教徒的标志，须佩戴"圣带"（*kustīg*）。在祭司面前，须"忏悔"（*pad patit būdan*）。须庆祝"六季之节"（*gahanbar*），死后须被置于"寂静塔"（*dakhmag*），尸体在这种建筑中供狗和秃鹫食用。

祭司可能试图限制大众宗教的某些特征。比如我们不能忽视的魔法问题，尤其是因为最近的研究揭示了萨珊时期的魔法护符和魔咒碗。在古代近东，我们可以将魔法的类型分为黑魔法和白魔法。萨珊时期的文本资料对这方面所述甚少，然而物质文化，尤其是印章，则揭示了这个主题，这也是莉卡·居瑟伦（R. Gyselen）深入研究的主题[93]。人们使用白魔法的咒语和护符，以避免邪恶、疾病和死亡。有许多传世的释经体（Pazand）文本有些白魔法味儿，而白魔法又有各种不同的目的，诸如与牙痛、头痛和寒热作斗争；阻止邪恶生物，诸如鼠、猫、蛇和狼。"邪眼"是一个重要概念，直至今日在波斯（伊朗）现代国家中仍然是大众的关注点。比如，用咒语召唤如法里东（Fredon/Fereydun）这样一位英雄/国王，使邪眼阖闭，为主人带来成功[94]。当然，法里东在这一祷词中显现为医者，这是因为他在伊朗传统中，扮演着一个具备三种功能的角色，首先是主祭（阿维斯陀语 *paraδāta*，梵语 *purohita*）[95]，然后是与佐哈克（中古波斯语 Dahag，现代波斯语 Zahhak）和"巨魔"（*Mazanian Dews*）①斗争的武士国王，最后是农业的促进者，他的

---

① 指阿维斯陀语 *māzaniia daēuua*，中古波斯语 *māzanīg māzandar dēw*，据现代波斯语应译作"马赞得朗的魔鬼"，中古的 *māzan* 意为"巨人"，*māzanīg/māzandar* 为形容词，意为"巨大"。——译者注

第三章　帝国的诸宗教：琐罗亚斯德教徒、摩尼教徒、犹太人和基督徒

头衔"阿贝廷家族的"①意味着他与水相关，这使他与社会第三阶层关联起来。在琐罗亚斯德教世界中，白魔法受到琐罗亚斯德教祭司监管，很可能是祭司来书写咒语。毕竟，要让咒语起作用，就必须是由宗教权威或具备宗教力量之人书写。

我们对黑魔法和魔鬼崇拜所知较少，尽管这肯定是存在的，因为我们可以从白魔法的证据中推论出来。如我们在一些文本中注意到的那样，一个人肯定能够给另一人施加诅咒或邪眼以复仇。中古波斯语术语"巫术"（*jādūg*）经常在各类文本中出现，如果琐罗亚斯德教圣徒传记（《宗教事》第七书囊括了琐罗亚斯德的生平）是对萨珊社会的一种映像，那么我们就能对萨珊社会中巫师的作用有一些了解[96]。在《宗教事》（*Dēnkard*）关于琐罗亚斯德生平的情节中，不断地提到"邪诗人"（*Kawi*s）和"邪祭司"（*Karapan*s），即古代印度伊朗异教祭司，他们企图用魔法置先知于死地，但最终未能成功。这些可以被称为黑魔法的施术，包括有催眠作用的吟诵。正是在这种背景下，我们也在中古波斯语文本中听说有"助伪神"（*dēw-ayārīh*）和"祭伪神"（*dēw-yasnīh*）。为了抵消这些魔鬼行为，琐罗亚斯德教祭司看来也扮演了重要的角色。他们是教团的宗教和道德守护者，尤其是在 7 世纪萨珊帝国覆灭，琐罗亚斯德教国家不复存在之时。此时，魔鬼崇拜或祭伪神被等同于新来的侵略者的宗教。结果，"偶像祠"（*uzdēszār*）被等同于清真寺，这些清真寺建造在琐罗亚斯德教圣火祠之上（图 24）。为此，在琐罗亚斯

---

① 阿维斯陀语 Āθβiiāni，中古波斯语 Āspiyān/Āswiyān/Ātwiyān/Ātbīn，现代波斯语 Āṯfiyān/Ābtīn，是阿维斯陀语 Āθβiia 的形容词形式，对应吠陀梵语 Āptya，构拟其印度伊朗语形式为 *Atpi̯as，词源未必与水相关。如果 Dumézil 印欧三功能理论真的适用于此，那么法里东的第三功能应体现为其医者身份（与印度的双马童对应）。——译者注

图 24 伊斯法罕聚礼清真寺底下的萨珊壁画

德教启示录诗歌中,显示出反转这一进程的愿望,见《论奇迹般的巴赫拉姆到来》(*Abar Madan ī Wahrām ī Warzāwand*) 22—23:

> 我们推倒清真寺,安置圣火祠;
> 我们夷平偶像崇拜,使之消弭于尘世。

此时,魔鬼有了肉身,不再来无影去无踪,而宗教则在危亡之中,据中古波斯语文本,唯有琐罗亚斯德教祭司能够以雄辩和实言守护民众,为民众和国家带来平安[97]。当然,这是琐罗亚斯德教祭司希望民众相信的。

我们还发现了一些印章护符和魔咒碗,从大众宗教和魔法的角度来看,它们十分有趣。护符意味着不同宗教信仰的信徒都可能

第三章 帝国的诸宗教：琐罗亚斯德教徒、摩尼教徒、犹太人和基督徒

使用它们[98]。我们应该说这些碗和护符在美索不达米亚和周边地区尤显重要，在这些地区，这类习俗的证据始于新亚述和巴比伦时期，但它们在萨珊时期具有重要性，是在公元 5 世纪到 8 世纪之间[99]。通过释读印章和碗上的铭文，我们发现在涉及魔法和大众宗教时，宗教归属十分模糊。比如，一个琐罗亚斯德教徒可能希望祭司（可能是个巫师！）为他／她准备魔咒，以祛除魔鬼和邪灵。而使用的魔法则可能来自美索不达米亚、地中海或近东传统[100]，以及波斯的本土传统。琐罗亚斯德教不缺邪恶造物，它们在中古波斯语文本中表现为各种各样社会和道德禁忌的化身。

《本元创造》（*Bundahišn*）第二十七章阐述了邪恶造物，它们给人类带来各种各样的问题。比如，有一个魔鬼会导致"恶思"（*akoman*）；"亲魔"（*nanhais*）引起不满；"谎言"（*mihōxt*）是怀疑的邪魔；"气熄魔"（*čišmag*）引起地震和风暴；"悭吝"（*pēnīh*）是使人囤积食物自己不吃也不给任何其他人的魔鬼；"贪婪"（*āz*）①是使人对自己妻子不满而与其他女人寻欢作乐的魔鬼；"邪眼"（*agaš*）是以暴眼杀人的魔鬼；"散骨"（*astwihād*）即"恶空"（*wāy ī wattar*），与"善空"（*wāy ī weh*）相对，他的影子会引起发烧②[101]。萨珊时期提到的一些魔鬼，看来没有伊朗名字，因此我们可以设想他们来自美索不达米亚或其他地区[102]。涉及魔法时，宗教信仰的界限就模糊了，这是可以证实的。最近刊布的一枚印章护符上有以

---

① 贪婪也是吞噬一切而不餍足的魔鬼，如果他没东西可吃了，就会吞噬自己。——译者注

② 散骨即收取命魄的死神。文本称：当他用手擦过人类时，导致昏沉（*Būšāsp*）；当他用影子投射在人类身上时，导致高烧（*Tab*）；当人以肉眼看见他时，他击毁命魄，这叫作死亡（*Murd*）。——译者注

下咒语：

> 安康致以汝！自 YYYny[Yahwe Adonai？]而至 YYYY[？]，而死亡致以[？]伪神！如今，当你见到这文字，你就。
>
> 铭记诫令，如我……真实者，而他教诫其子。如今，这位胜女（Pērōzduxt），其母名[？]，其父名[？]。而你莫从 *Miklās[？]之地来，莫要捉她；* 若你已捉住她，那我也会速速置她于[？]，于是她不会再得你，而你头朝下……* 罚[？]，远…但如今也离她而去[？]，于是她会得到医治和痊愈。
>
> 以耶稣/夷数之名！[103]

此处我们看到的是萨珊统治下伊朗-闪米特观念的融合。铭文中提到的人名叫"胜女"（Pērōzdukht），必然是波斯人，但护符召唤来帮助她的神，或帮助任何其他可能佩戴这枚护符之人的神，则是基督教或摩尼教的。但是，如学者所论，这并不必然意味着这枚护符的持有者是信仰基督教或摩尼教的波斯人，它的持有者也可以是琐罗亚斯德教徒，在这一时期，耶稣/夷数之名是作为"力量之名"来使用的[104]。

在琐罗亚斯德教传统中，念诵特定的真言或咒语，可以归为白魔法。据说这些咒语可以抵御邪灵，如上所述，邪灵总是与人类及其环境作对。这些真言中最著名的是"阿胡瓦"（*Yaθā ahū Vairiio*）① 咒，据说念诵两次可以抵御魔鬼[105]。在一篇圣徒传记文本中，"偶像"（*but*）之魔，他是潜行的疫病和欺骗者，要袭击琐罗亚斯德，

---

① 此为三句诗咒的第一个半句，含义争议极大，故不译。——译者注

第三章　帝国的诸宗教：琐罗亚斯德教徒、摩尼教徒、犹太人和基督徒

但琐罗亚斯德高声吟唱"阿胡瓦"咒，挫败了魔鬼，使之逃窜[106]。其他时候，唱诵这咒语能毁坏魔鬼之身[107]，更有趣的是在一个段落中，这咒语束缚住了所有魔鬼，将他们埋进地下[108]。

　　在东境，宗教观念也在流动和演变。在这里，佛教必然有所影响，而印度教亦然。中亚的大众宗教也与琐罗亚斯德教相融合，这就使得奇特有趣的宗教习俗得以发展。比如，在琐罗亚斯德教文本中，我们读到"哭泣"（griyistan）和"哀悼"（mōyag）是罪行，这种罪行使得逝者无法渡河抵达"钦瓦"（činwad）桥，因为那条生死界河会因悲泣者的泪水而涨满。另一方面，论述波斯东部和中亚的早期伊斯兰资料告诉我们，祆教祭司在一个特定的日子里悼念波斯英雄夏沃什（Siyāwaxš）之死。此事以"悼夏沃什"（Sōg ī Siyāwaxš）而知名，在中亚流行，片治肯特（Panjikant）①的壁画表现了哀悼场景。在布哈拉，为纪念夏沃什的故事，还有诗人歌唱"祭司泣"（griyistan ī moyān）[109]，而这正是琐罗亚斯德教中古波斯语文本所禁止的。现在关于这一仪式或者类似的仪式，在神慈秀明会（Shumei）藏品中的一块石板浮雕上，还有图像证据。这块浮雕表现了祆教祭司在图像中央侍奉圣火，在他身后有一群哀悼者用刀或利器蓥面[110]。对此，波斯学者比鲁尼（Bīrūnī）称，在粟特，赫殊姆（Khshum）月最后一日，人们为逝者哭泣哀悼，并且蓥面，正与这块浮雕相吻合[111]。这个例子应该足以阐明萨珊帝国具有宗教多样性，尽管它以琐罗亚斯德教为官方宗教。很可能省与省之间都有差异，在萨珊帝国的边境行省，邻近地区的影响要大于帝国中心对它的影响，而琐罗亚斯德教祭司必然在帝国中心能更有力地推

---

① 粟特古城，遗址在今塔吉克斯坦西部片治肯特以南。——译者注

行其宗教。但在萨珊时期，琐罗亚斯德教从未统一过，无论萨珊国家还是教团，以及中古波斯语资料多么努力地试图描绘这样一种统一性，但文本证据和伊斯兰早期的证据都指向了相反的情况。

作为结论，我们不仅要考虑萨珊早期和晚期琐罗亚斯德教的异同和发展，也要考虑到宗教的地区差异。葛乐耐（F. Grenet）对中亚的论述，实际上是对东伊朗世界的论述，表明了在东方背景下的祆教，与在法尔斯/波斯省（Fars/Persis）和西伊朗世界所推行的琐罗亚斯德教是不同的。因此，我们应该考虑到帝国不同地区的差异：北部仍然持有前琐罗亚斯德教伊朗观念，并与萨珊琐罗亚斯德教相融合；东南地区很可能也受到佛教和印度教影响；而西部则受到希腊文明的影响，受到阿拉伯、叙利亚和美索不达米亚的闪米特宗教传统，以及犹太教和基督教的影响。在这些差异中，萨珊王朝试图选出自己的"真理"版本，即寻求一种正教。然而，事实展现出一种更多元化的琐罗亚斯德教，而不是萨珊王族所希望的统一正教，在帝国边境，琐罗亚斯德教正是这样，在与其他传统的交融中相互影响。

"阿维斯陀"在古典晚期被收集编订为一种文集，应归功于萨珊人。这就创造了一种结构，使琐罗亚斯德教能依靠这种结构延续至今。当然，仪式和法律的系统化是任何宗教的另一个重要方面。直到今日，在伊朗发现的写本中，数量最多的肯定是"阿维斯陀"中关于仪式和净化的部分，即《辟魔律》（*Widēwdād*）。萨珊国家推行琐罗亚斯德教，但到公元 5 世纪，国家意识到基督教已经成为普世性宗教，为了使基督教与东罗马帝国区分开来，设立波斯的基督教会是有益的。尽管今日多数人都将古典晚期的东罗马帝国等同于基督教，但仍有许多基督教团不属于那一传统。基督徒和犹太人创

第三章　帝国的诸宗教：琐罗亚斯德教徒、摩尼教徒、犹太人和基督徒

造了多元的社会，这一社会由他们的宗教领袖领导，但最终对国王和国家负责。只要秩序得以维持，所有的宗教团体都能繁荣发展，而混乱则带来迫害。萨珊人从琐罗亚斯德教王朝起家，但最终成了帝国中犹太人、基督徒、曼达教徒、佛教徒、印度教徒、琐罗亚斯德教徒和其他宗教团体公正和秩序的调解人和仲裁人。萨珊帝国的普世性，不像东罗马帝国那样转换为基督教秩序，而是转换为一种以琐罗亚斯德教为核心的秩序，同时又具有普世性的多民族多宗教的一面。

注　释

1　出现在萨珊钱币和其他地方的萨珊王室徽章，我们也可以在 Autophradates I① 的一枚钱币上看到，这意味着一种联系或借用。见 Sellwood 1983, plate 10, pict. 5。
2　Back 1978, p. 281.
3　Shaki 1981, p. 115.
4　关于阿尔达希尔推行琐罗亚斯德教的同时期资料，见 K. Mosig-Walburg, *Die frühen sasanidischen Könige als Vertreter und Förderer der zarathustrischen Religion*, Frankfurt-Bern, 1982。
5　*Nāma-ye Tansar*，见 Minovi 1932/1311 Š., Boyce 1965。
6　S. Adhami, "A Question of Legitimacy: The Case of Ardašir I (*Dēnkard* IV)," *Indo-Iranian Journal*, vol. 46, 2003, pp. 226–227.
7　关于琐罗亚斯德教团和萨珊国家之间的矛盾，见 Ph. Gignoux, "Church-State Relations in the Sasanian Period," *Monarchies and Socio-Religious Traditions in the Ancient Near East*, ed. Prince Takahito Mikasa, (*Bulletin of the Middle Eastern Culture Center in Japan*, vol. 1), Wiesbaden, 1984, pp. 72–80。

---

①　Autophradates I，即 Wādfradād，公元前 2 世纪的波斯省之王。——译者注

8　Macuch 2002, p. 125.
9　Hintze 1998, pp. 157–158.
10　在波斯，密希拉（Mithra/Mihr）崇拜也人多势众，很可能是在文本和图像资料中提到的一支秘教。关于该崇拜本身，见 Colpe 1975。关于密希拉崇拜存在的有力论述，见 Callieri 1990, pp. 88–89。
11　关于这一相互关系，见 Henrichs 1973。
12　关于这一文本和翻译，见 MacKenzie 1979, 1980。
13　对英语读者，关于某些特定类别的摩尼教文本和残篇的翻译，可参见 H.J. Klimkeit, *Gnosis on the Silk Road, Gnostic Parables, Hymns and Prayers from Central Asia*, San Francisco, 1993。
14　Neusner 1975, p. 189.
15　Sarkārāti 1975/1999, p. 185.
16　Sarkārāti 1975/1999, p. 204.
17　*Šābuhragān*，见 Henning 1942, pp. 948–949。
18　*Šābuhragān*，见 Henning 1942, pp. 946–950; Sarkārāti 1975/1999, pp. 206–207。
19　对传记的兴趣很大程度上是波斯历史传统的一个特征，见 Momigliano 1990。
20　挑战这种旧观念，重新审视萨珊时期琐罗亚斯德教的状况，见 Shaked 1994；一则评论性回应，见 Boyce 1996。
21　Huyse 1998, p. 118.
22　KKZ/KNRb/KNRm/KSM 16，见 Herrmann &. MacKenzie 1989, p. 59。
23　关于此词的文献综述，见 W. Sundermann, "Review of H. Humbach and P.O. Skjærvø, The Sassanian Inscription of Paikuli," *Kratylos, Kritisches Berichts und Rezensionsorgan für Indogermanische und Allgemeine Sprachwissenschaft*, vol. 28, 1983, p. 88。Sundermann 将此词解释为祭司法典（magi-codex）。
24　《宗教事》（*Dēnkard*）中这艰涩的一段，最好的翻译见 Shaki 1981。
25　KKZ 9–10，见 Back 1978, pp. 414–415。
26　Barnes 1985, pp. 131–132.
27　Brock 1982, p. 8.
28　关于沙普尔一世突袭叙利亚及其对伊朗国（*Ērānšahr*）基督教化的影响，以及 4 世纪对基督徒的迫害，其结论见 Chaumont 1988, pp. 157–160。

29 *Šahrestānīhā ī Ērānšahr* 10, 见 T. Daryaee, *Šahrestānīhā ī Ērānšahr, A Middle Persian Text on Geography, Epic and History*, Mazda Publishers, Costa Mesa, 2002, p. 47。
30 Neusner 1983, p. 915.
31 Munk 1838; Shaked 1989, p. 207.
32 Shaked 1989, p. 206.
33 Rostovtzeff 1938, pp. 112–113.
34 Neusner 1983, p. 890.
35 N. Sims-Williams, "Bible v. Sogdian Translations," *Encyclopaedia Iranica*, vol. iv, fasc. 2,1989, p. 207.
36 Netzer 1974, p. 35.
37 Asmussen 1989, p. 268.
38 关于克尔迪尔之旅的出色研究，见 Skjærvø 1983。
39 Grenet 2002, p. 6.
40 Grenet 2002, p. 18.
41 M. Schwartz, "Kerdir's Clairvoyants: Extra-Iranian and Gathic Persepectives," p. 6. 感谢 M. Schwartz 给了我尚未发表的手稿 [1]。
42 *Ardā Wirāz Nāmag*，见 Vahman 1986, p. 85。
43 *Zand ī Wahman Yasn* 3.6，见 Rāšed-Moḥaṣṣel 1991/1370 Š., p. 2; Cereti 1995, pp. 134, 150-151。
44 Nyberg 1938/1966. 在该书 1966 年版的前言中，Nyberg 讨论了纳粹对其 1938 年作品的反应，尤其是 W. Wüst, "Review of S.H. Nyberg, *Die Religionen des Alten Iran*," in *Archiv für Religionswissenschaft*, vol. xxxvi, 1939–1940, pp. 248–249。那时，Nyberg 受到一系列人谴责，包括纳粹东方学家，以及逃离纳粹德国的杰出伊朗语学者恒宁（W.B. Henning）。对这些不同反应的研究，见 Russell 1990。关于伊朗幽冥之旅的概述，见 Gignoux 1979。
45 研究这一问题的杰作是 Hinz 1971 和 Skjærvø 1995。
46 Paikuli 19, 见 Humbach & Skjærvø 1983, p. 35。

---

[1] 现已发表为 Schwartz 2007。——译者注

47 *Čīdag Handarz ī Pōryōtkēšān* 9.
48 关于这个概念，见 Shaked 1984, pp. 39–40。类似的观念也存在于波斯文学中，如 *Nāma-ye Tansar*，见 Minovi 1932/1311 Š., p. 53；*Šāhnāma*, Moscow Edition, vol. viii, lns. 558-561。
49 关于察宛主义的经典著作是 Zaehner 1955/1972。
50 Shaked 1992.
51 Ammianus Marcellinus, XVII. 5,1f.
52 Scharfe 1992, p. 312.
53 Shaki 1981, pp. 117–119.
54 Shaki 1970.
55 Shaked 1987; T. Daryaee, "The Mazdean Sect of Gayōmartiya," *Ātaš-e Dorun (The Fire Within)*, J.S. Soroushian Commemorative Volume, 2003, pp. 131-137; T. Daryaee, "Gayōmard: King of Clay or Mountain," *Paitimāna, Essays in Iranian, Indo-European and Indian Studies in Honor of Hanns-Peter Schmidt*, Mazda Publishers, 2003, pp. 339–349.
56 Shaked 1987, pp. 246–247. 尽管我认为更多的影响来自伊斯兰早期，但犹太教的影响是不可否认的。
57 Shaki 1981, pp. 117–119.
58 *Ardā Wirāz Nāmag*，见 Vahman 1986, pp. 79, 191。
59 *The Supplementary Texts to the Šāyest nē-Šāyest* XIII.17，见 Kotwal 1969, pp. 46–47。
60 *Šāyest nē Šāyest* 15.16–17，见 Mazdapur 1990。有趣的是，说到地狱的时候，琐罗亚斯德教传统认为它是黑暗、寒冷、腐臭的，但没有人遭受火刑。
61 Boyce 1975, pp. 71–72.
62 Schwartz 1989.
63 Shaked 1969. 其他学者反对说，在琐罗亚斯德教中没有秘传的或神秘主义的东西，但我们可以争论，秘传和神秘主义的定义是什么，以及它作为每个宗教的一部分意味着什么，如 Russell 1993, pp. 73–74。如果维拉兹（Wirāz）饮下赋予他冥界灵视的药酒，或者克尔迪尔能够通过合适的引导看见诸神、天堂和地狱，那么我们就难以坚持说在琐罗亚斯德教中没有任何秘传或神秘主义倾向。很可能只有作为典范的琐罗亚斯德教徒才有机会

第三章　帝国的诸宗教：琐罗亚斯德教徒、摩尼教徒、犹太人和基督徒

进行幽冥之旅。
64　Shaki 1978, p. 306.
65　Crone 1991, p. 25.
66　*Wāzag ēčand ī Ādurbād ī Mahrspandān* 6.
67　Bausani 2000, p. 101.
68　Shaki 1993/1372 Š. 对马兹达克及其运动史最好的整体研究，见 Yarshater 1983；Crone 1991；Morony 1991。
69　*Dēnkard* III.653–654，英译见 Shaki 1978, pp. 294–295。
70　Shaki 1978, p. 295.
71　Shaki 1978, p. 298.
72　Shaki 1978, p. 299.
73　*Wāzag ēčand ī Ādurbād ī Mahrspandān* 13.
74　Shaki 1985.
75　Shaki 1978, p. 297.
76　Shaki 1989; T. Daryaee, "Modāfeʿ Darvīšān va Dādvar dar Zamān-e Sāsānīyān," *Tafazzoli Memorial Volume (Yādnāme-ye Doktor Ahmad Tafazzolī)*, Tehran, 2001/1380 Š., pp. 179–188.
77　Macuch 1987, pp. 178–179; Macuch 1991.
78　*Zand ī Wahman Yasn* II, 见 Cereti 1995, pp. 133–134, 150。
79　Shaki 1981, pp. 118–121.
80　T. Daryaee, "Sasanian Persia," *Iranian Studies*, vol. 31, no. 3/4, 1998, p. 442.
81　关于三个思想流派或律法流派，见 Mazdapur 1997/1376 Š.。
82　*Šāyest nē Šāyest* 的注释，见 Mazdapur 1990/1369 Š., p. 86。
83　*Šāyest nē Šāyest*，见 Mazdapur 1990/1369 Š., p. 93; *Bundahišn*, 见 Bahār 1990/1369 Š., p. 134; *Pahlavi Vendidad* I.15。
84　有学者证明不太可能存在一个类似教皇和主教那样的严格的等级制度，见 Kreyenbroeck 1994。我倾向于认为并不存在整体的等级制，但每一个教团都有自己的导师和领袖，如马兹达克（Mazdak）、森（Sēn），以及雷伊城的祭司领袖"大祭司"。
85　Malayeri 1995/1374 Š., p. 52; 阿拉伯语文本提到了伊斯兰时期的其他祭司活动和神学研究中心，如位于波斯省西境 Arrajan（即 Weh-az-amid-kawad）

的 *Qalʻa-ye Jas*，见 Malayeri 1995/1374 Š., p. 54。
86   *Pahlavi Vendidad* I.15.
87   Molé 1960/1961, pp. 12–14.
88   Shaked 1994, p. 97.
89   T. Daryaee, "Apocalypse Now: Zoroastrian Reflections on the Early Islamic Centuries," *Medieval Encounters*, vol. 4, no. 3, 1998, pp. 188–202.
90   *Handarz ī Dānāgān ō Māzdēsnān* 2.
91   *Wāzag ēčand ī Ādurbād ī Mahrspandān* 72.
92   *Husraw ud Rēdag* 9.
93   R. Gyselen, *Sceaux magiques en Iran sassanide*, Paris, 1995.
94   Kanga 1900.
95   *Kayān Yasn*, 见 Pirart 1992, p. 7。
96   *Dēnkard* VII, 见 Molé 1967; Amouzgar & Tafazzoli 1992/1370 Š., pp. 55–110。
97   *Dēnkard* VII.vii.36.
98   Callieri 2001, p. 24.
99   Naveh & Shaked 1998, p. 13; M. Morony, "Magic and Society in Late Sasanian Iraq," presented at a symposium on *Prayer, Magic, and the Stars in the Ancient and Late Antique World*, March 3–5, 2000 at the University of Washington, Seattle. 应感谢 Morony 教授给了我这篇文章尚未发表的草稿[①]。
100   关于印章护符及其地中海和近东的传统对萨珊时期的影响，见 Magistro 2000。
101   *Bundahišn*, 见 Bahār 1990/1369 Š., pp. 120–121。
102   琐罗亚斯德教传统中魔鬼的完整名单，见 Christensen 1941。
103   Harper & Skjærvø 1992, p. 50.
104   Shaked 1993, p. 166.
105   *Dēnkard* VII.I.12.
106   *Dēnkard* VII.IV.36.
107   *Dēnkard* VII.IV.42.

[①] 现发表为 Morony 2003。——译者注

108 *Dēnkard* VII.IV.45. 此处有趣的是埋葬魔鬼的身体，而这会给大地带来污染，在琐罗亚斯德教中这是一种罪行。然而，这一段落继续告诉我们，魔鬼是没有物质形态的。

109 *Tārīkh-e Bukhārā*, 见 Naršaxī 1972/1351 Š., p. 28。

110 *Ancient Art from the Shumei Family Collection*, The Metropolitan Museum of Art, New York, 1996, p. 144.

111 Bīrūnī, *Athār al-Baghiya*, 见 Sachau 1878, p. 235。

第四章　民众的语言和文本的遗存

语　言

波斯人一直愿意使用其他人的语言，以便推进国家建设，更有效地施政。这从公元前6世纪阿契美尼德时期开始就很清楚：古波斯语是统治阶层的精英和国王所使用的语言，埃兰语（Elamite）用于经济事务，而阿拉米语是整个帝国用于联络的语言。甚至那时，王室铭文就有三个版本：古波斯语、埃兰语和巴比伦语，这些是自波斯人抵达伊朗高原以来接触到的邻近地区居民的语言。随着亚历山大大帝东征，希腊语取代阿拉米语成为帝国语言，只有到公元1世纪以后帕提亚时期的后半段，帕提亚语才开始和希腊语一起刻在钱币和铭文上。萨珊人继承了帝国的多语种观，早期萨珊王室铭文提供了双语或三语的证言，让我们想起阿契美尼德铭文。但现在与中古波斯语一起成为主导语言的是前朝的语言，即帕提亚语和希腊语。希腊语几个世纪以来都是从印度到地中海地区科学和知识的语言。阿尔达希尔一世及其子沙普尔一世两人都使用三语模式书写，和阿契美尼德王族使用另外三语书写一样。中古波斯语成了帝国腹地的主导语言，这让我们对萨珊人的语言和文化重心有所认识。

从最初的书面证据来看，我们也可以看到宗教机构（琐罗亚斯德教教会与祭司）是反希腊化的，具有本土化的倾向。公元 3 世纪时，克尔迪尔只用中古波斯语刻下铭文，这指向的可能不仅是语言品味上的转变，也是一种有意反对外来语言和观念的对策。如果放弃克尔迪尔是为了节省空间才没有选择用其他语言刻铭文这种看法，那么我们就能对与语言文化有关的宗教政策和帝国政策有所了解。中古波斯语可能是波斯琐罗亚斯德教徒所使用的语言，而克尔迪尔不需要用任何其他语言来交流。但是，王中之王必须向所有臣民传达消息，无论是波斯的琐罗亚斯德教徒、帕提亚的士兵和宫廷贵族，还是希腊的俘虏和亲希腊（*philhellenes*）的旧侨民。到公元 4 世纪初纳尔西的时代，王室铭文不再使用希腊语，这意味着希腊文化的影响减弱了，以及/或者琐罗亚斯德教祭司和国家进行了一场成功的反希腊化运动。我们应该提醒自己，希腊语也是波斯人的西方宿敌东罗马帝国的通用语言。我们可以画一张表格，概括 3 世纪和 4 世纪早期祭司和王室宫廷所使用的语言（见表 4.1）。

表 4.1　萨珊铭文中所使用的语言

阿尔达希尔一世	沙普尔一世	纳尔西	沙普尔二世和三世	克尔迪尔（祭司）
中古波斯语	中古波斯语	中古波斯语	中古波斯语	中古波斯语
帕提亚语	帕提亚语	帕提亚语		
希腊语	希腊语			

但至此我们的讨论关注的是王室语言，是波斯文明的中心，对于萨珊帝国语言的多样性，这只给了我们一幅片面的图

景。在帕提亚时期,帝国中就有熟悉希腊人或者自己就是希腊人的居民,而同时说闪语的民众主导着美索不达米亚,波斯人在那里只是少数群体。这些说闪语的人包括撰写《巴比伦塔木德》(*Babylonian Talmud*)的犹太人、说叙利亚语的人,以及说各种阿拉米方言的人。阿拉伯人住在美索不达米亚南部,而从公元3世纪阿尔达希尔一世征服阿拉伯北部开始,帝国就知道有阿拉伯语。在西北,亚美尼亚语和格鲁吉亚语是主导性的,但自从帕提亚贵族避居亚美尼亚以来,帕提亚语甚至更有影响力,帕提亚语中关于机构制度的基本词汇,诸如宗教和行政术语,也进入了高加索。

在波斯省,波斯语从阿契美尼德时期开始就处于主导地位,很可能也流行于米底(Media)及其周边地区。但也存在方言之分,不幸的是我们少有证据,即使有证据,也是来自伊斯兰早期。但我们仍可以通过伊斯兰早期的情况,大胆描绘一幅假想的图景。我们会想起一种叫作法列维(*fahlaviyāt*)的语言,巴巴·塔黑尔(Baba Taher)用这种语言作诗,这可以帮助我们理解伊朗高原上语言多样性的复杂情况[1]。在阿塞拜疆,当时说的是阿扎里语(Azari),它的一种方言塔提语(Tati)留下了很多证据,伊斯兰时期也留有一些阿扎里语的证据[2]。甚至在今日的阿塞拜疆共和国,突厥语是国家和多数民众的语言,但在村庄和城镇中,诸如巴库(Baku)以北的锡阿赞(Siyazan),还有相当一部分说塔提语的人口。在吉兰和马赞得朗的里海地区,也存在过已消亡的语言和方言,这可以在早期伊斯兰文献中得到证实,这些语言和方言要孤立得多,因为山区将其与伊朗高原其他地区隔离开来。在萨珊时期,胡泽斯坦曾存在过新埃兰方言(Neo-

Elamite)[①]，或埃兰地区人（Elamiyas）的语言。甚至在设拉子，萨珊人和波斯人的腹地，我们也发现有各种方言，它们尽管本质上都是波斯语，但仍然存在一些问题[3]。

在东部，我们知道说伊朗语的人使用帕提亚语、粟特语、巴克特里亚语和花刺子模语。在东南，我们知道锡斯坦语居于主导地位，最近发现的《古兰经》锡斯坦方言译本（称为 Qur'an-e Quds），给了我们一条关于波斯东南地区语言的线索[4]。但这些只是我们可得而知的语言，还有更多语言和方言已湮灭无存。游牧民和他们的语言更加难以把握，但库尔德人肯定曾出现在高原上，库尔德语及其多种方言变体也存在过，可能和鲁尔语（Luri）以及其他已消亡的语言一起存在过。

使得情况更加复杂的是，我们应该记得，罗马士兵被俘，他们和叙利亚的说叙利亚语的人口一起，被重新安置到伊朗高原，因此一些人会使用拉丁语、希腊语和叙利亚语，尤其是在雇用大量罗马士兵做工程师、建筑工和工匠的王城，以及用他们做劳动力的王室农场。我们不应忽视这样的事实，即罗马军队征募了哥特人和其他日耳曼人，以及一些说斯拉夫语的人，他们也被俘了，并被安置在萨珊波斯。因此在某种意义上，我们可以说，因为有日耳曼人，所以到公元3世纪时波斯已经有人说日耳曼语了。到公元5世纪，突厥部落开始进入帝国，无论他们是劫掠，还是被国家用作军事力量，突厥语言也必然为人所知，尤其是在东北地区。

[①] 通常所说的新埃兰语指新埃兰时期（公元前1050—前539年）的埃兰语，但作者此处说的显然是一种伊朗语方言，应是现在胡泽斯坦北部方言的前身，这种方言植根于古波斯语和埃兰语，与标准现代波斯语有所差异。——译者注

萨珊王族必须设立某种机制，在语言上将各个省份联系起来，这样才能有一种通行的交流方式。只有通过设置说波斯语的和说非波斯语的行政官员，任命双语的本地人为官，才能处理王室敕令和地方行政。在"王公"（wispuhrān）统治不同地区的同时，还有由书吏、祭司和其他人组成的地方行政机构存在，这可以从4世纪锡斯坦王塞人之王沙普尔（Shabuhr Sakan-Shah）的铭文中得到证实。此外，在亚美尼亚这样的地区，是派遣琐罗亚斯德教祭司和税官前去管理行省。萨珊人设立了标准化的度量衡体系，而"银币"（drahms）则表明中古波斯语是帝国的主导语言。这种相对的标准化，以及萨珊人推行的统一化进程的开端，也是波斯语影响整个帝国的开端。现在我们将转向中古波斯语，这种语言将成为帝国交流的主要语言，摩尼教徒、基督徒、犹太人，当然还有琐罗亚斯德教徒的许多宗教文献，都用这种语言书写。

中古波斯语或巴列维语指的是波斯语的一个阶段，介于古波斯语（公元前550—前330年）和古典波斯语（公元1000年以降）之间。尽管这种区分在很大程度上是武断的，但学者用它来划分波斯语的不同阶段。尽管到阿契美尼德晚期，我们已经可以看到古波斯语铭文向中古波斯语转型的迹象，但中古波斯语最可能通行于公元1世纪到公元10世纪。公元11世纪，在祭司书写中古波斯语的同时，通行语言则是古典波斯语和阿拉伯语。波斯语的历史分期，类似于英语三分为古英语、中古英语和现代英语。但与英语相比，波斯语在其性质上和发展上是相当保守的。波斯语是一种印欧语，是伊朗语的一部分，而伊朗语和印度语最为相近。事实上，用于阿契美尼德王室铭文的古波斯语和古典梵语在语音和语尾上只有微小差异。任何梵语或古波斯语初学者都能意识到这个事实。比如，古波斯语动词 *grab-*，"捕，获"，以及梵语 *gra(b)h-*，对应英语 *grab*。又如古波斯语名词 *duvara-*，"门"，对应梵语 *dvāra* 和英语 *door*；古波斯语 *nāman-*，"名字"，对应梵语 *nāman*，英语 *name*；古波斯语 *pitar-*，"父亲"，对应梵语 *pitṛ*，拉丁语 *pater*，哥特语 *fadar*，英语 *father*。这些例子展现了波斯语和其他印欧语之间的联系。至于波斯语的发展，我们也可以用同样的词，展现其演变的三个阶段。"门"，古波斯语 *duvara-*，中古波斯语 *dar*，波斯语 *dar*；"名字"，古波斯语 *nāman-*，中古波斯语 *nām*，波斯语 *nām*；"父亲"，古波斯语 *pitar-*，中古波斯语 *pidar*，波斯语 *pidar*。

中古波斯语铭文

中古波斯语文献包括从公元 3 世纪到 10 世纪之间留存下来的铭文和文本。用阿维斯陀文字书写的释经体（Pazand）文本、基督徒书写的《诗篇》（阿拉伯语 *Zabūr*，希伯来语 *mizmōr*）文本，以及古典晚期的摩尼教文本，也属于中古波斯语文献。中古波斯语铭文大多来自公元 3、4 世纪，是国王们和克尔迪尔令人雕刻的。铭文在结构上是程式化的，篇章布局类似于阿契美尼德铭文。一些学者认为这属于盛行于古波斯的口头文学传统，而铭文的作者利用了这种传统[5]。另一些学者甚至称这些铭文虽然包含历史资料，但它们更多是故事；刻下这些故事，是为了通过使用古代近东的传统史诗框架，使国王合法化[6]。晚期萨珊铭文（4 世纪以后）更为简短，很少是王室铭文，多数是个人或地方君主令人雕刻的，用于纪念、营造工程或墓志铭。铭文所用的文字是阿拉米文字的古体，这可能是继承了最初由阿契美尼德王族为王室档案而发展出来的书写传统。早期铭文的字符分开来从右往左书写，而晚期铭文几乎都是"阿拉伯式"的，字母连写，更似草书，与晚期或后萨珊时期书写的书本巴列维语或中古波斯语文本类似。

早期铭文的内容是夸耀性的，其结构首先是国王确保所有人都知道他是琐罗亚斯德教徒（*Māzdēsn*，"祭拜马兹达者"），然后列出他的世系，接下来是他统治的领土。接着，在沙普尔的鲁斯塔姆岩雕铭文中，出现了叙事性的故事，讲述了罗马人侵犯波斯，结果战败以及他们后来如何的故事。到铭文中部，我们发现了国王夸耀性的本质及史诗性行为："我们征服了其他许多地方，获得了英勇的名声，除了之前所述的，都没有在此刻下。我们令其被刻下，这样任何后来之人，都能知道我们这名声、英勇和力量。"[7]这种对英雄气概的追求，在朝觐者之城的沙普尔铭文中也可以看到，在这篇短铭文中，沙普尔告诉我们，他射出一支箭，箭飞得极远："谁若是臂力强劲，就把脚放在这道石头缝中，向那一石堆射箭。然后谁能射至那石堆，他就确是臂力强劲。"[8]（图25）

然后，沙普尔将其关注点转向宗教，为其家族成员的灵魂而设立圣火祠，行祭祀，使祭司满意。沙普尔铭文的其余部分是对职官的详述，这些职官在其父亲治下就已存在。继而是结尾程式，讲述他对诸神的热忱，然后再度提到了他的英勇，并希望后来者能知道他，追随他的步伐。他在拉贾布岩雕、朝觐者之城和陛沙普尔还有数篇短铭文，这确实是铭文最兴盛的时期。

另一篇长铭文属于公元4世纪的纳尔西，纳尔西以同样的方式开篇，但他此处的关注点，是要使他从塞人之王巴赫拉姆(Wahram)手中夺取王位一事合法化。纳尔西此时善加利用琐罗亚斯德教的

图 25　沙普尔一世的琐罗亚斯德天房铭文，中古波斯语部分，局部

二元论，将自己表现为正义的，而将巴赫拉姆及其同伙塔特鲁斯（Tatrus）之子巴赫拿姆（Wahnam）的势力表现为邪谬的。他告诉我们，他之所以当选是大公放弃了他的对手而选他为王的结果，大公们觐见他并请求他成为王中之王。最后，铭文告诉我们，巴赫拿姆①以这种方式受辱："抓获了巴赫拿姆，然后绑在瘸驴上，把他带来了巴赫拉姆沙普尔城，到我们的宫廷。"[9]

纳尔西没有将自己描绘为英雄类型，而是将自己表现为在继承问题上遭受不公正的对待，被贵族和大公黄袍加身，才取得

---

① 本书第一章"争夺王位：巴赫拉姆们和纳尔西"一节中说巴赫拿姆被俘，巴赫拉姆情况不明。——译者注

第四章　民众的语言和文本的遗存

王位，而这一情景在伊朗历史中再三出现（我们可以举出纳迪尔沙 [Nader Shah] 的当选和阿夫沙尔王朝 [Afsharids] 的建立）。甚至在铭文末尾，他惩罚并处决了塞人之王的支持者后，又将自己的家族描绘为最正义的，因此最适合统治。他长篇诠释了其家族之善，当然利用了他与沙普尔一世的关系，而他最终获得权力，是因为贵族告诉他："不曾有他人与您相似，[您] 为诸神所眷顾（？），[且以？] 智慧和自己的 [勇武？]，[使？] 暴政 [远离伊朗？] 国。"[10]

在公元 4 世纪的纳尔西之后，铭文趋于简略，除了沙普尔二世时期之外，几乎都没有给予我们什么历史信息。王室铭文是程式化的，如花园拱门的沙普尔二世和沙普尔三世铭文，又由于非王室铭文行文简略，诸如大司令密希拉－纳尔西的铭文和"纳骨器"铭文，它们很少提供历史信息。因为数种原因，沙普尔二世时期有两则铭文的主题相当有价值，也很有趣。这两则铭文都是由地方的王令人刻于波斯波利斯，一则由塞人之王沙普尔（Shabuhr Sagan-Shah）所刻，另一则由一个名叫塞琉古（Seleukos）的书吏所刻。这些铭文展现了公元 4 世纪萨珊帝国的疆域，方国之王的地方行政和军事机构，最后是波斯波利斯对萨珊王族的重要性。在塞人之王的铭文中，他与随从在宫殿中用膳，行"神祭"（yazdān kardagān），还祝福了他在此地的父亲和祖先，这让人怀疑萨珊王族知道这座建筑的建造者是其祖先[11]。当然，这并不意味着我们能够说此时的萨珊王族知道阿契美尼德王族是这座建筑的建造者，但因为《帕巴克之子阿尔达希尔功行纪》（Kārnāmag ī Ardaxšīr ī Pābagān）提到阿尔达希尔一世是大流士三世的"后嗣"（nāf），这意味着他们是知道阿契美尼德王族的。另一个可能性则是他们已经开始将这座建筑与

183

凯氏王族（Kayanids）相关联，并将他们视为先祖。与凯氏王族的关联在萨珊晚期是确切无疑的，那时波斯波利斯的宫殿就以"贾姆希德王座"（*Taxt ī Jamšīd*）而知名，而对阿契美尼德王族的记忆则在国家的宣传下湮灭无闻。

沙普尔二世和沙普尔三世短篇铭文的有趣之处，不在于其内容，而在于其所在地远离我们发现早期王室铭文的传统地区。这两位王中之王选择将论及父祖的铭文，刻在临近克尔曼沙（Kermanshah）的花园拱门（Taq-i Bustan）。这两位 4 世纪的国王并立，意在宣扬父子关系亲近。另一块浮雕是阿尔达希尔二世登基图，他的兄长沙普尔二世（其形象与阿胡拉马兹达融合）站在一侧，亲手将王权授予他，而密希拉（Mihr/Mithra）站在另一侧[①]。最大的浮雕属于 6 世纪晚期/7 世纪的霍斯鲁二世，他的石窟表现了这一时期萨珊骑兵的铠甲传统，此处他的马夏布迪兹（Shabdiz）也穿戴着盔甲，让我们想起中世纪欧洲的骑士和马上长矛比武的场景。在霍斯鲁二世的石窟上方，还有他的登基图，图中不仅有阿胡拉马兹达在授其王权，还有阿娜希塔在浇灌圣水。花园拱门另一残柱上也有阿娜希塔女神的图像，这证实了此神的重要性。这是颇为有趣的，因为阿契美尼德时期的三联神，即阿胡拉马兹达、阿娜希塔和密希拉，在萨珊时期又被表现在花园拱门，这展现了波斯信仰系统的延续性。（图 26）

密希拉-纳尔西是 5 世纪的"大司令"（*wuzurg-framādār*），他在一座桥上[②]留下了一段短铭文，说他为了自己及其儿子的灵魂而

---

① 原文说此处有纳尔西登基浮雕，密希拉授予其王权。不确。——译者注
② 遗迹在 Tang(-e) Āb，即 Firuzābād 的阿尔达希尔岩雕近旁。——译者注

第四章　民众的语言和文本的遗存

图 26　花园拱门的霍斯鲁二世，两侧为神阿娜希塔和阿胡拉马兹达

命人造桥，这证实了这一时期琐罗亚斯德教为救赎而修造建筑物的观念，无论他是普通人还是大司令[12]。到萨珊时期结束，伊斯兰早期开始之时，留存有数则简短的个人铭文，其中最突出的包括马格速达巴德（Maqsudabad）①的两则铭文，讲述了土地和水井所有权的问题。这些铭文讨论的是一块土地及其水井的所有者，以及城堡的重建。其他铭文的发现地，西至拜占庭[13]，东至印度[14]，远至中国[15]，这些铭文或者属于萨珊晚期，当时伊朗与那些地区交流紧密，或者是后来阿拉伯穆斯林征服波斯而导致伊朗人

---

　　①　此村在伊朗法尔斯省 Marvdasht 县 Mohammadabad 地区。位于 Kuh-e Rahmat 山南麓中部，此山呈西北 - 东南走向，波斯波利斯在南坡西北角，Maqsudabad 在其东南 20 公里。——译者注

185

移民到那些地区。另一组铭文见于个人的"纳骨器"[16]。这些铭文记载了在此纳骨之人的名字和家庭情况，以及他们去往灵界的日期。我们从中古波斯语铭文的情况中得到的大致印象，是早期只有国王和大祭司才能留下记录，但到 5 世纪有了"大司令"的记录，到 6、7 世纪更简短的私人铭文层出不穷。问题是为什么大众在 6、7 世纪之前没有留下这类铭文？这一现象是否与读写技能的问题有关，与社会从口头传统向书面传统的转型有关？这些是难以回答的问题，但确实告诉我们，到萨珊晚期，在宫廷和琐罗亚斯德教会以外，大众也使用铭文，为纪念性铭文而书写。

印章也颇为重要，因为它们通常包含了标语或者所有者的名字，可以告诉我们参与商业交易的女性和男性的相对比例（因为这些印章作为签名而使用）、印章持有者的信仰，以及当时的头饰和时尚。有较长铭文的印章还可以告诉我们更多情况，关于印章所有者的宗教信念或他／她的官职和级别。而另一方面，钱币则代表了帝国政府希望向大众呈现的形象，上面的铭文通常是名字和程式化的标语，或是"伊朗（和非伊朗）的王中之王，其世系来自诸神"，或是"凯"（Kay）的称号，以及其他一些语句。印章和钱币是包含中古波斯语书写的两种物质文化，为我们提供了公共和政府领域的情况，以及书写在那些地方是如何应用的。我们在印章上看到的标语和名字是多种多样的，而钱币则给予我们程式化的、有些静态的铭文，它们缓慢地变化，表现着王室形象变化着的特征。

中古波斯语文本

关于非纪念性、非宗教性的中古波斯语文献，我们还应提及

第四章 民众的语言和文本的遗存

纸草、陶片,以及银器上的文字。纸草告诉我们有关萨珊军事的情况,因此十分重要。纸草主要是萨珊晚期的产物,特别是霍斯鲁二世征服埃及,其军事机构控制该地区这一时期的产物。其中包括运输粮草的清单,这让我们洞悉波斯士卒在国外的食谱。其中包括"馕"(nān)、"肉"(gušt)和"酒"(may),有时还有禽类。一些军官的头衔、典型的致敬用语也和"礼敬"(namāz)一词一起使用[17]。这些文书也告诉我们萨珊世界中读写技能的某些性质,至少当官的知道如何读写。书信使用的程式化风格也告诉我们,他们很可能接受过有关书写技艺的教育。书信也使用琐罗亚斯德教历法,而大多数名字都是琐罗亚斯德教的。然而,我们应该记得,到萨珊晚期,基督徒和其他信徒也可能拥有伊朗名字。我们也发现诸如撒母尔(Shamuel)这样的非伊朗名字,他们是与驻扎埃及的萨珊军队合作的商人。最近发现并收藏在伯克利的中古波斯语文书告诉我们,在伊朗高原,羊皮纸和皮革用于书写。这些文书也是经济性质的,看来主要与伊朗中部有关。

中古波斯语文本是我们研究的主要文献[18]。它们主要是琐罗亚斯德教祭司书写的产物,因此具有宗教色彩,而"世俗"观念并不存在或极少存在,尽管我们认为一些文本比其他的少有神学色彩[19]。可以坚信,曾经有更多中古波斯语文献,其类别多种多样,但由于琐罗亚斯德教团长期经历的困难,只有对宗教和教团团结最重要的书被祭司抄写下来,而其余的都佚失了。个人选择和品味也使得一些更稀有的文本保存下来。但即使在现存的文本中,也有不同的类别,下文将在适当的标题下,分别讨论这些类别。它们仍然足够多种多样,能让我们理解波斯人的心性、生活观、宗教以及与人相应的宇宙。我们将这些文献分成以下类别：

- "阿维斯陀"的"释经"（zand）
- 哲学和辩论
- 启示录
- "箴言"（handarz）
- 地理和史诗
- "法律"（dādīg）文本
- 文化文本
- "词典"（frahang）

"阿维斯陀"的"释经"

到目前为止，最多的一类文献是对琐罗亚斯德教圣典所作的注疏和详细解说，公元6世纪，很可能是在霍斯鲁一世及其祭司长善沙普尔（Weh-shabuhr）的时期，琐罗亚斯德教圣典被付诸最终的书写。"阿维斯陀"据说有21部"宗卷"，现在大部分已佚，但"释经"或中古波斯语注疏，提供了关于"阿维斯陀"已佚部分的情况。对于理解琐罗亚斯德教世界观而言十分重要的一大文本，是《本元创造》（Bundahišn）。在前言中，抄写人提到他处在艰难时代，面对人们改宗伊斯兰教，信徒数量锐减，他在编纂这些琐罗亚斯德教学问。因此，从这部文本中能感受到一种紧迫感，祭司要将他认为对于保存善宗教来说最为重要的东西传承下去。这部文本确实提供了各种主题的大杂烩，从天文星占，到关于诸神与妖魔的许多知识；这是一部关于园艺学、动物学、民族志、地理和历史的百科全书[20]。另一部卷帙浩繁的作品是《宗教事》（Dēnkard），这又是一部百科全书式作品，时常用艰难晦涩的语言写作，因此对这一文本的理解至今仍然不能令人满意[21]。《宗教事》[22]原本由九卷书组成，其中第一书和第二书已佚。第三书[23]讨论一系列问题，从人体的构成，到萨珊时期关于教会和国家的意见，在这卷中能找到教会与国家密不可分的著名波斯格言，这在宗教圈内听来仍然是正确的："君权即宗教，宗教即君权。……对于它们，立君权于宗教，立宗教于君权。"[24]第四书被称为"礼仪书"(ēwēn-nāmag)，可能是最难的一卷，因为它不仅讨论圣典的历史，也讨论希腊和印度科学，我们将在下文讨论。第五书[25]以非信徒向琐罗亚斯德教圣人提问开篇，讨论了各种问题，尤其是"亲婚"(xwēdōdah)的观念。第六书被称为"箴言书"(Handarz-nāmag)[26]，而第七书专门撰述琐罗亚斯德从生至死的故事[27]。第八书十分重要，因为它描述了"阿维斯陀"21部"宗卷"的内容，记载了每一"宗卷"之名，并简要提及其内容，而第九书集中描述三部"宗卷"[28]。还有其他百科全书式的作品，诸如《扎兹普兰选集》(Wizīdagīhā ī Zādspram)[29]、《智慧之灵》(Mēnōg ī Xrad)[30]，但此处不必再赘述了。另一重要的类别称为"巴列维语教义问答"(Pahlavī Rivāyat)，关注法律规训，以及历史、神话生物和风俗[31]。这些源自"阿维斯陀"的法律文本让我们对古典晚期的琐罗亚斯德教生活有所理解，也可以与基督教和犹太教法典相比较，如叙利亚语的《耶稣佑法典》(Law Book of Yišoboxt)和《巴比伦塔木德》(Babylonian Talmud)。

哲学和辩论

有几部中古波斯语文本主要是公元8、9世纪的产物，代表了中古波斯语文献时代的最后阶段①。但《亚述②之树》(Draxt ī Āsūrīg)却内容突出，年代古老[32]。这一文本的词汇表明它有更早的帕提亚语版本，而其内容则体现出美索不达米亚的影响。这一文本表现的是椰枣树和山羊之间的一场辩论，这是美索不达米亚宴饮辩论诗的典型。辩论是关于二者中哪个（椰枣树或山羊）更有用，并列举了二者的产物。其他文本则来自伊斯兰早期，比如重要的《破疑释》(Škand Gumānīg Wīzār)，论述了琐罗亚斯德教神学的至高地位，以及"宿命论者"(Dahris)③、摩尼教徒、基督徒、犹太人和穆斯林的宗教缺陷[33]。作者系统地与这些宗教的信徒交涉，有时一字一句地援引这些宗教传统的圣典。论证的方法也值得注意，因为它与伊斯兰"教义学"('Ilm al-Kalam)方法类似，可能受到伊斯兰思想和文献传统的影响，最可能是与穆尔太齐赖派(Mu'tazila)接触的结果。《该死的阿巴利西》(Gizistag Abāliš)[34]是一部短篇的文本，阿巴利西(Abāliš)看来是异教徒或无神论者（据Shaki），此书论述他和琐罗亚斯德教祭司长，以及犹太教、基督教、穆斯林神学家的领袖在9世纪哈里发马蒙(Ma'mun)宫廷中的辩论。还有一部文本以释经体(Pazand，用阿维斯陀文字书写的中古波斯语)的形式保存下来，叫作《求知之子》(Pus ī Dāneš Kāmag)，与《破疑释》文风相同，但没有涉及伊斯兰时期，此书讨论琐罗亚斯德教

---

① 琐罗亚斯德教中古波斯语作品，通常称为 The Ninth-Century Books，因为多数可断代为9世纪，但有些更早或更晚。10世纪仍有诸如 Rivāyat ī Ēmēd ī Ašawahištān 等重要文献出现。某些释经体文献，以及诸如 Wizīrgard ī Dēnīg 等巴列维文献，最终成书甚至可能晚至伊斯兰晚期。——译者注
② āsūrīg，萨珊时期指巴比伦地区的。——译者注
③ 应指认为世界起源于无限时间的无神论者或唯物论者。——译者注

事务，诸如佩戴"圣带"（kustīg）的理由等。

启示录

这一类别的中古波斯语文献，是中古波斯语文库中最有想象力、最有趣的一类。这些文本预言世界如何终结，预言人类和萨珊帝国"伊朗国"的命运。《真实者维拉兹之书》（Ardā Wirāz Nāmag）是关于义人维拉兹（Wirāz）的天堂与地狱之旅，可以与但丁的著作《神曲》对比。不仅是旅程有趣，而且维拉兹进行天堂与地狱之旅的准备工作也很有趣。他如仪得到净化，躺在床上，被给予叫作"古什塔斯帕之麻药"（mang ī wištāsp）的大麻调制饮品，使他得以成行[35]。服用致幻剂到阴间旅行，暴露了伊朗世界古老的萨满传统，可以追溯到印度-伊朗时期。通过服用这些致幻性饮品，无论是神圣的"豪麻/苏摩"（Haoma/Soma），还是"大麻/莨菪"（mang/bang），印度-伊朗祭司可以获得灵视，并为诸多神祇创作圣歌。我们看到，这一传统仍然活跃在萨珊时期，在几部启示录文本中，提到了实现这种旅行的各种方法。在《善思祭之释经》（Zand ī Wahman Yasn）这一启示录文本中，琐罗亚斯德被赐以"全知之智"（xrad ī harwisp āgāhīh），阿胡拉马兹达将其以水的形式浇在他手上，他饮用此水导致七日七夜之梦，和维拉兹的情况一致。然后琐罗亚斯德就能通过神秘的形式（七干之树）看见未来，阿胡拉马兹达向他解释未来有七个时代（另一部分说有四个时代，听起来与赫希俄德[Hesiod]的《神谱》十分类似）。这些时代从琐罗亚斯德创教之始起，直到突厥人征服波斯的时代为止。

这些文本预言了琐罗亚斯德教徒的命运，他们最终将面临苦难，只有当世界终结，罪人受到惩罚，而历经艰难的琐罗亚斯德教徒进入天堂——这是维拉兹亲眼所见并告知信徒的天堂——他们才会获得至高地位。仅有寥寥无几的人被赋予力量，可以通过致幻剂看见未来，如琐罗亚斯德、古什塔斯帕（Wištāsp）王、他的大臣贾马斯帕（Jamasp）和维拉兹。我们也必须提到克尔迪尔，他的铭文显示他曾主持过一场宗教仪式，使得真实者能够实现异世之旅[36]。

《贾马斯帕书》（Jāmāsp Nāmag）是这类文本中的另一部，在过去的这个世纪中，这部文本在帕西人（Pārsīs）中尤为流行[37]。贾马斯帕也被赋予了灵视，能看见未来会发生什么以及所有的灾难。这一文本和《善思祭之释经》（Zand ī Wahman Yasn）都描绘了许多自然灾害和政治灾难，直到救世主出现，男男女女死而复生，受到审判。最终，邪恶被粉碎，熔化的金属会净化所有邪恶之物，将其送入大地的子宫中。善人会行走在这熔化的金属中，如同蹚过温热的牛奶。而大地会变得平坦，一切会回归初始的样子。

箴　言

"箴言"文本或智慧文献十分丰富，通常它们被归于琐罗亚斯德教智者或权威人士的名下。但还是有无名氏的"箴言"文本，可见于《宗教事》（Dēnkard）第六书[38]。这些文本给出了关于宗教、社会秩序、善恶行为和正当统治的训诫。祭司、君王、重要人物和智者被认为是这些"箴言"的作者。这一类中古波斯语文献的重要性，在于它们被大量使用，译成其他语言，主要是译成阿拉伯语和波斯语。所以，一大部分阿拉伯语"箴言"是对这些来自萨珊时代作品的翻译。伊本·米斯凯韦（Ibn Miskawayh）的作品《永恒智慧》（Jūwedān xrad）就是最好的例子，这一书名就让人想起中古波斯语来源[39]。这位作者提到了这部文本的谱系，它是为另一位著名穆斯林作家贾希兹（Jahiz）而作的翻译，贾希兹在波斯省 / 法尔斯（Persis/Fars）琐罗亚斯德教祭司处发现了中古波斯语的原本。其他阿拉伯语文本也讲述萨珊国王的"箴言"，如阿尔达希尔一世、哥巴德、霍斯鲁一世和霍斯鲁二世的"箴言"。这些文本论述统治臣民的有效方法，以及如何保持帝国秩序井然。正是由于这个原因，这类文献在伊斯兰时期受到巴格达哈里发们喜爱，他们学习古人的范例，维持哈里发国有条不紊、繁荣昌盛。就这样，"箴言"类文献保持了其重要性，并在波斯、阿拉伯和突厥世界成为中世纪伊斯兰文学的一大部分。

地理和史诗

如果地理文献是指描述某地区地理的完整文本，那么这一类别就没有什么材料。但是，《本元创造》（*Bundahišn*）的一些章节描绘了波斯人的宇宙。包括地球的大洲，亚洲和地中海东部的人、土地和山河。这一部分是"阿维斯陀"的传统，因为《辟魔律》（*Widēwdād*）的一章描述了不同区域和其中居民的情况①。我们必须记住，毕竟这些中古波斯语文本的目的是为"阿维斯陀"作注疏，但它们也将古典晚期的实际情况囊括其中。《本元创造》也注意到萨珊时期地缘政治的实际情况，因此值得研究。

有一部短篇文本叫作《锡斯坦的奇迹与价值》（*Abdīh ud Sahīgīh ī Sagistān*），锡斯坦省对于萨珊时期的琐罗亚斯德教尤为重

---

① 《本元创造》伊朗本第 31 章论伊朗国著名城市，源自《辟魔律》第 1 章。第 8 章论地，源自 *Yašt* 15.15（《密希拉颂》）。第 9 章论山，源自 *Yašt* 19.1-8（《善赐地颂》）。第 10 章论海，源自 *Yašt* 5.3-4（《水颂》）。——译者注

要,在这个时期,锡斯坦被认为是琐罗亚斯德生平事迹的舞台,是凯氏国王古什塔斯帕的故乡[40]。这一文本可以看作是后来《锡斯坦史》(*Tārīx-e Sīstān*)等伊斯兰地理文本和方志的先驱,《锡斯坦史》就与这一文本以及其他方志和地理文本有关。还有一部文本叫作《伊朗国的诸城》(*Šahrestānīhā ī Ērānšahr*),论述不同地区中不同的都城。所有城市都被描述为萨珊帝国的一部分,包括麦加、麦地那和部分非洲。作者提到特定城市的建造者和重建者,以及那里发生的重要事件。这一文本不是准确的地理-行政史,但却含有琐罗亚斯德教教义影响下的帝国观念[41]。

有两部文本可以被认为是史诗文本。较古老的一部是帕提亚史诗,名为《扎里尔志》(*Ayādgār ī Zarērān*)[42],此书聚焦于琐罗亚斯德的庇护人古什塔斯帕王的宫廷,及其对抗敌人土兰人①(Turanians)的血腥战争。这部史诗肯定是悲剧性的,只有在许多英雄和王公战死后,胜利才归于琐罗亚斯德教徒。又由于古什塔斯帕的大臣贾马斯帕,以印度-伊朗萨满的方式被赋予了未来的知识,他告诉了国王将会发生的事,所以这部史诗就更具悲剧意味了。这部文本采用诗歌风格,意味着它可以被演出,和在帕提亚宫廷演出的《酒神的伴侣》(*Bacche*)一样,这部史诗也被编成了戏剧。这个故事在萨珊胜利后仍然流传下来,写成了中古波斯语,后来又译成波斯语,收入波斯语史诗菲尔多西的《列王纪》(*Šāhnāma-ye Ferdowsī*)中。

另一部文本是仿历史的,关于萨珊王朝的开国之君帕巴克之子阿尔达希尔。《帕巴克之子阿尔达希尔功行纪》是一部6世纪的史诗,

---

① 中古波斯语文本中对抗的是匈人,到波斯语史诗中成了土兰人。——译者注

描述了阿尔达希尔的出身,他是国王达拉(Dara),即阿契美尼德的大流士(Darius)的后裔。波斯省首领帕巴克(Pābag)发现牧羊人萨珊具有源自大流士的高贵血统,将女儿嫁给他,生下阿尔达希尔①。而阿尔达希尔无所不能,无论是马球或下棋,还是挑战帕提亚末代君王阿尔达旺(Ardawan/Artabanus)。他的动荡经历以编年的形式记载下来[43]。这个故事也进入了波斯语史诗,因此我们可以假定,大多数以波斯语史诗形式保存下来的关于古人的内容,都是中古波斯语版本的译文。

法律文本

"阿维斯陀"的《辟魔律》(Widēwdād)部分,主要论述洁净和污染的律法,而这一文本的中古波斯语译文则加入了注疏,为文本中的字词释义。《辟魔律》还有更为庞大的"释经"(Zand)没有翻译②。如果我们接受《宗教事》(Dēnkard)第八书的内容是"阿维斯陀"佚失部分的主题,那么我们就能意识到"阿维斯陀"有那么多部分都与法律事务相关。中古波斯语文本中也有大量的法律注疏。萨珊时期最重要的法律文书是《千条判决书》(Mādayān ī Hazār Dādestān)[44],此书出自萨珊晚期,讨论法庭诉讼案件。《可与不可》(Šāyest nē Šāyest)[45]是另一部重要文本,论述琐罗亚斯德教法官和神学家的判决,有时他们对于律令的意见各不相同。其他法律文本主要是伊斯兰早期的产物,当时琐罗亚斯德教

---

① 在这个叙事中,帕巴克是阿尔达希尔的外祖父,而萨珊是其父亲。——译者注
② 现有翻译 M. Moazami, *Wrestling with the Demons of the Pahlavi Widēwdād: Transcription, Translation, and Commentary*, Leiden, 2014。——译者注

团人数减少，亟需教导并保护现在处于底层的教团。这些文本仍然能让我们看到琐罗亚斯德教祭司的法律思维，以及对于洁净与污染，对于男性、女性与儿童权利的关心。

文化文本

这些文本主要是短篇作品，告诉我们许多萨珊时期的文化生活与社会规范。包括各种各样的主题，诸如不同种类的食物、游戏、美的观念、演讲、餐桌礼仪，以及如何正确地写信。最有趣的是《霍斯鲁与少年》(*Xusraw ud Rēdag*) 这一文本，其中提到了许多关于"好生活"的宫廷理想，诸如最好的肉、禽、甜点和酒。少年自述他受过厨师培训和书法家训练，他作为马球和骑术大师的运动能力，他的宗教教养，他的道德，这代表了古典晚期琐罗亚斯德教理想之人的形象。

这类文本也提到了印度的和其他的棋类游戏，这是另一部中古波斯语小作品的主题，即《印度象棋与双陆棋释》(*Wizārišn ī Čatrang ud Nēw-ardaxšīr*)。其中给出了发明这些游戏和规则的理由，这些理由被置于琐罗亚斯德教视角和宇宙论的设定中[46]。《宴饮词》(*Sūr saxwan*) 是另一部文本，描述了古代近东的宴会礼仪，以及参加王室宴饮之人的名单，从"王中之王"到"大司令"和下级官员[47]。另有一部文本论述如何正确书写，名叫《论书仪》(*Abar Ēwēnag ī Nāmag Nibēsišnīh*)。这些遗存显示了波斯文化与社会的复杂性，文本中讨论了生活的方方面面，并确立了其标准。

词　典

有两部功用复杂的词典保存了下来。《巴列维语词典》(*Frahang*

ī Pahlawīg),主要涉及如何理解用阿拉米表意符书写的疑难字词。作者费心地用表意和表音双重形式,来展示中古波斯语词。比如"夜"一词,用阿拉米表意符写作 LYLYA,用中古波斯语读作 šab。现在为了展示"夜"这个词,作者在表意符旁边,将其写作 šb。词汇表按照宇宙论、水、水果、金属等主题进行排序,这也显示了古代的近东传统。现代精校本则是按照字母顺序来排序的[48]。另一部重要的词典或词汇表,是《(以)一(阿维斯陀语)-一(巴列维语)(为首的)词典》(Frahang ī Ōīm-ēk),这是一部阿维斯陀语词汇词典。在前言中,作者声明这部作品的目的,是为了理解"释经"(Zand,"阿维斯陀"的中古波斯语译文)[49]。

中古波斯语的基督教和摩尼教文献

颇有一些基督徒在萨珊晚期住在波斯,这首先是基督教俘虏涌入和他们在帝国中定居的结果,再加上后来的改宗者。其次,美索不达米亚有大量基督徒,还有当时能够吸引王室改宗的波斯(叙利亚波斯)基督教团,他们成了古典晚期殉教文献和圣徒传记的主题[50]。基督徒也将基督教文本译成中古波斯语,尤其是《新约》,其中《诗篇》残篇留存至今①[51]。这些是留存下来的非琐罗亚斯德教中古波斯语文本,此外还有一些基督教墓志。它们很可能是景教教团为自身而作的,使用《圣经》的叙利亚语译本。还有《以诺书》(Book of Enoch)、其他基督教次经以及其他赞美诗译本的证据,这

---

① 新疆吐鲁番葡萄沟附近的景教修道院遗址出土了12片《诗篇》残篇,是从叙利亚语翻译成中古波斯语的。——译者注

意味着波斯基督教团很重要,且人数众多。

最后一组中古波斯语文本是摩尼教宗教生活的产物,摩尼教团在古典晚期是近东和地中海东部重要的教团。大量作品保存下来,但大部分文本支离破碎,几乎没有完整的。其中一些文本因其使用的语言,通常被称为摩尼教中古波斯语文本。它们有各种各样的主题,内容与琐罗亚斯德教文本平行。最重要的摩尼教中古波斯语文本是《沙普尔书》(*Šābuhragān*),是摩尼为其庇护者沙普尔一世所作。这部作品用萨珊帝国的宫廷语言总结了摩尼的教诲,文本艰难晦涩,充满末日景象[52]。还存在可以被称为摩尼教圣徒传记和殉教文献的其他中古波斯语残篇,以及摩尼逝世后摩尼教出家选民(the Elect)所作的布道和致辞。

帕提亚语、粟特语、于阗语和巴克特里亚语及文献

自萨珊时代之初起,帕提亚语就是一种主要语言,与中古波斯语和希腊语一起,被用于王室铭文。我们可以猜测,在东部帕提亚人的故乡,帕提亚语确实仍被用于说话和书写。比尔盏城(Birjand)附近的拉赫-马扎(Lāx-Mazār)① 新发现的一些涂写证明了这一点,它们尚未用西方语言发表[53]。帕提亚语作品,无论其形式是口头的还是书面的,有两部已提到过的重要文本对中古波斯语文献产生了影响,即《扎里尔志》(*Ayādgār ī Zarērān*)和《亚述之树》,其

---

① 指在伊朗呼罗珊省比尔盏城东南29公里,Kuč村附近的峡谷,位于呼罗珊至克尔曼的古道上,旅行者在石壁上留下了帕提亚语、中古波斯语、现代波斯语和阿拉伯语铭文。——译者注

中的词汇显示了其帕提亚语来源。还有其他波斯语诗歌文本，诸如《维斯与朗明》（*Vīs u Rāmīn*），也展现了帕提亚语来源，它也在格鲁吉亚语版本中保存下来[54]。但萨珊时期数量最多的一类帕提亚语文献，是从 3 世纪开始由摩尼教徒书写的。这类文本大部分是残卷，在 20 世纪被发现，受到伟大的伊朗学家恒宁（Henning）[55]及其杰出的弟子玛丽·博艾斯（Mary Boyce）[56]关注。维尔纳·宗德曼（Werner Sundermann）在过去几十年中一直是研究摩尼教材料的领军人物[57]。

而故乡在帕提亚更东方的粟特人，留下了大量摩尼教材料，以及佛教和基督教材料。这些文本用三种不同的文字书写。第一种是粟特（-回鹘）文字，最为常用，可用于世俗文书和佛教、摩尼教文本。第二种是摩尼教文字，它与阿拉米语的帕尔米拉（Palmyrene）文字和叙利亚语的斯特朗哥罗（Estrangelo）文字接近，来自印度梵语文学的"钻珍珠的人""三条鱼"等故事也可用这种文字书写。第三种是基督教/景教文字①。大部分粟特语基督教文本是叙利亚语原文的翻译，是《新约》的一部分（《马太福音》《路加福音》《约翰福音》《哥林多前书》《加拉太书》），以及写于公元 2 至 5 世纪的晚期粟特语材料[58]。佛教文本众多，其中最著名的是《业因果经》（'*krtyh 'nβ'nt ptwry pwstk*）②[59]。粟特语文献中最有趣的是鲁斯塔姆（Rustam）史诗的残篇，与在《列王纪》（*Šāhnāma*）

---

① 原文认为第一种是撒马尔罕体，第二种是帕尔米拉文字，第三种是斯特朗哥罗文字。不确。另外，粟特语有第四种文字，即古粟特-阿拉米文字，用于敦煌发现的"粟特古文书"和喀喇昆仑公路的岩刻铭文。又及，"钻珍珠的人"有两个写本，一个使用粟特文字，另一个使用摩尼教文字。——译者注

② 译名从粟特语直译，大正藏中所收汉译作《善恶因果经》。——译者注

中保存下来的中古波斯语和波斯语故事不同[60]。

于阗语是塞人（Saka）的语言，鲁斯塔姆故乡的语言，不幸的是没有提供多少萨珊帝国的情况。于阗文字是一种令人生畏的文字，与"天城体"（devanāgarī）相似。最长的作品是《赞巴斯塔之书》（Book of Zambasta）[61]，这部作品和其他大多数作品都是佛教的，一些是佛教梵语文本的翻译[62]。还有一部医学文本和其他梵语文本的翻译，与印度世界有关。关于巴克特里亚语我们所知较少，主要是钱币上的标记和一些铭文[63]，但幸运的是最近尼古拉斯·辛姆斯-威廉姆斯（Nicholas Sims-Williams）发表了一系列用巴克特里亚语书写的羊皮纸文书，主要介于萨珊时期和伊斯兰早期之间[64]。用来书写巴克特里亚语的文字是希腊字母，可能因为这里是希腊人在亚历山大东征后所至和所居之地。其他的语言我们所知更少，比如花剌子模语，这种语言主要是根据伊斯兰时期该地区书写的阿拉伯语和一些波斯语文本而证实的[65]。

外来影响

中古波斯语文本，无论具有多少宗教性，都不能免受外来的影响。在《宗教事》（Dēnkard）第四书中，我们发现了希腊的影响，尤其是亚里士多德的观念[66]，此处作者（们）告诉我们，他们研究有关医学、地理学和其他科学的希腊和印度文本。文本的叙述多种多样，展现了这种外来影响。在《该死的阿巴利西》（Gizistag Abāliš）中，我们发现了类比论证，这种论证看起来并非源于琐罗亚斯德教。更明显的是《破疑释》（Škand Gumānīg Wīzār），其中的论证方式是分析性的，与伊斯兰早期使用"教义学"（'Ilm al-kalam）

方法的人类似[67]。因此，不仅是这些文本的内容，它们的风格也受到外来影响。但其主题大多仍是宗教性的，而文本则提供了琐罗亚斯德教神圣文本"阿维斯陀"的注疏和解释。释经体（Pazand）文本，是用阿维斯陀文字书写的中古波斯语文本，这种文字使语言容易读懂。一些释经体文本只是用阿维斯陀文字重写的中古波斯语文本，但更多是原作，是了解琐罗亚斯德教徒的民间信仰／大众宗教和中世纪大众信仰的重要来源。不幸的是，它们被语文学家所忽视，被视为没有多少用处。这类文本多数是在阿拉伯穆斯林征服之后写作的，与我们的主题不直接相关。

与其他领域相比，萨珊时期的智性生活很少受到关注，这是因为留存下来的中古波斯语文本是宗教文本，难于理解。但根据现存资料，我们知道萨珊帝国是希腊、美索不达米亚和印度的科学与哲学相聚之地。表面上，琐罗亚斯德教祭司是反希腊化的，但反希腊化并非学问的准则。《宗教事》（Dēnkard）是提供这类证据的重要文本。在《宗教事》第四书中，论及"阿维斯陀"时，我们读到在沙普尔一世治下，集结了存在于印度、罗马和其他地区的论医学、天文学、运动、逻辑和其他工巧技艺的文本，并誊抄一份[68]。关于这些文本的性质，我们确实有所了解。比如在《宗教事》第四书中的另一部分，给出了这些文本的名称，有印度的《时藏》（Kāla Kośa）和托勒密的《至大论》（中古波斯语 Magistīg）[69]。这意味着"阿维斯陀"吸收了外来学问，并不只是一部宗教文本。其次，波斯人熟悉3世纪以后印度和希腊的作品。这是很重要的，因为尽管这一时期被视为反希腊化和恐惧外来影响的时代，但是我们可以看到学问和科学没有受到这种对立的影响。

希腊知识在萨珊帝国传播还有别的证据，尤其是通过军地沙普尔城的希腊人和叙利亚基督徒进行传播。这座城市是在沙普尔一世统治期间建造的，其人口由安条克城说叙利亚语的基督徒组成，他们在此建立了著名的医学中心。正是在这个地方，公元6世纪萨尔吉斯（Sargis）将希腊语医书译成叙利亚语，而印度医学论文也抵达此处[70]。于是，萨珊人使得希腊和印度科学的相遇成为可能，并让两者都进入波斯。亚里士多德的文本和其他希腊文本，论"生成与坏灭"（中古波斯语 *bawišn ud wināhišn*）、"变形"（中古波斯语 *Jadag-wihīrīh*）、"测地（几何）"（中古波斯语 *zamīg paymānīh*）也被书写下来[71]。公元6世纪，波斯人保罗（Paul the Persian）写了论逻辑学的书，吕底亚的普里西安（Priscianus Lydus）写了论亚里士多德物理学、灵魂理论、气象学和生物学的书，他们被查士丁尼（Justinian）驱逐出境，却进入波斯宫廷[72]。在沙普尔一世编纂"阿维斯陀"，外来学说进入波斯以后，霍斯鲁一世时期可能是第二个广泛接受外来影响的时期。也许这第二个密切接触的时期对马兹达教学说影响更大，因为这个时期与中古波斯语文本的书写正好同期，而我们可以看到这些文本留存下来的部分。

波斯人对印度学问的了解，主要是在哲学和天文领域。"逻辑"（中古波斯语 *tark*，梵语 *tarka*）和"语法"（中古波斯语 *awyākaran*，梵语 *vyākaraṇa*）书从梵语译为中古波斯语[73]。印度对波斯天文学的影响广为人知，有"印度天文表"（*zīg ī hindūg*）传入。我们可以说，波斯是古典晚期希腊和印度知识传播的渠道，最终成为新旧观念相遇之地。这一切将被穆斯林文明所继承，当西方忘记自己的哲学和科学传统时，穆斯林文明又将这些观念传至西方。

但印度对波斯产生最深远影响的方面，是文学和艺术。我们知道在萨珊时期，作为"教育"（中古波斯语 *frahang*）的一部分，波斯人会玩一些游戏，如"印度象棋"（中古波斯语 čatrang，梵语 caturaṅga）。印度象棋以由"四支"①组成的印度军队为原型，在萨珊时期传入波斯[74]。其他印度棋类游戏，如"八步棋"（中古波斯语 haštpāy，梵语 aṣṭāpada），以及波斯化的"双陆棋"（中古波斯语 nēw-ardaxšīr），我们知道是在霍斯鲁一世治下传到波斯的，是6世纪传入的大量事物中的一部分[75]。传入的事物包括许多文本，如《五卷书》（Pañcatantra），根据传统，一个名叫白尔才（Borzūya）的著名医生将其译成了中古波斯语[76]。尽管中古波斯语版本已佚，但公元570年它从中古波斯语译成的叙利亚语版本，以《卡里来和笛木乃》（Qalīlag w Damnag）②之名保存下来，这是梵语文本中两个主角"豺狼"的名字，即迦罗吒迦（Karaṭaka）和达摩那迦（Damanaka）。公元8世纪，这部文本又由阿卜杜拉·伊本·穆加发（ʿAbdullah ibn al-Muqaffaʿ）从中古波斯语译为阿拉伯语，在波斯语中又名《白得巴的故事》（Dāstānhā-ye Bidpāy）。这一版本先由梵语译为中古波斯语，后又译为阿拉伯语，再译成波斯语[77]③。这部书属于印度被称为"政事论"（nīti-śāstra）的一类文献，这类文献也存在于波斯，在中古波斯语中称为"礼仪书"（ēwēn-nāmag）。

占星术[78]在社会中起到重要作用，从描述该职业所用术语

---

① 即 caturaṅga，象、车、马、卒。——译者注
② 此为叙利亚语名称，可由此推论中古波斯语名称为 *Karīlag ud Damanag。——译者注
③ 原文此后有"这些故事来自另一部印度文本《益世嘉言》（Hitopadeśa）"，未详所出。按，Moḥammad al-Boḵāri 和 Naṣr-Allāh Monši 的两种波斯语版本均依据伊本·穆加发的阿语版本，阿语本有10个故事，其中5个出自《五卷书》，3个出自《摩诃婆罗多》，1个出自佛教，1个可能是作者自编。——译者注

的数量就可见其重要性，诸如"星谈"（*star-gōwišnīh*）、"计宿者"（*axtar-āmar*）、"量星者"（*star-hangār*）、"知时者"（*hangām-šnāsag*）。我们知道萨珊国王向算命家或占星师咨询，以预知未来，知晓应该采取的行动。最著名的例子见于阿尔达希尔传奇，《帕巴克之子阿尔达希尔功行纪》（*Kārnāmag ī Ardaxšīr ī Pābagān*），其中说到帕巴克（Pābag）做了一系列关于家族始祖萨珊（Sāsān）的梦。一晚，帕巴克梦见太阳从萨珊的头上照耀，第二晚他梦见萨珊坐在白象上，而帝国中的每个人都向他致敬，第三晚他梦见琐罗亚斯德教三圣火在萨珊的屋里照耀。帕巴克只能让"释梦人"（*xwamn-wizārān*）来告诉他这些梦的意义[79]。

关于贵族，我们知道一些基础学问是在"文化院"（*frahangestān*）中获得的，包括背诵圣言、书写和书法、骑术、矛术、马球、奏乐、歌唱、诗歌、舞蹈、星占，以及成为棋类游戏的大师[80]。当然，武士受到武术和其他运动的训练，不仅包括射箭，还包括赛马和长矛比武。事实上，正是在波斯，我们发现了一些最早的描绘马上长矛比武场景的浮雕，以及一对一战斗的浮雕（图27）。这些都与中世纪欧洲相似，而欧洲骑士的波斯对应者"贵族"（中古波斯语 *āzādān*）也做同样的事，只是要早得多。

翻译技术

在中古波斯语文本中，我们会遇到一些复合词，这些复合词看来是用来定义技术、宗教和科学术语的，而它们对波斯人又是陌生的。这些术语也是外国作品翻译成中古波斯语的另一个证据。以下是一些被译成中古波斯语的叙利亚语和希腊语词汇："右侧之子"

第四章 民众的语言和文本的遗存

图 27　鲁斯塔姆岩雕的霍尔姆兹二世比武图

(*dašnēzādagān*) 对译叙利亚语的 *banyā yāminā*，即"义人"；"小世界"(*gēhān ī kōdak*) 对译希腊语的 *mikros kosmos*，即"微观宇宙"；"爱智"(*xrad-dōšagīh*) 对译希腊语的 *philosophia*，即"哲学"；而"测地"(*zamīg-paymānīh*) 对译希腊语的 *geōmetria*，即"几何"[81]。这些和其他证据一起，表明萨珊学者在进行活跃的翻译事业，以便理解世界和他们的邻人，人们对萨珊世界的通行看法是那个世界是静态的，对非琐罗亚斯德教观念极为保守，而活跃的翻译正与那种通行看法相悖。

总而言之，我们可以看到，保存下来的中古波斯语文本和萨珊文献，只是曾经存在过的文献的一部分。佚失的部分原因在于它们被译成了阿拉伯语，尤其是智慧文献，以便指导哈里发如何统治，

205

如何对待臣民。保存下来的中古波斯语文本，是由于一些祭司的努力，他们希望在疆域从中国以西绵延至西班牙的新伊斯兰帝国中，面对人们改变信仰，面对地位和财富的丧失，仍然能够维护传统，为不断缩减的琐罗亚斯德教团提供答案。于是，祭司代代传抄重要的宗教文本，而时间的重负则摧毁了其他部分，也摧毁了圣火和偏执的埃米尔们（amirs），他们忘记了琐罗亚斯德教徒也是有经者。

注 释

1. 关于法列维方言和巴巴·塔黑尔诗歌的综述，参考 *Bābā-Tāher-Nāma*，见 Azkāyī 1996/1375 Š.。
2. Afshar 1989/1368 Š.。
3. 已故的 Y.M. Nawabi 是设拉子本地人，对波斯语设拉子方言作了许多研究，见 Nawabi 1976。
4. *Qur'an-e Quds*，见 Ravāghī 1985-86/1364-65 Š.。
5. Skjærvø 1985; Huyse 1990.
6. Mori（森茂男）1995. Skjærvø 不否认这些铭文总体的历史性，但和森茂男持相同观点，认为这些材料是以一种"史诗故事和历史陈述合二为一"的方式而呈现的，见 Skjærvø 1998, p. 106。
7. 英译见 R.N. Frye, *The History of Ancient Iran*, Munich, 1983, appendix 4, p. 372。
8. MacKenzie 1979, p. 501; Baššāš 1996/1375 Š.。
9. Narseh's Paikuli Inscription，见 Humbach & Skjærvø 1983, p. 54。
10. Narseh's Paikuli Inscription，见 Humbach & Skjærvø 1983, p. 66。
11. 关于萨珊人对阿契美尼德人的知识，最新文章见 Shahbazi 2001。
12. Mihr-Narseh's Firuzabad Inscription (Bridge over Tang(-e) Āb)，见 W.B. Henning 1954, "The Inscription of Firuzabad," *Asia Major*, vol. 4, 1954, p. 101。
13. F. de Blois, "The Middle Persian Inscription from Constantinople: Sasanian or

Post-Sasanian," *Studia Iranica*, vol. 19, 1990, pp. 209-218.
14 West 1880.
15 Harmatta 1971.
16 全部列表见 Tafazzoli 1997/1376Š., pp. 102–104。
17 Hansen 1938; Weber 1992; Venetis 2004.
18 中古波斯语文献综述，见 West 1896-1904; Tavadia 1956; M. Boyce, "Middle Persian Literature," *Iranistik: Literature*, Handbuch der Orientalistik, vol. 1.IV.2.1, Leiden/Cologne, 1968, pp. 32–66; Tafazzoli 1997/1376 Š.; Cereti 2001。[①]
19 Utas 1976.
20 *Bundahišn*，最新译本是波斯语翻译，由已故的 M. Bahār 完成，即 Bahār 1990/1369 Š.。英译见 Anklesaria 1956。应注意这部文本的印度本有一些删减，也增补了动物分类和民族志，见 Behzādī 1989/1368 Š.。[②]
21 *Dēnkard*，唯一完整的翻译是英译，即 Sanjana 1874-1928。
22 关于《宗教事》文献和内容的概述，见 Gignoux 2001。
23 *Dēnkard* 3，见 de Menasce 1973。
24 *Dēnkard*, Madan 470.7. 类似的观念也见于波斯语文献，如 *Nāma-ye Tansar*，见 Minovi 1932/1311 Š., p. 53；*Šāhnāma*, Moscow Edition, vol. viii, lns. 558–561。
25 *Dēnkard* 5，见 West 1897, pp. 119-130; Amouzgar & Tafazzoli 2001。
26 *Dēnkard* 6，见 Shaked 1979。
27 *Dēnkard* 7，见 Molé 1967; Amouzgar & Tafazzoli 1992/1370 Š.。

---

① 在本书出版之后尚有不少文献综述，诸如 C.G. Cereti, "Middle Persian Literature i. Pahlavi Literature," *Encyclopaedia Iranica*, 2009; M. Macuch, "Pahlavi Literature," In *The Literature of Pre-Islamic Iran*, London & New York, 2009, pp. 116–196; M. Macuch, "Iranische Literaturen in vorislamischer Zeit," In *Handbuch der Iranistik*, vol. 2, Wiesbaden, 2017, pp. 281–311; M.Á. Andrés-Toledo, "Primary Sources: Avestan and Pahlavi," In *The Wiley Blackwell Companion to Zoroastrianism*, Wiley Blackwell, 2015, pp. 519–528。——译者注

② 目前最新的译本是 Domenico Agostini and Samuel Thrope (ed. & tr.), *The Bundahišn: The Zoroastrian Book of Creation*, Oxford University Press, 2020。——译者注

28 *Dēnkard* 8-9, 见 West 1892。
29 *Wizīdagīhā ī Zādspram*, 见 Rāšed-Moḥaṣṣel 1987/1366 Š.; Gignoux & Tafazzoli 1993。
30 *Mēnōg ī Xrad,* 见 E.W. West, *Pahlavi Texts*, pt. III, Oxford University Press, 1885; Tafazzoli 1975/1354 Š.[①]。
31 Tafazzoli 1997/1376 Š., pp. 153–155.
32 *Draxt ī Āsūrīg*, 见 Nawabi 1967/1346 Š.; Brunner 1980。
33 *Škand-gumānīg Wizār*, 见 J.P. de Menasce, *Une apologétique mazdéenne du IXe siècle: Škand-gumānīk-Vičār. la solution décisive des doutes*, Fribourg en Suisse, 1945。
34 *Gizistag Abāliš*, 见 Chacha 1936; 波斯语译文，见 Mirzā-ye Nāzir 1996/1375 Š.。
35 *Ardā Wirāz Nāmag*, 见 Vahman 1986。
36 KNRb，见 T. Daryaee, "Kerdīr's Naqsh-i Rajab Inscription," *Nāma-ye Irān-e Bāstān*, vol. 1, no. 1, 2001, pp. 3–10。
37 *Ayādgār ī Jāmāspīg*, 见 G. Messina, *Libro apocalittico persiano: Ayātkār i Žāmāspīk*, Roma, 1939。
38 *Dēnkard* 6, 见 Shaked 1979。
39 Grignaschi 1966.
40 Gnoli 在许多研究中都强调锡斯坦是琐罗亚斯德传教的地点，见 Gnoli 1980; Gh. Gnoli, *Zoroaster in History*, Bibliotheca Persica, New York, 2000。
41 *Šahrestānīhā ī Ērānšahr*, 见 T. Daryaee, *Šahrestānīhā ī Ērānšahr, A Middle Persian Text on Geography, Epic and History*, Mazda Publishers, Costa Mesa, 2002。
42 *Ayādgār ī Zarērān*, 见 Monchi-Zadeh 1981；波斯语翻译见 Gheiby 1999。
43 *Kārnāmag ī Ardašīr ī Pābagān*, 见 Antia 1900; Hedāyat 1944/1323 Š.。
44 *Mādayān ī Hazār Dādestān*, 见 Perikhanian 1997。

---

① 译注：*Mēnōg ī xrad* 通常译作"智慧之灵"。但也有学者认为应译作"灵智"，如读作 *Mēnōyē xrad*, -ē 视作帕提亚语的形容词词缀，见 S.H. Nyberg, *A Manual of Pahlavi*, vol. II, Wiesbaden, 1974, p. 278；或略去 ī，将 *mēnōg* 视为形容词"异世的、超凡的"，见 P.O. Skjærvø, *Introduction to Pahlavi*, Cambridge, Mass., 2007, p. 4。——译者注

45　*Šāyest nē Šāyest*, 见 Tavadia 1930。波斯语翻译见 Mazdapur 1990/1369 Š.。
46　*Wizārišn ī Čatrang ud Nīhišn ī Nēw-Ardaxšīr*, 见 Panaino 1999; T. Daryaee, "Mind, Body, and the Cosmos: The Game of Chess and Backgammon in Ancient Persia," *Iranian Studies*, vol. 35, no. 4, 2002, pp. 281–312。
47　*Sūr Saxwan*, 见 Tavadia 1935。
48　*Frahang ī Pahlawīg*, 见 Utas 1988。
49　*Frahang ī ōīm-ēk*, 见 Jamaspji Asa & Haug 1870; Reichelt 1900, 1901。
50　John of Ephesus, *Lives of the Eastern Saints*, 波斯部分节译见 Brock & Harvey 1998。
51　*Psalm* 残篇, 见 Andreas & Barr 1933。
52　*Šābuhragān*, 见 MacKenzie 1979, 1980; 波斯语译文见 'Omrānī 2000/1379 Š.。
53　Khāṇikī & Baššāš 1994/1373 Š.
54　Minorsky 1946, 1947, 1954.
55　见恒宁的许多文章，重印于 Henning 1977。
56　Boyce 1954; M. Boyce, *A Reader in Manichaean Middle Persian and Parthian*, Tehran-Liege/Leiden, 1975. 文献回顾见 M. Boyce, "The Manicaean Literature in Middle Iranian," *Iranistik: Literatur*, Handbuch der Orientalistik, vol. IV.2.1, Leiden/Cologne, 1968, pp. 67–76。
57　W. Sundermann, *Mitteliranische manichäisches Texte kirchengeschichtlichen Inhalts*, Berliner Turfantexte XI, Berlin, 1981; *Ein manichäisch-soghdisches Parabelbuch*, Berliner Turfantexte XV, Berlin, 1985; *Der Sermon vom Licht-Nous: eine Lehrschrift des östlichen Manichäismus*, Berliner Turfantexte XVII, Berlin, 1992; *Der Sermon von der Seele: eine Lehrschrift des östlichen Manichäismus*, Berliner Turfantexte XIX, Brepols, 1997.
58　Schwartz 1967; N. Sims-Williams, *The Christian Sogdian MS C2*, Berlin, 1985.
59　*Sūtra of the Causes and Effects of Actions*, 见 MacKenzie 1970。粟特语文献概要见 Dresden 1983, pp. 1222–1224。
60　Sims-Williams 1976.
61　*The Book of Zambasta*, 见 Emmerick 1968。
62　Bailey 1945–1967.
63　Benveniste 1961; Gershevitch 1967.

64 Sims-William 2000.①
65 Henning 1965; 1971.
66 Shaki 1970.
67 T. Daryaee, "The Mazdean Sect of Gayōmartiya," *Ātaš-e Dorun (The Fire Within), J.S. Soroushian Commemorative Volume*, Bloomington, Indiana, 2003, pp.131–137.
68 Shaki 1981, p. 119.
69 Shaki 1981, p. 123. Bailey 1943, p. 86.
70 Bailey 1943, p. 81.
71 Bailey 1943, pp. 81–82, 87–92; Shaki 1970.
72 Gutas 1998, p. 26. 这本杰作收集了许多证据。又见 J. Walker, "The Limits of Late Antiquity: Philosophy between Rome and Iran," *The Ancient World*, vol. 33, 2002, pp. 45–69。
73 Bailey 1943, p. 86.
74 Utas 1991, p. 395.
75 关于棋类游戏及其在萨珊时期的重要性，参考 *Wizārišn ī Čatrang ud Nīhišn ī Nēw-Ardaxšīr*，见 T. Daryaee, "Chess, Backgammon and the Cosmos in Ancient Persia," *Iranian Studies*, vol. 33, 2002, pp. 281–313。
76 F. de Blois, *Burzōy's Voyage to India and the Origin of the Book of Kalīlah wa Dimnah*, London, 1990.
77 *Dāstānhā-ye Bīdpāy*，见 Xānlarī & Rowšan 1982/1361 Š.。
78 *Bundahišn* 5, 5A, 5B, 6F，见 MacKenzie 1964。
79 *Kārnāmag ī Ardaxšīr ī Pābagān*，见 Hedāyat 1944/1323 Š., pp. 170–171; S.H. Nyberg, *A Manual of Pahlavi*, vol. 1, Otto Harrasowitz, Wiesbaden, 1964, p. 2。
80 *Xusraw ud Rēdag*，见 Monchi-Zadeh 1982；全面论述见 Knauth 1975。
81 为翻译叙利亚语、希腊语和阿拉伯语术语而使用的中古波斯语词汇表，见 Bāghbīdī 2000/1379 Š., pp. 148–149。

---

① 已出三卷本，后两卷为 *Bactrian Documents*, vol. II, *Letters and Buddhist Texts*, Nour Foundation, 2007; *Bactrian Documents*, vol. III, *Plates*, Nour Foundation, 2012。——译者注

第五章 "伊朗国"的经济与行政

帝国的行政和行政人员

因为许多资料相互矛盾，所以萨珊帝国的行省编制并不完全清楚。这是两个现象的产物。第一个与历代的改革有关，也就是萨珊早期制度受到6世纪哥巴德及其后霍斯鲁一世改革的增补。第二个与详述萨珊行政的资料性质本身有关。由于大多数信息来自伊斯兰时代，因此应该在使用这些信息时保持怀疑和谨慎，因为这些描述看起来更接近阿拔斯哈里发国东部的行政区划，而非萨珊晚期[1]。

中古波斯语资料中，最重要的文本是《伊朗国的诸城》(*Šahrestānīhā ī Ērānšahr*)，此书在曼苏尔（Al-Mansur，公元754—775年）哈里发时期编成，但可能是依据了真正的萨珊资料[2]。许多行政职位和官员也见于《千条判决书》(*Mādayān ī Hazār Dādestān*)，这本书是在霍斯鲁二世治下编成的。更重要的是，我们有代表着原始资料的行政印章和钱币。它们为重构行政系统提供了基础，是极为珍贵的，借助莉卡·居瑟伦（R. Gyselen）的重要著作，这些印章和钱币可以厘清萨珊晚期的许多情况[3]。书面资料，在任何可以加强或质疑铭文证据的情况下，都应该使用。但是，印章资料是不完整的，只有日后发现更多印章，我们才能更好地把握公元 6、7 世纪的情况。

帝国的行政和军事区划已逐步得到理解。所有人都认可晚期萨珊帝国的四分，即划为四区。关于四分，文本资料给出了充足的证据。不仅在中古波斯语资料中是这样说的，在诸如霍雷纳的摩西（Movsēs Xorenacʻi）等亚美尼亚资料中也同样[4]。但资料对四分系统的描述相互矛盾。比如，霍雷纳的摩西将法尔斯和锡斯坦置于"南方"（kʻusti nemrog），而塔阿利比（Thaʻālibī）则将锡斯坦置于"东方"（kust-i Xurāsān），而法尔斯则在"南方"（kust-i nīmrūz）[5]。这些差异可能是历代改革造成的。在世俗行政方面，看来并没有四分的迹象，因为没有行政印章可以支持这种分区。在军事和宗教上是有四分的，每一"方"（kust）都有一"军长"（spāhbed）掌管[6]。在宗教上，一"方"有一"领袖"（rad）掌管[7]。在公元 5 世纪晚期和 6 世纪哥巴德和霍斯鲁一世改革之前，"伊朗军长"（Ērān-spāhbed）掌控整个帝国的军事，但之后权力分给四个"军长"。

一些钱币证据也指向哥巴德一世治下帝国的四分。萨珊钱币的背面通常会记下钱币铸造的日期，以及地点或者铸币标记。许多萨珊和阿拉伯－萨珊的铸币标记，尚未得到确切的辨识。最近，古尔内（Gurnet）[8] 提出，萨珊铸币标记 DYNAW，以前被认为指迪纳瓦尔城（Dīnavar），应读作 DYW-AO，和其他三个标记 DYW-AT、DYW-AS 和 GNC-KR 组成一组①。开头三个字母 DYW，他认为是

---

① 哥巴德一世第一段统治时期共有 20 种铸币标记，第二段统治时期共有 39 种。其中只有 DYWXW（DYWAO 或 DYWAN）、DYWAS、DYWAT 和 GNCKL 四种是哥巴德一世特有的，出现在他统治时期的最后十年。——译者注

"部"（*dīwān*）的缩写，即后来波斯-阿拉伯语的"部"（*divan*），意思是"政府部门"，而 GNC 是"国库"（*ganj*）的缩写，接下来两个字母则是表示地区的后缀。古尔内提出，AO 指西南，而 AT 指西北方，也许指代阿塞拜疆（Adurbadagan）；AS 指首都，也许指代亚述省（Asurestan）①；而 KR 指东南，指代克尔曼（Kerman）[9]。如果将 AO 定为西南，而 AS 也在西南，那么这种四分系统就有问题，问题的关键在于 AO 指代什么。古尔内没有对这个反常词给出确定的答案。鉴于中古波斯语有时数个字母共用同一种写法，A 和 H/X 写法一致，而 O、W 和 N 写法一致，因此我们可以把 AO 读作 AN，于是有 DYWAN，但更合适的释读是把 AO 读作 XW，指呼罗珊（Khurasan），于是有 DYWXW，"呼罗珊部"，在东北。

这些钱币是在哥巴德一世治下铸造的，与行政改革的开端正好对应[10]。因此，文献资料可以得到钱币的补充，两者都指向确实存在民间和军事的四分。这种四分可能是哥巴德一世应对军事挫折的对策。东方嚈哒人的入侵，西方与拜占庭的边境战争，南方阿拉伯人对帝国的劫掠，使得帝国如何同时应对数种边境问题成了关键。这可能是军事力量分散到四将军手中的原因，他们因此而能够应对侵略和战争。现在我们知道四方区划和晚期罗马帝国②的区划十分类似，晚期罗马帝国分为东方大区（*Praefectura praetorio Orientis*），伊利里亚大区（*Praefectura praetorio per Illyricum*），意大利、伊利里亚和阿非利加大区（*Praefectura praetorio Italiae,*

---

① 萨珊时期指巴比伦地区。——译者注
② 原文作 late Eastern Roman empire，但罗马分区之初尚未分裂为东西两个帝国。——译者注

Illyrici et Africae)①和高卢大区(*Praefectura praetorio Galliarum*)[11]，这是很有趣的。于是，我们知道 3、4 世纪的早期萨珊区划，以及其后 6、7 世纪霍斯鲁一世和霍斯鲁二世的四分和晚期区划。

在 3 世纪铭文中，shahr（中古波斯语 štry）既有"方国/省"的含义，狭义上也作"府"解，而都城则作"城"(*šahrestān*)。公元 3 世纪，"方国/省"(*shahr*) 由"持国"(*shahrdar*) 所辖，"持国"很可能是地方之王。他们是这些省的统治者，由王中之王任命[12]。而"府"(*shahr*) 则处于"知府"(*shahrab*) 和"祭司长"(*mowbed*) 的掌控下。"祭司长"处理财产权和其他法律事务，这可由法尔斯省阿尔达希尔灵光府(Ardashir-xwarrah) 的"祭司长"的职能所证实[13]。还有一个"职计"(*āmārgar*) 处理一府或多府的经济问题。

现在我们将转向府的行政区划。"府"(*shahr*) 进一步划分为"县"(*rustag*s)，"县"可能包含几个乡，"乡"(*deh*) 是最小的行政单元，由"乡绅"(*dehgan*) 领导[14]。这种划分可由一则晚期中古波斯语铭文证实，铭文中说到有一个人叫胡尔达德（Hordad），是阿胡拉马兹达所佑（Hormuzd-āfrīd）之子，是个基督徒。他用以下顺序说起家乡：1) 伊朗国（Ērān-šahr），2) 恰拉康县（*rustag* Čālākān），3) 荷西特乡（*deh* Xišt）[15]。在伊本·米斯凯韦（Ibn Miskawayh）的《各民族的经验》(*Tajarib al-Umam*) 中，保存了《阿努席尔旺本纪》(*Sirat*

---

① 337 年，君士坦丁的三子划分三大区，是为高卢大区（包括高卢、维也纳、西班牙和不列颠行政区），意大利、伊利里亚和阿非利加大区（包括意大利、潘诺尼亚、达契亚、马其顿和阿非利加行政区）和东方大区（包括色雷斯、亚细亚、本都和东方行政区）。347 年，伊利里亚大区（包括潘诺尼亚、达契亚和马其顿行政区）从意大利大区中独立出去，此后屡经废立，直到 379 年，潘诺尼亚行政区改名为伊利里亚行政区，从伊利里亚大区划入意大利大区。534 年后，查士丁尼设立新的阿非利加大区。——译者注

Anushirvan),其中记载着同样的顺序,霍斯鲁一世以如下顺序列举行政单元:1)"省/方国"(bilad),2)"府"(kura),3)"县"(rustaq),4)"乡"(qarya,与 deh 等同)[16]。

在伊斯兰早期,其中一些术语看来已被混淆。比如"县"(rusta,阿拉伯语 rustaq),在某些时候被认为等同于"四一区"(tasug,阿拉伯语 ṭassuj)或"区"(naḥiya)[17]。但有数种记载证实了萨珊时期和伊斯兰早期这些术语是以上述方式排列的。巴拉米(Balʿami)将这种行政区划投射到萨珊王朝初期,声称阿尔达希尔来自法尔斯"省"(bilad)的伊斯塔赫尔(Istakhr)"府"(shahr)。他提到伊斯塔赫尔有一"县"(rusta),还有一"乡"(deh)。于是我们就有了萨珊铭文中的确定区划:1)"方国(省)/府",2)"县",3)"乡"[18]。这可能也体现了延续至伊斯兰早期的正确区划[19]。这也可以由其他资料证实,诸如《库姆史》(Tarikh-e Qom)记载库姆城由相连的七"乡"组成[20]。

其他区划包括"领地"(ostan),由"领地执守"(ostandar)掌管。这与亚美尼亚正相对应,在亚美尼亚的边境守护时期(Marzpanate period,公元 428—625 年),"领地"(ostan)是王室土地,一些领土划分为"领地",而"领地"又划分为"区"(gawars)[21]。"府"(shahr)和"乡"(deh)都有圣火祠,圣火祠处于"祭司长"(mowbed)管辖之下[22]。另一种区划是"四一区"(tasug),我们知道到 7 世纪由"法官"(dādwar)管辖"四一区"[23],而该"府"的"祭司长"统辖"法官"[24]。"四一区"(tasug,阿拉伯语借词 ṭassuj),被认为指四分之一个"县"(rustaq)。此词含义是相对清楚的,来自中古波斯语"第四"(tasum)。问题是这个"四一区"是什么区划单元的四分之一?莫若尼(Morony)提出,"府"(shahr)围绕着小城镇或村庄划分为次府，而这次府就称为"四一区"[25]。我们必须询问这些名称之间有没有区别。根据《千条判决书》(*Mādayān ī Hazār Dādestān*, 100, 5—7)，"府"处在"祭司长"的司法权下，而"四一区"则处在"法官"的司法权下。

重要官员／行政人员及其职能

有数种印章与帝国的数种官职／官员有关。它们是：

"省督／知府"(*šahrāb*)

"祭司"(*mow*)（图 28）

"祭司长"(*mowbed*)

图 28　设拉子城祭司印章图

"贫穷者的说情者和法官"(*driyōšān jādaggōw ud dādwar*)

"谏议长"(*handarzbed*)

"法官"(*dādwar*)

"职计"(*āmārgar*)

"书吏"(*dibīr*)和"执事"(*kārframān*)

"省督 / 知府"

省督曾是治理国家大省的人。在早期波斯历史（阿契美尼德时期）中，"省督"(*shahrab*)是领地的首领，或方国的守护者。帕提亚时期，这一职位也在苏萨（Susa）发现的一则铭文中得到证实，看起来自阿契美尼德时期以来，这一头衔的地位已经下降了。恒宁（Henning）正确地指出："现在他（知府）辖区很小，比一座城镇连同其周边地区大不了多少。"[26] 在 3 世纪铭文中，这一官职自阿契美尼德时期以来地位下降是明显的，在沙普尔一世的琐罗亚斯德天房铭文中，列出了一系列"知府"(*shahrab*s)，诸如哈马丹、军地沙普尔（Weh-Andiog-Shabuhr）"知府"。"知府"列于第七位，在"司令"(*framādār*)之后，"堡长"(*dizbed*)之前[27]。派库里铭文中，在第十一位上提到了"知府"，在"家主"(*kadag-xwadāy*)[28] 之后，"职计"(*āmārgar*)之前[29]。在沙普尔二世时期塞人之王沙普尔的铭文（公元 311 年）中，锡斯坦王的随员名单中，"知府"被置于"祭司"(*mow*)之后，"书吏"(*dibīr*)之前[30]。铭文显示了这一职位在省内的重要地位，它仅次于"王"(*MLK'*)、"谏议长"(*handarzbed*)和"祭司"，在"书吏"、"贵族"(*āzādān*)、"使者"(*frēstag*)和"首领"(*sardār*)之前[31]。这可能显示了这一官职的复兴，及其在萨珊后期的重要性。"知府"的印章表现这个人戴着镶嵌珍珠的帽子,这显示了这一职位的重要性[32]。

"祭司"

"祭司"(mow)在宗教和国家机构中起作用。带有这一头衔的印章数量之多,可以证实这一官职对于国家官僚机构,对于萨珊波斯圣火祠经济和宗教团体的重要性。早在4世纪,我们就有"祭司"服务于行省的证据,有一个随侍锡斯坦王[33]。"祭司"是祭司阶层的最低级别,他们在各个地区、城镇和圣火祠中扮演各种角色。祭司看来也掌管经济事务。在一个有草体铭文(萨珊晚期)的罐子上,说到一个"祭司"因为撒谎而被囚[34],他犯了"罪"(wināh),这是一个从宗教术语中借用过来的法律术语[35],他可能是谎报了罐中所储物品的数量或价值。(图29)

图29 伊朗国家博物馆所藏银罐

第五章 "伊朗国"的经济与行政

"祭司长"

这个头衔在公元 3 世纪是明确的,在霍尔姆兹一世治下,克尔迪尔被称为"阿胡拉马兹达祭司长"(Ohrmazd mowbed)。后来他又获得了更长的头衔"克尔迪尔,其灵魂为屠障(战神)所佑,阿胡拉马兹达祭司长"①(Kerdir ī boxt-ruwān-wahrām ī ohrmazd mowbed) [36]。再后来他同时采用许多头衔,包括"全国的祭司长和法官"(hamšahr mowbed ud dādwar)和"司仪长"(ēwēnbed) [37]。到 4 世纪,"祭司长"(mowbed)这一官职愈加重要,在官职列表中被置于"千夫长"(hazārbed)之下,"州府计账书吏"(šahr-āmār-dibīr)之上。这种权力的增长,可能与马兹达教祭司组织及其等级制度的力量不断增长有关。看起来有大量"祭司"(mow)和"祭司长"参与帝国和行省的行政。现存有州府、圣火祠和城镇的"祭司长"印章,显示了他们参与行政的程度及其地位。

看起来到萨珊晚期,"祭司长"(mowbed)处理并签署文书,这只是他职责的一部分。有"祭司长本职书"(xwēš-nāmag ī mowbedān),详述其责任和职能 [38]。"祭司长"行使数种重要职能。"祭司长"连同"知府"(shahrab)掌管一"府"(shahr)。因为确实有城镇"祭司长"的印章 [39],我们可以所有州府都有"祭司长"掌权。尽管缺少"祭司长中的祭司长"(mowbedān mowbed)的印章,但许多文本资料都提到了这一头衔,因此可以假定,也有人统辖所有的"祭司长"。这一头衔看来早在 4 世纪的叙利亚语资料中就

---

① "阿胡拉马兹达祭司长"存疑,对比本书第三章"克尔迪尔:被遗忘的祭司"一节,据 Huyse 释作"霍尔姆兹(国王)的祭司长"。——译者注

得到了证实，其中提到有一个"祭司之首"（rēšā d^emagošē）[40]。

祭司不断增长的权力和地位也由晚期罗马资料得到证实。如6世纪，阿伽提亚斯（Agathias）称："但如今，祭司是受到极度敬畏和尊崇的对象，一切公共事务都在他们的决定下进行，根据他们的预测进行，一桩私人纷争的当事人或一方，不可能不受他们的裁决。诚然，在波斯人眼中，除非得到祭司认可，没有什么事能获得合法的戳印。"[41] 他们不仅参与行政，而且看来甚至获得了更多权力。叙利亚语资料甚至记载有时"祭司长"可以统治行省，如阿迪亚波纳（Adiabene），而其他的则掌控了宫廷。这种看法也得到了其他记载支持，叙利亚语资料记载在萨珊早期，"祭司长"和"边境守护"（marzbans）被任命统治行省[42]。这可能是将晚期情况投射到过去，但也反映了控制"非伊朗"（an-Iran）行省的方式，因为我们从亚美尼亚语资料中听说，萨珊王族任命"千夫长"（hazarapet）和"祭司长"（chief mow）管辖亚美尼亚，"祭司长"行使该地区法官的职能[43]。耶吉谢（Ełishe）也记载说，萨珊王族通过"祭司"（mow）的宗教统治帝国[44]。在中古波斯语文书中，有一段有趣的篇章称，"祭司长"统治"州"（awestam），"州"比"县"（rustag）大，比"方"（kust）小[45]。

"贫穷者的说情者和法官"

我们主要是在阅读印章集、《千条判决书》（Mādayān ī Hazār Dādestān）和亚美尼亚资料时，会遇到这个头衔。根据《千条判决书》(93.7)，在哥巴德时期，"祭司长"（mowbed）和"职计"（āmārgar）开始采用官印，而"法官"（dādwar）之印是霍斯鲁一世下令制造的[46]。有一个"祭司长"管辖整个法尔斯省，而"祭司长"的头衔改成了"贫穷者的说情者和法官"(driyōšān jādaggōw ud dādwar)。这一官职看来与社会、法律和宗教层面有关。从印章中我们知道,在行省中有"法官"行使职能,但关于"说情者"(jādaggōw),没有证据表明它是独立的职能。文本证据可能对这个问题有所帮助,因为我们确实会遇到"说情者"这一头衔,它被解释为"帮助者"(ayār),给予"庇护"(panāhīh)[47]。其含义并不明确,可能是扮演为人或事说情的角色[48]。在琐罗亚斯德教世界中,"说情者"被认为是和追寻和平之人一起在天堂中的[49]。德·梅纳斯(De Menasce)是最早论述这一官职作用的学者之一,他表明这一官职属于法尔斯的"祭司长"[50]。现在我们一共有十六枚带有"说情者"头衔的印章。沙克德(Shaked)假定这一官职仅仅属于法尔斯的"祭司长",带有这一头衔的印章数量就使得他的假定站不住脚[51]。在法尔斯,有一枚印章属于管辖陛沙普尔、伊斯塔赫尔和阿尔达希尔灵光三府的"贫穷者的说情者和法官"[52]。另有一个"贫穷者的说情者和法官"同时掌管三府,达拉布所建(Darabgerd)①、陛沙普尔和善于艾美达的哥巴德②(Weh-az-Amid-Kavad)[53]。

沙克德(Shaked)也揭示了这类"祭司长"(mowbed)的道德权威,这种权威看来与穷人的福祉有关,如在中古波斯语文本

---

① 今日仍有 Dārāb 城,在设拉子东南 270 公里。古代 Dārābgerd 是波斯省最东边一府,治所遗址在今 Dārāb 西南七八公里处,称为 Qalʻa 或 Ḳandaq-e Daḥīa。——译者注

② 即 Arrajan(Arjan),既是州府之名,也是其治所所在城市之名。萨珊时期是波斯省六府中最西北一府,紧邻胡泽斯坦省。哥巴德一世在阿纳斯塔斯战争中进攻属于东罗马的美索不达米亚北部,俘获艾美达城和其他地方居民八万人,强制迁徙至法尔斯省和胡泽斯坦省,哥巴德城就是哥巴德命令强迁伊朗的东罗马人所建,故意为"比艾美达城更好的哥巴德城"。——译者注

中所证实的:"第七是说情(jādag-gōwīh)。是这样:有人为寡妇、饥饿的孩子、火、牛、羊和其他无助者说话,尤其是为了自己的灵魂。"[54] 显然,这一官职必然具有和这一头衔相关的某些职能,与其他"祭司长"不同,诸如掌管为穷人而捐赠的钱款[55]。从这一头衔可见宗教权威也获得了法律权威,它与亚美尼亚圣内尔瑟斯(St. Nerses)的头衔相似:"一切贫穷者的说情者。"(jatagov amenayn zrkeloc')[56]

"贫穷者的说情者和法官"可能是慈善基金会的监管者,以帮助穷困之人[57]。这也是有权者应作为义务而履行的宗教职责(《宗教事》, Dēnkard, VI.142):

> 无论发生什么,(尊贵者)都是贫穷者的说情者,对他们行善。他会赞美贫穷者,会这样做,使他的资源和财富向每个人开放,而他们(将尊贵者的资源和财富)视为自己的,并相信:"若罪恶或苦厄来到我们,那他会想办法担走的。"[58]

在地方层面上,"祭司"(mow)可能掌管宗教捐赠,这些捐赠是人们"为灵魂"(pad ruwan)而设的。这与天主教基金会类似,当然与伊斯兰"瓦合甫"(waqf)机构或宗教捐赠相关,"瓦合甫"在伊斯兰早期具有相同的功能[59]。

"谏议长"

"谏议长"(handarzbed)行使各种职能,或者担任显赫人物的顾问。在波斯波利斯的中古波斯语铭文中,我们遇到了4世纪早期的头衔"锡斯坦谏议长"(Sistan handarzbed),此职官仅次于锡

第五章 "伊朗国"的经济与行政

斯坦王，列于"祭司"（mow）和疾陵（Zarang）"知府"（shahrab）之前[60]。因此从早期开始，这一职官看来就在宫廷职官体系中具有重要职能，其职能可能更多是与谏议有关，扮演顾问的角色，处理道德使命的问题。我们有一枚阿尔达希尔灵光的"谏议长"印章[61]，很可能其他州府也有其他"谏议长"行使职能。或者可能有一个"谏议长"同时掌管数个州府。

"宫廷谏议长"（dar handarzbed），是国王的顾问，是宫廷随员的一部分，根据《帕巴克之子阿尔达希尔功行纪》（Kārnāmag ī Ardaxšīr ī Pābagān, X.7），"王公"（wāspuhragān）的"宫廷谏议长"①出现在"祭司长中的祭司长"（mowbedān mowbed）、"伊朗军长"（ērān spāhbed）、"禁卫首领"（puštībān sālār）和"大书吏"（dibīr mahist）之后。"祭司谏议长"（mowān handarzbed）就有关婚姻的法律事务给出谏议（《千条判决书》，Mādayān ī Hazār Dādestān, 57.12; 59.10; 98.3)。"祭司谏议长"到萨珊末期达到了显要地位，可能是因为宗教等级机构的权力不断增长。在中古波斯语文本《宴饮词》（Sūr Saxwan, 157.9-14）中，"祭司谏议长"列于以下官职之列："王中之王"（šāhān šāh），"王世子"（pus ī wāspuhr ī šāhān），"大司令"（wuzurg framādār），东方（xwarāsān）、西方（xwarwarān）和南方（nēmrōz）②"军长"（spāhbeds），其后为"法官中的法官"（dādwarān dādwar），其下为"祭司谏议长"和"千夫长"（hazārbed）[62]。"祭司谏议长"是"祭司长"（mowbedān）的顾问，在《祭》（Yasna）

---

① 原文将"宫廷谏议长"和"王公"看作两个并列的官职，译文据 Grenet, F. 2003. *La geste d'Ardashir fils de Pâbag*, Die, p. 102（XI.6）修改。——译者注

② 只列出三方军长，北方大凶，故略去。——译者注

的巴列维语版本中,"祭司谏议长"被解释为"祭司"(mowān)的老师。在波斯伊斯兰文献中,宗教人士被列为第一阶层,并分为四类,最后一类是"教师"(mu'allimān,即 hērbedān)[63]。关于这个官职,我们还有一枚印章,以及锡斯坦的"祭司谏议长"。"王公谏议长"(handarzbed ī wāspuhragān)在王的私有领地内拥有管辖权[64]。在沙普尔一世时期,王后也有"谏议长",是为"王后谏议长"(bānūgān handarzbed),还有一个"骑兵谏议长"(handarzbed ī aswāragān)[65]。

在亚美尼亚语《帕尔皮的噶扎尔的史书》(History of Łazar P'arpec'i)中,记载了"祭司谏议长"被派往内沙普尔(Nēw-šābuhr)的一座城堡,亚美尼亚祭司被囚禁在那座城堡中。"祭司谏议长"要把他们带到人迹罕至的地方严刑拷打,但更可能是试图改变他们对宗教事务的看法。更重要的是,文本称"祭司谏议长"处在"祭司长中的祭司长"(movpetan-movpet,即 mowbedān mowbed)的管辖之下[66]。一部中古波斯语文本称,"祭司谏议长"和"祭司长中的祭司长",职位高于掌管一"县"(rustag)的"法官"(dādwarān)、掌管一"州"(awestām)的"祭司长"(mowbedān)和掌管一"方"(kust)的"领袖"(radān)[67]。根据《千条判决书》(Mādayān ī Hazār Dādestān),"祭司谏议长"的职责是确立监护权,监管"为灵魂"(pad ruwān)而设立的基金会[68]。

"法官"

法官必须受到法律训练,他们是从"祭司长"(mowbedān)中选出的。"法官"(dādwar)也有上级,这个上级拥有"国家法官中的法官"(šahr dādwarān dādwar)的头衔[69]。叙利亚语文本《牧首圣阿巴传①》(The Life of Patriarch Mār Abā) 也可以证明这点，其中说到有一个圣卡尔达克（Mār Qardag）拥有两个头衔，"司仪长"（ēwēnbed/āyīnbed）和"国家法官"（šahr dādwar）。据此，有学者提出，"国家法官中的法官"是两个头衔"国家法官"和"法官中的法官"（dādwarān dādwar）的合并或混用。实际上，马苏第（al-Mas'ūdī）证实有一个大法官，他声称"法官中的法官"（qāḍī al-quḍāt，很可能是对译 dādwarān dādwar）是所有"祭司长"（mowbeds）的首领[70]。因此，法律机构看来处在宗教权威的掌控下。《千条判决书》（Mādayān ī Hazār Dādestān, 100, 11—15）称"法官"处于"祭司长"的权威之下。我们只发现了几枚带有这个头衔的印章，因此无法从印章学证据来了解这一官职有多么普遍。这可能意味着到公元6世纪时，"祭司长"已接管了法官的职能。根据中古波斯语文本，"法官"要处理各种各样的问题，诸如财产权、记录、忏悔，处理诉状，解开封条以及保管无主财产[71]。他们必须熟知琐罗亚斯德教法律，有一系列文本可供他们参考以前的法律规定。比如，在上诉的情况下，他会有"上诉书"（Mustawar-nāmag），以援引过去的案例[72]。

"职计"

据印章学证据，"职计"（āmārgar）和"法官"（dādwar）掌管经济、行政和法律程序。整个省有一个职计，这是在胜父堡（Qasr-e Abu

---

① 圣阿巴（公元5世纪末—552年），出身于琐罗亚斯德教家庭，在霍斯鲁二世宫廷任职。520/525年改宗基督教，其后在尼西比斯、埃德萨和安条克学习神学。540—552年任东方教会牧首，通过重新引入神职人员独身制、拒绝近亲婚姻等措施整改教会。——译者注

Nasr)① 发现的印章（D209）表明的，这枚印章属于"波斯省职计"（*pārs āmārgar*）[73]。此外，还有对省内一个或多个"府"（*shahr*s）行使权力的职计。一例是伊斯塔赫尔和达拉布所建（Dārābgerd）"职计"[74]，另一例是阿尔达希尔灵光、陛沙普尔和内达拉布（Nēw-Dārāb）的"职计"（B164）。职计的权限是可以变化的，这从其他印章中可以得到证实，如伊斯塔赫尔、陛沙普尔和善于艾美达的哥巴德职计（Z3 Gyselen）。除了省和府的职计以外，还有"宫廷职计"（*dar-āmārgar*），以及掌管帝国财政的职计，"伊朗职计"（*Ērān-āmārgar*）[75]。

"书吏"和"执事"

"书吏"（*dibīrān*）是具备适用于各种场合和事务的读写知识的人。一部名为《论书仪》（*Abar ēwēnag ī nāmag nibēsišnīh*）的短篇中古波斯语文本，详述了应该如何给不同级别的人写信，诸如致信"君主"（*xwadāyān*）和"权威"（*pādixšāyān*）；向失去所爱的人"问苦辛"（*bēš-pursišnīh*），致以"安乐"（*hunsandīh*）；应当使用何种问候方式，又如何结束书信[76]。为了学习这些事务，他们要在"文书院"（*dibīrestān*）学习，再受宫廷或地方政府任用。据伊斯兰资料，选入宫廷的书吏，被要求不能与外面的人有过多联系。这可能是为何我们听说有数种奇怪书体的原因，据伊本·纳迪姆（Ibn al-Nadīm）记载，这些书体用于书写秘密事务，即"秘书体"（*rāz-dibīrīh*）。具有次等读写知识的人被视为"执事"（*kārframānān* 或 *kārdārān*，MHD A38.16-18），需要强化他们的技能[77]。

---

① 为设拉子前身。——译者注

萨珊经济和农业

生产，以及收入和生计来源的主要模式是耕地和农业。农作物包括谷物，如大麦、黑麦和小米，也包括豆类，草料，纺织用纤维，水果，如葡萄、无花果和椰枣，还包括坚果、蔬菜[78]，以及稻米、杏树和橄榄树。萨珊人十分注重农业发展，我们知道他们在胡泽斯坦和伊拉克发展农业，开垦可耕种土地。费耐生（Frye）正确地注意到，近东的土地所有制或"封建"的特征，与欧洲封建制度有所不同。来自"伊朗国"西南的考古证据证实了这一点，在伊朗，村庄不依附于城堡或堡垒[79]。这是因为有数种不同类型的土地所有制，诸如"国家土地"和"集体所有的土地"，我们还应该提到"作为慈善捐赠的土地"。比土地所有权更重要的是水源控制的问题，这使得"坎儿井"（qanāts）的挖掘和所有权要重要得多[80]。建造和维护"坎儿井"，向我们展现了萨珊人赋予农业发展的重要性[81]，尤其是在干旱和丘陵地区。一些"坎儿井"长达数千米，被设计用来给大型聚居地供水[82]。与中世纪欧洲的封建社会不同，在萨珊波斯，水是极为重要的商品，在法律文献中讨论了水的来源和控制。《千条判决书》（Mādayān ī Hazār Dādestān）第二十二章揭示了"坎儿井"（qanāts/katas）的使用，描述了其公用的情况，以及个人之间、共用一个"坎儿井"的人之间发生争议的法律案例[83]。

胡泽斯坦和伊拉克①是两个重要行省，两个省都有在耕的农业土地。论土壤的肥沃和水源的丰富，胡泽斯坦首屈一指，它还建

---

① 指亚述省，萨珊时期指巴比伦地区。——译者注

有灌溉系统,确保水资源得到最大利用。此处种植和出口稻米、甘蔗、果物和其他作物。这又反过来确保了政府可对此地征最高的税,为国库输送钱财[84]。于是,"伊朗国"灌溉的发展,可以告诉我们国家对农业发展及其控制的反应。来自苏萨平原的证据指出,较小的灌溉水渠要让位于较大的,较大的水渠或运河耗资更多,是更为劳动密集型的工程[85]。

高地受到该地区游牧民伐木活动的影响,政府关于密集灌溉和建造水坝的计划,对于当地生态具有重大影响[86]。依靠这种程度的集权,萨珊人能够向帝国的游牧民和山民征税[87],这一人群自古以来就一直是伊朗政府的障碍,直到巴列维王朝才得到控制。

城 镇

由帕提亚人开始,继而由萨珊人开展的城镇化进程,通过从伊朗高原的其他部分和近东强制移民,给城镇带来人口[88]。后来的伊斯兰资料,以及中古波斯语资料,都证实了波斯国王对建城具有极大兴趣。《伊朗国的诸城》(Šahrestānīhā ī Ērānšahr)[89]是一部中古波斯语文本,列举了遍及中亚、伊朗高原、美索不达米亚和近东的城镇,论述了波斯建城事业。据说许多"城"(šahrestāns)都是萨珊国王所建,或者由他们重建,因此以国王的名字来命名[90]。波斯的穆斯林史学家,如哈姆则·伊斯法罕尼(Hamza al-Isfahānī),也提供了一长列由多位萨珊王中之王所建的城市,为《伊朗国的诸城》提供了佐证[91]。

来自"伊朗"(Ērān)西南的考古证据,提供了在诸如伊拉克[92]、胡泽斯坦[93]和更北部的鲁尔人之地（Deh Lurān）平原①[94]等地的农村定居点衰落和向城镇移民的证据。倪利（Neely）称，人口增长和城镇化是萨珊政府推行的计划性扩建和发展的直接结果[95]，对于大多数得到发展的省份来说，这一论断看来都是准确的。推行这一举措也很可能是基于新城址的商业便利性，新城临近经济活动活跃的道路[96]。

推行城镇化是出于几种重要原因，其中之一是萨珊王族为了从税收中得利，就需要发展纺织业、玻璃业、冶金业和其他手工业，这就需要大量的劳动力，而这些劳动力需要安置在城市中。萨珊人俘获罗马工程师、技工和工匠，将他们遣送到新城或旧城，这带来了新的劳动力，可以弥补人口的短缺，并培训波斯人口。向城市大量移民，这一举措不仅见于文本资料，也可以被至今为止的考古工作所证实。此外，许多带有"伊朗"（Ērān）或"灵光"（xwarrah）词缀的城市，也显示了萨珊王族意识形态的倾向，他们用这种意识形态给城市命名或重新命名。这些词可以追溯到阿维斯陀语（Avestan）"伊朗人的灵光"（airiianəm/airiianqm xᵛarənō），与王权观念相关[98]，这些城市由王中之王直接管辖[99]。因此，城镇化进程在萨珊时期不仅具有经济意义，也具有政治意义。

为了建造新城，使人口定居，萨珊王族需要发展经济，尤其是发展农业，以便养活迅速增长的人口。因为农业是主要生产方式，所以我们需要考察萨珊帝国的土地占有模式。根据各种资料，我们

---

① 在今伊朗伊兰省，东西以 Mayma 河和 Doveyrej 河为界，南北以 Ḥamrīn 山和 Siāhkūh 山为界，位于扎格罗斯山麓，是半干旱草原，冬季降雨。该地区主要居民是鲁尔部落，故得其名。——译者注

可以声称有多种形式的土地占有。小土地的私人占有是一种土地占有形式，这种形式越来越难以维持，尤其是随着第二种土地占有形式集体占有的发展。信仰同一种宗教的人可以参与集体占有。比如犹太人在伊拉克占有村庄，这些村庄使用奴隶劳动进行生产。犹太人和其他人都有权占有奴隶，有权买卖他们所占有的乡镇及其周边土地。这种宗教性的土地集体占有也适用于基督徒，美索不达米亚的修道院和教堂有同样的规制，也使用奴隶劳动[100]。

地方和国际贸易

萨珊早期对经济的关注，可以通过几种重要活动来体现。萨珊经济发展的首要因素是控制了波斯湾。我们知道从阿尔达希尔一世的时代起，萨珊就控制了波斯湾，在其波斯海岸和阿拉伯海岸都设立了港口[101]。我们得知，阿尔达希尔一击败阿尔达旺，控制了伊朗高原，就进军阿曼、巴林和叶麻默（Yamama）①，击败了巴林国王萨纳特鲁格（Sanatruq）[102]。但是，沿海岸线建造堡垒的理由并不明确，因为不可能有萨珊海军驻扎在这些堡垒。但是它们可能被用作客栈或仓库。阿拉伯语资料称，在萨珊时期，波斯人控制了海岸和海滩，而阿拉伯人住在山区和沙漠[103]。我们几乎没有关于萨珊海军的信息，看来它不可能是一支大军。但是，资料中数次提到了萨珊海军，一次是在阿尔达希尔时期，另一次是在霍斯鲁一世时期。

---

① 意为"野鸽"。在古代，叶麻默是内志（Najd）的一个地区，以 Hajr（在今沙特阿拉伯首都利雅得）为中心。现在，叶麻默是 Al-Kharj 地区的一个镇，在利雅得东南 70 公里。——译者注

第五章 "伊朗国"的经济与行政

在《帕巴克之子阿尔达希尔功行纪》中，我们遇到了其中一座港口，叫作"得佑阿尔达希尔"（Boxt-Ardaxšīr，现在的Būšehr）①，这和其他证据一起展示了波斯湾对于早期萨珊人的重要性[104]。这座港口的重要性在于，"得佑阿尔达希尔"通过陆路与卡泽伦（Kāzerūn）②和设拉子连接，商品从那里出口到其他地区。它也靠近波斯省中心设拉子，这必然使它成为一座重要的港口[105]。另一座重要的港口是尸罗夫（Sīrāf）③，它通过陆路与胜利城（Fīrūzābād），再与设拉子连接，在尸罗夫发现了陶器碎片、钱币和其他器物，表明这是一座萨珊港口[106]。其他港口包括在霍尔木兹海峡的霍尔木兹遗址（site of Hormuz）④，通往东北方，将朱尔法尔（Julfar）⑤与锡尔詹（Sirjan）⑥相连[107]。又有库贾兰/古

---

① Boxt-Ardaxšīr 缩音为 Būšehr 在语言学上完全可能，但没有实际证据支持两者是一地。Boxt-Ardaxšīr 一名出自《阿尔达希尔功行纪》，阿尔达希尔从安息国王阿尔达旺宫廷逃走，路上得到两个女性（可能是水神阿娜希塔化身）的神谕，说他见到大海时就安全了，因此阿尔达希尔取道奔向海边，在第一眼见到大海处，设圣火祠，感谢诸神，将此地取名为"得佑阿尔达希尔"。也有学者将此名解释为"受阿尔达希尔保佑"。——译者注

② 今伊朗法尔斯省一行政区及其首府名，该行政区西南邻 Būšehr 省，东邻设拉子。萨珊时期，Bīšāpur 府的治所 Bīšāpur 城，在今 Kāzerūn 市以北 19 公里，当时 Kāzerūn 仅由三村组成，逐渐发展为城镇，隶属于 Bīšāpur 城，直到伊斯兰时期后，Bīšāpur 城衰落，Kāzerūn 才成为 Šāpur Korra 府（即 Bīšāpur 府在伊斯兰时期的名称）主要城市之一。——译者注

③ 在今 Būšehr 省 Taheri 港，在 Būšehr 港东南 220 公里，ʿAbbās 港西北 380 公里。——译者注

④ 指旧 Hormuz，在今 Bandar-e ʿAbbās 以东七八十公里的 Mīnāb，并非迁至岛上的新 Hormuz。——译者注

⑤ 在今阿联酋哈伊马角，因港口水道淤塞，Julfar 数次迁移，5—13 世纪在 Kush 遗址，13—16 世纪在 Mataf 和 Nudud，16 世纪中叶以后在哈伊马角城，直到 19 世纪初毁于英军进攻，此后迁至 Wadi Sur。——译者注

⑥ 在今伊朗克尔曼省。——译者注

泽兰－阿尔达希尔（Kujarān / Guzerān-Ardašīr）① 港，临近伦格港（Lengeh）②，在贸易中占有一席之地，能满足波斯省达拉布（Dārāb）城的需要[108]。我们还可以提到哈尔克(Khārg)岛，在布什尔(Būšehr)西北37英里，岛上看来有公元4世纪萨珊晚期的聚落[109]。

这些港口很可能是重要的贸易中心，商品经由这些港口输送到内陆城市，这些港口也是美索不达米亚与亚洲、东非之间的货运站点[110]。我们知道，在伊斯兰早期，在尸罗夫港所建的屋舍，是用一种来自印度和桑给巴尔(Zanzibar)③的毛榄仁(Sāj)木材所造，这表明此地从亚洲和东非进口商品[111]。在尸罗夫发现的萨珊钱币，表明这个遗址从萨珊时期就有人居住[112]。但是，应该指出这种海上控制不是萨珊海军或国家主动施行的，而是波斯商人在国家并未大力介入的情况下主导了贸易。

萨珊人与拜占庭人的贸易竞争远至斯里兰卡，马来西亚看来有一个由商人组成的萨珊侨民区[113]。波斯马运送到了锡兰[114]，岛上建有波斯侨民区，船只从波斯来到锡兰港口[115]。萨珊对信德地区的影响力，从最近发现的钱币可以看出。这些钱币是对皮鲁兹(Pērōz)式样的仿制，这意味着萨珊人5世纪时在此地存在，并且/或者影响了这一地区[116]。波斯人建造了其他港口以扩展贸易，如

---

① 库贾兰即《列王纪》中"关于哈夫特瓦德和果虫的故事""阿尔达希尔在与哈夫特瓦德之战中败北""迈赫拉克在贾赫鲁姆造反""阿尔达希尔杀死哈夫特瓦德的神虫""阿尔达希尔杀死哈夫特瓦德"五章发生的地点。哈夫特瓦德以库贾兰堡垒为据点，占据法尔斯和克尔曼沿海地区，阿尔达希尔最终智取库贾兰。据 Hamza al-Isfahani 记载，此地由此得名古泽兰－阿尔达希尔。——译者注

② 在伊朗霍尔木兹甘省，伦格港在布什尔港东南420公里，阿巴斯港西南192公里。——译者注

③ 印度洋东非海岸的一群岛，今属坦桑尼亚。——译者注

第五章 "伊朗国"的经济与行政

6世纪时在阿曼建造了麻实吉（Muscat）① [117]，这一港口对波斯人的重要性持续到了伊斯兰时期，从印度开往亚丁（Aden）的船只在这里停泊 [118]。

苏哈尔（Suhār）② 在波斯湾口、阿曼湾中，那里看来有萨珊堡垒，可能参与了贸易交流，在达玛（Dama）③ 和朱尔法尔（Jurrafār）④ 也有萨珊堡垒 [119]。在霍尔姆兹海峡中的山羊岛（Ghanam），有一个波斯边哨，可能是为监督航运以及想要进入波斯湾的船只而设 [120]。信德的班普尔（Banbhore）⑤ 和非洲东海岸的基卢瓦（Kilwa）⑥ 也可以说有波斯人存在，那里发现了少量萨珊－伊斯兰陶瓷器 [121]。在水母（Umm al-Ma）⑦ 地区也有萨珊波斯存在的证据，那里发现了来自伊拉克的绿釉罐 [122]。在哈伊马角（Ras al-Khaimah）豪兰（Khawran）附近的萨利希雅（Salihiyah），也有萨珊器物的证据 [123]。波斯人出现在这些港口，意味着曾有过一场力图控制这些边哨附近航运的争斗。

到6世纪，看来波斯人不仅致力于控制波斯湾、阿拉伯海，还向东方发展，这使他们与罗马发生了冲突。丝绸看来是罗马人想要的重要货物。看来罗马人尽力绕开波斯商人，以便能以更便宜的价格购买丝绸和其他货物。结果，拜占庭人不得不寻求基督教埃

---

① 今阿曼首都，在阿曼湾。——译者注
② 在今阿曼，是阿曼古代首都。——译者注
③ 在 Muscat 西郊 Sib 村。——译者注
④ 即上文的 Julfar。——译者注
⑤ 古代港口城市，位于印度河入海口，在今巴基斯坦卡拉奇以东60公里。——译者注
⑥ 古代伊斯兰城邦，在今坦桑尼亚南部沿海的 Kilwa Kisiwani 岛。——译者注
⑦ 在卡塔尔西海岸。——译者注

塞俄比亚人的帮助，而也门人在萨珊人的支持下，把他们逐出了这一地区[124]。

我们也知道萨珊与中国的贸易[125]，在尸罗夫港可以发现进口物品，诸如唐朝出口的陶瓷器和来自罗马的其他物品[126]。与中国的贸易通过两条渠道进行，一条是著名的丝绸之路，我们对这条丝路所知甚多，另一条是海路。应该指出，这两条路线的贸易率是不同的，进行多少贸易取决于时代。也就是说，任一条路线的贸易率都不是恒定的，而是倾向于波动。阿米安·马塞林（Ammianus Marcellinus）告诉我们，在4世纪，"[波斯湾的]全部海岸都挤满了城市和村庄，许多船只来来往往"[127]。这种海上贸易因为政治形势而越来越重要，因此波斯省的港口进一步成为海上贸易的中心。波斯商人从这些港口出发去中国购买丝绸，因为罗马人也打算这样做。我们得知，波斯商人在中国建起了他们的中心。随着这些港口和东亚波斯侨民区的建立，罗马人就无法插手了。即使6世纪时查士丁尼（Justinian）让从事贸易的埃塞俄比亚人帮助他，但我们却得知，"埃塞俄比亚人无法从印度人那里购买丝绸，因为波斯商人总是守着印度船只初次靠岸的那些个港口（因为他们住在邻国），并且惯于买下全船的货物"[128]。

在中国东南沿海发现的萨珊钱币，也指向了这一地区与波斯的海上贸易。广东至少有三个出土萨珊钱币的遗址，在曲江、英德和遂溪①[129]。曲江南华寺南朝墓出土了皮鲁兹式样钱币[130]。英德南齐墓出土了埋藏于公元497年的皮鲁兹式样钱币[131]。遂溪南

---

① 遂溪临北部湾，英德和曲江都在北江沿岸，可经北江进入珠江后入海。——译者注

朝窖藏出土了贾马斯帕、皮鲁兹和哥巴德式样钱币[132]。我们可以认为这些钱币是经由海上贸易而来①[133]。中国有波斯侨民存在也得到了证实，在中国西安地区发现有袄祠[134]。

陆上贸易得到了更好的记载，我们应该提到丝绸之路，因为它连接东西方，而波斯则是这条国际路线的枢纽或中心地区。商品自东向西运输，对它们征收关税和费用，肯定会使国库受益，而国库又会保持道路通畅，进而获得丰厚的通行费。莫若尼（Morony）指出，既可以看到萨珊人建造新城和迁徙人口的举措创建出了新的聚落，又可以看到城镇和人口从边远难行的地点，转移到了围绕着商业经济而发展起来的贸易路线上[135]。罗马帝国所需求的、萨珊帝国企图控制其贸易的那种产品，就是丝绸。萨珊人在苏萨、军地沙普尔和胜苏萨（Šuštar）创建了作坊，与中国和叙利亚－腓尼基的作坊竞争，进口生丝[136]并创造纹样，这些纹样在埃及受到模仿，并一直延续到伊斯兰时期[137]。

在中国发现了大量5世纪末和6世纪以后的萨珊银币，这意味着萨珊人与东方贸易关系密切，而这是所谓"外交商业"的一部分[138]。丝绸之路上的重要商人是粟特人，他们以丝绸商人而闻名，控制了中亚的贸易。他们积极参与贸易，而在萨珊波斯参与中国贸易的同时，他们的货币政策也发生了改变。确切的开端是在6世纪，根据钱币证据，可以看到在中亚，尤其是在粟特，经济发展和贸易进入了新的阶段[139]。

另一个重点是，萨珊人认定与其参与贸易，从叙利亚购买商品——叙利亚的玻璃等产品有很大需求——倒不如发配这一地区的

---

① 本段原文及其注释多有重复混乱之处，现据考古资料修订。——译者注

技术工匠，将其迁往新建的王城，这样就能与罗马人竞争了[140]。在古典晚期，萨珊人和罗马人之间看来有稳定的商业交往，但波斯－罗马竞争必然给许多贸易路线都带来了压力。比如，亚美尼亚是双方竞争的区域，也是贸易往来的市场。普罗科比称，波斯亚美尼亚（Persarmenia，公元 5 世纪中叶以后处于萨珊控制下的东亚美尼亚）是萨珊人和罗马人的重要贸易中心，进行印度和伊比利亚（Iberian，指格鲁吉亚）产品的交易[141]。

现在，由于亚美尼亚的政治问题，美索不达米亚成了重要的贸易路线，贸易额增长。当然，在 6 世纪晚期 7 世纪早期白热化的战争期间，这些路线必然大为衰落，而这又反过来使得阿拉伯成了极为重要的路线，这很可能也对阿拉伯经济和伊斯兰的发展产生了深远影响。两大帝国缔结各种和约，而随着时间推移，双方的经济利益越来越重要，竞争也越来越激烈。到 6 世纪，《查士丁尼法典》（*Codex Justinianus* IV 63/4）提到，罗马和波斯商人必须在两国预先指定的地点进行贸易，任何一方都不可进入或深入对方的国家[142]。这一方案是为了保护国家的（经济）机密而制定的，结果则使得波斯商人留在波斯，向东远行至中国，而罗马商人则留在罗马帝国，利用埃塞俄比亚人等其他臣民经由水路向东开路。双方征收的关税和费用十分高昂，有时在某些双方共同许可的商贸汇聚地，税率高达百分之十[143]，这就使得在罗马和波斯控制之外的地区更受欢迎，如阿拉伯半岛南岸的施曷（ash-Shihr）①[144]。

---

① 在今也门，亚丁湾东北港口城市。——译者注

第五章 "伊朗国"的经济与行政

国内经济

关于国内经济，我们可以依靠印章和封泥来加以了解，这些印章和封泥让我们得以在某些方面洞察萨珊的行政机构[145]。它们可以告诉我们萨珊的官僚机构、行政组织和区划，比如祭司参与行政的程度[146]，经济活动的范围和限度，是谁管辖这些活动，这些活动又在哪里发生[147]。就经济活动而言，这些封泥和印章散布在帝国各地，加上它们带有波斯省一城或一府的名字，可以据此认为国内贸易十分繁荣。目前发现了四个主要的封泥库藏，分别在苏莱曼王座（Taxt-i Suleymān）（图30）、胜父堡（Qasr-i Abu

图30 苏莱曼王座的萨珊建筑全景图

237

Nasr)、白丘（Āq Tepe）① 和杜温（Dvin）②，我们可以据此作一些推测。在白丘，发现了有克尔曼和波斯省阿尔达希尔灵光名称的印，这应该能说服我们波斯省与帝国远疆有经济联系，而只有波斯省具有这种地位，因为许多发现的印章和封泥都有属于该省城市的名字。在杜温，也发现了来自阿尔达希尔灵光的印。这一事实告诉我们，货物来自波斯省，要么波斯省扮演了港口的角色，要么商品始发地在波斯省[148]。封泥用于封装商队或海上贸易的包裹，这可以得到后来历史证据的支持[149]。应该指出，在东亚发现的封泥，尤其是在斯里兰卡的曼泰（Mantai）③ 发现的，也证实了波斯的经济活动[150]。

贸易的性质，以及是谁参与贸易，也十分重要。贸易主体是整合了资源并形成合伙关系的商号和宗教团体。在中古波斯语法律文本中，用以表示合伙关系的术语是 hambāyīh，其真正含义是共同财产的持有者，他们的联合投资会带来更好的回报和更大的购买力。这种合伙关系，很可能也是以宗教组织为基础的。琐罗亚斯德教徒创建他们自己的"合伙关系"，但也可能与在其势力范围之外的其他宗教团体有所关联。这种类型的所有权在萨珊晚期十分常见，不仅《千条判决书》（Mādayān ī Hazār Dādestān）论述了商号或合伙关系的原则，《耶稣佑法典》第五卷（the fifth

---

① 今土库曼斯坦 Ahal 省 Abivard 遗址。——译者注

② 在亚美尼亚埃里温以南 35 公里。公元 428 年，亚美尼亚的安息王朝统治结束，首都从瓦加尔沙帕特迁至杜温。此后杜温屡经兴废，最终在 1233—1236 年间毁于蒙古大军。——译者注

③ 古代港口城市，位于斯里兰卡西北海岸，是其以南 80 公里的古都 Anuradhapura 的主要港口。——译者注

book of Ishoboxt）①也专门论述了其原则[151]。关于贸易和商业协议的法律，我们所知甚详。协议草稿需要起草、签署和盖章，一份副本保存在当地的"部门"（*dīwān*）。这些协议具有法律约束力，根据违反的程度，违约案件会提交给"小法官"（*dādwar ī keh*）或者"大法官"（*dādwar ī meh*），"大法官"必然是高级别的祭司[152]。

波斯"巴扎"

城镇中商业活动的主角是"巴扎商人"（*wāzāragānān*），他们出身"工匠"（*hutuxšān*）阶层。"巴扎商业"（*wāzāragānīh*）是在"巴扎"（*wāzār*）进行的，"巴扎"至今仍是波斯大小城市的经济中心。和今天一样，看来当时每一群有特定技艺的工匠也占据了巴扎的一块"分区"（波斯语 *rasta*）。这一情况可见于《宗教事》（*Dēnkard*）VIII.38，其中说到有一条特定的规矩，"论工匠们的一块块巴扎分区"（*abar ān ī kirrōgkārān ēk ēk rastag ī bāzār*）[153]。占据巴扎分区的各种职业，包括"铁匠"（*āhangar*）、"铸铁匠"（*āhan-paykar*）、"银匠"（*asēmgar*）、"铸银匠"（*asēm-paykar*）、"屋顶匠"（*aškōb-kardār*）、"绳匠"（*bandkār*）、"臼匠"（*čārūgar*，做香料的？）、"武器匠"（*čēlāngar*）、"裁缝"（*darzīg*）、"袍匠"（*wastarag-kardār*）、"釉匠/烧皿匠"（*dōsēngar/jāmag-paz*）、"木匠"

---

① 原文有 which was composed in Syriac，按此书为波斯景教法典，原书是用巴列维语写的，又译成叙利亚语，今仅存译本。——译者注

(durgar)、"漂洗工"(gāzar)、"鞋匠"(kafšgar)、"草鞋匠"(surgar)、"陶匠"(kulwārgar)、"烤馕匠"(nānbāg)、"插画师"(nibēgān-nigār)、"画师"(nigārgar)、"杯盏匠"(payālgar)、"皮革匠"(pōstgar)、"铸钢匠"(pōlāwad-paykar)、"染匠"(rangraz)、"建筑工"(rāzān)、"理发师"(wars-wirāy)、"帐篷匠"(wiyāngar)、"厨师"(xwahlīgar，在巴扎做甜点小吃)、"桌匠？"(xwāngar)、"金匠"(zarrīgar)和"鞍匠"(zēngar)[154]。(图31)

还有其他各种职业，但我们不确定他们是否在巴扎里。每个"工匠"(kirrōg)行会都受"工匠长"(kirrōgbed/叙利亚语 qārūbed)领导。一些技术工匠是从叙利亚或罗马战俘中迁至城中

图31 伊朗国家博物馆所藏萨珊灰泥装饰

的，我们发现有些工匠长是基督徒。包括颇希（Posi）①和巴拉兹（Barāz）都扮演了这种角色[155]。当然许多更好的工匠被安置在王室作坊，为王中之王及其家族制造器具。巴扎的活动和价格受到"巴扎长"（wāzārbed）监管。这一官职早在公元3世纪就已存在，因为在沙普尔一世的宫廷中已经提到[156]。正是在这些商业中心生产地方产品，而来自其他省份的货物以及一些外国产品通过"商队"（kārwān）进入城镇。这些商队去往帝国中的其他城镇或者更远的地方，由"商主"（sārtwā）[157]领导，"商主"要么是商人雇佣的，要么商人与他联合做生意。

商 人

尽管有些琐罗亚斯德教商人到远至中国的市场上做生意，但商人却受到歧视，地位在祭司、武士和农民三个传统阶层之下。中古波斯语文本《智慧之灵》（Mēnōg ī Xrad，30-31章）论述不同阶层的本职，只要看一下那一部分的结构就很清楚了。第30章询问什么是祭司、武士和农民的本职：一者是持承宗教，一者是打击敌人、保家卫国，最后一个阶层是耕种土地。有趣的是，商人被分开来放到下一个问题（第31章）中讨论，而且负面地谈论他们："（工匠的本职是）他们不懂的工作，就不要动手；他们懂得的工作，就好好地小心地做；合法地要求报酬。"[158] 这可能是为何粟特人和

---

① 即Pusai。据叙利亚语《颇希行传》，颇希是沙普尔王从罗马领土强制迁徙波斯Karka d'Ledan（即伊朗灵光沙普尔）的基督徒，因其织布技艺升为工匠长。后在沙普尔迫害基督徒时，颇希劝受刑者沉思基督，因而受到举报，他拒绝弃绝信仰，于341或344年受拔舌之刑，与塞琉西亚-泰西封主教西缅等人一同殉教。——译者注

图 32　伊朗国家博物馆所藏萨珊小雕像

基督徒,无论他们是波斯人,还是被安置在帝国中的罗马、日耳曼战俘,都比琐罗亚斯德教徒更多地参与波斯贸易的一个原因。(图32)

另一种重要活动①与萨珊人的掠夺行为有关。自阿尔达希尔一世开始,萨珊人就试图在叙利亚及周边地区施加影响,这些地区不处在他们的长久控制之下。他们掠夺城市,不仅掠夺这些地区的货币财富,也掠夺智识和科学知识,将其带回自己的帝国。这是整个萨珊王朝时期的一个持久特征,萨珊人袭击幼发拉底河以

---

① 指涉"地方和国际贸易"一节中的"萨珊早期对经济的关注,可以通过几种重要活动来体现"。此处跨了十几页继续论述。——译者注

西的城市，带走财富，在很多情况下也强制迁徙人口。他们也采用这种掠夺策略，以便从罗马人那里获得钱财。当然这要在萨珊军队战胜罗马人的情况下才做得到，罗马人必须支付赎金来脱身。在3世纪沙普尔一世治下，罗马皇帝戈尔迪安死后，罗马军队战败，被选为新皇帝的菲利普同意赔款500000"金币"（dēnārs）[159]。在4世纪，里海关（Caspian Gates）① 的防御成了罗马人和波斯人共同的问题。公元363年，约维安（Jovian）皇帝向萨珊人割让土地之际，也同意每年支付波斯人一定金额用以维护堡垒，而公元5世纪，狄奥多西二世（Theodosius II）恢复了这一条款[160]。当萨珊人强大之时，他们要求罗马人给予货币援助以把守里海关，这种要求得到了认可。比如在5世纪晚期罗马皇帝芝诺（Zeno）统治时期，皮鲁兹（Pērōz）说服芝诺支持他对嚈哒开战，这种支持在6世纪哥巴德一世统治时期又得以继续。但是，这种援助取决于萨珊人的力量，也取决于罗马是否需要应对其他北部邻国，因为在巴拉什（Walaxš，484—488年）统治时期，罗马人停止了付款[161]。一旦这种基于以往和约的援助停止了，波斯人就得到借口攻打劫掠叙利亚，如哥巴德一世在公元502年所为，他收到了1000磅黄金，接下来七年收到了每年500磅黄金的款项[162]。霍斯鲁一世登基后，在公元532年，他统治的第二年，与罗马人缔结了被称为"永久和平"的和约，据普罗科比（Procopius，*Bell.* 1.22.3-5, 16-18）记载，罗马人必须支付11000磅黄金作为代价。这一和平仅仅持续了八年，结果波斯人据

---

① 即Portae Caspiae，此处不是指伊朗北部厄尔布尔士山上的里海关，部分古典作家将此名挪到了高加索，应指今格鲁吉亚－俄罗斯边境的Darial山口。——译者注

公元 545 年的和约又索要 2000 磅，另又在公元 557 年索要了 2600 磅[163]。这种情况持续到了 7 世纪，萨珊人从罗马人那里得到了更多黄金，但从未成为常规。

这就引发了一个问题：萨珊人用黄金来做什么？因为"银币"（drahms）是处于主导地位的流通货币，所以他们极少铸造金币，金币主要是为了仪式性或纪念性目的而铸造。我们可以猜测，王中之王的国库中充满了黄金，而帝国若非根本看不到黄金，也是极为稀少的。因此，我们可以总结说，从 3 世纪开始到 7 世纪，黄金稳定地流入帝国。进一步说，罗马人只有在感到无法击败对手，或忙于对付另一个敌人时，才会愿意向波斯人付款。这种方案自始至终都意味着萨珊军事的强大。

货币制造

在村庄和其他地方层面上，通行以物易物的体系，但萨珊人带来了标准化的度量衡和铸币，钱币铸造由上层管理，处在帝国行政系统的控制下。萨珊政府铸造的钱币单位和类型是"金币"（dēnār）、"银币"（drahm）、"六一币"（dāng）和"铜币"（pašiz），铜币在地方日常交易中使用。帝国某些部分越来越多地使用铜币和青铜币，证实了贸易和国家控制在不断增长[164]，而银币则远为流行。铜币的使用肯定能告诉我们，萨珊时期，尤其是萨珊晚期在向货币经济发展。在这些钱币中，分布区域最广、在文书中得到最多证实的是"银币"，"银币"重约 4.25 克。从阿尔达希尔一世时代开始，我们就发现了这种重量统一而式样不同的钱币。钱币正面有王中之王的肖像以及名字和称号，诸如"阿尔达希尔，伊朗王中之王，其世系来自诸神"。钱币背面有一座圣火坛，有时单独存在，有时有两个侍火者侍立两侧。直到公元 5 世纪晚期，钱币都未标明铸币的地点，这使得我们难以估计铸币局的数量，以及每个地点的铸币量。已知有一百多种铸币标记，但不超过 20 个铸币局在生产萨珊帝国中的大部分钱币[165]。当然关于萨珊早期，并不能这样说，可能有三个不同的铸币局在运作，主要是在法尔斯和首都[166]。

通过钱币背面的铸币标记和铸造日期（日期指明钱币是在哪个君王统治期间铸造的），我们开始理解铸币局的规律性，知道哪些是产量最大最稳定的。当然，临近诸如波斯省等商业中心的铸币局产量巨大，以便支撑波斯湾的贸易[167]，而米底省铸币局的产量则小得多。铸币局过量生产的另一个时期是战争期间。比如在霍斯鲁二世统治期间，钱币产量巨大，这是为与罗马的长期战争提供资金。尽管到霍斯鲁统治晚期，钱币的重量不足，但他还是继续铸造钱币，为其军事行动提供资金。

"银币"（*drahms*）非常著名，乃至远至印度的地区都仿造萨珊钱币，这证实了萨珊帝国在邻邦眼中的经济实力和／或威望。对于应该铸造什么类型的钱币，罗马人和萨珊人之间并没有条约，但罗马人使用黄金为首选金属来铸币，而萨珊人则使用白银，这是很重要的。这可能是两大帝国之间心照不宣的条约，萨珊银币被认可为首选银币，可以从其使用范围远至中国得到证实。钱币的纯度也让我们对矿源和钱币铸造地点有所了解。比如，我们知道在东北方生产的钱币纯度高于其他地区，因此金属必然来自这一地区的银矿。事实上，伊斯兰资料证实正是这一地区拥有最大的银矿，萨珊之后的王朝开采了这些矿藏。比如，在与银矿有关的名字之中，没有一个能与呼罗珊的潘吉希尔（Panjšīr/Panjhīr）①相比，此地位于今日阿富汗东北。对那里矿藏的分析显示，银矿具有极低的金含量，极低的铜含量和高得异常的铋含量[168]。大概需要许多木材才能融化原石，这可能是波斯东部和中亚广泛砍伐森林的一个原因[169]。亚迦毗乌（Agapius）②说琐罗亚斯德教"祭司"（*majūs*）活跃于呼罗珊的银矿中，这也证实了这一地区对于银矿和铸币的重要性[170]。在中世纪文本记载整个萨珊帝国都缺乏银矿的情况下，这就尤为重要了。不然法尔斯的铸币局怎么可能稳定生产"银币"呢？

据中国的《周书》和《隋书》，钢（镔铁）也在萨珊波斯生产，然后出口到中国③[171]。罗马人认为"波斯钢"在质量上仅次于"印度钢"[172]。萨珊人自己也在中古波斯语文本中承认了这一点，提到了一柄印度宝剑。在《帕巴克之子阿尔达希尔功行纪》中，阿尔达希尔有一柄从帕提亚国库中拿走的"印度剑"（*šamšēr ī hindīg*）④[173]。呼罗珊的树木可能都为炼银而耗尽了，而在阿塞

---

① 最近出版的游记《走过兴都库什山》中译本，作者就是从潘吉希尔河谷徒步入山。古代银矿主要在潘吉希尔河谷和卡瓦克山口交汇处，如果在游记中的奥卡瓦克转向西北前往卡瓦克，途中 Nukra-khana（银室）和 Chukri-naw 两地即为银铁矿区，其中 Nukra-khana 有数以千计的废弃矿井和坑道。古代大伊朗地区有四大银矿，除了潘吉希尔河谷之外，还有 Karamazar 山 Angren 河谷 Ilāk 地区（在今乌兹别克斯坦）、怛罗斯河谷（在今吉尔吉斯斯坦），以及帕米尔山 Bāzar-Dara、Toguz-Bulak 和 Shugnan 河谷（在今塔吉克斯坦）。矿藏最富者是潘吉希尔和 Ilāk，后者在 10 世纪后衰落。——译者注

② 公元 10 世纪阿拉伯基督教历史学家，原名 Maḥbūb ibn Qusṭanṭīn。——译者注

③ 原文作《格古要论》（明朝），推测应是依据 Wulff 1966。但作者给出的引用文献是劳费尔的著作，劳费尔说的是《周书》和《隋书》。——译者注

④ 原文作 Ardaxšīr fights with Indian sword ...，但文本并未提到阿尔达希尔使用此剑。——译者注

第五章 "伊朗国"的经济与行政

拜疆,我们在今日大不里士附近的黑山(Qaradāğ)①发现了冶铁遗址;在拉施特(Rašt)、马苏莱(Māsūla)②附近,以及在伽兹温,也发现了冶铁遗址。学者们认为波斯有丰富的铁资源[174],铁矿可以在许多地区发现[175]。在波斯,纺织业也很著名,尤其是织毯业[176]。我们得知,自阿契美尼德时期起,波斯人就有国王用的"光毯"(希腊语 *psilotapis*),而在 7 世纪,当希拉克略(Heraclius)于公元 628 年洗劫霍斯鲁二世的国库时,提到了"毯"(*tapēs*),拜占庭希腊语的"织毯工"(*tapi-dyphos*)可能是从波斯语而来[177]。

宗教捐赠

琐罗亚斯德教慈善基金会以这种方式运作:圣火祠占有可耕种土地,以及在土地上劳作的奴隶和其他人。根据萨珊法律文本,我们知道来自不同阶层和等级的人们,在大型琐罗亚斯德教圣火祠劳作,这些圣火祠为祭司阶层所有,或者由个人"为灵魂"(*pad ruwān*)而设立,用作慈善基金会。我们知道在战争中被俘的"奴隶"(*anšahrīg*),被用于体力劳动和农耕。用以表示在这些圣火祠中劳作的奴隶或仆人的术语是"火奴"(*ātaxš-bandag*),他们不一定必须是奴隶,可能会有一些自由人奉献部分时间以便净化灵魂,或者作为债务的一部分作出侍奉。这种以及其他的资助,使得运营圣火祠所必须的祭司和随从有固定工作且免于债务,这具有琐

---

① 巴列维王朝以来,为加强波斯民族认同,该地区更名为阿拉斯河岸(Arasbārān)。在伊朗阿塞拜疆省,北以阿拉斯河,西以 Marand 和大不里士,南以 Sarab,东以 Meshgin Shahr 和 Moghan 为界。——译者注

② 在伊朗吉兰省西部,在首府拉施特西南 60 公里。——译者注

罗亚斯德教特色，但也深受之前近东的美索不达米亚神庙经济影响。这种集体土地占有和圣火祠经济有也精神性的一面，这在萨珊晚期越来越明显。

在中古波斯语百科全书式作品《宗教事》(*Dēnkard*)第六书中，如果可以在此使用一个基督教术语，那么我们就发现了修道院生活的证据，因为有两个受到作者称赞的"教师"(*hērbed*)，他们能让我们对琐罗亚斯德教波斯集体修道生活的风味有所了解[178]。我们应该记得，耕种土地也有重要的宗教意义，中古波斯语文本《智慧之灵的判决》(*Dādestān ī Mēnōg ī Xrad*)第四章，询问大地何时最喜悦满足，给出的这些回答在很大程度上反映了萨珊波斯琐罗亚斯德教团的想法。"大地最是喜悦……当牛羊在其上憩息……当人们使未耕种未繁荣的土地重归耕种与繁荣……当人们使荒芜之地繁荣。"与圣火祠地产有关的，也提到了"人们在其上造火祠"，大地最是喜悦[179]。

这种土地的集体占有形式，也保证了设立慈善基金会之人的后代，可以在精神上和经济上从遗产中继续获利。集体所有权缓解了与遗产有关的问题，以及课税和土地占有模式的问题[180]。除了宗教团体占有之外，土地主要由贵族占有，贵族住在城市中，扮演在外地主的角色，雇佣"乡绅"(*dehgān*s)来管理地产[181]。作为佃农而劳作的人，向行省或政府当权者缴纳一部分出产物作为赋税，向地主缴纳另一部分，再保留剩下的出产物。在公元6世纪的改革以前，出租土地的人可以每年得到固定数额的产品，但改革之后，每单位土地采用固定的土地税[182]。6世纪改革之后，国家能够获取更为可靠而系统性的收入。土地被分配，小地主权力增强，制约了大土地贵族的权力，小地主有时也扮演在外地主的角色。在干旱饥荒时期，国家自愿免除捐税[183]。这一体系在一定时期内给帝国带来了财政稳定，但却存在着根本的问题，这些问题将会在晚期萨珊波斯创建出一个"封建"社会。这是因为贵族一心要控制土地，向在土地上耕作的农民尽可能索取收入，如果可以贿赂地方官员，那么国王和宫廷制定的法律最多也不过是象征性的。另外，"乡绅"是新兴的拥有土地的精英，只要政府反对集体土地所有者和大土地贵族，将财富和权力给予"乡绅"，他们就对政府更为忠诚；但在王权衰落之际，他们关注地方事务甚于国家事务，导致地方主义兴起①。"边境守护"（marzbāns）拥有对自己领地的权力，在政府软弱之时，他们能够半独立于政府，利用游牧民为地方军事力量，在更大的国家之内创建出另一个"封建王国"。如学者所提出的，很可能"边境守护"将土地作为封邑给予游牧部落的首领，又将土地给予骑兵换取服役[184]，使他们依附于一个区域和地盘。只有持有土地集体所有权的人倾向于不受影响，甚至直到伊斯兰早期。

总　结

在最初几个世纪中，我们依靠少数的萨珊王室铭文和钱币，而到公元 5 世纪末，印章、封泥以及文本可以帮助我们理解萨珊晚期的行政。可以总结说，随着帝国的确立，发展出了越来越庞大的法律和行政体系。琐罗亚斯德教祭司成了整个帝国的行政人员。这一体系看起来很好地回应了行政系统提出的挑战。在哥巴德一世和霍斯鲁一世治下，发生了一次大规模的改革，这次改革

---

① 分号后为译者据文义补充。——译者注

不仅通过萨珊资料和物质文化，也通过伊斯兰资料而为人所知。这一体系在伊斯兰时期得到了采纳和调整，许多功能和官职一直延续到中世纪的伊朗。

另一方面，萨珊王朝在近东创造了新的经济网络，取代了安息王朝的经济活动。萨珊人采取积极手段控制水路和陆路，以确保商人安全，而作为交换也向商人征税。他们在王室作坊引进外国技术工匠，这也带来了新的生产方式，这些方式有别于城镇中进行地方贸易的巴扎里所用的生产方式。我们对萨珊人的地方经济活动所知甚少，但是大量使用铜币意味着帝国在向货币经济发展，而在安息时期并非如此。与罗马人的贸易战持续不断，这可以保证波斯商人和外国商人进行良性竞争。萨珊帝国地处中国和罗马之间的宝地，因此成为贸易的关键。随着与东罗马帝国的战争不断加剧，看来贸易有所衰落，对水利工程的投入也趋减少，因此经济生产衰落，国家收入减少。可以看到的是，萨珊末期经历了一次普遍的经济衰落，但穆斯林从萨珊波斯人那里继承的是一个早已存在的经济体系，这一体系由穆斯林复兴，并在哈里发国治下继续维持。

注 释

1 Morony 1982, p. 1.
2 Gyselen 1988, p. 206.
3 R. Gyselen, *La Géographie administrative de l'empire Sassanide, Les témoignages sigillographiques*, Paris, 1989; Gyselen 2002.
4 Marquart 1901, p. 16.
5 Al-Thaʿālibī, *Gharar Axbār mulūk al-Furs wa Siyarihim*, 见 Zotenberg 1900, p. 393。

6   Gignoux 基本不同意这种划分，见 Gignoux 1990。现在他改变了观点。
7   Kreyenbroek 1987, p. 152.
8   Gurnet 1994, pp. 36–37.
9   当 KR 出现在铸币标记 GNCKR 中时，肯定指代克尔曼（Kermān）。GNCKR 被认为指代 ganj (ī) Kermān，"克尔曼国库"，见 Mochiri 1985。
10   Gurnet 1994, p. 37.
11   Ostrogorsky 1969, pp. 97–98; Haldon 1990, p. 35.
12   Lukonin 1983, p. 701.
13   *Mādayān ī Hazār Dādestān* 100.4–5.
14   有学者认为 rustag 是农村地区，而村庄则是 deh，见 Lukonin 1983, p. 727；也有学者称 rustaq 指具有农村特征的较小行政区域（尽管更少情况下它也可能指一个村庄，或者包含一个或多个村庄的小型农村地区），见 Piacentini 1994, p. 92。
15   F. de Blois, "The Middle-Persian Inscription from Constantinople: Sasanian or post-Sasanian," *Studia Iranica*, vol. 19, 1990, pp. 209–218.
16   Piacentini 1994, p. 96.
17   Dīnāwarī, *Axbār aṭ-Ṭiwāl*, p. 228; Morony 1984, p. 129; 其他学者相信 rustaq 分为 tassuj，tassuj 又分为村，见 R.N. Frye, *The Golden Age of Persia*, Phoenix Press, London, 1975, p. 10。
18   *Tārīx-e Balʿamī*, pp. 874–875.
19   据说最后一位帕提亚国王阿尔达旺（Ardawān）致信阿尔达希尔（Ardaxšīr）称："你是来自伊斯塔赫尔县（Staxr rusta）的人，你父亲帕巴克（Babak）是来自该县的人，它还没有大到称得上府（shahr）的地步，据他说你会接管伊斯塔赫尔。" *Tārīx-e Balʿamī*, p. 880. Ṭabarī (I, 814) 称，阿尔达希尔来自 Tīrūdeh 乡（qarya），属于 Khīr 县（rustaq），在法尔斯省（bilād），伊斯塔赫尔府（kūra）。
20   *Tārīx-e Qom*, 见 Tehrānī 1934/1313 Š., p. 23。
21   Adontz 1970, p. 238.
22   Lukonin 1983, p. 727.
23   *Mādayān ī Hazār Dādestān* 100.5–7.
24   *Mādayān ī Hazār Dādestān* 100.5–7.

25 Morony 1984, p. 129.
26 Henning 1953, p. 134.
27 Frye 1956, pp. 331, 335.
28 此处的 kadag-xwadāy 不是普通的"家主"，必然是贵族的家主，才能列于知府（shahrab）之前。Hanns-Peter Schmidt 向我提示了这一点。
29 Narseh's Paikuli Inscription 32, 见 Humbach & Skjærvø 1983。
30 Back 1978, p. 483.
31 Shapur Sakanshah's Persepolis Inscription, 见 Frye 1966, p. 85。
32 R. Gyselen, *La Géographie administrative de l'empire Sassanide, Les témoignages sigillographiques*, Paris, 1989, p. 28.
33 Shapur Sakanshah's Persepolis Inscription, 见 Frye 1966, p. 85。
34 Nikitin 1992, p. 105.
35 M. Shaki, "Dād," *Encyclopaedia Iranica*, vol. VI, fasc. 5, 1993, p. 544.
36 Henning 1954, p. 53; Grenet 1990, p. 94.
37 R. Gyselen, "Note de glyptique sassanide les cachets personnels de l'Ohrmazd-mogbed," *Études irano-aryennes offertes á Gilbert Lazard*, Paris, 1989, p. 186.
38 *Mādayān ī Hazār Dādestān* 26.15.
39 Gyselen 1995, p. 123.
40 M. Morony, "Mobadh," *The Encyclopaedia of Islam*, New Edition, vol. vii, Leiden, 1991, pp. 213-216.
41 Agathias, *The Histories* II.26.5.
42 Shaked 1990, p. 268.
43 N. G. Garsoïan, "The *Marzpanate* (428–652)," *The Armenian People from Ancient to Modern Times*, ed. R.G. Hovannisian, vol. I, St. Martin's Press, New York, 2004, pp. 95-115.
44 Ełishe, *History of Vardan and the Armenian War*, 见 Thomson 1982, p. 60。
45 *Wizīdagīhā ī Zādspram* XXXIII.5, 见 Anklesaria 1964, p. 87; Gignoux & Tafazzoli 1993, pp. 114–115。
46 M. Shaki, "Dādwar, Dādwarīh," *Encyclopaedia Iranica*, vol. VI, fasc. 5, 1993, p. 557.
47 de Menasce 1963, p. 283.

48　*Pahlavi Rivayats* 196; *Sad-dar Nasr* XXII.3.
49　*Ardā Wirāz Nāmag* XIX.15.
50　de Menasce 1963.
51　Gignoux 1976, p. 105.
52　R. Gyselen, *La Géographie administrative de l'empire Sassanide, Les témoignages sigillographiques*, Paris, 1989, p. 31.
53　R. Gyselen, *La Géographie administrative de l'empire Sassanide, Les témoignages sigillographiques*, Paris, 1989, p. 59.
54　Shaked 1975, p. 215.
55　有学者相信这一头衔是赞美性的，特指法尔斯的祭司，见 Shaked 1975, pp. 215–216。
56　Garsoïan 1981, p. 24; Russell 1986, p. 136.
57　关于 *driyōš*，见 Sundermann 1976, pp. 179–191; Shaki 1991, p. 406。
58　*Dēnkard* VI.142, 见 Shaked 1979, p. 57; 也参考 *Dēnkard* VI.23, 见 Shaked 1979, p. 13; *Dēnkard* VI.35, 见 Shaked 1979, p. 15; *Dēnkard* VI.91, 见 Shaked 1979, p. 37。
59　de Menasce 1964, pp. 59–62; Macuch 1987, pp. 178–179.
60　Shapur Sakanshah's Persepolis Inscription, 见 Frye 1966, pp. 84–85。
61　R. Gyselen, *La Géographie administrative de l'empire Sassanide, Les témoignages sigillographiques*, Paris, 1989, p. 33.
62　*Sūr Saxwan*, 见 Jamasp-Asana 1913, p. 157; Tavadia 1935, pp. 42f, 63f。
63　*Nāma-ye Tansar*, 见 Minovi 1932/1311 Š., pp. 57, 143。
64　M.L. Chaumont, "Andarzbad," *Encyclopaedia Iranica*, vol. II, fasc. 1, 1985, p. 22.
65　Shabuhr I's Ka'ba-ye Zardošt Inscription, ln. 33, 见 M.L. Chaumont, "Andarzbad," *Encyclopaedia Iranica*, vol. II, fasc. 1, 1985, p. 22。
66　*History of Łazar P'arpec'i*, 88.50, 98, 见 Thomson 1991。
67　*Wizīdagīhān ī Zādspram*, 见 Anklesaria 1964, p. 88。
68　Périkhanian 1968, p. 21.
69　*Mādayān ī Hazār Dādestān* 110.148.
70　*Muruj al-dhahab*, p. 240；应该指出，由于篇章的残损，*qāḍi al-quḍat* 可能指 *mowbedān mowbed*。

71 其全部职责见 M. Shaki, "Dādwar, Dādwarīh," *Encyclopaedia Iranica*, vol. VI, fasc. 5, 1993, p. 558。
72 *Mādayān ī Hazār Dādestān* A5.11.
73 Shapur Sakanshah's Persepolis Inscription, 见 Frye 1966, p. 63。
74 R. Gyselen, *La Géographie administrative de l'empire Sassanide, Les témoignages sigillographiques*, Paris, 1989, p. 112.
75 R. Gyselen, *La Géographie administrative de l'empire Sassanide, Les témoignages sigillographiques*, Paris, 1989, pp. 35–36.
76 *Abar Ēwēnag ī Nāmag-nibesišnīh*, 见 Zaehner 1937。
77 Tafazzoli 2000, p. 27. 对"书吏"(*dibīrān*)的进一步评论,见本书第二章。
78 Gyselen 1997, pp. 104–105.
79 Wenke 1987, p. 255; 关于伊拉克,见 R.McC. Adams, *Land Behind Baghdad: A History of Settlement on the Diyala Plain*, Chicago University Press, 1965, p. 73。
80 R.N. Frye, "Feudalism in Sasanian and Early Islamic Iran," *Jerusalem Studies in Arabic and Islam*, vol. 9, 1987, p. 14.
81 M. Macuch, *Rechtskasuistik und Gerichtspraxis zu Begin des siebenten Jahrhunderts in Iran*, Wiesbaden, 1993, p. 649.
82 Wenke 1987, p. 255.
83 de Menasce 1966/1985, p. 146.
84 Wenke 1987, p. 253.
85 Wenke 1987, p. 255.
86 Wenke 1987, p. 253.
87 Wenke 1987, p. 262.
88 关于这一时期城镇建造的讨论,见 Pigulevskaïa 1963。
89 *Šahrestānīhā ī Ērānšahr*, 见 Markwart 1931; T. Daryaee, *Šahrestānīhā ī Ērānšahr*, Mazda Publishers, Costa Mesa, 2002。
90 如 Weh-Ardaxšīr, Ardaxšīr-xwarrah, Ērān-xwarrah-šābuhr, Bīšābuhr, Weh-Andiōg-šābuhr。
91 这些城市被认为是阿尔达希尔一世所建:Wahišt-Ardešīr; Rām-Ardešīr; Rām-Mehrz-Ardešīr; Būd-Ardašīr; Batn-Ardašīr; Anša-Ardašīr; Bahman-Ardašīr; Ardašīr-Xorrah; Mēlī-Ardašīr; Harmšīr; Hujastan-Wājār(这里应作

Wāzār，因为他提到这座城市是商人的中心); Beh-Ardašīr。参考 Iṣfahānī，*Ta'rīkh sinī mulūk al-arḍ wa'l-anbiyā'*，见 Taqizadeh 1921, p. 44。

92 R.McC. Adams, *Land Behind Baghdad: A History of Settlement on the Diyala Plain*, Chicago University Press, 1965, pp. 115–116.
93 Wenke 1987, p. 256.
94 Neely 1974, p. 30.
95 Neely 1974, p. 39.
96 Morony 1994, p. 227.
97 Wenke 1987, p. 259.
98 Gnoli 1989, p. 131.
99 Gnoli 1989, p. 157.
100 Morony 1981, p. 164.
101 Williamson 1972/1351 Š.; Kervran 1994.
102 Ahmad ibn Da'ud al-Dinawari, *Al-akhbār al-ṭiwāl*, ed. M.S. al-Rafi', Cairo, 1910, p. 44; Hoyland 2001, pp. 27–28.
103 S.M. Awtab, *Kitāb ansāb al-'arab*, Bibliothèque Nationale, Ms. Arabe 5019, 271r.; Hoyland 2001, p. 28.
104 Piacentini 1985.
105 Boucharlat & Salles 1981, p. 66.
106 Piacentini 1992, p. 117.
107 Boucharlat & Salles 1981, p. 66.
108 de Cardi 1972, p. 306.
109 Boucharlat & Salles 1981, p. 71; Ghirshman 1960, p. 10.
110 关于萨珊人在东非，见 N. Chittick, "Kilwa: a Preliminary Report," *Azania: Archaeology Research in East Africa*, vol. I, 1966, p. 7。
111 Istakhrī, *Masālik wa Mamālik*，见 Afšār 1968/1347 Š., p. 113。
112 关于萨珊人在 Sīrāf，见 Whitehouse & Williamson 1973, p. 35; Huff 1986, p. 303; Lowick 1985, pp. 11–16。
113 Whitehouse 1979, p. 868.
114 Kröger 1981, p. 447.
115 *Kosma aigyptiou monachou Christianika topographi, The Christian*

Topography of Cosmas, An Egyptian Monk, The Kakluyt Society, London, 1897, p. 365.

116　Senior 1996, p. 6. 我应感谢 William B. Warden 让我注意到了这个事实，以及在信德地区发现的其他类似钱币。

117　Naboodah 1992, p. 81.

118　Spuler 1970, p. 14.

119　Wilkinson 1979, p. 888.

120　de Cardi 1972, p. 308; Potts 1993, p. 197.

121　Whitehouse 1979, pp. 874–879.

122　de Cardi 1974, p. 199.

123　de Cardi 1971, pp. 260, 268.

124　Spuler 1970, pp. 11–12.

125　关于在中国的波斯人，见 Schafer 1951。

126　Whitehouse 1973, pp. 241–243.

127　Ammianus Marcellinus, XXIII, 6, 11.

128　Procopius, I.xx.12.

129　Thierry 1993, p. 90.

130　广东省博物馆，"广东曲江南华寺古墓发掘简报"，载于《考古》1983 年第 7 期，601-608 页。

131　夏鼐 1961，第 171 页①。

132　遂溪县博物馆，"广东遂溪县发现南朝窖藏金银器"，载于《考古》1986 年第 3 期，243—246 页。该文将钱币归类为沙普尔二世、耶兹德卡尔德二世和皮鲁兹式样。不确。现归类据 Thierry 1993, p. 95。

133　Cribb 1986, p. 814；夏鼐 1974，第 93、107 页。

134　Houston 1975, pp. 158–159.

135　Morony 1994, p. 227.

136　Chegini & Nikitin 1996, p. 43.

137　萨珊对丝绸图案的影响远至埃及，见 Harper 1978。

---

①　汉语原文在第 128 页。——译者注

138 Thierry 1993, pp. 125–128.
139 Marshak & Negmatov 1996, p. 234.
140 Morony 2017, p. 7.
141 Procopius, *The History of the Wars*, 见 Dewing 1914-1928, pp. 480–481; Morony 2017, p. 11.
142 Morony 2017, p. 11.
143 Menander Protector, *apud.* Constantine Porphyrogenitus, *Excerpta de legationibus*, ed. C. de Boor, Berlin, 1903, vol. 1, p. 180.
144 Morony 2017, p. 12.
145 R. Göbl 是最早按照类型对印章进行分类的学者之一，见 Göbl 1973。
146 R.N. Frye, "Sassanian Clay Sealings in the Baghdad Museum," *Sumer*, vol. 26, 1970, p. 240; Frye 1974, p. 68; R. Gyselen, *La géographie administrative de l'empire sassanide, les témoignages siglloraphiques*, Paris, 1989.
147 Gignoux 1980. 详尽的文献综述见 Gignoux & Gyselen 1982; 1987.
148 Lukonin 1983, pp. 742–743.
149 R.N. Frye, "Sasanian Seal Inscriptions," *Beiträge zur Alten Geschichte und deren Nachleben, Festschrift für Franz Altheim zum 6.10.1968*, Berlin, 1970, pp. 79, 84.
150 Frye 1992, p. 62.
151 Pigulevskaïa 1956, p. 67.
152 Choksy 1988, p. 210.
153 *Dēnkard*, Madan 757.10, 见 Tafazzoli 1974, p. 192。
154 Tafazzoli 1974, pp. 193–196.
155 Tafazzoli 1974, p. 192.
156 ŠKZ 35, 见 Back 1978, p. 366。
157 Tafazzoli 1974, p. 195.
158 *Mēnōg ī Xrad*, 见 Tafazzolī 1975/1354 Š., pp. 48–49。
159 ŠKZ 5/4/10, 见 Back 1978, p. 293。
160 Blockley 1985, pp. 63–64.
161 Blockley 1985, p. 67.
162 Blockley 1985, p. 68.

163 Blockley 1985, pp.70–71.
164 据说 Susiana 平原上广泛使用青铜币，见 Wenke 1987, p. 271。
165 Göbl 1983, p. 332.
166 Reider 1996, pp. 10–11.
167 T. Daryaee, "The Persian Gulf Trade in Late Antiquity," *Journal of World History*, vol. 14, no. 1, 2003, pp. 1–16.
168 M. R. Cowell and N. M. Lowick, "Silver from the Panjhīr Mines," *Metallurgy in Numismatics*, vol. 2, London, 1988, pp. 65-74.
169 Holst 认为砍伐森林是为了提供木柴燃料，Emilie Savage-Smith 评论说，矿址缺乏燃料，会使得在那里熔炼比将原石运往其他地方熔炼更昂贵。
170 Agapius, *Kitāb al-'Unwan*.
171 Laufer 1919, p. 515.
172 R.J. Forbes, *Studies in Ancient Technology*, Leiden, 1955-1958, pp. 409 ff.
173 *Kārnāmag ī Ardaxšīr ī Pābagān*, 见 H.S. Nyberg, *A Manual of Pahlavi*, vol. 1, Otto Harrasowitz, Wiesbaden, 1964, pp. 6, 7。
174 据估计，波斯蕴藏一千三百万吨铁，见 M. Maczek, *Der Erzbergbau im Iran*, Mühlbach, 1956, p. 198。
175 Wulff 1966, p. 7.
176 Parhām 1981/1360 Š., pp. 262–263.
177 Wulff 1966, p. 213.
178 有学者将此视为以基督教修道模式为基础的虚构，见 M. Shaki, "Darvīš i. In the Pre-Islamic Period," *Encyclopaedia Iranica*, vol. VII, fasc. 1, 1994, pp. 72-76；也有学者视为真正的琐罗亚斯德教苦行主义，见 Chaumont 1959；也见我的评论，T. Daryaee, "Sasanian Persia," *Iranian Studies*, vol. 31, No. 3/4, 1998, pp. 444–445。
179 *Mēnōg ī Xrad*, 见 Tafazzolī 1975/1354 Š., p. 18。
180 Morony 1981, p. 146.
181 Morony 1981, p. 150.
182 Morony 1981, p. 163.
183 Rubin 1995, p. 291.
184 Rubin 1995, pp. 293–294.

参考文献

缩写

AAASH	*Acta Antiqua Academiae Scientiarum Hungaricae*
AAs	*Artibus Asiae*
AION	*Annali dell'Istiuto Universitario Orientale di Napoli*
AMI	*Archäologische Mitteilungen aus Iran*
AOASH	*Acta Orientalia Academiae Scientiarum Hungaricae*
ArO	*Archív Orientalní*
BSOAS	*Bulletin of the School of Oriental and African Studies, University of London*
CHI	*The Cambridge History of Iran*
EIr	*Encyclopaedia Iranica,* ed. E. Yarshater
EW	*East and West*
Farh	*Farhang*
GIrPh	*Grundriss der iranischen Philologie*, ed. B. Geiger and E. Kuhn, Strassburg 1895–1901
HdO	*Handbuch der Orientalistik*, ed. B. Spuler, Leiden-Cologne
IIJ	*Indo-Iranian Journal*
IrAnt	*Iranica Antiqua*
JA	*Journal Asiatique*
JAOS	*Journal of the American Oriental Society*
JCOI	*Journal of the K.R. Cama Oriental Institute*
JSAI	*Jerusalem Studies in Arabic and Islam*

NFar	Nāma-ye Farhangestān
NIB	Nāma-ye Irān-e Bāstān
NC	Numismatic Chronicle
RSO	Rivista degli Studi Orientali
StIr	Studia Iranica
TAVO	Tübinger Atlas des Vorderen Orients
ZDMG	Zeitschrift der Deutschen Morgenländischen Gesellschaft

原始文本资料

关于萨珊罗马关系的原始资料的重要汇编，收集于 M.H. Dodgeon and S.N.C. Lieu, *The Roman Eastern Frontier and the Persian Wars (AD 226–363), A Documentary History*, Routledge, London and New York, 1991。继之有 G. Greatrex and S.N.C. Lieu, *The Roman Eastern Frontier and the Persian Wars (AD 363–630)*, pt. II, Routledge, London and New York, 2002。也见最近的书 E. Winter and B. Dignas, *Rom und das Perserreich, Zwei Weltmächte zwischen Konfrontation und Koexistenz*, Berlin, 2001（德文版）；B. Dignas and E. Winter, *Rome and Persia in Late Antiquity*, Cambridge University Press, 2007（英文版）。

阿拉伯语资料

Agapius, *Kitāb al-'Unwān*, Patrologia Orientalis, no.5, 1910; no. 7, 1911; no. 8, 1912; no. 11, 1915.

Bīrūnī, A.R. *Kitāb al-āthār al-bāqiyah 'an al-qurūn al-khāliyah*, as *Chronologie orientalischer Völker*, ed. E. Sachau, Leipzig, 1878.

Grignaschi, M. "Quelques spécimens de la littérature sassanide conservés dans les bibliothéques d'Istanbul," *Journal Asiatique*, vol. 254, 1966, pp. 1–142. 归于阿尔达希尔、霍斯鲁一世及其他人的语录，以阿拉伯语写就。

Ibn Hišam, 'A.M. *Sīrat rasūl Allāh*, translated by A. Guillaume, *The Life of Muhammad*, Karachi, 1955.

Ibn Miskawayh, A.A. *Tajārib al-Umam* (Experience of Nations), edited and translated into Persian by A. Emami, Soroush Press, Tehran, 1990/1369 Š.

Iṣfahānī, H.H. *Ta'rīkh sinī mulūk al-arḍ wa'l-anbiyā'*, ed. S.H. Taqizadeh, Berlin, 1921. 同名波斯语译本, Amir Kabir Publishers, Tehran, 1988/1367 Š.。

al-Tabarī, M.J. *Ta'rīkh al-rusul wa-al-mulūk*, ed. M.J. de Goeje, Leiden, 1879–1901. 英译附大量注释，见 C.E. Bosworth, *The History of al-Tabarī*, vol. V, *The Sāsānids, the Byzantines, the Lakmids, and Yemen*, State University of New York Press, 1999。

al-Thaʿālibī, A.M.A.M.M.I. *Gharar Axbār al-mulūk al-Furs wa Siyarihim*, ed. H. Zotenberg, Paris, 1900.

亚美尼亚语资料

Agathangełos, *History of the Armenians*, translation and commentary by R.W. Thomson, State University of New York Press, Albany, 1976.

Buzandaran Patmutʿiwnkʿ, *The Epic Histories Attributed to Pʿawstos Buzand*, translation and commentary by N.G. Garsoïan, Cambridge, Massachusetts, 1989.

Ełishē, *History of Vardan and the Armenian War*, translation and commentary by R.W. Thomson, Harvard University Press, Cambridge, Massachusetts, 1982.

Łazar Pʿarpetsʿi, *The History of Łazar Pʿarpetsʿi*, translation and commentary by R.W. Thomson, Scholars Press, Atlanta, Georgia, 1991.

Sebeos, *The Armenian History Attributed to Sebeos*, translation with notes by R.W. Thomson, historical commentary by J. Howard-Johnston, assistance from T. Greenwood, 2 vols., Liverpool University Press, Liverpool, 1999.

科普特语资料

The Kephalaia of the Teacher, translated by I. Gardner, E.J. Brill, Leiden, 1995.

希腊拉丁语资料

Agathias Scholasticus, *Agathias: The Histories*, translated by J.D.C. Frendo, Walter de Gruyter, Berlin and New York, 1975. 节选见 Cameron, A. "Agathias on the Sassanians," *Dumberton Oaks Papers*, vol. 22/23, 1969/1970, pp. 67–183。

Ammianus Marcellinus, *History*, edited and translated by J.C. Rolfe, Cambridge, Massachussets, 1937–1939.

Antiochus Strategos, in F.C. Conybeare, "Antiochus Strategos' Account of the Sack of Jerusalem in AD 614," in *The English Historical Review*, vol. 25, 1910, pp. 502–517.

Chronicon Paschale, translated by M. Whitby and M. Whitby, Liverpool University Press, 1989.

Dio Cassius, *Dio's Roman History*, translated by E. Cary, Loeb Classical, Havard University Press, Cambridge, Massachusetts, 1914-1927.

Eutropius, *Breviarium*, translated with an introduction and commentary by H.W. Bird, Liverpool University Press, 1993.

Evagrius Scholasticus, *The Ecclesiastical History of Evagrius Scholasticus*, translated with an introduction by M. Whitby, Liverpool University Press, 2000.

Herodian, *History of the Empire*, translated by C.R. Whittaker, Loeb, Harvard University Press, Cambridge, Massachusetts, 1969-1970.

Kosma aigyptiou monachou Christianika topographi, The Christian Topography of Cosmas, An Egyptian Monk, The Kakluyt Society, London, 1897.

Libanius, *Selected Orations*, vol. I, translated by A.F. Norman, Harvard University Press, Cambridge, Massachusetts, 1969 (reprint 2003).

Maurice's Strategikon, Handbook of Byzantine Military Strategy, translated by G.T. Dennis, University of Pennsylvania Press, Philadelphia, 1984.

Menander Protector, *The History of Menander the Guardsman*, translated by R.C. Blockley, Cambridge, Francis Cairns, 1985.

Procopius: History of the Wars, translated by H.B. Dewing, Harvard University Press, Cambridge, Massachusetts, 1914-1928.

Theophylact Simocatta, *The History of Theophylact Simocatta*, edited and translated by M. Whitby and M. Whitby, Oxford University Press, 1986.

参考文献

阿维斯陀语资料

Yašt 10.9-96, edited and translated by E. Pirart, *Kayān Yasn, l'origine avestique des dynasties mythiques d'Iran*, Editorial Ausa, Barcelona, 1992.

中古波斯语资料

A 巴列维文献

Abar Ēwēnag ī Nāmag-nibēsišnīh, translated into English by R.C. Zaehner, "Nāmaknipēsišnīh," *Bulletin of the School of Oriental and African Studies, University of London*, vol. 9, 1937, pp. 93–109.

Abar Madan ī Wahrām ī Warzāwand, edited and translated into English by M.F. Kanga, "A Note on the Words 'Zīrak Triman' in a pahlavi Text 'Abar matan i Shāh Vahrām i Varchāvand'", *All India Oriental Conference*, vol. 12, no. 3, pp. 687–691; translated into Persian by S. Oriān, *Motūn-e Pahlavī*, Tehran, 1992/1371 Š., pp. 190–191.

Ardā Wirāz Nāmag, edited and translated by F. Vahman, *Ardā Wirāz Nāmag. The Iranian 'Divina Commedia'*, Curzon Press, London and Malmo, 1986.

Ayādgār ī Zarērān, edited and translated into German by D. Monchi-Zadeh, *Die Geschichte Zarēr's*, Uppsala, 1981; translated into Persian by B. Gheiby, Pahlavi Literature Series, Nemudar Publication, Bielefeld, 1999.

Bundahišn, 伊朗本：edited and translated by B.T. Anklesaria, *Zand-Ākāsīh, Iranian or Greater Bundahišn*, Bombay, 1956; translated into Persian by M. Bahār, *Bondaheš*, Tūs Publishers, Tehran, 1990/1369 Š.; 第 5、5A、5B、6F 章翻译，见 MacKenzie, D.N. "Zoroastrian astrology in the Bundahišn," *Bulletin of the School of Oriental and African Studies, University of London*, vol. 27, no. 3, 1964, pp. 511–529。印度本：R. Behzādī, *Bundahiš-e Hindī*, Tehran, 1989/1368 Š.。

Čīdag Handarz ī Pōryōtkēšān, edited and translated into English by M.F. Kanga, *Čītak Handarž i Pōryōtkēšān: A Pahlavi Text*, Bombay, 1960; translated into Persian by S. Oriān, *Motūn-e Pahlavī*, Tehran, 1992/1371 Š., pp. 86–93.

Dēnkard, edited and translated by D.P. Sanjana, *The Dinkard*, 18 vols., Bombay,

1874-1928 提供了完整但过时的翻译。W. West, *Pahlavi Texts*, pt. 4, The Sacred Books of the East, Oxford, 1892; pt.5, 1897 提供了第五、七、八、九书部分翻译，翻译也已过时。第三书，J.P. de Menasce, *Le troisième livre du Dēnkart*, Libraire C. Klincksieck, Paris, 1974；第五书，J. Amouzgar and A. Tafazzoli, *Le cinquième livre du Dēnkard*, Cahiers de Studia Iranica, Paris, 2000；第六书，Sh. Shaked, *Wisdom of the Sasanian Sages*, Westview Press, Boulder, Colorado, 1979；第七书，M. Molé, *La légende de Zoroastre*, Paris, 1967; J. Amouzgar and A. Tafazzoli, *Osṭūre-ye Zendegī-ye Zartošt*, Tehran, 1992/1370 Š.；第八书第 26 节，见 A. Tafazzoli, "Un chapitre du *Dēnkard* sur les guerriers," *Au carrefour des religions: Mélanges offerts à Philippe Gignoux*, Res Orientales, vol. VII, Bures-sur-Yvette, 1995, pp. 297–302。

Draxt ī Āsūrīg, edited and translated into Persian by M. Navabi, *Manzūme-ye Draxt-e Āsūrīk*, Tehran, 1967/1346 Š.; translated into English by C.J. Brunner, "The Fable of the Babylonian Tree", *Journal of Near Eastern Studies*, vol. 39, 1980, pp. 191-202, 291-302.

Frahang ī Ōīm-ēk, edited and translated into English by H. Jamaspji Asa and M. Haug, *An Old Zand-Pahlavi Glossary*, Bombay and London, 1867; translated into German by H. Reichelt, "Der Frahang ī Oīm", *Wiener Zeitschrift für die Kunde des Morgenlandes*, vol. 14, 1900, pp. 177-213; vol. 15, 1901, pp. 117-186.

Frahang ī Pahlawīg, edited from the Posthumous Papers of S.H. Nyberg by B. Utas, *Frahang ī Pahlavīk*, Wiesbaden, 1988.

Gizistag Abāliš, edited and translated by H.G. Chacha, *Gajastak Abālish*, Bombay, 1936; translated into Persian by I. Mirzā-ye Nāzir, *Mātīkān-i Gujastak Abālīš*, Hērmand Publishers, Tehran, 1996/1375 Š.

Handarz ī Anōšag Ruwān Ādurbād ī Mahrspandān, Contained in *The Pahlavi Texts*, edited by J.M. Jamasp-Asana, vol. 1, Bombay, 1897, pp. 58-71; translated into Persian by S. Oriān, *Motūn-e Pahlavī*, National Library of Iran, Tehran, 1992/1371 Š., pp. 100-110.

Jāmāsp Nāmag, edited and translated into Italian by G. Messina, *Ayātkār ī Žāmāspīk*, Roma, 1939.

Kārnāmag ī Ardaxšīr ī Pābagān, edited and translated into English by E.K. Antia,

Kârnâmak-i Artakhshîr Pâpakân, Bombay, 1900; translated into Persian by S. Hedāyat, Tehran, 1944/1323 Š.; B. Farawašī, Tehran, 1975/1354 Š.

Mādayān ī Hazār Dādestān, edited and translated by A. Perikhanian, *The Book of a Thousand Judgments*, Mazda Publishers, Costa Mesa, 1997; M. Macuch, *Das sasanidische Rechtsbuch "Mātakdān i Hazār Dātistān,"* Teil II, Wiesbaden, 1981; M. Macuch, *Rechtskasuistik und Gerichtspraxis zu Begin des siebenten Jahrhunderts in Iran*, Wiesbaden, 1993.

Māh ī Frawardīn Rōz ī Hordād, edited and translated by M.F. Kanga, *Māh i fravartēn, roz khvardat*, Bombay, 1946; translated into Persian by S. Kiyā, *Iran Kūde* 16; S. Oriān, *Motūn-e Pahlavī*, Tehran, 1992/1371 Š., pp. 141–145.

Mēnōg ī Xrad, translated into English by E. West, *The Book of the Mainyō-i-Khard or the Spirit of Wisdom*, Stuttgart-London, 1871; translated into Persian by A. Tafazzoli, *Minu-ye Kherad*, Tehran, 1975/1354 Š.

The Pahlavi Rivāyat of Āturfarnbag and Farnbag-Srōš, edited and translated by B.T. Anklesaria, 2 vols., Bombay, 1969.

Pahlavi Vendidād, edited and translated by B.T. Anklesaria, Bombay, 1949.

Rivāyat ī Ēmēd ī Ašawahištān, edited and translated N. Safa-Isfehani, *Rivāyat-i Hēmīt-i Ašawahistān, A Study in Zoroastrian Law*, Harvard Iranian Series, Cambridge, Mass., 1980.

Šahrestānīhā ī Ērānšahr, J. Markwart, *A Catalogue of the Provincial Capitals of the Ērānšahr*, ed. G. Messina, Pontificio Istituto Biblico, Rome, 1931; T. Daryaee, *Šahrestānīhā ī Ērānšahr, A Middle Persian Text on Geography, Epic and History*, Mazda Publishers, Costa Mesa, 2002.

Šāyest nē Šāyest, edited and translated into English by J.C. Tavadia, *Šāyast-nē-šāyast*, Hamburg, 1930; translated into Persian by K. Mazdapur, Cultural and Research Institute, Tehran, 1990/1369 Š. *The Supplementary Texts to the Šāyest Nē-Šāyest*, edited and translated by F.M.P. Kotwal, København, 1969.

Sūr Saxwan, J.C. Tavadia, "Sūr Saxvan: Or a Dinner Speech in Middle Persian," *Journal of the K.R. Cama Oriental Institute*, vol. 29, 1935, pp. 1–99.

Wāzag ē-Čand ī Ādurbād ī Mahrspandān, Contained in *The Pahlavi Texts*, edited by J.M. Jamasp-Asana, vol. 1, Bombay, 1897, pp. 144-153; translated into Persian by

S. Oriān, *Motūn-e Pahlavī*, Tehran, 1992/1371 Š., pp. 176–184.

Wizīdagīhā ī Zādspram, edited and translated into English by B.T. Ankelsaria, *Vichitakiha-i Zatsparam*, Bombay, 1964; translated into French by Ph. Gignoux and A. Tafazzoli, *Anthologie de Zādspram*, Studia Iranica, Cahier 13, Paris, 1993; translated into Persian by M.T. Rāšed-Moḥaṣṣel, *Gozīdahā-ye Zādsparam*, Tehran, 1987/1366 Š.

Wizārišn ī Čatrang ud Nīhišn ī Nēw-Ardaxšīr, Panaino, *La novella degli scacchi e della tavola reale*, Mimesis, Milano, 1999; translated into English by C.J. Brunner, "The Middle Persian Explanation of Chess and Invention of Backgammon," *The Journal of Ancient Near Eastern Society of Columbia University*, vol. 10, 1978, pp. 45–51; T. Daryaee, "Mind, Body and the Cosmos: The Game of Chess and Backgammon in Ancient Persia," *Iranian Studies*, vol. 35, no. 4, 2002, pp. 281–312.

Xusraw ud Rēdag, edited and translated into English by D. Monchi-Zadeh, "Xusrōv i Kavātān ut Rētak," *Monumentum Georg Morgenstierne*, vol. II, Acta Iranica 22, Leiden, 1982, pp. 47–91.

Zand ī Wahman Yasn, edited and translated into English by C. Cereti, *The Zand ī Wahman Yasn: A Zoroastrian Apocalypse*, Istituto Italiano per il medio ed Estremo Oriente, Rome, 1995; translated into Persian by M.T. Rāšed-Moḥaṣṣel, *Zand-e Bahman Yasn*, Tehran, 1991/1370 Š.

B 摩尼教文献

Boyce, M. *A Reader in Manichaean Middle Persian and Parthian*, Acta Iranica, vol. 9, Tehran-Liege/Leiden, 1975.

MacKenzie, D.N. "Mani's Šābuhragān I," *Bulletin of the School of Oriental and African Studies, University of London*, 1979, pp. 500–534.

——. "Mani's Šābuhragān II," *Bulletin of the School of Oriental and African Studies, University of London*, 1980, pp. 288–310.

ʿOmrānī, N. *Šāpuragān*, Aštād Publishers, Tehran, 2000/1379 Š.

C 基督教文献

Andreas, F.C. and Barr, K. *Bruchstücke einer Pehlevi Übersetzung der Psalmen*, SPAW, Phil.-hist. Kl., 1933.

D 铭文和文书

Back, M. *Die Sassanidischen Staatsinschriften, Studien zur Orthographie und Phonologie des Mittelpersischen der Inschriften zusammen mit einem etymologischen Index des mittelpersischen Wortgutes und einem Textcorpus der behandelten Inschriften*, Acta Iranica, vol. 18, Tehran-Liege/Leiden, 1978.

de Blois, F. "The Middle Persian Inscription from Constantinople: Sasanian or Post-Sasanian," *Studia Iranica*, vol. 19, 1990, pp. 209–218.

Dayaee, T. "Kerdīr's Naqsh-i Rajab Inscription," *Nāma-ye Irān-e Bāstān*, vol. 1, no. 1, 2001, pp. 3–10.

Frye, R.N. "The Persepolis Middle Persian Inscriptions from the time of Shapur II," *Acta Orientalia*, vol. xxx, 1966, pp. 83–93.

——. "Sassanian Clay Sealings in the Baghdad Museum," *Sumer*, vol. 26, 1970, pp. 741–746.

Gignoux, Ph. *Les Quatre inscriptions du mage Kirdīr, textes et concordances*, Association pour l'avancement des études iraniennes, Paris, 1991.

Gignoux, Ph. and Gyselen R. *Sceaux sasanides de diverses collections privées*, Éditions Peeters, Leuven, 1982.

——. *Bulles et sceax sassanides de diverses collections*, Studia Iranica, Cahier 4, Association pour l'avancement des études iraniennes, Paris, 1987.

Grenet, F. "Pour une nouvelle visite à la 'vision de Kerdīr'", *Studia Asiatica*, vol. 3, no. 1/2, 2002, pp. 5–27.

Gyselen, R. *Sceaux magiques en Iran sassanide*, Studia Iranica, cahier 17, Paris, 1995.

Hansen, O. *Die mittelpersischen Papyri der Papyrussammlung der Staatlichen Museen zu Berlin*, Akademie der Wissenschaften, Berlin, 1938.

Harmatta, J. "The Middle Persian-Chinese Bilingual Inscription from Hsian and the Chinese-Sasanian Relations," *La Persia nel Medioevo*, Accademia Nazionale dei Lincei, Roma, 1971, pp. 363–376.

Harper, P.O. and Skjærvø, P.O. "A Seal-Amulet of the Sasanian Era: Imagery and Typology, the Inscription, and Technical Comments," *Bulletin of the Asia Institute*, vol. 6, 1992, pp. 43–59.

Henning, W.B. "The Inscription of Firuzabad," *Asia Major*, vol. 4, 1954, pp. 98–102.

Herrmann, G. and MacKenzie, D.N. *The Sasanian Rock Reliefs at Naqsh-i Rustam, The Triumph of Shapur I, Kerdir's Inscription*, Iranische Denkmäler, D. Reimer Verlag, Berlin, 1989.

Humbach, H. and Skjærvø, P.O. *The Sassanian Inscription of Paikuli*, Wiesbaden, 1983.

Huyse, Ph. *Die dreisprachige Inschrift Šābuhrs I. an der Ka'ba-i Zardušt*, 2 vols., Corpus Inscriptionum Iranicarum, London, 1999.

Lowick, N.M. *Siraf XV: The Coins and Monumental Inscriptions*, The British Institute of Persian Studies, 1985.

MacKenzie, D.N. "Shapur's Shooting," *The Bulletin of the School of Oriental and Africa Studies*, vol. 41, 1978, pp. 499–511.

Nikitin, A.B. "Middle Persian Ostraca from South Turkmenistan," *East and West*, vol. 42, no. 1, 1992, pp. 103–125.

Skjærvø, P.O. "Kirdir's Vision: Translation and Analysis," *Archaeologische Mitteilungen aus Iran*, vol. 16, 1983, pp. 269–306.

——. "The Joy of the Cup: A Pre-Sasanian Middle Persian Inscription on a Silver Bowl," *Bulletin of the Asia Institute*, vol. 11, 1997, pp. 93–104.

Weber, D. *Ostraca, Papyri und Pergamente*, Corpus Inscriptionum Iranicarum, London, 1992.

West, E.W. "The Pahalvi Inscriptions at Kanheri," *Indian Antiquary*, 1880, pp. 265–268.

帕提亚语资料

Back, M. *Die Sassanidischen Staatsinschriften, Studien zur Orthographie und Phonologie des Mittelpersischen der Inschriften zusammen mit einem etymologischen Index des mittelpersischen Wortgutes und einem Textcorpus der behandelten Inschriften*, Acta Iranica, vol. 18, Tehran-Liege/Leiden, 1978.

Boyce, M. *The Manichaean hymn-cycles in Parthian*, Oxford, 1954.

——. *A Reader in Manichaean Middle Persian and Parthian*, Acta Iranica, vol. 9,

Tehran-Liege/Leiden, 1975.

Henning, W.B. "Mani's Last Journey," *Bulletin of the School of Oriental and African Studies, University of London*, vol. x, no. 4, 1942, pp. 941–953.

———. "A New Parthian Inscription," *Journal of the Royal Asiatic Society of Great Britain and Ireland*, no. 3/4, 1953, pp. 132–136.

Humbach, H. and Skjærvø, P.O. *The Sassanian Inscription of Paikuli*, Wiesbaden, 1983.

Huyse, Ph. *Die dreisprachige Inschrift Šābuhrs I. an der Kaʿba-i Zardušt*, 2 vols., Corpus Inscriptionum Iranicarum, London, 1999.

Livshits, V.A. "New Parthian Documents from South Turkemenistan," *Acta Antiqua Academiae Scientiarum Hungaricae*, vol. 25, 1977, pp. 157–185.

MacKenzie, D.N. "Shapur's Shooting," *The Bulletin of the School of Oriental and Africa Studies*, vol. 41, 1978, pp. 499–511.

巴克特里亚语资料

Benveniste, E. "Inscriptions de Bactriane," *Journal Asiatique*, vol. 249, 1961, pp. 113–152.

Gershevitch, I. "Bactrian Inscriptions and Manuscripts," *Indogermanische Forschungen*, vol. LXXII, 1967, pp. 27–57.

Sims-Williams, N. *Bactrian Documents,* vol. I, *Legal and Economic Documents*, Oxford University Press, 2000.

粟特语资料

Henning, W.B. "Sogdian Tales," *Bulletin of the Schools of Oriental and Africa Studies, University of London*, vol. XI, no. 3, 1945, pp. 465–487.

MacKenzie, D.N. *The "Sūtra of the Causes and Effects of Actions" in Sogdian*, Oxford University Press, 1970.

Schwartz. M. *Studies in the texts of the Sogdian Christians*, Ph.D. dissertation of the University of California, Berkeley, California, 1967.

Sims-Williams, N. "The Sogdian Fragments of the British Library," *The Indo-Iranian Journal*, vol. 18, 1976, pp. 43–82.

于阗语资料

Bailey, H.W. *Khotanese Texts*, 6 vols., Cambridge, 1945–1967.

Emmerick, R.E. *The Book of Zambasta*, London, 1968.

花剌子模语资料

Henning, W.B. "The Choresmian Documents," *Asia Major*, vol. XI, 1965, pp. 66–79.

——. *A fragment of a Khwarezmian dictionary*, ed. D.N. MacKenzie, Tehran University, 1971.

波斯语资料

Ibn Balxī, *Fārsnāma*, eds. Le Strange and Nicholson, Cambridge University Press, 1921.

Dāstānhā-ye Bīdpāy, translated by M. b. A. al-Buxārī, edited by P.N. Xānlarī and M. Rowšan, Xārazmī Publishers, Tehran, 1982/1361 Š.

Istaxrī, *Masālik wa Mamālik*, ed. I. Afšār, Tehran, 1968/1347 Š.

Maraʿšī, Z. *Tārīkh-e Tabarestān va Rōyān va Māzandarān*, ed. B. Dorn, *Sehir-Eddin's Geschicte von Tabaristan, Rujan und Masanderan*, St. Petersburg, 1850, reprint Gostareh Publishers, Tehran, 1984/1363 Š.

Nāma-ye Tansar, ed. M. Minovi, Tehran, 1932/1311 Š.; English translation by M. Boyce, *The Letter of Tansar*, Rome, 1968.

Naršaxī, A.B.M. *Tārīkh-e Buxārā*, Tehran, 1972/1351 Š.

Šāhnāma, Moscow Edition, 9 vols., Moscow, 1960-1971.

Tārīx-e Qom, ed. J. Tehrānī, Tehran, 1934/1313 Š.

其他现代伊朗语资料

Bābā-Tāher-Nāma, ed. P. Azkāyī, Tūs Publishers, Tehran, 1996/1375 Š.
Qur'ān-e Quds, ed. A. Ravāghī, Tehran, 1985-86/1364-65 Š.

叙利亚语资料

Die Chronik von Arbela, edited and translated by P. Kawerau, Peeters, Leuven, 1985.
The Chronicle of Pseudo-Joshua the Stylite, translated with notes and introduction by F.F. Trombley and J.W. Watt, Liverpool University Press, 2000.
John of Ephesus, *Lives of the Eastern Saints*, 节译见 S.P. Brock and S. Harvey, "Persian Martyrs," *Holy Women of the Syrian Orient*, University of California Press, 1998, pp. 63-99。

阿拉米语资料

Naveh, J. and Shaked, Sh. *Amulets and Magic Bowls, Aramaic Incantations of Late Antiquity*, The Magnes Press, The Hebrew University, Jerusalem, 1998.

二手资料

Adontz, N. *Armenia in the Period of Justinian, The Political Conditions Based on the Naxarar System*, translated by N.G. Garsoïan, Calouste Gulbenkian Foundation, Lisbon, 1970.
Afshar, I. (ed.) *Zabān-e Fārsī dar Āzarbāyejān*, Tehran, 1989/1368 Š.
Alram, M. *Nomia Propria Iranica in Nummis*, Iranische Personennamenbuch, vol. 4, Vienna, 1986.
——. "The Beginning of Sasanian Coinage," *Bulletin of the Asia Institute*, vol. 13, 1999, pp. 67–76.
Altheim-Stiehl, R. "The Sasanians in Egypt — Some Evidence of Historical Interest," *Bulletin de la société d'archéologie Copte*, vol. 31, 1992, pp. 87–96.

Amūzgar, Ž. "Namūna-hā'ī az honar-e khwalīgarī dar farhang-e kohan-e Irān," *Kelk*, vols. 85–88, 1997/1376 Š., pp. 162–166.

Ancient Art from the Shumei Family Collection, The Metropolitan Museum of Art, New York, 1996.

Asmussen, J.P. "Christians in Iran," *The Cambridge History of Iran*, ed. E. Yarshater, vol. 3(2), 1983, pp. 924–948.

——. "Bible vi. Judeo-Persian Translations," *Encyclopaedia Iranica*, vol. iv, fasc. 2, 1989, pp. 208–209.

Azarnoush, M. *The Sasanian Manor House at Hājīābād, Iran*, Casa Editrice Le Lettere, Firenze, 1994.

Bāghbīdī, H.R. "Vāžeh-guzīnī dar 'aṣar-i Sāsānī va ta'ṭīr-i ān dar Fārsī-yi Darī," (Sassanian Neologisms and Their Influence on Dari Persian), *Nāma-ye farhangestān*, vol. 15, no. 3/4, 2000/1379 Š., pp. 145–158.

Bailey, H.W. *Zoroastrian Problems in the Ninth-Century Books*, Oxford, 1943.

Barnes, T.D. "Constantine and the Christians of Persia," *The Journal of Roman Studies*, vol. 75, 1985, pp. 126–136.

Baššāš, K. "Katiba-ye Hājjīābād dar Arsa-ye Tārīkh wa Osṭūra," *Zabān, Katibe wa Motūn-e Kohan*, Sāzmān-e Mirath-e Farhangī, 1996/1375 Š., pp. 43–56.

Bausani, "Two Unsuccessful Prophets: Mani and Mazdak," *Religion in Iran. From Zoroaster to Baha'ullah*, translated by J.M. Marchesi, Bibliotheca Persica Press, New York, 2000, pp. 80–107.

Bier, L. *The 'Sasanian' Palace near Sarvistan*, New York, 1979.

——. "Notes on Mihr Narseh's Bridge near Firuzabad," *Archäologische Mitteilungen aus Iran*, vol. 19, 1986, pp. 263–268.

Blockley, R.C. "Subsidies and Diplomacy: Rome and Persian in Late Antiquity," *Phoenix*, vol. 39, no. 1, 1985, pp. 62–74.

de Blois, F. *Burzōy's Voyage to India and the Origin of the Book of Kalīlah wa Dimnah*, Royal Asiatic Society, London, 1990.

Bosworth, C.E. "The Heritage of Rulership in Early Islamic Iran and the Search for Dynastic Connections with the Past," *Iranian Studies*, vol. xi, 1978, pp. 7–34.

Boucharlat R. and Salles, J.F. "The History and Archaeology of the Gulf from 5th century BC to the 7th century AD: a review of the evidence," *Proceedings of the Seminar for Arab Studies*, vol. 11, 1981, p. 65–94.

Bowersock, G.W. *Julian the Apostate*, Harvard University Press, Cambridge, Massachusetts, 1978.

Boyce, M. "Middle Persian Literature," *Iranistik: Literatur*, Handbuch der Orientalistik, vol. 1.IV.2.1, E.J. Brill, Leiden/Cologne, 1968, pp. 32–66.

——. "The Manichean Literature in Middle Iranian," *Iranistik: Literatur*, Handbuch der Orientalistik, vol. 1.IV.2.1, Leiden/Cologne, 1968, pp. 67–76.

——. "On Mithra, Lord of Fire," *Monumentum H.S. Nyberg*, vol. I, E.J. Brill, Leiden, 1975, pp. 69–76.

——. *Zoroastrianism, Its Antiquity and Constant Vigour*, Columbia Lectures on Iranian Studies, Mazda Publishers, Costa Mesa, California, 1992.

——. "On the Orthodoxy of Sasanian Zoroastrianism," *Bulletin of the School of Oriental and African Studies, University of London*, vol. lix, no. 1, 1996, pp. 11–28.

Brock, S. "Christians in the Sasanian Empire: A Case of Divided Loyalties," *Studies in Church History*, vol. 18, 1982, pp. 1–19.

P. Callieri, "On the Diffusion of Mithra Images in Sasanian Iran: New Evidence from a Seal in the British Museum," *East and West*, vol. 40, no. 1/4, 1990, pp. 79–98.

——. "In the Land of the Magi. Demons and Magic in the Everyday Life of Pre-Isamic Iran," *Démons et merveilles d'orient*, ed. R. Gyselen, Res Orientales, vol. XIII, Groupe pour l'étude de la civilisation du moyen-orient, Bures-sur-Yvette, 2001, pp. 11–36.

de Cardi, B. "Archaeological Survey in N. Trucial States," *East and West*, vol. 21, no. 3/4, 1971, pp. 225–289.

——. "A Sasanian Outpost in Northern Oman," *Antiquity*, vol. XLVI, 1972, pp. 305–309.

——. "The British Archaeological Expedition to Qatar 1973–1974," *Antiquity*, vol. XLVIII, 1974, pp. 196–200.

Cereti, C. "Again on Wahrām ī Warzāwand," *La Persia e l'Asia Centrale da Alessandro al X secolo*, Accademia Nazionale dei Lincei, Roma, 1996, pp. 629–639.

——. *La letteratura Pahlavi. Introduzione ai testi con riferimenti alla storia degli studi e alla tradizione manoscritta*, Mimesis, Milan, 2001.

Chaumont, M.L. "Le culte de Anāhitā à Stakhr et les premiers Sassanides," *Revue de l'Histoire des Religions*, vol. 153, no. 2, 1958, pp. 154–175.

——. "Vestiges d'un courant ascétique dans le zoroastrisme sassanide d'apres le VIe livre du Dēnkart," *Revue de l'histoire des religions*, vol. CLVI, no. 1, 1959, pp. 1–24.

——. "Le culte de la déesse Anāhitā (Anahit) dans la religion des monarques d'Iran et d'Arménie au Ier siècle de notre ère," *Journal Asiatique*, vol. 253, 1965, pp. 167–181.

——. *La Christianisation de l'empire iranien des origines aux grandes persecutions du IVe siècle*, Peeters, Louven, 1988.

Chegini, N.N. and Nikitin, A.V. "Sasanian Iran – Economy, Society, Arts and Crafts," *History of Civilizations of Central Asia*, eds. B.A. Litvinsky *et al.*, vol. III, UNESCO Publishing, Paris, 1996, pp. 45–76.[①]

Chen, G.C. "Tang Qianling shirenxiang ji qi xianming de yanjiu," *Wenwu jikan*, vol. 2, 1980, p. 189-203.[②]

Choksy, J.K. "Loan and Sales Contracts in Ancient and Early Medieval Iran," *Indo-Iranian Journal*, vol. 31, 1988, pp. 191–218.

——. *Purity and Pollution in Zoroastrianism: Triumph Over Evil*, Texas University Press, Austin, 1989.

——. "A Sasanian Monarch, His Queen, Crown Prince and Dieties: The Coinage of Wahram II," *American Journal of Numismatics*, vol I, 1989, pp. 117–135.

Christensen, A. *Essai sur la démonologie iranienne*, DVS, Historisk-filologiske meddeleleser, vol. XXVII/1, Copenhagen, 1941.

[①] 汉译，N.N. 切尼金、A.V. 尼基廷，"萨珊伊朗——经济、社会、艺术和工艺"，载于《中亚文明史》，第三卷，B.A. 李特文斯基主编，马小鹤译，北京：中国对外翻译出版公司，2003，15—56 页。——译者注

[②] 陈国灿，"唐乾陵石人像及其衔名的研究"，载于《文物集刊》第二卷，1980，189—203 页。——译者注

——. *L'Iran sous les Sassanides*, Copenhagen, 1944.

C. Colpe, "Mithra-Verehrung, Mithras-Kult und die Existenz iranischer Mysterien," *Mithraic Studies*, vol. II, Manchester, 1975, pp. 378–405.

M. Compareti, "The Last Sasanians in China," *Eurasian Studies*, vol. II, no. 2, 2003, pp. 197–213.

Cribb, J.E. "Far East," *A Survey of Numismatic Research, 1978–1984*, eds. M. Price, E. Besly, D. Macdowall, M. Jones, and A. Oddy, vol. II, London, 1986, pp. 81–85.

Crone, P. "Kavād's Heresy and Mazdak's Revolt," *Iran*, vol. 29, 1991, pp. 21–42.

Curtin, P.D. *Cross-Cultural Trade in World History*, Cambridge University Press, Cambridge, 1984.

Curtis, V.S. "Minstrels in Ancient Iran," *The Art and Archaeology of Ancient Persia, New Light on the Parthian and Sasanian Empires*, eds. V.S. Curtis, *et al.*, I.B.Tauris Publishers, London and New York, 1998, pp. 182–187.

Daryaee, T. "National History or Keyanid History? The Nature of Sasanid Zoroastrian Historiography," *Iranian Studies*, vol. 28, no. 3/4, 1995, pp. 129–141.

——. "The Use of Religio-Political Propaganda on the Coins of Xusro II," *American Journal of Numismatics*, vol. 7, 1997, pp. 41–54.

——. "Apocalypse Now: Zoroastrian Reflections on the Early Islamic Centuries," *Medieval Encounters*, vol. 4, no. 3, 1998, pp. 188–202.

——. "Sasanian Persia," *Iranian Studies*, vol. 31, no. 3/4, 1998, pp. 431–461.

——. "Middle Iranian Sources for the Study of Early Islamic History," *The Bulletin of Middle East Medievalists*, vol. x, no. 2, 1998, pp. 36–39.

——. *Fall of the Sāsānian Empire and the End of Late Antiquity: Continuity and Change in the Province of Persis*, Ph.D. Thesis, UCLA, 1999.

——. "Source for the Economic History of Late Sāsānian Fārs," *Matériaux pour l'histoire économique du monde iranien*, eds. R. Gyselen and M. Szuppe, Studia Iranica, Cahier 21, Paris, 1999, pp. 131–148.

——. "The Coinage of Queen Bōrān and its Significance in Sasanian Imperial Ideology," *Bulletin of the Asia Institute*, vol. 13, 1999, pp. 77–82.

——. "Laghab-e Pahlavī-ye 'čihr az yazdān' va Šāhanšāhān-e Sāsānī," *Nāma-ye Farhangestān*, vol. 4, No. 4, 2000, pp. 28–32.

——. "Modafeʿ Darvīšān va Dādvar dar Zamān-e Sāsānīyān," *Tafazzoli Memorial Volume (Yādnāma-ye Doktor Ahmad Tafazzolī)*, ed. A. Ashraf Sadeghi, Sokhan Publishers, Tehran, 2001/1380 Š., pp. 179–189.

——. "'Ẓed-e Zandīyūn' dar dowra-ye Sāsānī va ṣadr-e Islām," *Maʿārif*, vol. 53, 2001/1380 Š., pp. 51–57.

——. "Ardašīr Mowbed-e Mowbedān: Yek Taṣīḥ dar Matn-e Bundahiš," *Iranshenasi*, 2001/1380 Š., pp. 145–147.

——. "Memory and History: The Construction of the Past in Late Antique Persia," *Nāma-ye Irān-e Bāstān, The International Journal of Ancient Iranian Studies*, vol. 1, no. 2, 2002, pp. 1–14.

——. "Notes on Early Sasanian Titulature," *Journal of the Society for Ancient Numismatics*, vol. 21, 2002, pp. 41–44.

——. "History, Epic, and Numismatics: On the Title of Yazdgird I (Rāmšahr)," *Journal of the American Numismatic Society*, vol. 14, 2002, pp. 89–95.

——. "Gayōmard: King of Clay or Mountain? The Epithet of the First Man in the Zoroastrian Tradition," *Paitimāna, Essays in Iranian, Indo-European, and Indian Studies in Honor of Hanns-Peter Schmidt*, ed. S. Adhami, Mazda Publishers, Costa Mesa, 2003, pp. 339–349.

——. "The Mazdean Sect of Gayōmartiya," *Ātaš-e Dorun (The Fire Within), J.S. Soroushian Commemorative Volume*, eds. C. Cereti and F. Fajifdar, vol. 2, Bloominton, Indiana, 2003, pp. 131–137.

——. "The Ideal King in the Sasanian World: Ardaxšīr ī Pābagān or Xusrō Anōšag-ruwān?," *Nāma-ye Irān-e Bāstān, The International Journal of Ancient Iranian Studies*, vol. 3, no. 1, 2003, pp. 33–45.

——. "Dīdgāhhā-ye mowbedān va šāhanšāhān-e Sāsānī darbāra-ye Ērānšahr," *Nāma-ye Irān-e Bāstān*, vol. 3, no. 2, 2003/2004, pp. 19–27.

——. *Soghūt-e Sāsānīān (The Fall of Sasanians)*, translated into Persian by M. Ettehadieh, F. Amirkhani and R. Zarrinkub, Nashr-e Tārīkh-e Irān, 2004.

Daryaee, T. and Omidsalar, M. (eds.) *The Spirit of Wisdom [Mēnōg ī Xrad], Essays in Memory of Ahmad Tafazzoli*, Mazda Publishers, Costa Mesa, 2004.

Dresden, J. "Sogdian Language and Literature," *The Cambridge History of Iran*, vol.

3(2), Cambridge, 1983, pp. 1216–1229.

Elton, H. *Frontiers of the Roman Empire*, Indiana University Press, Bloomington, 1996.

Emmerick, R.E. "Khotanese and Tumshuqese," *Compendium Linguarum Iranicarum*, ed. R. Schmitt, Dr. Ludwig Reichert Verlag, Wiesbaden, 1989, pp. 204–229.

Emrani, H. *The Political Life of Queen Bōrān: Her Rise to Power and Factors that Legitimized her Rule*, MA Thesis, California State University, Fullerton, 2005.

Fiey, J.M. *Communautés syriaques en Iran et Irak des origines à 1552*, London, 1979.

——. "The Last Byzantine Campaign into Persia and Its Influence on the Attitude of the Local Populations Towards the Muslim Conquerors 7–16 H./628-636 A.D.," *Proceedings of the Second Symposium on the History of Bilād al-Shām During the Early Islamic Period up to 40 A.H./640 A.D.*, ed. M.A. Bakhit, vol. I, Amman, 1987, pp. 96–103.

Foltz, R. "When Was Central Asia Zoroastrian?," *The Mankind Quarterly*, vol. XXXVIII, no. 3, 1998, pp. 189–200.

Forte, A. "On the Identity of Aluohan (616–710) A Persian Aristocrat at the Chinese Court," *La Persia e l'Asia Centrale da Alessandro al X secolo*, Accademia Nazionale dei Lincei, Roma, 1996, pp. 187–197.

——. "The Edict of 638 Allowing the Diffusion of Christianity in China," in P. Pelliot, *L'Inscription nestorienne de Si-Ngan-Fou*, edited with Supplements by A. Forte, Scuola di Studi sull'Asia Orientale, Kyoto and Collège de France, Institut des Hautes Éudes Chinoises, Paris, 1996, pp. 349-373.

Frye, R.N. "Notes on the early Sasanian State and Church," *Studi Orientalistici in onore di Giorgio Levi della Vida*, vol. 1, Rome, 1956, pp. 314–335.

——. "Sasanian Seal Inscriptions," *Beiträge zur alten Geschichte und deren Nachleben, Festschrift für Franz Altheim zum 6.10.1968*, eds. R. Stiehl and H.E. Stier, vol. 2, Walter de Gruyter and Co., Berlin, 1970, pp. 77–84.

——. "Methodology in Iranian History," *Neue Methodologie in der Iranistik*, ed. R.N. Frye, Otto Harrassowitz, Wiesbaden, 1974, pp. 57–69.

——. "The Sasanian System of Walls for Defense," *Studies in Memory of Gaston*

Wiet, Jerusalem, 1977, pp. 7–15, reprint in *Islamic Iran and Central Asia (7th-12th Centuries)*, London, 1979.

——. *The History of Ancient Iran*, C.H. Beck'sche Verlagsbuchhandlung, Munich, 1983.

——. "The Political History of Iran Under the Sasanians," *The Cambridge History of Iran*, ed. E. Yarshater, vol. 3(1), Cambridge, 1983, pp. 116–180.

——. "Zoroastrian Incest," *Orientalia Iosephi Tucci Memoriae Dicata*, eds. G. Gnoli and L. Lanciotti, Istituto Italiano per il Medio ed Estremo Oriente, Rome, 1985, pp. 445–455.

——. "Commerce III. In the Parthian and Sasanian Periods," *Encyclopaedia Iranica*, ed. E. Yarshater, vol. VI, fasc. 1, 1992, pp. 61–64.

——. "The Fate of Zoroastrians in Eastern Iran," *Au Carrefour des Religions: Mélanges offerts à Philippe Gignoux*, ed. R. Gyselen, Bures-sur-Yvette, 1995, pp. 67–72.

Gariboldi, A. "Astral Symbology on Iranian Coinage," *East and West*, vol. 54, 2004, pp. 31–53.

Garsoïan, N., "Sur le titre de 'Protecteur des pauvres'," *Revue des études arméniennes*, vol. XV, 1981, pp. 21–32.

——. "Byzantium and the Sasanians," *The Cambridge History of Iran*, ed. E. Yarshater, vol. 3(1), Cambridge University Press, 1983, pp. 568–592.

——. "The Aršakuni Dynasty (AD 12–[180?]–428)", *The Armenian People from Ancient to Modern Times*, ed. R.G. Hovannisian, vol. I, St. Martin's Press, New York, 2004, pp. 63–94.

Gaube, H. "Mazdak: Historical Reality or Invention?," *Studia Iranica*, vol. 11, 1982, pp. 111–122.

Gernet, J. *A History of Chinese Civilization*, translated by J.R. Foster and C. Hartman, Cambridge University Press, 1982. [①]

---

① 汉译，谢和耐，《中国社会史》，黄建华、黄迅余译，江苏人民出版社，2008 年；耿昇译，江苏人民出版社，1995 年。——译者注

Gheybi, B. "Došnām-e Zardušt," *Khorda Maqālāt*, pt. 5, no. 38, 2000, pp. 335–377.

Ghirshman, R. *Bīchāpour*, 2 vols., Paris, 1956-1971.

———. *The Island of Kharg*, Iranian Oil Operating Companies Publication, Tehran, 1960.

Gignoux, Ph. "Problèmes d'interprétation historique et philologique des titres et noms propres sasanides," *Acta Antiqua Academiae Scientiarum Hungaricae*, vol. XXIV, 1976, pp. 103–108.

———. "'Corps osseux et âme osseuse': essai sur le chamanisme dans l'Iran ancient," *Journal Asiatique*, vol. 267, 1979, pp. 41–79.

———. "Sceaux chértiens d'époque sasanide," *Iranica Antiqua*, vol. XV, 1980, pp. 299–314.

———. "Les quatre régions administratives de l'Iran sasanide et la symbolique des nombres trois et quatre," *Annali dell'Istituto Universitario Orientale di Napoli*, vol. 44, 1984, pp. 555–572.

———. "Le 'Spāhbed' des Sassanides à l'Islam," *Jerusalem Studies in Arabic and Islam*, vol. 13, 1990, pp. 1–14.

———. "Matériaux pour une histoire du vin dans l'iran ancien," *Matériaux pour l'histoire économique du monde iranien*, eds. R. Gyselen and M. Szuppe, Paris, 1999, pp. 35–50.

———. "La composition du *Dēnkard* et le contenu du livre V," *Tafazzoli Memorial Volume*, ed. A.A. Sadeghi, Sokhan Publishers, Tehran, 2001, pp. 29–37.

Gnoli, G. *Zoroaster's Time and Homeland*, Instituto Universitario Orientale, Napoli, 1980.

———. *The Idea of Iran, an Essay on Its Origin*, Serie Orientale Roma, vol. LXII, Rome, 1989.

Göbl, R. *Sasanidische Numismatik*, Klinkhardt and Biermann, Braunschweig, 1968.

———. *Der Sāsānidische Siegelkanon*, Braunschweig, 1973.

———. "Sasanian Coins," *The Cambridge History of Iran*, ed. E. Yarshater, vol. 3(1), 1983, Cambridge, pp. 322–339.

Grenet, F. "Observations sur les titres de Kirdīr," *Studia Iranica*, vol. 19, no. 1, 1990, pp. 87–94.

Gunter, A.C. and Jett, P. *Ancient Iranian Metalwork in the Arthur M. Sackler Gallery and the Freer Gallery of Art*, Smithsonian Institution, Washington, D.C., 1992.

Gurnet, F. "Deux notes à propos du monnayage de Xusrō II," *Revue belge de Numismatique*, vol. 140, 1994, pp. 25–41.

Gutas, D. *Greek Thought, Arabic Culture, The Graeco-Arabic Translation Movement in Baghdad and Early 'Abbāsid Society (2nd–4th/8th–10th centuries)*, Routledge, London and New York, 1998.

Gyselen, R. "Les données de géographie administrative dans le *Šahrestānīhā-ī Ērān*," *Studia Iranica*, vol. 17, no. 2, 1988, pp. 191–206.

——. *La Géographie administrative de l'empire Sassanide, Les témoignages sigillographiques*, Groupe pour l'étude de la civilisation du moyen-orient, Paris, 1989.

——. "Note de glyptique sassanide les cachets personnels de l'*Ohrmazd-mogbed*," *Études Irano-Aryennes offertes à Gilbert Lazard*, eds. C.-H de Fouchécour and Ph. Gignoux, Association pour l'avancement des études iraniennes, Paris, 1989, pp. 185–192.

——. "Les sceaux des mages de l'Iran sassanide," *Au carrefour des religions: Mélanges offerts à Philippe Gignoux*, ed. R. Gyselen, Res Orientales, vol. VII, Groupe pour l'étude de la civilisation du moyen-orient, Bures-sur-Yvette, 1995, pp. 121–150.

——. "Economy IV. In the Sasanian Period," *Encyclopaedia Iranica*, ed. E. Yarshater, vol. VIII, fasc. 1, 1997, pp. 104–107.

——. (ed.) *Démons et merveilles d'orient*, Res Orientales, vol. XIII, Bures-sur-Yvette, 2001.

——. *Nouveaux matériaux pour la géographie historique de l'empire Sassanide: Sceaux administratifs de la collection Ahmad Saeedi*, Paris, 2002.

Haldon, J.F. *Byzantium in the Seventh Century*, Cambridge, 1990.

Harper, P.O. *The Royal Hunter, Art of the Sasanian Empire*, The Asia Society, New York, 1978.

Henning, W.B. "Notes on the Great Inscription of Šāpūr I," *Professor Jackson Memorial Volume*, Bombay, 1954, pp. 40–54.

——. *W.B. Henning Selected Papers*, Acta Iranica, vols. 14-15, Tehran-Liege/Leiden, 1977.

Henrichs, A. "Mani and the Babylonian Baptists: A Historical Confrontation," *Harvard Studies in Classical Philology*, vol. 77, 1973, pp. 23–59.

Herrmann, G. *The Iranian Revival*, Elsevier-Phaidon, 1977.

——. "Shapur I in the East: Reflections from his Victory Reliefs," *The Art and Archaeology of Ancient Persia, New Light on the Parthian and Sasanian Empires*, eds. V.S. Curtin, R. Hillenbrand, and J.M. Rogers, I.B.Tauris, 1998, pp. 38–51.

Herzfeld, E. *Iran in the Ancient East*, Oxford University Press, London and New York, 1941; reprint Hacker Art Books, New York, 1988.

Hintze, A. "The Avesta in the Parthian Period," in *Das Partherreich und seine Zeugnisse*, Franz Steiner Verlag, Stuttgart, 1998, pp. 147–161.

Hinz, W. *Altiranische Funde und Forschungen*, Walter de Gruyter and Co., Berlin, 1969.

——. "Mani and Kardēr," *La Persia nel Medievo*, Accademia Nazionale dei Lincei, Roma, 1971, pp. 485–499.

Houston, R.C. "A Note on Two Coin Hoards Reported in *'Kao Ku'*," *Museum Notes (American Numismatic Society)*, vol. 20, 1975, pp. 153–160.

Howard-Johnston, J. "The Two Great Powers in Late Antiquity: a Comparison," *The Byzantine and Early Islamic Near East*, vol. III, *States, Resources and Armies*, ed. A. Cameron, The Darwin Press, Princedon, New Jersey, 1995, pp. 157–226.

Hoyland, R.G. *Arabia and the Arabs, From the Bronze Age to the Coming of Islam*, Routledge, London and New York, 2001.

Huff, D. "Archaeology IV. Sasanian," *Encyclopaedia Iranica*, vol. 2, fasc. 3, 1986, pp. 302–308.

Huyse, Ph. "Noch einmal zu Parallelen zwischen Achaemeniden- und Sāsānideninschriften ," *Archäologische Mitteilungen aus Iran*, vol. 23, 1990, pp. 177–183.

——. "Kerdīr and the first Sasanians," *Proceedings of the Third European Conference of Iranian Studies*, pt. 1, *Old and Middle Iranian Studies*, ed. N. Sims-Williams, Dr. Ludwig Reichert Verlag, Wiesbaden, 1998, pp. 109–120.

Inostrantsev, K. *Moṭāleʻātī darbāra-ye Sāsānīān*, translated by K. Kāẓemzāda,

Tehran, 1969/1348 Š.

Itō, G. "From the Dēnkard," Monumentum H.S. Nyberg, vol. I, Tehran-Liege/Leiden, 1975, pp. 423–434.

de Jong, A. "Jeh the Primal Whore? Observations on Zoroastrian Misogyny," *Female Stereotypes in Religious Traditions*, eds. R. Kloppenborg and W.J. Hanegraaff, Studies in the History of Religions, vol. 66, Leiden, 1995, pp. 15–41.

——. "Women and Ritual in Medieval Zoroastrianism," *Ātaš-e Dorun (The Fire Within), J.S. Soroushian Commmorative Volume*, eds. C. Cereti and F. Fajifdar, vol. 2, Author House, 2003, pp. 148–161.

——. "Sub Specie Maiestatis: Reflections on Sasanian Court Rituals," *Zoroastrian Rituals in Context*, ed. M. Stausberg, Brill, Leiden, 2004, pp. 345–365.

Kanga, K.E. "King Faridun and a Few of His Amulets and Charms," *K.R. Cama Memorial Volume, Essays on Iranian Subjects in Honor of Mr. Kharshedji Rustamji Cama On the Occasion of his Seventieth Birthday*, ed. J.J. Modi, Fort Printing Press, Bombay, 1900, pp. 141–145.

Kent, R.G. *Old Persian: Grammar, Text, Lexicon*, American Oriental Society, New Haven, Connecticut, 1950.

Kervran, M. "Forteresses, entrepôts et commerce: une historie à suivre depuis les rois sassanides jusqu'aux princes d'Ormuz," *Itinéraires d'orient, hommages à Claude Cahen*, eds. R. Curiel and R. Gyselen, Res Orientales, vol. VI, Bures-sur-Yvette, 1994, pp. 325–351.

Kettenhofen, E. *Die römisch-persischen Kriege des 3. Jahrhunderts n. Chr.: nach der Inschrift Šāhpuhrs I. an der Ka'be-ye Zartošt (ŠKZ)*, Dr. Ludwig Reichert Verlag, Wiesbaden, 1982.

——. *Das Sāsānidenreich*, TAVO, Dr. Ludwig Reichert Verlag, Wiesbaden, 1993.

——. "Deportations. ii. In the Parthian and Sasanian Periods," *Encyclopaedia Iranica*, vol. VII, fasc. 3, 1994, pp. 297–308.

Khāniki, R.'A.L. and Baššāš, K. *Selsela-ye maqālāt-e pažuhišī-ye mirāt-e farhangī-ye kešwar I. Sang Negāra-ye Lāx-Mazār*, Birjand, 1994/1373 Š.

Kister, M.J. "Al-Ḥīra, Some notes on its relations with Arabia," *Arabica*, vol. xv, 1968, pp. 143–169.

Knauth, W. *Das altiranische Fürstenideal von Xenophon bis Ferdousi, nach den antiken und einheimischen Quellen dargestellt*, Steiner, Wiesbaden, 1975.

Kreyenbroek, Ph.G. "The Zoroastrian Priesthood after the Fall of the Sasanian Empire," *Transition Periods in Iranian History, Actes du symposium de Fribourg-en-Brisgau (22–24 Mai 1985)*, Association pour l'avancement de études iraniennes, Paris, 1987, pp. 151–166.

——. "On the Concept of Spiritual Authority in Zoroastrianism," *Jerusalem Studies in Arabic and Islam*, vol. 17, 1994, pp. 1–15.

Kröger, J. "Sasanian Iran and India: Questions of Interaction," *South Asian Archaeology 1979*, ed. H. Härtel, Berlin, 1981, pp. 441–448.

Labourt, J. *Le Christianisme dans l'empire perse sous la dynastie sassanide*, Paris, 1904.

Laufer, B. *Sino-Iranica: Chinese Contributions to the History of Civilization in Ancient Iran, with Special Reference to the History of Cultivated Plants and Products*, Field Museum of Natural History, Publication 201, Anthropological Series, vol. 15, no. 3, Chicago, 1919.[①]

Lerner, J. "Central Asians in Sixth-Century China: A Zoroastrian Funerary Rite," *Iranica Antiqua*, vol. 30, 1995, pp. 179–190.

Lieu, S.N.C. "Captives, Refugees, and Exiles: A Study of Cross-Frontier Civilian Movements and Contacts between Rome and Persia from Valerian to Jovian," *The Defense of the Roman and Byzantine East, Proceedings of a colloquium held at the University of Sheffield in April 1986*, eds. P. Freeman and D. Kennedy, pt. ii, British Institute of Archaeology at Ankara, Monograph no. 8, BAR International Series 297, Oxford, 1986, pp. 475–505.

——. *Tamaddun-e Irān-e Sāsānī*, Translated from Russian into Persian by I. Reza, Scientific and Cultural Publication Company, Tehran, 1971/1350 Š.

Lukonin, V.G. "Political, Social and Administrative Institutions: Taxes and Trade," *The Cambridge History of Iran*, ed. E. Yarshater, vol. 3 (2), Cambridge University

---

① 汉译，劳费尔，《中国伊朗编》，林筠因译，北京：商务印书馆，1964 年。——译者注

Press, Cambridge, 1983, pp. 681–746.

Macuch, M. "Sasanidische Institutionen in früh-Islamischer Zeit," *Transition Periods in Iranian History*, Association pour l'avancement de études iraniennes, Paris, 1987, pp. 177–179.

——. "Barda and Bardadārī ii. In the Sasanian Period," *Encyclopaedia Iranica*, vol. III, fasc. 7, 1988, pp. 763-766.

——. "Charitable Foundations. i. In the Sasanian Period," *Encyclopaedia Iranica*, vol. V, fasc. 4, 1991, pp. 380–382.

——. "The Talmudic Expression 'Servant of the Fire' in Light of Pahlavi Legal Sources," *Jerusalem Studies in Arabic and Islam*, vol. 26, 2002, pp. 109–129.

Magistro, M. "Alcuni Aspetti della Glittica Sacro-Magica Sasanide: Il 'Cavaliere Nimbato,'" *Studia Iranica*, vol. 29, 2000, pp. 167–194.

Mahamedi, H. "Wall as a System of Frontier Defense during the Sasanid Period," *The Spirit of Wisdom [Mēnōg ī Xrad], Essays in Memory of Ahmad Tafazzoli*, eds. T. Daryaee and M. Omidsalar, Mazda Publishers, Costa Mesa, 2004, pp. 145–159.

Malayeri, M.M. *Farhang-e Irānī-ye Pēš az Islam va Aṭār-e ān dar Tamaddun-e Islāmī va Adabiyāt-e ʿArabī*, Tus Publishers, Tehran, 1995/1374 Š.

Malek, H.M. "The Coinage of the Sasanian King Kavād II (AD 628)," *The Numismatic Chronicle*, vol. 155, 1995, pp. 119–129.

Malek, H.M. and Curtis, V.S. "History and Coinage of the Sasanian Queen Bōrān (AD 629–631)," *The Numismatic Chronicle*, vol. 158, 1998, pp. 113–129.

Marquart, J. *Ērānšahr nach der Geographie des Ps. Moses Xorenacʻi*, Weidmannsche Buchhandlung, Berlin, 1901.

Marshak B.I. and Negmatov, N.N. "Sogdiana," *History of Civlizations of Central Asia*, ed. B.A. Litvinsky *et al.*, vol. III, UNESCO Publishing, Paris, 1996, pp. 235–258. [①]

Mazdapur, K. "Garmāba-ye bāstānī-ye Irān (Ancient Iranian Bathhouses)," *Farhang*,

---

① 汉译,B.I. 马沙克、N.N. 尼格马托夫,"索格底亚那",载于《中亚文明史》,第三卷,B.A. 李特文斯基主编,马小鹤译,北京:中国对外翻译出版公司,2003 年,195—238 页。——译者注

vol. 19, 1996/1395 Š., pp. 207–222.

———. "Chāštehā, Se Nahla-ye Feghhī dar Rūzegār-e Sāsānī," *Yād-e Bahār*, Tehran, 1997/1376 Š., pp. 383–412.

Melikian-Chirvani, A.S. "The Iranian *bazm* in Early Persian Sources," *Banquets d'Orient*, ed. R. Gyselen, Res Orientales, vol. IV, Bures-sur-Yvette, 1992, pp. 95–120.

de Menasce, J.P. "La conquête de l'iranisme et la récupération des mages hellénisés," *École Pratique de Hautes Études, Section des sciences religieuses, Annuaire 1956–1957*, 1955, pp. 3–12.

———. "Le protecteur des pauvres dans l'Iran sassanide," *Mélanges d'Orientalisme offerts à Henri Massé*, Tehran, 1963, pp. 282-287.

———. *Feux et fondations pieuses dans le droit sassanide*, Librairie C. Klincksieck, Paris, 1964.

———. "Textes pehlevis sur les Qanats," *Acta Orientalia*, vol. 30, 1966, pp. 167-175, reprint in *Études Iraniennes*, Studia Iranica Cahier, Paris, 1985, pp. 145–153.

Meskūb, Sh. *Sōg ī Sīyāwaš*, Khwārazmī Publishers, Tehran, 1971/1350 Š.

Minorsky, V. "Vīs u Rāmīn, a Parthian Romance," *Bulletin of the School of Oriental and African Studies, University of London*, vol. XI, 1946, pp. 741–763; vol. XII, 1947, pp. 20–35; vol. XVI, 1954, pp. 91–92.

Mochiri, M.I. "Garmkirmān: A Sasanian and Early Islamic Mint in Kirmān Province", *Numismatic Chronicle*, vol. 145, 1985, pp. 109–122.

Molé, M. "Le Problème des sectes Zoroastriennes dans les livres Pehlevis," *Oriens*, vol. 13/14, 1960/1961, pp. 1–28.

Momigliano, A. "Persian Historiography, Greek Historiography, and Jewish Historiography," *The Classical Foundations of Modern Historiography*, University of California Press, Berkeley, Los Angeles, London, 1990, pp. 5-28.

Moorey, P.R.S. *Kish Excavations 1923–1933*, Oxford, 1978.

Mori, S.（森茂男）"The narrative structure of the Paikuli Inscription," *Orient*, vol. 30/31, 1995, pp. 182–193.

Morony, M. "Landholding in Seventh-Century Iraq: Late Sasanian and Early Islamic Patterns," *The Islamic Middle East, 700–1900: Studies in Economic and Social*

History, ed. A.L. Udovitch, The Darwin Press, Princeton, New Jersey, 1981, pp. 135–175.

——. "Continuity and Change in the Administrative Geography of Late Sasanian and Early Islamic al-'Iraq," *Iran*, vol. XX, 1982, pp. 1–49.

——. *Iraq After the Muslim Conquest*, Princeton University Press, Princeton, New Jersey, 1984.

——. "Syria Under the Persians 610–629," *Proceedings of the Second Symposium on the History of Bilād al-Shām During the Early Islamic Period up to 40 A.H./640 A.D.*, ed. M.A. Bakhit, vol. I, Amman, 1987, pp. 87–95.

——."Mazdak," *The Encyclopaedia of Islam*, New Edition, vol. vi, Leiden, 1991, pp. 949–952.

——. "Land Use and Settlement Patterns in Late Sasanian and Early Islamic Iraq," *The Byzantine and Early Islamic Near East*, vol. 2, *Land Use and Settlement Patterns*, eds. G.R.D. King and A. Cameron, The Darwin Press, Princeton, New Jersey, 1994, pp. 221–229.

——. "Sāsānids," *The Encyclopaedia of Islam*, New Edition, vol. 9, Leiden, 1997, pp. 70–83.

——. "Magic and Society in Late Sasanian Iraq," *Prayer, Magic, and the Stars in the Ancient and Late Antique World*, Pennsylvania, 2003, pp. 83-107.

——. "Trade and Exchange: The Sasanian World to Islam," *The Late Antiquity and Early Islam Workshop, Trade and Exchange AD 565–770*, unpublished draft. [①]

Munk, S. *Notice sur Rabbi Saadia Gaon et sa version arabe d'Isaie et sur une version persane manuscrite de la Bibliothèque Royale*, Paris, 1838.

Naboodah, H.M. "The Commercial activity of Bahrain and Oman in the early Middle Ages," *Proceedings of the Seminar for Arabian Studies*, vol. 22, 1992, pp. 81–96.

Nawabi, Y.M. *Opera Minora*, ed. M. Tavousi, Shiraz, 1976/1355 Š.

Neely, J.A. "Sasanian and Early Islamic Water-Control and Irrigations Systems on the

---

① 现发表于 *e-Sasanika Paper*, vol. 15, 2017, pp. 1-28。——译者注

Deh Luran Plain, Iran," eds. T.E. Downing and M. Gibson, *Irrigation's Impact on Society*, University of Arizona Press, Tuscon, 1974, pp. 21–42.

Netzer, A. "Some Notes on the Characterization of Cyrus the Great in the Jewish and Judeo-Persian Writing," *Commémoration Cyrus. Hommage Universel*, vol. II, Acta Iranica, Tehran-Liege/Leiden, 1974, pp. 35–52.

Neusner, J. "How Much Iranian in Jewish Babylonia?," *Journal of the American Oriental Society*, vol. 95, no. 2, 1975, pp. 184–190.

——. "Jews in Iran," *The Cambridge History of Iran*, ed. E. Yarshater, vol. 3(2), Cambridge University Press, 1983, pp. 909–923.

Nyberg, S.H. *Religionen des Alten Iran*, translated by H.H. Schaeder, Leipzig, 1938, reprint Osnabrück, 1966.

Ostrogorsky, G. *History of the Byzantine State*, Revised Edition, translated by J. Hussey, Rutgers University Press, New Brunswick, New Jersey, 1969.

Von der Osten, H.H. and Naumann, R. *Takht-i Suleiman*, Berlin, 1961.

Panaino, A. "The *bayān* of the Fratarakas: Gods or 'divine' Kings?," *Religious themes and texts of pre-Islamic Iran and Central Asia: Studies in honour of Professor Gherardo Gnoli on the occasion of his 65th birthday on 6 December 2002*, eds. C. Cereti, M. Maggi, and E. Provasi, Wiesbaden, 2003, pp. 265–288.

——. "Astral Characters of Kingship in the Sasanian and Byzantine Worlds," *La Persia e Bisanzio*, Accademia Nazionale dei Lincei, Roma, 2004, pp. 555–594.

Parhām, S. "Tārīkh-e kohan-e farš-bāfī-e fārs," (The ancient history of carpet weaving in Fārs), *ĀYANDEH*, vol. 7, no. 4, 1981/1360 Š., pp. 262–267.

Périkhanian, A. "Notes sur le lexique iranien et arménien," *Revue des Études Arméniennes*, vol. V, 1968, pp. 9–30.

Peters, F.E. *The Harvest of Hellenism, A History of the Near East from Alexander the Great to the Triumph of Christianity*, Simon and Schuster, New York, 1970, reprint Barnes and Noble, New York, 1996.

Piacentini, V.F. "Ardashīr i Pāpakān and the wars against the Arabs: working hypothesis on the Sasanian hold on the Gulf," *Proceedings of the Seminar for Arabian Studies*, vol. 15, 1985, pp. 57–77.

——. *Merchants, Merchandise and Military Power in the Persian Gulf (Sūriyānj/*

Shahriyāj-Sīrāf), Atti Della Academia Nazionale Dei Lincei, Roma, 1992.

——. "Madīna/Shahr, Qarya/Deh, Nāḥiya/Rustāq—The City as Political Administrative Institution: the Continuity of a Sasanian Model," *Jerusalem Studies in Arabic and Islam*, vol. 17, 1994, pp. 85–107.

Pigulevskaïa, N.V. "Economic Relations in Iran during the IV–VI Centuries AD," *Journal of the K.R. Cama Oriental Institute*, no. 38, 1956, pp. 60–81.

——. *Les villes de l'état iranien aux époques parthe et sassanide*, Paris, 1963.

Piras, A. "Mesopotamian Sacred Marriage and Pre-Islamic Iran," *Melammu Symposia IV*, eds. A. Panaino and A. Piras, Milano, 2004, pp. 249–259.

Potter, D.S. *The Roman Empire at Bay (AD 180–395)*, Routledge, London and New York, 2004.

Potts, D.T. "A Sasanian Lead Horse from Northeastern Arabia," *Iranica Antiqua*, vol. XXVIII, 1993, pp. 193–199.

Puhvel, J. *Comparative Mythology*, John Hopkins University Press, 1987.

Reider, C. "Legend Variations of the Coins of Ardashir the Great," *Oriental Numismatic Society Newsletter*, no. 147, 1996, pp. 10–11.

Rose, J. "Three Queens, Two Wives, and a Goddess: Roles and Images of Women in Sasanian Iran," *Women in the Medieval Islamic World*, ed. G.R.G. Hambly, New York, 1998, pp. 29–54.

Rostovtzeff, M. *Dura-Europos and its Art*, Clarendon Press, Oxford, 1938.

——. *Rome*, Translated from Russian by J.D. Duff, Oxford University Press, London, Oxford, New York, 1960.

Rubin, Z. "The Reforms of Khusrō Anūshirwān," in *The Byzantine and Early Islamic Near East*, vol. III, *States, Resources and Armies*, ed. A. Cameron, Princeton, 1995, pp. 227–296.

——. "The Roman Empire in the *Res Gestae Divi Saporis*," *Ancient Iran and the Mediterranean World*, ed. E. Dąbrowa, Electrum 2, Jagiellonian University Press, Kraków, 1998, pp. 177–185.

——. "The Sasanid Monarchy," *The Cambridge Ancient History*, vol. 14, *Late Antiquity: Empire and Successors A.D. 425-600*, Cambridge, 2000, pp. 638–661.

Russell, J.R. "Zoroastrianism as the State Religion of Ancient Iran," *Journal of the*

K.R. Cama Oriental Institute, vol. 53, 1986, pp. 74–142.

——. *Zoroastrianism in Armenia*, Harvard Iranian Series, Cambridge, Massachusetts, 1987.

——. "Kartīr and Mānī: a shamanistic model of their conflict," *Iranica Varia: Papers in honor of Professor Ehsan Yarshater*, E.J. Brill, Leiden, 1990, pp. 180–193.

——. "On Mysticism and Esotericism among the Zoroastrians," *Iranian Studies*, vol. 26, no. 1/2, 1993, pp. 73–94.

Sanjana, D.P. "The Alleged Practice of Consanguineous Marriages in Ancient Iran," *The Collected Works of the Late Dastur Darab Peshotan Sanjana*, British India Press, Bombay, 1932, pp. 462–499.

Sarkārāti, B. "Akhbār-e Tārīkhī dar Āthār-e Mānavī: 3. Mānī va Šāpūr," *Zabān va adab-e Fārsī*, vol. 114, 1975/1354 Š., pp. 209-248, reprint in *Sāyahā-ye Šekār Šoda*, Tehran, 1999/1378 Š., pp. 163–192.

Schafer, E.H. "Iranian Merchants in T'ang Dynasty Tales," *Semitic and Oriental Studies. A Volume Presented to William Popper*, University of California Publications in Semitic Philology, vol. 11, Berkeley and Los Angeles, 1951, pp. 403–422.

——. *The Golden Peaches of Samarkand, A Study of T'ang Exotics*, University of California Press, 1963.[①]

Scharfe, H. "Sacred Kingship, Warlords, and Nobility," in *Ritual, State and History in South India, Essays in Honour of J.C. Heesterman*, eds. A.W. Van den Hoek, *et al.*, E.J. Brill, Leiden, New York, Köln, 1992, pp. 309–322.

Schippmann, K. *Grundzüge der Geschichte des sasanidischen Reiches*, Darmstadt, 1990.

Schmidt, H.-P. "The Incorruptibility of the Sinner's Corpse," *Studien zur Indologie und Iranistik*, vol. 19, 1994, pp. 247–268.

Schmitt, R. (ed.) *Compendium Linguarum Iranicarum,* Dr. Ludwig Reichert Verlag,

---

[①] 汉译，谢弗，《唐代的外来文明》，吴玉贵译，北京，中国社会科学出版社，1995年。——译者注

Wiesbaden, 1989.

Schwartz. M. "Pers. *Saugand Xurdan*, etc. 'To take an oath' not *'to drink sulpher'," *Études irano-aryennes offertes à Gilbert Lazard*, eds. C.-H. de Fouchécour and Ph. Gignoux, Paris, 1989, pp. 293–295.

——. "*Sasm, Sesen, St. Sisinnios, Sesengen Barpharangés, and ... 'Semanglof,'" *Bulletin of the Asia Institute*, vol. 10, 1996, pp. 253–257.

——. "Sesen: a Durable East Mediterranean God in Iran," *Proceedings of the Third European Conference of Iranian Studies*, pt. 1, *Old and Middle Iranian Studies*, ed. N. Sims-Williams, Dr. Ludwig Reichert Verlag, Wiesbaden, 1998, pp. 9–11.

——. "Kerdīr's Clairvoyants: Extra-Iranian and Gathic Perspectives," *Iranian Languages and Texts from Iran and Turan. R.E. Emmerick Memorial Volume*, eds. M. Macuch, M. Maggi and W. Sundermann, Harrassowitz Verlag, Wiesbaden, 2007, pp. 365-376.

Sellheim, R. "Ṭāq-i Bustān und Kaiser Julian (361–363)," *Oriens*, vol. 34, 1994, pp. 354–366.

Sellwood, D. "Minor States in Sourthern Iran," *The Cambridge History of Iran*, ed. E. Yarshater, vol. 3(1), Cambridge, 1983, pp. 299–321.

Senior, B. "Some new coins from Sind," *Oriental Numismatic Society Newsletter*, no. 149, 1996, pp. 6–7.

Shahbazi, A.Sh. "Studies in Sasanian Prosopography: I. Narse's Relief at Naqš-i Rustam," *Archäologische Mitteilungen aus Iran*, vol. 16, 1983, pp. 255–268.

——. "Army i. Pre-Islamic Iran," *Encyclopaedia Iranica*, vol. II, fasc. 5, 1986, pp. 489–499.

——. "Studies in Sasanian Prosopography: III. Barm-i Dilak: Symbolism of Offering Flowers," *The Art and Archaeology of Ancient Persia*, eds. V.S. Curtis, *et al.*, I.B.Tauris, London, 1998, pp. 58–66.

——. "Early Sasanians' Claim to Achaemenid Heritage," *Nāma-ye Irān-e Bāstān*, vol. 1, no. 1, 2001, pp. 61–73.

Shaked, Sh. "Esoteric Trends in Zoroastrianism," *Proceedings of the Israel Academy of Sciences and Humanities*, vol. 3, 1969, pp. 175–221.

——. "Some Legal and Administrative Terms," *Monumentum H.S. Nyberg*, vol. II, Acta Iranica, Tehran-Liege/Leiden, 1975, pp. 213–225.

——. "From Iran to Islam: Notes on Some Themes in Transmission," *Jerusalem Studies in Arabic and Islam*, vol. 4, 1984, pp. 31–67.

——. "First Man, First King, Notes on Semitic-Iranian Syncretism and Iranian Mythological Transformations," *Gilgul, Essays on Transformation, Revolution and Permanence in the History of Religions Dedicated to R.J. Zwi Werblowsky*, eds. Sh. Shaked, *et al.*, E.J. Brill, Leiden, 1987, pp. 238–256.

——. "Bible iv. Middle Persian Translations," *Encyclopaedia Iranica*, vol. iv, fasc. 2, 1989, pp. 206–207.

——. "Administrative Functions of Priests in the Sasanian Period," *Proceedings of the First European Conference of Iranian Studies*, pt. 1, *Old and Middle Iranian Studies*, Rome, 1990, pp. 261–273.

——. "The Myth of Zurvan: Cosmogony and Eschatology," *Messiah and Christos, Studies in the Jewish Origins of Christianity Presented to David Flusser on the Occasion of His Seventy-Fifth Birthday*, eds. I. Gruenwald, *et al.*, J.C.B. Mohr (Paul Siebeck), Tübingen, 1992, pp. 219–240.

——. "Notes on the Pahlavi Amulet and Sasanian Courts of Law," *Bulletin of the Asia Institute*, vol. 7, 1993, pp. 165–172.

——. *Dualism in Transformation: Varieties of Religion in Sasanian Iran*, Jordan Lectures in Comparative Religion, School of Oriental and African Studies, University of London, 1994.

Shaki, M. "Some Basic Tenets of the Eclectic Metaphysics of the *Dēnkart*," *Archív Orientální*, vol. 38, 1970, pp. 277–312.

——. "The Sassanian Matrimonial Relations," *Arhív Orientální*, vol. 39, 1971, pp. 322–345.

——. "The Concept of Obligated Successorship in the *Mādiyān ī Hazār Dādestān*," *Monumentum H.S. Nyberg*, vol. 2, Acta Iranica, vol. 5, Tehran-Liege/Leiden, 1975, pp. 227–242.

——. "The Social Doctrine of Mazdak in the Light of Middle Persian Evidence," *Archív Orientální*, vol. 46, 1978, pp. 289–306.

———. "The *Dēnkard* Account of the History of the Zoroastrian Scriptures," *Archív Orientální*, vol. 49, 1981, pp. 114–125.

———. "The Cosmogonical and Cosmological Teachings of Mazdak," *Papers in Honour of Professor Mary Boyce*, vol. 2, Acta Iranica, vol. 25, E.J. Brill, Leiden, 1985, pp. 526–543.

———. "Observations on the *Ayādgār ī Zarērān*," *Archív Orientální*, vol. 54, 1986, pp. 257–271.

———. "Pahlavica," *A Green Leaf: Papers in Honour of Prof. J.P. Asmussen*, Acta Iranica, vol. 28, Leiden, 1988, pp. 93–99.

———. "A Signal Catalogue of Sasanian Seals and Bullae," *Archív Orientální*, vol. 57, 1989, pp. 167–169.

———. "Sasan ke bud?," *Iranshenasi*, vol. 2, no. 1, 1990, pp. 77–88.

———. "The Fillet of Nobility," *Bulletin of the Asia Institute*, Vol. 4, 1990, pp. 277–279.

———. "An Appraisal of *Encyclopaedia Iranica*, vols. II and III," *Archív Orientální*, vol. 59, 1991, pp. 406–409.

———. "Class System iii. Parthian and Sasanian Period," *Encyclopaedia Iranica*, vol. V, fasc. 6, 1992, pp. 652–658.

———. "Drist-Dēnān," *Ma'ārif*, vol. 10, no. 1, 1993/1372 Š., pp. 28–53.

———. "Dād," *Encyclopaedia Iranica*, vol. VI, fasc. 5, 1993, pp. 544–545.

———. "Dādwar, Dādwarīh," *Encyclopaedia Iranica*, vol. VI, fasc. 5, 1993, pp. 557–559.

———. "Divorce ii. in the Parthian and Sasanian Periods," *Encyclopaedia Iranica*, vol. VII, fasc. 4, 1995, pp. 444–445.

———. "Family Law i. in Zoroastrianism," *Encyclopaedia Iranica*, vol. IX, fasc. 2, 1999, pp. 184–189.

Shayegan, R. "The Evolution of the Concept of *Xwadāy* 'God'," *Acta Orientalia Academiae Scientiarum Hungaricae*, vol. 51, no. 1/2, 1998, pp. 31–54.

Sims-Williams, N. "Sogdian," *Compendium Linguarum Iranicarum*, ed. R. Schmitt, Dr. Ludwig Reichert Verlag, Wiesbaden, 1989, pp. 173–192.

———. "Bactrian," *Compendium Linguarum Iranicarum*, ed. R. Schmitt, Dr. Ludwig

Reichert Verlag, Wiesbaden, 1989, pp. 230–235.

——. "Bible v. Sogdian Translations," *Encyclopaedia Iranica*, vol. iv, fasc. 2, 1989, p. 207.

Skjærvø, P.O. "Thematic and linguistic parallels in the Achaemenian and Sassanian inscriptions," *Papers in Honour of Professor Mary Boyce*, vol. 2, Acta Iranica, vol. 25, E.J. Brill, Leiden, 1985, pp. 593–603.

——. "Iranian Elements in Manichaeism: A comparative contrastive approach. Irano-Manichaica I," *Au Carrefour des Religions: Mélanges offerts à Philippe Gignoux*, Res Orientales, vol. VII, Bures-sur-Yvette, 1995, pp. 263–284.

——. "Royalty in Early Iranian Literature," *Proceedings of the Third European Conference of Iranian Studies,* pt. 1, *Old and Middle Iranian Studies*, ed. N. Sims-Williams, Dr. Ludwig Reichert Verlag, Wiesbaden, 1998, pp. 99–107.

Soudavar, A. *The Aura of the Kings: Legitimacy and Divine Sanction in Iranian Kingship*, Mazda Publishers, Costa Mesa, 2003.

Spuler, B. "Trade in the Eastern Islamic Countries in the Early Centuries," *Islam and the Trade in Asia*, University of Pennsylvania Press, 1970, pp. 11–20.

Sunderman, V. "Commendatio pauperum," *Altorientalische Forschungen*, vol. IV, 1976, pp. 167–194.

——. "Mittelpersisch," *Compendium Linguarum Iranicarum*, ed. R. Schmitt, Dr. Ludwig Reichert Verlag, Wiesbaden, 1989, pp. 138–164.

Le Strange, G. *The Lands of the Eastern Caliphate*, Cambridge University Press, 1905, reprint Barnes and Noble, New York, 1966.

Stratos, A.N. *Byzantium in the Seventh Century*, vol. I, Amsterdam, 1968.

Tafazzoli, A. "A List of Trades and Crafts in the Sassanian Period," *Archaeologische Mitteilungen aus Iran*, vol. 7, 1974, pp. 191–196.

——. *Tārīx-e Adabiyāt-e Irān Pēš az Islām*, Soxan Publishers, Tehran, 1997/1376 Š.

——. *Sasanian Society*, Ehsan Yarshater Distinguished Lecture in Iranian Studies, Bibliotheca Persica Press, New York, 2000.

Tavadia, J.C. *Die mittelpersische Sprache und Literature der Zarathustrier*, Leipzig, 1956.

Thierry, F. "Sur les monnaies sassanides trouvées en chine," *Circulations des monnai-*

es, des marchandises et des biens, ed. R. Gyselen, Res Orientales, vol. V, Bures-sur-Yvette, 1993, pp. 89–139.

Utas, B. "Non-Religious Book Pahlavi Literature as a Source to the History of Central Asia," *Acta Antiqua Academiae Scientiarum Hungaricae*, vol. 24, 1976, pp. 115-124.

——. "Chess I. The History of Chess in Persia," *Encyclopaedia Iranica*, ed. E. Yarshater, vol. V, fasc. 4, 1991, pp. 393-397.

Venetis, E. "The Sasanian Occupation of Egypt (7th. Cent. A.D.) According to Some Pahlavi Papyri Abstracts," *Graeco-Arabica*, vol. 9/10, 2004, pp. 403–412.

Wenke, R.J. "Western Iran in the Partho-Sasanian Period: The Imperial Transformation," *The Archaeology of Western Iran, Settlement and Society from Prehistory to the Islamic Conquest*, ed. F. Hole, Smithsonian Institution Press, Washington, D.C., 1987, pp. 251–281.

West, E.W. "The meaning of Khvētūk-das or Khvētūdād," *Pahlavi Texts*, pt. II, Clarendon Press, Oxford, 1882, pp. 389–430.

——. "Pahlavi Literature," *Grundriss der Iranischen Philologie*, vol. II, Verlag von Karl J. Trübner, Strassburg, 1896-1904, pp. 75–129.

Whitehouse, D. "Chinese Stoneware from Siraf: The Earliest Finds," *South Asian Archaeology 1971*, Noyes Press, 1973, pp. 241–255.

——. "Maritime Trade in the Arabian Sea: The 9th and 10th Centuries A.D.," *South Asian Archaeology 1977*, ed. M. Taddei, vol. 2, Naples, 1979, pp. 865–887.

Whitehouse, D. and Williamson, A. "Sasanian Maritime Trade," *Iran*, vol. XI, 1973, pp. 29–50.

Widengren, G. "The Establishment of the Sasanian dynasty in the light of new evidence," *La Persia nel Medioevo*, Academia Nazionale dei Lincei, Roma, 1971, pp. 711–782.

Wiesehöfer, J. "Ardašīr I i. History," *Encyclopaedia Iranica*, ed. E. Yarshater, vol. II, fasc. 4, 1986, pp. 371–376.

——. *Ancient Persia From 550 BC to 650 AD*, translated by A. Azodi, I.B.Tauris Publishers, London and New York, 1996.

Wilkinson, J.C. "The Julanda of Oman," *The Journal of Oman Studies*, vol. I, 1975, pp. 97–108.

——. "Ṣuḥār (Sohar) in the Early Islamic Period: The Written Evidence," *South Asian Archaeology 1977*, ed. E. Taddei, vol. 2, Naples, 1979, pp. 887–907.

Williamson, A. "Persian Gulf Commerce in the Sassanian Period and the First Two Centuries of Islam," *Bāstān Šenāsī va Honar-e Irān*, vol. 9/10, 1972/1351 Š., pp. 97–109.

Wulff, H.E. *The Traditional Crafts of Persia*, The Massachusetts Institute of Technology, 1966.

Xia, N. *Studies in Chinese Archaeology*, The Institute of Archaeological Academia Sinica, Peking, 1961.[①]

——. "A Survery of Sanian Silver Coins Found in China," *K'ao Ku 'Hsüeh* Pao, no. 1, 1974, pp. 91–110.[②]

Yarshater, E. "Mazdakism," *The Cambridge History of Iran*, vol. III (2), Cambridge, 1983, pp. 991–1024.

Zaehner, R.C. *Zurvan, A Zoroastrian Dilemma*, Clarendon Press, Oxford, 1955, reprint Biblio and Tannen, New York, 1972.

---

① 夏鼐,《考古学论文集》,中国科学院考古研究所编辑,科学出版社,1961。——译者注

② 夏鼐,"综述中国出土的波斯萨珊朝银币",载于《考古学报》1974年第1期,91—110页。——译者注

译名对照表 ①

A

(M.P.) Ābān Yašt	《水颂》(《阿邦·亚什特》)
(M.P.) Abāliš	(人名) 阿巴利西
(M.P.) abar ān ī kirrōgkārān ēk ēk rastag ī bāzār	论工匠们的一块块巴扎分区
(M.P.) Abar Ēwēnag ī Nāmag Nibēsišnīh	《论书仪》
(M.P.) Abar Madan ī Wahrām ī Warzāwand	《论奇迹般的巴赫拉姆到来》
(M.P.) abārōn marzišnīh	不正的性交
Abbasid	(族名) 阿拔斯
(Arab.) ʿAbd al-Qays	(族名) 阿卜杜勒·卡伊斯部落
(M.P.) Abdīh ud Sahīgīh ī Sagistān	《锡斯坦的奇迹与价值》
(Arab.) ʿAbdullah ibn al-Muqaffaʿ	(人名) 阿卜杜拉·伊本·穆加发
(M.P.) abē-bīm	无所畏惧
(M.P.) āb-kāmag	酸酱
(M.P.) abēzārīh	离婚,自由
(M.P.) abōg / (N.P.) havū	妾
(M.P.) aburnāyag	未成年
(M.P.) abzōn / (Av.) spənta	丰饶,繁荣

---

① 收录本书中古代专有名词和词汇 (常见除外)。缩写: N.P.=New Persian (现代波斯语,一种转写体系中的 e、o、词尾 -a,等于另一种中的 i、u、词尾 -eh,本书中两种体系通用),M.P.=Middle Persian, O.P.=Old Persian, Av.=Avestan, Skr.=Sanskrit, Prth.=Parthian, Sgd.=Sogdian, Syr.=Syrian, Gr.=Greek, L.=Latin, Akk.=Akkadian, El.=Elamite, Hebr.=Hebrew, Aram.=Aramaic, Arab.=Arabic, Arm.=Armenian, T.=Turkish, Georg.=Georgian, It.=Italian, 未标明者为其英语形式。

(续表)

Achaemenid	（族名）阿契美尼德
Acts of Simeon	《西缅行传》
(M.P.) adbadāt	无力养家
(Arab.) ādel	正义
Aden	（地名）亚丁
(Gr.) Adiabēnē / (M.P.) Nōdšīragān	（地名）阿迪亚波纳
(M.P.) Ādurbād ī Ādurmihr	（人名）圣火密希拉之子圣火护
(M.P.) Ādurbād ī Mahrspandān	（人名）丰真言之子圣火护
(M.P.) Ādur Farr(o)bay/Farnbāg	灵光赐圣火，（人名）圣火灵光赐
(M.P.) Ādur Gušnasp	公马圣火
(M.P.) Ādur-Narseh	（人名）圣火-纳尔西
Afsharid	（族名）阿夫沙尔
(L.) Agapius / (Arab.) Maḥbūb ibn Qusṭanṭīn	（人名）亚迦毗乌
(M.P.) Agāš / (Av.) Aγašay	（魔名）邪眼
(Gr.) Agathias	（人名）阿伽提亚斯
(M.P.) ag-dēn	恶宗教
(M.P.) āhangar	铁匠
(M.P.) āhan ī widāxtag	熔化的金属
(M.P.) āhan-paykar	铸铁匠
Ahasuerus / (Hebr.) ᵃḥašwerōš	（人名）亚哈随鲁
(M.P.) ahlomōγ(ān)	异端
(M.P.) ahlomōγ ahlomōγān	异端中的异端
(M.P.) Ahreman / (Av.) Angra Mainiiu	（魔名）阿赫里曼（邪灵）
(O.P./Av.) Ahura Mazdā / (Arm.) Aramazd / (M.P.) Ohrmazd/Hormizd / (N.P.) Hormoz(d)	（神名）阿胡拉马兹达（智神），（人名）霍尔姆兹
(Av.) airiianəm/airiianąm xᵛarənō / (M.P.) ērān xwarrah	伊朗人的灵光
(M.P.) Akoman / (Av.) Aka manah	（魔名）恶思
(Sgd.) *'krtyh 'nβ'nt ptwry pwstk*	《业因果经》

（续表）

(Gr./L.) Albania / (M.P.) Alān	（地名）高加索阿尔巴尼亚
Alexander	（人名）亚历山大
(L.) Alexander Severus	（人名）亚历山大·塞维鲁
(M.P.) Amahraspand(ān) / (Av.) Aməša Spənta	不朽丰神
(M.P.) āmārgar	（职官名）职计
(M.P.) āmēzišn	结合
(Gr./L.) Amida	（地名）艾美达
amir	（职官名）埃米尔
(L.) Ammianus Marcellinus	（人名）阿米安·马塞林
(M.P.) Anāhīd / (O.P./Av.) Anāhitā / (Arm.) Anahit	（神名）阿娜希塔（无瑕）
(Gr.) Anaitis	（神名）阿娜伊提斯
(M.P.) andarwāy-wāzīg	中空戏
(M.P.) andēmāngārān sālār	（职官名）司仪首领
(M.P.) Andigan	（人名/族名）安地冈
(M.P.) an-Ērān / (N.P.) an-Irān	非伊朗
(M.P.) an-Ērīh	非伊朗性
(M.P.) anōšag bawēd	愿您不朽（万岁）
(M.P.) Anōšag-ruwān / (N.P.) Anuširvān	（人名）阿努席尔旺（不朽灵魂）
(M.P.) anšahrīg	奴隶
Antioch	（地名）安条克
Antiochus Strategos / (Gr.) Antiochos Strategos / (L.) Antiochus Strategus	（人名）安条克·斯特拉太古
(Turk.) Āq tepe	（地名）白丘
(L.) Arabissus (Tripotamus)	（地名）阿拉比索（三河）
(Gr./L.) Arachosia	（地名）阿拉霍西亚
(L.) Arcadius	（人名）阿卡狄乌斯
(M.P.) Ardawān / (L.) Artabanus	（人名）阿尔达旺/阿尔达班（具真实正义者）
(M.P./N.P.) Arda(x)šīr	（人名）阿尔达希尔（正治）

(续表)

(M.P.) Arda(x)šīr-Anāhīd	（人名）阿尔达希尔－阿娜希塔
(M.P.) Arda(x)šīr-xwarrah	（地名）阿尔达希尔灵光
(M.P.) *Ardā Wirāz Nāmag*	《真实者维拉兹之书》
(Gr./L.) Aria / (O.P.) Haraiva / (M.P.) Harēw / (N.P.) Herāt	（地名）赫拉特省
(M.P./N.P.) Arjāsp	（人名）阿尔贾斯帕
(Gr./L.) Armenia / (M.P.) Arman	（地名）亚美尼亚
Arsacid	（族名）安息（正治）
(Arm.) Aršak	（人名）阿尔沙克（正治）
(Arm.) Artashat / (Gr.) Artaxata	（地名）阿尔塔沙特（正乐）
(Arm.) Artašēs / (Gr.) Artaxias	（人名）阿尔塔什斯（正治）
(Gr./L.) Artaxerxes	（人名）阿尔塔薛西斯（正治）
(M.P.) artēštār(ān)	武士
(M.P.) artēštārān sālār	（职官名）武士首领
(M.P.) artēštārestān	武士典
(M.P.) asēmgar	银匠
(M.P.) asēm-paykar	铸银匠
(L.) Aspacures / (Georg.) Varaz-Bakur	（人名）瓦拉兹巴库尔
(M.P.) āsrōn(ān)	祭司
(Gr./L.) Assyria / (M.P.) Asūrestān	（地名）亚述省（巴比伦）
(M.P.) astōdān	纳骨器
(M.P.) Astwihād	（魔名）散骨（死神）
(M.P.) aswār(ān)	骑兵
(M.P.) aswārīh	骑术
(M.P.) aškōb-kardār	屋顶匠
(M.P.) ātaxšān-āmār-dibīr	（职官名）圣火计账书吏
(M.P.) ātaxšān-āmār-dibīrīh	圣火计账书体
(M.P.) ātaxš-bandag	火奴
(M.P.) ātaxš kadag	圣火祠
(Arab.) aṭim / (N.P.) bazahgar	作恶者，罪人
(L.) Augustus	（人名）奥古斯都

299

（续表）

(Arm.) Avarayr	（地名）阿瓦拉尔
(Av.) *Avesta*	"阿维斯陀"（《阿维斯塔》）
(M.P.) awestām	州
(M.P.) awyākaran / (Skt.) vyākaraṇa	语法
(M.P.) axtar-āmār	计宿者（占星官）
(M.P.) *āxwar(r)-āmār-dibīr	（职官名）马厩计账书吏
(M.P.) āxwar(r)-āmār-dibīrīh	马厩计账书体
(M.P.) āxwar(r)bed	（职官名）马厩长
(M.P.) *Ayādgār ī Zarērān*	《扎里尔志》（《缅怀扎里尔》）
(M.P.) ayār	帮助者
(M.P.) ayōkēn	继承人
(Arab.) ʿayyārun	流浪汉团
(M.P.) az	从，来自
(M.P.) āz	（魔名）贪婪
(M.P.) āzād(ān)	贵族
(M.P.) āzād-nāmag	自由书（奴隶解放证明）
Azari	阿扎里语
(M.P.) Azarmīgduxt / (N.P.) Azarmīduxt	（人名）阿扎尔米公主
Azerbaijan / (M.P.) Ādurbāyagān / (Gr.) Atropatēnē	（地名）阿塞拜疆

B

(N.P.) Bābā Ṭāher (ʿOryān)	（人名）巴巴·塔黑尔（·乌里扬）
Babylon / (M.P.) Bābel (Gr./L.) Babylonia	（地名）巴比伦
Babylonian Talmud	《巴比伦塔木德》
(Gr.) *Bacche*	《酒神的伴侣》
(Gr./L.) Bactria	（地名）巴克特里亚（大夏）
(M.P.) bādag ī hulwānīg	胡尔万浆

(续表)

(M.P.) bādag ī wāzrangīg	巴兹兰齐浆
(Arm.) Bagawan	(地名)巴加万(神城)
(Arab.) Bakr b. Waʾil	(族名)巴克尔部落
Baku	(地名)巴库
(Arab.) Balʻami	(人名)巴拉米
(N.P.) Balāš / (M.P.) Walāxš / (Gr./L.) Vologases	(人名)巴拉什/沃洛吉斯
(M.P.) Balāsagān	(地名)巴拉萨冈
Banbhore	(地名)班普尔
(M.P.) bandag	奴仆
(M.P.) bandag paristār	侍女
(N.P.) Bandar-i Lengeh	(地名)伦格港
(M.P.) bandkār	绳匠
(M.P.) bang	天仙子,莨菪
(M.P.) bānūgān handarzbed	(职官名)王后谏议长
(N.P.) Barbād / (Arab.) Bārbad	(人名)巴尔巴德
(L.) Barbalissus / (M.P.) Bebalis	(地名)巴尔巴利索斯
(Gr.) barbaroi	蛮族
(L.) barbarorum extinctori	蛮族灭绝者
(M.P.) barbut-srāy	奏(曲项)琵琶者
(Gr./L.) Bardesanes / (Syr.) Bar Daişān	(人名)巴尔戴桑(戴桑河之子)
(M.P.) bārīk/bārīg-dānišn	知微
(M.P.) barǰ	靠枕
Battle of Nahāvand / (Arab.) Maʻrakah Nahāwand	纳哈万德战役
Battle of Qadisiyya / (Arab.) Maʻrakah al-Qādisīyah	伽迪西亚战役
Battle of the Bridge / (Arab.) Maʻrakah al-Jisr	桥战
(N.P.) Bāvandī	(族名)巴万迪(巴乌之裔)
(M.P.) bawišn ud wināhišn	生成与坏灭

（续表）

(M.P.) Baxtāfrīd	（人名）命运所佑
(M.P.) bay/baγ (bgy)	圣帝，神
(M.P.) *bayān/baγān (Yašt/Yasn)*	《诸神（颂/祭）》
(M.P.) bazm	宴饮
(Arm.) bazmocʻkʻ	倚，躺
Bazrangid	（族名）巴兹兰齐
(M.P.) bēastān	离家婚
(M.P.) bed / (Skr.) pati	长，主
Behistun	（地名）贝希斯敦
(L.) Belisarius	（人名）贝利撒留
(M.P.) bēš-pursīšnīh	问苦辛
(M.P.) bidaxš	（职官名）副王（宰辅）
(Arab.) bilād / (M.P.) šahr	方国，省
(N.P.) Bīrjand	（地名）比尔盏
(Arab.) Bīrūnī	（人名）比鲁尼
(N.P.) Bīšāpur / (M.P.) Bay-šābuhr	（地名）陛沙普尔（圣帝沙普尔）
(M.P.) bistag / (N.P.) pesta / pistachio	开心果
(M.P.) bizešk	医生
Book of Enoch	《以诺书》
Book of Kings / (N.P.) *Šāhnāma*	《列王纪》
Book of Zambasta	《赞巴斯塔之书》
(M.P.) Bōrān / (N.P.) Pōrān/Pūrān	（人名）普兰
(N.P.) Borzūya	（人名）白尔才
(M.P.) Boxt-Arda(x)šīr / (N.P.) Būšehr	（地名）得佑阿尔达希尔/布什尔
(M.P.) Braman (brmny)	婆罗门（印度教徒）
(M.P.) brīdan/burīdan	截肢
Bukhara	（地名）布哈拉
(M.P.) *Bundahišn*	《本元创造》(《本达希申》/《班达喜兴》)
(M.P./N.P.) but / (Av.) Būiti	（魔名）偶像（佛陀）

C

(Gr./L.) Cappadocia	（地名）卡帕多西亚
(L.) Caracalla	（人名）卡拉卡拉
(L.) Carmania / (Gr.) Karmania / (N.P.) Kermān / (M.P.) Kirmān	（地名）克尔曼
(L.) Carrhae / (Arab.) Ḥarrān / (Turk.) Harran	（地名）卡莱（哈兰）
(L.) Carus	（人名）卡鲁斯
Caspian Gates / (L.) Portae Caspiae	（地名）里海关
Catholicos / (Gr.) Catholikos	（职官名）景教牧首
Ceylon / Sri Lanka	（地名）锡兰 / 斯里兰卡
Chionites/Huns / (L.) Chionitae / (M.P.) Xyōn	（族名）匈人
(Gr./L.) Cilicia	（地名）奇里乞亚（基利家）
(L.) *Codex Justinianus*	《查士丁尼法典》
Constantine	（人名）君士坦丁
(L.) Constantius	（人名）君士坦提乌斯
(Gr./L.) Ctesiphon	（地名）泰西封

Č (Ch)

(M.P.) čagar	代（妻）
(N.P.) čahār ṭāq	四拱门
(M.P.) Čālākān	（地名）恰拉康
(M.P.) čambar-wāzīg	圈戏
(M.P.) čang-srāy	奏竖琴者
(M.P.) čārūgar	臼匠
(M.P.) čatrang / (Skt.) caturaṅga	印度象棋（四支棋）
(M.P.) čēlāngar	武器匠
(M.P.) Čišmag	（魔名）气熄魔
(M.P./N.P.) Čōbin	（人名）楚宾（棍子般的）
(M.P./N.P.) čōb zadan	棍击

D

(M.P.) *dād-dibīr(ān)	（职官名）法律书吏
(M.P.) dād-dibīrīh	法律书体
(M.P.) *(Dādestān ī) Mēnōg ī Xrad*	《智慧之灵（的判决）》
(M.P.) dādīg	法律的
(M.P.) dādwar(ān)	（职官名）司法，法官
(M.P.) dādwarān dādwar / (Arab.) qāḍī al-quḍāt	（职官名）法官中的法官
(M.P.) dādwar ī keh	（职官名）小法官
(M.P.) dādwar ī meh	（职官名）大法官
(M.P.) Dahāg / (N.P.) Żaḥḥāk	（人名）佐哈克
(N.P.) dahrī	宿命论者（无神论者，唯物论者）
(N.P.) dakhma / (M.P.) daxmag	寂静塔
(Skt.) Damanaka / (M.P.) *Damanag / (Syr.) Damnag / (Arab.) Dimnah	（豺狼名）达摩那迦 / 迪木乃（小调服）
(Arab.) Dama	（地名）达玛
(N.P.) Damāvand	（地名）达玛温德山
(M.P.) dānēnag	干果
(M.P./N.P.) dāng / (O.P.) *dānaka / (Gr.) danakē	六一币，六分之一的 drahm/drachmē
Daniel	（人名）但以理
Dante	（人名）但丁
(M.P.) Dārā / (Gr.) Anastasiopolis	（地名）达拉 / 阿纳斯塔修斯城
(M.P./N.P.) Dārā(b) / (L.) Darius	（人名）达拉（布）/ 大流士
(M.P.) Dārābgerd / (N.P.) Dārāb	（地名）达拉布所建 / 达拉布
(M.P.) dar āmārgar	（职官名）宫廷职计
(Arab.) Darayn/Darīn	（地名）达林
(M.P.) darbed	（职官名）门长
(M.P.) dar handarzbed	（职官名）宫廷谏议长
(M.P.) darīgbed / (Gr.) kouropalatēs	（职官名）廷长 / 司廷（宫廷侍卫长）
(M.P.) dāı-wāzıg	柱戏
(M.P.) darzīg	裁缝

（续表）

(N.P.) *Dāstānhā-ye Bidpāy*	《白得巴的故事》
(M.P.) dastwar(ān) / (N.P.) dastūr(ān)	（职官名）宗教权威
(M.P.) dašnag-wāzīg	匕首戏
(M.P.) dašnēzādag(ān) / (Syr.) banyā yāminā	右侧之子，义人
(M.P.) daštān	月经，经期
(M.P.) daštānestān	月经室
(M.P.) daštān-marz(ān)	经期行房
Daylamite	（族名）答儿密
(M.P.) deh / (Arab.) qarya	乡
(M.P.) dehgān(ān)/dahigān(ān) / (N.P.) dehgān/dehqān	乡绅（德赫干）
(M.P.) dēn	宗教
(M.P.) Dēnag	（人名）迪娜
(L.) denarius (aureus) / (M.P.) dēnār	金第纳尔，金币
(M.P.) dēnbar(ān)	承负宗教者
(M.P.) *dēn-dibīr	（职官名）宗教书吏
(M.P.) dēn-dibīrīh	宗教书体
(M.P.) *Dēnkard*	《宗教事》（《丁·卡尔特》）
(Skr.) devanāgarī	天城体
(M.P.) dēw(ān)	伪神，魔鬼
(M.P.) dēw-ayārīh	助伪神
(M.P.) dēw-yasnīh	祭伪神
(M.P.) dib ī pādixšāy-kard	权威所作敕令
(M.P./N.P.) dibīr	（职官名）书吏
(M.P.) dibīrbed	（职官名）书吏长
(M.P.) dibīrestān	文书院
(M.P.) dibīr mahist	（职官名）大书吏
(M.P./N.P.) dil	心

(续表)

(N.P.) Dīnavar	(地名)迪纳瓦尔
(Arab.) dīvān al-muqātilah	兵部
(It.) *Divina Commedia*	《神曲》
(M.P.) diwān/dīwān / (N.P./Arab.) dīvān/dīwān	部
Diocletian	(人名)戴克里先
(M.P.) dizbed	堡长
door / (O.P.) duvara / (M.P./N.P.) dar / (Skt.) dvāra	门
(M.P.) dōsēngar/jāmag-paz	釉匠/烧皿匠
(M.P.) drahm / (Gr.) drachmē	银币
(Gr./L.) Drangiana / (O.P.) Zranka	(地名)疾陵省
(Arm.) Drastamat	(人名)德拉斯塔玛特
(M.P.) *Draxt ī Āsūrīg*	《亚述之树》
(N.P.) drist-dēn	正教
(M.P.) drīyōš(ān) / (N.P.) darvīš	贫穷者/伊斯兰苦行僧
(M.P.) drīyōšān jādaggōw ud dādwar	(职官名)贫穷者的说情者和法官
(M.P.) drōd	致安
(M.P.) drōš	墨刑
(M.P.) drustbed	(职官名)太医长
(M.P.) druz(ān)	邪魔
(Arab.) *Ḏu'l-Aktāf*	(人名)刺肩者
(M.P.) dumbalag-srāy	击鼓者
(Gr.) Dura/Dura-Europos	(地名)杜拉/杜拉-欧罗普斯
(M.P.) durgar	木匠
(M.P.) duz	偷窃
(Arm.) Dvin/Dowin	(地名)杜温
(M.P.) dw bwn (dō bun)	二元

E

(Gr./L.) Edessa / (Aram./Syr.) Urhai/ Orhāi / (Arab.) Rohā' / (Turk.) Urfa	(地名)埃德萨
(M.P.) ēk	一
(L.) Elagabalus	(人名)埃拉伽巴路斯
Elamite	(族名)埃兰
Elamiya	(族名)埃兰地区人
Elect / (M.P.) ardawan	摩尼教出家选民(阿罗缓)
(Arm.) Ełishe / (L.) Elisaeus	(人名)耶吉谢
Elkasaites	俄尔卡塞教派(一支古代犹太基督教派)
(Gr.) epiphanēs	神显
(M.P.) ēr/Ērān / (N.P.) Īrān	(族名/地名)高贵者/伊朗人/伊朗
(M.P.) Ērānagān	(族名)伊朗人
(M.P.) Ērān-āmārgar	(职官名)伊朗职计
(M.P.) Ērānšahr / (N.P.) Īrānšahr	伊朗国
(M.P.) Ērān-spāhbed	(职官名)伊朗军长
(M.P.) Ērān-xwarrah-Šābuhr	(地名)伊朗灵光沙普尔
(M.P.) Ērīh	伊朗性(高贵性)
(Arm.) Eruandashat	(地名)叶尔万德沙特(叶尔万德之乐)
Esther	(人名)以斯帖
Estrangelo	斯特朗哥罗体
(L.) Eutropius	(人名)欧特罗庇厄斯
(M.P.) ēwēn	镜子,礼仪
(M.P.) ēwēnbed / (Prth.) niwēδbed / (N.P.) āyīnbed / (Gr.) deipnoklētor	(职官名)司仪长
(M.P.) ēwēn-nāmag / (N.P.) āyīn-nāma / mirrors for princes/book of manners	礼仪书
(Gr.) exilarch / (Aram.) Reš galuta / (Hebr.) Roš galut	(职官名)犹太流散宗主
Eznik of Kołb	(人名)科格布的耶兹尼克

F

(N.P.) fahlaviyāt	法列维方言
(N.P.) Fārs / (Gr./L.) Persis / (M.P.) Pārs	(地名)法尔斯（波斯省）
(N.P.) Fasā	(地名)法扫
father / (O.P.) pitar / (M.P./N.P.) pidar / (Skt.) pitṛ / (L.) pater	父亲
(N.P.) Ferdowsī	(人名)菲尔多西
Fertile Crescent	(地名)新月沃土
(N.P.) Fīrūzābād	(地名)胜利城（菲鲁扎巴德）
(M.P.) frahang / (N.P.) farhang	文化，教育，词典
(M.P.) frahangestān	文化院
(M.P.) *Frahang ī Pahlawīg*	《巴列维语词典》
(M.P.) *Frahang ī Ōīm-ēk*	《（以）一（阿维斯陀语）——（巴列维语）（为首的）词典》
(M.P.) framādār	(职官名)司令
(M.P.) frašmurw	孔雀
(O.P.) fratarakā	(职官名)至先者
(L.) frater solis et lunae	日月的兄弟
(M.P.) frawardag	通信
(M.P.) Frēdōn / (N.P.) Fereydūn/Farīdūn / (Av.) Θraētaona	(人名)法里东
(M.P.) frēstag	(职官名)使者

G

(M.P.) *gādārīh	通奸
(M.P.) gāh	座
(M.P.) gāhānbār	六季之节
(L.) Galerius	(人名)伽列里乌斯
(M.P.) *ganǰ-āmār-dibīr	(职官名)国库计账书吏
(M.P.) *ganǰ-āmār-dibīrīh	国库计账书体
(M.P.) ganǰwar	(职官名)司库

（续表）

(M.P.) Ganzak / (N.P.) Ganjeh	（地名）甘哲
(M.P.) garmābag	热水澡堂
(M.P.) *gaštag-dibīrīh	圆体
Gatha / (Av.) Gāθā	《歌》（《伽萨》）
(Arm.) gawar	区
(M.P.) gawdar	小牛
(M.P./N.P.) Gay	格伊（伊斯法罕老城）
(M.P.) Gayōmard / (Av.) Gaiia marətan / (N.P.) K/Gayumart/t̰	（人名）凯尤玛尔斯（必死之身）
(M.P.) gāzar	漂洗工
(Gr./L.) Gedrosia / (O.P.) Maka / (M.P.) Makurān / (N.P.) Mokrān/Makrān	（地名）格德罗西亚
(M.P.) gēhān ī kōdak / (Gr.) mikros kosmos	小世界，微观宇宙
Georgia / (Gr./L.) Iberia / (M.P.) Wiruzān	（地名）格鲁吉亚（高加索伊比利亚）
Ghanam	（地名）（霍尔木兹海峡）山羊岛
(M.P.) gil	泥
(M.P./N.P.) Gīlān	（地名）吉兰
(M.P.) gilšāh	（称号）泥王（凯尤玛尔斯）
(N.P.) girīstan-i mughān / (M.P.) griyistan ī moγān	祭司泣
(M.P.) gišnīz	芫荽
(M.P.) gizistag	该死的，该下地狱永劫不覆
(M.P.) Gizistag Abāliš	《该死的阿巴利西》
Gnostic	诺斯替
Gordian	（人名）戈尔迪安
(Prth./Arm.) gōsān	歌人
Goth	（族名）哥特
Gourgenes	（人名）古根
(M.P.) gōwišn	口传，说
(M.P.) gōy-wāzīg	球戏

309

（续表）

(M.P.) gōzēnag	核桃酥
(M.P./N.P.) Gōzihr	（人名）古兹赫尔（天龙）
grab / (O.P.) grab / (Skt.) gra(b)h	捕，获
(M.P.) grastbed / (Gr.) epi tēs annōnēs	（职官名）供需长
(M.P.) griyistan	哭泣
(L.) Grumbates	（人名）格伦巴底斯
(N.P.) Gulinduxt / Golinduch	玫瑰公主
(M.P.) gumānīh/gumānīgīh	怀疑
(M.P.) gumēzag dād	混合律法
(N.P.) Gundīšāpur/Jundīšapur / (M.P.) Weh-andiōg-šābuhr/Wendoy-šābuhr	（地名）军地沙普尔
(Skt.) Gupta	（族名）笈多
(M.P./N.P.) Gūr	（人名）古尔（野驴）
(M.P./N.P.) Gurgān / (Gr.) Hyrkania / (L.) Hyrcania	（地名）戈尔甘（狼地）
(M.P.) gursag ud brahnag	饥寒交迫
(M.P.) *gund-dibīr	（职官名）军队书吏
(M.P./N.P.) gund sālār	（职官名）军队首领
(M.P./N.P.) gušt	肉

H

(M.P.) h-	be 动词
(M.P.) Hādōxt (nask) / (Av.) haδaoxta	《偕诵（宗卷）》
Hadrian	（人名）哈德良
Hajar	（地名）哈杰尔
(N.P.) Ḥāj(j)iābād	（地名）朝觐者之城（哈贾巴德）
(M.P.) halīlag ī parwardag	腌榄仁
(M.P.) hamāg	所有
Haman	（人名）哈曼
(M.P.) hambāyīh	合伙关系

（续表）

(M.P.) hamšahr mowbed ud dādwar	（职官名）全国的祭司长和法官
(Arab.) Ḥamza al-Iṣfahānī	（人名）哈姆则·伊斯法罕尼
(Arab.) Ḥanaẓila / Ḥanẓalah b. Mālik	（族名）汗扎拉部落
(M.P.) handarz / (N.P.) andarz	箴言
(M.P.) handarzbed	（职官名）谏议长
(M.P.) handarzbed ī aswāragān	（职官名）骑兵谏议长
(M.P.) handarzbed ī wāspuhragān	（职官名）王公谏议长
(M.P.) handarz-nāmag	箴言书
(M.P.) hangām-šnāsag	知时者（占星官）
(Av.) Haoma / (Skt.) Soma	豪麻／苏摩
(M.P.) hargbed	（职官名）堡长（税长？）
(M.P.) haštpāy / (Skt.) aṣṭapāda	八步棋
(L.) Hatra / (Aram./Syr.) Ḥaṭrā	（地名）哈特拉
(M.P.) hazārbed / (Prth.) Hazāruft / (Arm.) hazarapet	（职官名）千夫长
Hearer / (M.P.) niyōšag	摩尼教在家信徒（耨沙喭）
Hephthalite	（族名）嚈哒
(L.) Heraclius	（人名）希拉克略
(M.P.) hērbed(ān)	（职官名）教师
(M.P.) hērbedestān	教师院，教师典
(M.P.) hērbedān hērbed	（职官名）教师中的教师
Hesiod	赫希俄德
(Gr./L.) Hierapolis (Bambyce) / (Syr.) Mabog / (Arab.) Manbij	（地名）希拉波利斯（圣城）
(Arab.) Ḥijāz	（地名）汉志
(M.P.) hilišn	离婚
(M.P.) hilišn-nāmag	放妻书（离婚协议）
(Arab.) Ḥīra / (M.P.) Hert	（地名）希拉
History of Łazar P'arpec'i	《帕尔皮的噶扎尔的史书》
(M.P.) Hordād / (N.P.) Khordād	（神名）完全神，（人名）胡尔达德

(续表)

(M.P.) Hormizd/Ohrmazd / (N.P.) Hormoz(d)	（人名）霍尔姆兹，（神名）阿胡拉马兹达
(M.P.) Hormizd-duxtag	（人名）霍尔姆兹公主
(N.P.) Hormoz(d)gān	（地名）霍尔木兹甘
(M.P.) Hormuzd-āfrīd	（人名）阿胡拉马兹达所佑
(El.) Humban	（神名）宏般
Hun / (M.P.) Xyōn	（族名）匈人
(M.P.) huniyāgar	艺人
(M.P.) hunsandīh	满足，安乐
(M.P.) *Huspāram Nask*	《胡斯帕拉姆宗卷》
(M.P.) hutuxš(ān)	工匠
(L.) Hyrcania / (Gr.) Hyrkania / (M.P./N.P.) Gurgān	（地名）戈尔甘（狼地）

I

(Gr./L.) Iberia / (M.P.) Wiruzān	（地名）高加索伊比利亚（格鲁吉亚）
(Arab.) Ibn Balkhī	（人名）伊本·巴尔黑
(Arab.) Ibn Miskawayh	（人名）伊本·米斯凯韦
(Arab.) Ibn al-Nadīm	（人名）伊本·纳迪姆
(L.) ignobili decreto	耻辱和约
(Arab.) 'Ilm al-Kalam	教义学
(L.) Imaus	（地名）喜马拉雅
Immortals / (Gr.) athanatoi / (M.P.) mādiyān razm/gund	长生军
(N.P.) Īrānšahr / (M.P.) Ērānšahr	伊朗国
(N.P.) Isfahān / (M.P.) Spāhān	（地名）伊斯法罕
(N.P.) Istakhr / (M.P.) Staxr	（地名）伊斯塔赫尔
(N.P.) Istakhrī	（人名）伊斯塔赫里
(Akk.) Ishtar	（神名）伊什妲

J

(M.P.) jādag-gōw	说情者
(M.P.) jādag-gōwīh	说情
(M.P.) jadag-wihīrīh	变形
(M.P.) jādūg(īh)	巫术
(M.P./N.P.) Jāmāsp/Zāmāsp	（人名）贾马斯帕
(M.P.) *Jāmāsp Nāmag*	《贾马斯帕书》
(Arab.) Jahiz	（人名）贾希兹
(Arm.) jatagov amenayn zrkelocʻ	一切贫穷者的说情者
(N.P.) javānmardān / (M.P.) mard ī juwān	青年团
(M.P.) *Jāwēdān xrad* / (N.P.) *Jāvīdān Xerad*	《永恒智慧》
(M.P.) jēh	妓
Jesus	（神名）夷数，耶稣
(Arab.) jizya / poll tax	人头税
(N.P.) Jošnasbandah	（人名）公马奴
Jovian	（人名）约维安
(M.P.) jud āyōzišn	别种（不当）联姻
(M.P.) jud dādestānīh	别种（不当）律法
(M.P.) *Jud-dēw-dād/Widēwdād* / (N.P.) *Vendīdād* / (Av.) *widaēwa-dāta*	《辟魔律》（《万迪达德》）
(M.P.) jud ristag(ān)	别种（不当）教派
(M.P.) jud ristagīh	别种（不当）教义
(M.P.) jud sardag(ān)	别种（不当）教团
Julfar / (Arab.) Jurrafār	（地名）朱尔法尔
Julian	（人名）尤利安
Justin	（人名）查士丁
Justinian	（人名）查士丁尼

K

(N.P.) Kaʿba-ye Zardošt	（地名）琐罗亚斯德天房
(M.P.) kabīg-wāzīg	猴戏
(M.P.) *kadag-āmār-dibīr	（职官名）内廷计账书吏
(M.P.) kadag-āmār-dibīr	内廷计账书体
(M.P.) kadag-xwadāy(ān)	家主
(M.P.) kafšgar	鞋匠
(Skr.) *Kāla Kośa*	《时藏》
(M.P.) kāmag	香羹
(M.P.) kāmag ī kaškēn	乳酪羹
(M.P.) kamānwarīh	弓术
(M.P.) kamar	腰带
(M.P.) kāmgār-angust	如意指
(M.P.) kanārag	境，方
(M.P.) kanīg	少女
(M.P.) kannār/kinnār-srāy	奏诗琴者
(Av.) karapan / (M.P.) karb	邪祭司
(Skt.) Karaṭaka / (M.P.) *Karīlag / (Syr.) Qalīlag / (Arab.) Kalīlah	（豺狼名）迦罗吒迦／卡里来（小乌鸦）
(M.P.) Kāren	（人名／族名）卡谅（七大家族之一）
(M.P.) kārframān(ān), kārdār(ān)	（职官名）执事
(M.P.) *Karīlag ud Damanag / (Syr.) Qalīlag w Damnag / (Arab.) Kalīlah wa Dimnah	《卡里来和迪木乃》
(M.P.) *Kārnāmag ī Ardaxšīr ī Pābagān*	《帕巴克之子阿尔达希尔功行纪》
(M.P./N.P.) kārwān / caravan	商队
(M.P.) kaštīg	船舰
(Arab.) Ḵatt	（地名）哈特
(M.P) kawi / (Av.) kauui / (Skt.) kavi	邪诗人
(M.P.) Kawād / (N.P.) Kavād/Qobād	（人名）哥巴德
Kayanid / (M.P./N.P.) Kay(ān) (kdy) / (Av.) kauui / (Skt.) kavi	（人名）凯氏王族／凯（通灵诗人）

(续表)

(M.P.) Kay-us / (N.P.) Kāvus	(人名)卡乌斯
(N.P.) Kāzerūn	(地名)卡泽伦
(N.P.) Kerdīr/ (M.P.) Kirdīr/kartīr	(人名)克尔迪尔
(N.P.) Kermān / (M.P.) Kirmān / (Gr.) Karmania / (L.) Carmania	(地名)克尔曼
(N.P.) Kermānšāh	(地名)克尔曼沙
(M.P.) kēš	信条
Khawran/Kharrān	(地名)豪兰
Khazar	(族名)可萨,哈扎尔
Khurasan / (M.P.) Xwarāsān	日出,东,(地名)呼罗珊(霍拉桑)
Khusro / (M.P.) Husraw/Xusraw / (N.P.) Xusrow	(人名)霍斯鲁
Kidarite	(族名)寄多罗
Kilwa	(地名)基卢瓦
(M.P.) kirrōg(-kār)	工匠
(M.P.) kirrōgbed / (Syr.) qārūbed	工匠长
(M.P.) kišwarīg(ān)	(各)洲(国)之人
(Gr.) kontophoroi	长矛骑兵
(Gr.) kouropalatēs / (M.P.) darīgbed	(职官名)司廷(宫廷侍卫长)/廷长
(M.P.) Kristīdān (krstyd'n)	基督徒
(N.P.) Kujarān / Guzeran-Ardašīr	(地名)库贾兰/古泽兰-阿尔达希尔
Kukgong	(地名)曲江
(M.P.) kulāf	冠冕
(M.P.) kulwārgar	陶匠
(M.P.) kun-, kardan	做
(M.P.) kun-marzīh	肛交
(Arab.) kūra / (M.P.) šahr	府
(M.P./N.P.) Kurd	(族名)库尔德人,游牧民
Kushan / (M.P.) Kūšān / (L.) Cusii	(地名/族名)贵霜
(M.P.) Kūšānšāh	(职官名)贵霜王
(M.P.) kust	方

（续表）

(M.P) kustīg	圣带
(Arm.) k'usti nemrog / (N.P.) kust-i nīmrūz / (M.P.) kust ī nēmrōz	南方
(N.P.) kust-i Kurāsān	东方

L

Lakhmid	（族名）拉赫姆
Law Book of Yišoboxt	《耶稣佑法典》
(M.P.) lawzēnag	杏仁酥
Lāx-Mazār	（地名）拉赫–马扎
Lazic	（族名）拉兹
Letter of Tansar / (N.P.) *Nāma-ye Tansar*	《坦萨尔书》
Levant	（地名）黎凡特
(L.) līmes	边防
Luri	鲁尔语
(N.P.) lurī	吉卜赛人（印度乐师）

M

(M.P.) *Mādayān ī Hazār Dādestān*	《千条判决书》
(L.) magus/magi / (M.P.) mow/γ(ān) / (Arab.) majūs	（职官名）祭司（穆护）
(M.P.) *Magistīg / Almagest*	《至大论》
(M.P.) Māhdād	（人名）月赐
Mahdi	（人名）马赫迪
(M.P.) mahr	真言
(M.P.) mahrsrāy(ān)	摩尼教真言领诵者
(M.P.) Makdag/Muktīg? (mktky)	存疑，浸礼教派或耆那教徒？
(Arab.) Ma'mūn	（人名）马蒙
Mandaeans	曼达教徒

（续表）

(M.P.) mang	大麻
(M.P.) mang ī wištāsp	古什塔斯帕之麻药
Mani	（人名）摩尼
(Arab.) Manṣūr	（人名）曼苏尔
Mant(h)ai	（地名）曼泰
(Skt.) Manu	（人名）摩奴
(M.P.) Manuščihr / (N.P.) Manučihr	（人名）玛努切赫尔
(N.P.) Maqsūdābād	（地名）马格速达巴德
Marcion	（人名）马西昂
(M.P./N.P.) Mardānšāh	（人名）马尔丹沙（人王）
(M.P.) mard ī ǰuwān / (N.P.) javānmardān	青年团
(M.P.) mard ī šahr	男国民
(Akk.) Marduk	（神名）马尔杜克
(L.) mare nostrum	我们的海
(M.P.) marg-arzān	应判死罪
(M.P.) margīh ud raxtagīh	死亡和恶疾
(Gr./L.) Margiana / (M.P.) Marw	（地名）木鹿省
(Syr.) Mār Ishoʿyahb	（人名）圣耶稣赐
(Syr.) Mār Qardag/Qardagh/Kardag	圣卡尔达克
(M.P.) mār-wāzīg	蛇戏
(M.P./N.P.) Maryam	（人名）马利亚
(M.P./N.P.) marzbān	（职官名）边境守护
(N.P.) masmoγ(ān)	（职官名）大祭司
(Arab.) Masʿūdī	（人名）马苏第
(N.P.) Māsūla	（地名）马苏莱
(M.P.) Mašya	（人名）马夏
(M.P.) Mašyānē	（人名）马夏妮
Maurice	（人名）莫里斯
(M.P./N.P.) may	葡萄酒
(M.P.) may ī āsūrīg	亚述酒
(M.P.) may ī bustīg	布斯特酒

317

（续表）

(M.P.) may ī harēwag	赫拉特酒
(M.P.) may ī kanīg/kandag	康国（撒马尔罕）酒
(M.P.) may ī marw-rōdīg	木鹿河酒
(M.P.) may ī spēd	白葡萄酒
(M.P.) may ī suxr	红葡萄酒
(M.P./N.P.) Māzandarān	（地名）马赞得朗
Mazanian Dews / (Av.) māzaniia daēuua / (M.P.) māzanīg/māzandar dēw	巨魔
(O.P./Av.) Mazdā	（神名）马兹达（智神）
(M.P.) Mazdak (ī Bāmdādān)	（人名）（般达德之子）马兹达克
Mazdean / (M.P.) Mazdēsn/Māzdēsn (m'zdysn)	祭拜（阿胡拉）马兹达者，马兹达教徒
(Gr./L.) Mēdia / (O.P.) Māda / (M.P.) *Māy/Māh	（地名）米底省
(N.P.) Mehrān	（人名/族名）美赫兰（七大家族之一）
(M.P.) *(Dādestān ī) Mēnōg ī Xrad*	《智慧之灵（的判决）》
(Arm.) Meružan Arcruni	（人名）梅鲁让·阿尔克鲁尼
(M.P.) Mēšān / (Gr.) Mesēnē	（地名）梅珊
(M.P.) Mihr / (O.P./Av.) Mithra	（神名）密希拉
(M.P./N.P.) Mihragān	（节日名）密希拉节
(M.P.) Mihr-Narseh	（人名）密希拉-纳尔西
(M.P.) Mihōxt	（魔名）谎言
(Turk.) Millet	自治法庭
mirrors for princes / (M.P.) ēwēn nāmag	礼仪书
(Gr.) Misikhe / (M.P.) Pērōz-Šābuhr	（地名）米希克（胜利沙普尔）
(Hebr.) mitzvah	圣诫
(Aram.) MLK' / (M.P./N.P.) šāh	王
Mordecai	（人名）莫底改
(Arm.) Movsēs Xorenac'i	（人名）霍雷纳的摩西
(M.P.) mowān handarzbed	（职官名）祭司谏议长
(M.P.) mowbed(ān)	（职官名）祭司长

(续表)

(M.P.) mowbedān mowbed / (Arm.) movpetan movpet	(职官名）祭司长中的祭司长
(M.P.) mowestān	祭司院
(M.P.) mōyag	哀悼
(N.P.) muʿallim(ān) / (M.P.) hērbed(ān)	教师
(M.P.) mōy ī kasān	他人的头发（假发）
(M.P.) murw ī ābīg	水鸭
Muscat	（地名）麻实吉
(Arm.) Mušeł Mamikonean/Mamikonian	（人名）穆谢格·马米科尼安
(M.P.) mustag-srāy	吹笙者
(M.P.) mustawar-nāmag	上诉书
(Arab.) Muʿtazila	穆尔太齐赖派

N

(N.P.) Nāder šāh	（人名）纳迪尔沙
(M.P.) nāf	后嗣
(N.P.) Nahāvand/Nehāvand	（地名）纳哈万德
(Arab.) naḥiya	区
(N.P.) Nakisā	（人名）娜奇萨
Nakhchivan	（地名）纳希切万
(Arab.) Najd	（地名）内志
(M.P.) nāmag / (N.P.) nāma	书信，文书，书
(M.P.) nāmag-dibīrīh	书信体
(M.P.) nāmag-niyān	文书档案
(N.P.) *Nāma-ye Tansar* / *Letter of Tansar*	《坦萨尔书》
(M.P.) namāz	致敬，礼敬
name / (O.P./Skt.) nāman / (M.P./N.P.) nām	名字
(M.P./N.P.) nān	馕
(M.P.) nān-bāg	烤馕匠

（续表）

(M.P.) Nanhais / (Av.) Nåŋhaiθya / (Skt.) Nāsatya	（魔名）亲魔
(M.P.) Narseh	（人名）纳尔西（泥涅师）
(M.P.) nask	萨珊阿维斯陀宗卷
(M.P.) nask-ōšmurd(ān)	通宗卷者
(M.P.) nāṣrā (n'cr'y)	拿苏剌教徒（拿撒勒教派或曼达教徒）
(N.P.) Naqš-e Rajab	（地名）拉贾布岩雕
(N.P.) Naqš-e Rostam	（地名）鲁斯塔姆岩雕
(M.P.) *nāvbed	舰长
(Arm.) naxarar	亚美尼亚封建家族
(M.P.) nāy-srāy	吹笛者
(M.P.) *nēm-gaštag-dibīrīh	半圆体
(M.P.) nēmrōz / (N.P.) nīmrūz	南（半日，中午），（地名）尼姆鲁兹
Neo-Elamite	新埃兰方言
(M.P.) nēw-arda(x)šīr / (N.P.) nard	双陆棋
(M.P.) Nēw-Dārāb	（地名）内达拉布
(M.P.) Nēw-šābuhr / (N.P.) Nišāpur	（地名）内沙普尔
New Testament	《新约》
(M.P.) nēzagwarīh	矛术
(M.P.) nibēgān-nigār	插画师
(M.P.) nigārgar	画师
(N.P.) nihānī	隐藏
(M.P.) nišastan, nišīn-	坐
(Gr./L.) Nisibis / Nusaybin	（地名）尼西比斯（努赛宾）
(Skt.) nīti-śāstra	政事论
(N.P.) Nowruz / (M.P.) nōg rōz	（节日名）新日，新年，诺鲁孜节
(Arab.) Nuʿmān III ibn al-Mundhir	（人名）努曼三世·伊本·孟迪尔

O

(M.P.) Ohrmazd/Hormizd / (O.P./Av.) Ahura Mazdā / (N.P.) Hormoz(d)	（神名）阿胡拉马兹达，（人名）霍尔姆兹
(M.P.) Ohrmazd-āfrīd	（人名）阿胡拉马兹达所佑
(Gr.) Osrhoene	（地名）奥斯若恩
(M.P./N.P.) ostan	领地
(M.P./N.P.) ostandār	（职官名）领地执守
(Gr.) Oikoumene	已居世界
(L.) Oxus / (N.P.) Amu Darya	（地名）阿姆河（乌浒水）

P

(M.P.) Pābag / (N.P.) Bābak	（人名）帕巴克
(M.P.) paččen	抄本
(M.P.) pādixšāy(ān)	权威，统治者，主（妻）
(M.P.) pādixšīr	和约，为宗教目的而转移财产的所有权书
(M.P.) pad patit būdan	忏悔
(M.P.) pad rōy ōbastan	以面伏地
(M.P.) pad ruwān	为灵魂
(N.P.) Pahlavī	巴列维语（钵罗婆语）
(N.P.) *Pahlavī Rivāyat*	"巴列维语教义问答"
Paikuli	（地名）派库里
Palmyrene	帕尔米拉体
(M.P.) pālūdag / (N.P.) pālūda/fālūda	冰粉丝
(M.P.) panāhīh	庇护
(Skt.) *Pañcatantra*	《五卷书》
Panjikant/Panjakent/Penjikent	（地名）片治肯特
(N.P.) Panjšīr/Panjhīr	（地名）潘吉希尔
(Arm.) Pap	（人名）帕普
(Av.) paraδāta / (Skt.) purohita	主祭
(N.P.) parda-dār / (M.P.) pardag-dār	（职官名）执帘

（续表）

(M.P.) paristagbed	（职官名）侍从长
(L.) Paropanisadae/Paropamisadae	（族名）婆罗犀那人（帕拉帕米萨斯人）
(M.P.) Pārs āmārgar	（职官名）波斯省职计
Pārsī	（族名）帕西人
(Gr./L.) Parthia / (M.P.) Pahlaw	（地名）帕提亚
(M.P.) Parwēz / (N.P.) Parvēz	（人名）帕尔维兹（昴星团）
(M.P.) pašiz	铜币
(L.) pater familias	家长
Paul the Persian	（人名）波斯人保罗
(M.P.) payālgar	杯盏匠
(M.P.) payg(ān)	步兵
(M.P.) paygān sālār	（职官名）步兵首领
(M.P.) paywand	世系
(N.P.) Pazand	释经体
(M.P.) Pēnīh	（魔名）悭吝
(M.P.) Pērōz / (N.P.) Pīrūz/Fīrūz	（人名）皮鲁兹（卑路斯／胜利）
(M.P.) Pērōzduxt	（人名）胜女
(M.P.) Pērōz-šābuhr / (Gr.) Misikhe	（地名）胜利沙普尔（米希克）
(Gr./L.) Persarmenia	（地名）波斯亚美尼亚
(Gr.) Persepolis / (N.P.) Taxt-i Jamšīd	（地名）波斯波利斯（波斯城）
(Gr./L.) Persis / (M.P.) Pārs / (N.P.) Fārs	（地名）波斯省（法尔斯）
(N.P.) pēšag	阶层
(N.P.) pēšag sālār	（职官名）阶层首领
(M.P.) pēšīgān	嫁妆
Peshawar / (M.P.) Paškabūr	（地名）白沙瓦
(Prth./Sgd.) Pēsūs / (Syr.) Nabrōēl / (Arm.) Namraël	（魔名）赔素撕
(Gr.) philhellene(s)	亲希腊者
Philip the Arab	（人名）阿拉伯人菲利普
(Gr.) Phokas	（人名）福卡斯
(Gr.) Phraortes / (O.P.) Fravartiš	（人名）弗拉欧尔特斯

(续表)

(M.P.) pīl-bān(ān)	象兵
(M.P.) pōlāwad-paykar	铸钢匠
Posi/Pusai	（人名）颇希
(M.P.) pōstgar	皮革匠
(L.) Praefectura praetorio Galliarum	（地名）高卢大区
(L.) Praefectura praetorio Italiae, Illyrici et Africae	（地名）意大利、伊利里亚和非洲大区
(L.) Praefectura praetorio Orientis	（地名）东方大区
(L.) Praefectura praetorio per Illyricum	（地名）伊利里亚大区
(L.) Priscianus Lydus	（人名）吕底亚的普里西安
pro-Arian	亲阿利乌教派的
(L.) Probus	（人名）普罗布斯
(L.) Procopius	（人名）普罗科比
(Gr.) prosykenesis	俯吻礼
(Gr.) psilotapis	光毯
(M.P.) *Pus ī Dāneš Kāmag*	《求知之子》
(M.P.) pus ī wāspuhr ī šāhān	王子
(M.P.) puštībān sālār	禁卫首领

Q

(Arab.) qāḍī al-quḍāt / (M.P.) dādwarān dādwar	（职官名）法官中的法官
(Arab.) Qadisiyya	（地名）伽迪西亚
(Arab.) qanāt / (N.P.) kārēz/kārīz / (M.P.) katas	坎儿井
(Turk.) Qaradāğ / (N.P.) Arasbārān	（地名）黑山（阿拉斯河岸）
(N.P.) *Qur'an-e Quds*	《神圣古兰经》
(Arab.) qarya / (M.P.) deh	乡
(N.P.) Qaṣr-e Abū Naṣr	（地名）胜父堡

323

R

(M.P.) rad(ān)	（职官名）琐罗亚斯德教领袖
(M.P.) raγ-nibēg	速记
(M.P.) rāh	道路
(M.P.) ram(ān)	群众
(M.P.) Rām-Hormizd	（地名）安宁霍尔姆兹
(Arab.) Ramila/Ramaliyyah	（地名）拉玛利亚
(N.P.) rāmišgar	乐师
(M.P.) Rāmšahr	（人名）宁国
(M.P.) rang nihād	施色（化妆）
(M.P.) rangraz	染匠
(Arab.) Ras Al-Khaimah	（地名）哈伊马角
(M.P.) rasan-wāzīg	绳戏
(N.P.) Rašt	（地名）拉施特
(M.P.) rastag / (N.P.) rasta	巴扎分区
(M.P.) *Ray / (Gr.) Rhages	（地名）雷伊
(M.P.) rāz	秘密
(M.P.) rāz(ān)/rāz-kirrōg(ān)	建筑工
(M.P.) rāz-dibīrīh	秘书体
(M.P.) rehīg/rahīg	少年
(L.) res gestae	功业记
(M.P.) rēš	伤害
(Syr.) rēšā dᵉmagošē	（职官名）祭司之首
(Aram.) Reš galuta / (Hebr.) Roš galut / (M.P.) Rēš galudag / (Gr.) exilarch	（职官名）犹太流散宗主
(M.P.) rōγn ī zayt	橄榄油
(M.P.) rōz	日期，日子，白天
(M.P.) rustag / (N.P.) rusta / (Arab.) rustaq	县
(N.P.) Rustam	（人名）鲁斯塔姆
(M.P.) ruwānagān	灵魂救济会（慈善基金会）
(M.P.) *ruwānagān-amār-dibīr	（职官名）灵魂救济会计账书吏
(M.P.) ruwānagān-dibīrīh	灵魂救济会书体

S

Safavid	（族名）萨法维
(Hind.) sāj	毛榄仁（Terminalia elliptica）
(M.P.) Saka / (L.) Sacae	（族名）塞种，塞人
(M.P.) Sakānšāh/Sagānšāh	（职官名）塞人之王（锡斯坦王）
(M.P.) Sakastān/Sagestān / (Gr.) Sakastanē / (N.P.) Sijistān/Sīstān	（地名）锡斯坦（塞人之地）
(Arab.) Ṣāliḥīyah	（地名）萨利希雅
(Arab.) Sanatruq	（人名）萨纳特鲁格
(Prth.) sardār(ān) / (M.P.) salār(ān)	首领
(Gr.) Sargis	（人名）萨尔吉斯
(N.P.) Sar Mašhad	（地名）萨尔马什哈德
(M.P.) sārtwā / (Skt.) sārthavāhana	商主
(N.P.) Sarvestān	（地名）柏园宫
(M.P./N.P.) Sāsān	（人名）萨珊
(Prth./Sgd.) *Sāsa	（人名）萨萨
(L.) Sauromaces / (Georg.) Saurmag	（人名）绍尔玛格
(Gr./L) Scythia	（地名）斯基泰
(Gr.) Sebeos	（人名）塞贝奥斯
(M.P.) sē čāštag	三教义
Secret History / (Gr.) *Apokryphe Historia*	《秘史》
(Gr.) Seleukos / (L.) Seleucus	（人名）塞琉古
(M.P.) sel-wāzīg	镖枪戏
(M.P.) Sēn	（人名）森
(Gr./L.) Serica	（地名）赛里斯
(Gr.) Sesen / (Aram.) *Sæsæn	（神名）瑟森
(M.P.) sig ī truš	酸醋
Simeon / (Syr.) Shemʿon bar Ṣabbaʿe	（人名）（染匠之子）西缅
Sind / (M.P.) Hind	（地名）信德
(M.P.) sinǰibīl ī čīnīg	中国姜
(N.P.) Sīrāf	（地名）尸罗夫
(Arab.) *Sirat Anushirvan*	《阿努席尔旺本纪》

（续表）

(N.P.) Sīrjān	（地名）锡尔詹
site of Hormuz	（地名）霍尔木兹遗址
Siyazan	（地名）锡阿赞（黑妇）
(M.P.) Siyāwaxš / (N.P.) Siāvaš/Siyāvaš / (Av.) Siiāuuaršan	（人名）夏沃什（黑骏马）
(M.P.) sōgand xwardan	发誓
(L.) Sogdiani	（族名）粟特人
(M.P.) Sōg ī Siyāwaxš	悼夏沃什
(M.P.) Sokhrā / (N.P.) Sūfarā(y)	（人名）苏法拉伊
(M.P.) spāh	军队
(M.P.) spāhbed / (Arm.) (a)sparapet	（职官名）军长
(M.P.) *spāh-dibīr	（职官名）军队书吏
(M.P.) spar-wāzīg	盾戏
(Av.) Spənta Mainiuu / (M.P.) Spenāg Mēnōg	（神名）丰灵
(M.P.) star-gōwišnīh	星谈
(M.P.) star-hangār	量星者（占星官）
(M.P.) starwan	不育
(M.P.) stēr / (Gr.) statēr	重币，四倍的 drahm/drahmē
(Gr.) Strategikon	《论战略》
(M.P.) stūr	代婚人
(M.P.) stūrīh	代婚制
(Gr./L.) Suania / Svaneti	（地名）斯瓦内蒂
Sufi	伊斯兰教苏非
(Arab.) Ṣuḥār	（地名）苏哈尔
Suikai	（地名）遂溪
(M.P.) sūrāzīg-srāy	奏唢呐者（唢呐的标准说法是 sūr-nāy）
(M.P.) Sūrēn / (Gr.) Surenas	（人名/族名）苏琼（七大家族之一）
(M.P.) surgar	草鞋匠
(M.P.) Sūr saxwan	《宴饮词》
(Gr./L.) Susa / (M.P.) Šuš	（地名）苏萨（书册）

(续表)

(Gr./L.) Susiana / (M.P.) Xūzestān	(地名）苏萨省（胡泽斯坦）
(N.P.) suvašun	萨巫颂

Š (Sh)

(N.P.) Šabdiz	(马名）夏布迪兹
(M.P.) šābestān	(职官名）宫监
(M.P.) Šābuhr / (N.P.) Šāpur	(人名）沙普尔（王子）
(M.P.) Šābuhragān	《沙普尔书》
(M.P.) Šābuhrduxtag	(人名）沙普尔公主
(M.P.) Šābuhr ī Dādohrmazd	(人名）律法阿胡拉马兹达之子沙普尔
(M.P.) šafšēlār	(职官名）执剑
(M.P./N.P.) šāh / (Aram.) MLK'	(职官名）王
(M.P./N.P.) šāhān šāh	(职官名）王中之王
(M.P.) šāhdānag	大麻籽
(M.P./N.P.) Šāhin	(人名）沙欣
(N.P.) Šāhnāma / Book of Kings	《列王纪》
(M.P.) šahr (štry) / (Arab.) bilād; kūra	国，方国，省；府
(M.P.) šahrāb / satrap	(职官名）（阿契美尼德）省督，（萨珊）知府
(M.P.) šahr-āmār-dibīr	(职官名）州府计账书吏
(M.P.) šahr-āmār-dibīrīh / (Ab.) kātib al-xarāj	州府计账书体
(M.P.) šahr dādwar	(职官名）国家法官
(M.P.) šahr dādwarān dādwar	(职官名）国家法官中的法官
(M.P.) šahrdār(ān) / (N.P.) šahr(i)yār	(职官名）持国（方国之王），（人名）沙赫里亚尔
(M.P.) *šahr-dibīr / (Ab.) kātib al-kūra	(职官名）州府书吏
(M.P.) šahrestān	城
(M.P.) Šahrestānīhā ī Ērānšahr	《伊朗国的诸城》

（续表）

(M.P.) Šahrwarāz	（职官名）国戳，（人名）沙赫兰古拉兹
(M.P.) šaman (šmny)	沙门（佛教徒）
(M.P.) šamšēr ī hindīg	印度剑
(M.P.) šamšēr-wāzīg	剑戏
Šamuel	（人名）撒母尔
(M.P) Šāyest nē Šāyest	《可与不可》
(M.P.) Šērōē / (N.P.) Šīrūya	（人名）希鲁耶
(M.P.) šiftēnag	奶糕
(Arab.) Šiḥr	（地名）施曷
(N.P.) Šīrāz	（地名）设拉子
(M.P./N.P.) Šīrīn	（人名）希琳
(M.P.) šīšag-wāzīg	瓶戏
(M.P.) Šīšīnduxt	（人名）西辛公主
(N.P.) Šiz / (M.P.) Čēčast/Čēst / (Av.) Čaēčasta	（地名）希兹
(M.P) Škand Gumānīg Wīzār	《破疑释》
(M.P.) škōh(ān)	赤贫者
(M.P.) šōy	丈夫
(M.P./N.P.) Šūš / (Gr./L.) Susa	（地名）苏萨
(M.P./N.P.) Šūštar	（地名）胜苏萨

T

(M.P./N.P.) Tabarestān	（地名）塔巴里斯坦
(N.P./Arab.) Ṭabarī	（人名）泰伯里（塔巴里）
(M.P.) tabarzad	晶糖
(M.P.) tadar	野雉
(M.P./Prth.) tagarbed/tagārbed / (N.P.) taghārbadh / (Arm.) takarāpet	（职官名）司盏
(Arab.) Taġlib b. Wā'il	（族名）塔格里布部落

（续表）

(Arab.) *Tajārib al-Umam*	《各民族的经验》
Talmud	《塔木德》
(M.P.) tambūr-srāy	奏冬不拉者
(Arab.) Tamīm b. Murrah/Ma'add	（族名）塔米姆部落
(M.P.) tan	身
(N.P.) Tansar/Tosar	（人名）坦萨尔
(Gr.) tapidyphos/tapidyphoi	（人名）织毯工
(Gr.) tapēs/tapētion/dapis	毯，毡
(N.P.) Ṭāq-i Bustān	（地名）花园拱门
(N.P.) *Tārīx-e Qom*	《库姆史》
(N.P.) *Tārīx-e Sīstān*	《锡斯坦史》
(M.P.) tark / (Skt.) tarka	逻辑
Tatrus	（人名）塔特鲁斯
(N.P.) tasug / (Arab.) ṭassuj	四一区
(M.P.) tasum	第四
(M.P.) tās-wāzīg	杯戏
Tati	塔提语
(Gr.) Taxila / (Skr.) Takṣaśilā	（地名）塔克西拉（凿石）
(M.P./N.P.) taxt	榻
(N.P.) Taxt-i Jamšīd / (Gr.) Persepolis	（地名）贾姆希德王座（波斯波利斯）
(N.P.) Taxt-i Suleymān	（地名）苏莱曼王座
The Life of Patriarch Mār Abā	《牧首圣阿巴传》
(Arab.) Tha'ālibī	（人名）塔阿利比
(Gr./L.) Theodora	（人名）狄奥多拉
Theodoret	（人名）狄奥多勒
(Gr./L.) Theodosiopolis	（地名）狄奥多西城
(L.) Theodosius	（人名）狄奥多西
(Gr.) theos	神
(L.) Tiberius	（人名）提贝里乌斯
(Arm.) Tiran	（人名）蒂兰
(M.P.) tīr-wāzīg	箭戏
(L.) Tirdates	（人名）梯利达底（天狼星赐）

(续表)

(M.P.) titar	野雉
(M.P.) tōhm(ag)	种子，家族，世系
(M.P.) Turān	（地名）土兰
Turk	（族名）突厥
(M.P./N.P.) Tūs / (Av.) Tūsa	（地名）图斯

U

Ugaritic	乌加里特语
Umar/Omar	（人名）欧麦尔
(Arab.) Umm al-Ma	（地名）水母
(M.P.) uskārišn	反思，讨论
(M.P.) uzdād-nāmag	神判授权书
(M.P.) uzdēszār	偶像祠

V

(Arm.) Vahagn/Vrām / (N.P.) Bahrām / (M.P.) Wahrām / (Prth.) *Warθagn / (Av.) Vərəθrayna / (Skt.) Vṛtragna	（神名）屠障，（人名）巴赫拉姆
(Arm.) Vardan Mamikonean/Mamikonian	（人名）瓦尔丹·马米科尼安
(Arm.) Vałaršapat	（地名）瓦加尔夏帕特（瓦加尔什城）
Valens	（人名）瓦伦斯
Valerian	（人名）瓦勒良
(Arm.) Van	（地名）凡
(Arm.) Vahan Mamikonean/Mamikonian	（人名）瓦罕·马米科尼安
(N.P.) *Vīs u Rāmīn*	《维斯与朗明》
(L.) Vitiges	（人名）维蒂吉斯
(L.) Vitra	（地名）维特拉

（续表）

(Av.) Vīuuaŋᵛhant / (M.P.) Wīwanghān / (Skt.) Vivasvant	（神名）广耀（太阳神之一）
(Arm.) Vramšapuh / (M.P.) Wahrām-šābuhr	（人名）巴赫拉姆沙普尔

W

(M.P.) wādrang	枸橼（Citrus medica）
(M.P.) wafrēnag	雪糕
(M.P.) wahīg	小山羊
(M.P.) wahman ī spēd / (N.P.) bahman-e sefid	矢车菊（Centaurea behen）根
(M.P.) Wahnām	（人名）巴赫拿姆
(M.P.) Wahrām / (N.P.) Bahrām / (Prth.) *Warθagn / (Av.) Vərəθraγna / (Skt.) Vṛtragna / (Arm.) Vahagn/Vrām	（人名）巴赫拉姆（阿罗憾），（神名）屠障
(M.P.) Wahrām-Šābuhr / (Arm.) Vramshapuh	（人名）巴赫拉姆－沙普尔
(Arab.) Wahriz / (N.P.) Vahrez / (Gr.) Ouarizēs	（人名）瓦赫雷兹
(M.P.) Walāxš / (N.P.) Balāš / (Gr./L.) Vologases	（人名）巴拉什（沃洛吉斯）
(M.P.) wandag ī āzādīh	贵族之带
(M.P.) wandag-wāzīg	走绳戏
(M.P.) wang	声音
(Arab.) waqf	瓦合甫，伊斯兰慈善机构
(M.P.) war	长城
(M.P.) waran ī abārōn	不正的淫欲
(M.P.) Warāz	（人名/族名）瓦拉兹（七大家族之一）
(M.P.) wardag	俘虏奴
(M.P.) war ī garm	热神判

（续表）

(M.P.) war ī tāzīgān	大食人长城
(M.P.) wars-wirāy	理发师
(M.P.) warz-wāzīg	杵戏
(M.P.) wāspuhrag(ān)/wispuhr(ān) / (Arab.) ahl al-boyutāt	私人财产（仅 wāspuhragān 一词），（职官名）王公
(M.P.) wastarag-kardār	袍匠
(M.P.) wāstaryōš(ān)	农民
(M.P.) wāstaryōšān sālār	农民首领
(M.P.) wattar	至恶的
(M.P.) Wāy ī wattar	（魔名）恶空（死神）
(M.P.) Wāy ī weh	（神名）善空
(M.P.) wāzār / (N.P.) bāzār	巴扎
(M.P.) wāzāragān(ān)	巴扎商人
(M.P.) wāzārbed	（职官名）巴扎长
(M.P.) *wēbēnīdag/wiftēnag	肛交的主动方
(M.P.) Weh-andīōg-šābuhr / (N.P.) Gundīšāpur	（地名）军地沙普尔
(M.P.) weh-dēn	善宗教
(M.P.) Weh-Šābuhr	（人名）善沙普尔
(M.P.) *Widēwdād/Jud-dēw-dād* / (N.P.) *Vendīdād* / (Av.) *widaēwa-dāta*	《辟魔律》（《万迪达德》）
(M.P.) wiftag	肛交的被动方
(M.P.) win	箜篌
(M.P.) wināh	罪
(M.P.) winārdār	整顿者
(M.P.) Windōē / (N.P.) Bendōy / (Gr.) Bindoēs	（人名）本都伊
(M.P.) win-srāy	奏箜篌者
(M.P.) Wirāz	（人名）维拉兹
(M.P.) Wistahm / (N.P.) Bestām/Gustahm	（人名）古斯塔哈姆
(M.P.) *wīš-dibīrīh	复合书体

(续表)

(M.P.) Wištāsp / (N.P.) Guštāsp	（人名）古什塔斯帕
(M.P.) wišūdag	流产
(M.P.) wiyāngar	帐篷匠
(M.P.) *Wizārišn ī Čatrang ud Nēw-ardaxšīr*	《印度象棋与双陆棋释》
(M.P.) *Wizīdagīhā ī Zādspram*	《扎兹普兰选集》
(M.P.) wizīr	决议
wrath / (M.P.) Xēšm / (Av.) Aēšma	（魔名）暴怒
(M.P.) wurrōyišn	信仰
(M.P.) wuzurg(ān) / (N.P.) bozorg(ān) / (Arab.) al-ʿożemāʾ	（职官名）大公
(M.P.) wuzurg Arman šāh	（职官名）大亚美尼亚王
(M.P.) wuzurg framādār	（职官名）大司令

X/Ḵ (Kh)

(N.P.) Ḵandaq-i Šāpur	沙普尔之堑
(N.P.) Ḵārg	（地名）哈尔克
(M.P.) Xišt	（地名）荷西特
(M.P./N.P.) xormā	椰枣
(M.P.) Xusraw/Husraw (Av.) Haosrauuah / (N.P.) Ḵosrow/Kesrā / (Arm.) Xosrov	（人名）霍斯鲁（凯斯拉）
(M.P.) *Xusraw (ī Kawādān) ud Rēdag(-ēw)*	《（哥巴德之子）霍斯鲁与（一）少年》
(M.P.) xrad / (Av.) xratu / (Skt.) kratu	智慧，精神性力量
(M.P.) xrad-dōšagīh / (Gr.) philosophia	爱智，哲学
(M.P.) xrad ī harwisp-āgāhīh	全知之智
(M.P.) xūb-nibēg	善书
(M.P.) Xwarāsān / (N.P.) Ḵurāsān	东（日出），（地名）呼罗珊（东方省）
(M.P.) Xūzestān / (L.) Susiana	（地名）胡泽斯坦（苏萨省）
(M.P.) xwadāy(ān)	君主

(续表)

(M.P.) xwadāyīh	君权
(M.P.) xwadāy nāmag	君主书（王书）
(M.P.) xwahlīgar	厨师
(M.P.) xwamn-wizār(ān)	释梦人
(M.P.) xwāngar	桌匠（?）
(M.P.) xwarāyēn	自主（择婚）者
(M.P./N.P.) Xwārazm / (O.P.) (H) uwārazmiš / (Av.) Xᵛāirizəm	（地名）花剌子模
(M.P.) xwarrah	灵光
(M.P.) xwarwarān/xwarōfrān	西（日落）
(M.P.) xwaš-āwāz	甜美歌声
(M.P.) Xwašnawāz / (N.P.) Ḵušnawāz	（人名）胡什纳瓦兹
(M.P.) xwēdōdah	亲婚
(M.P.) xwēš	自己
(M.P.) xwēš-nāmag ī mobedān	祭司长本职书

Y

(M.P.) Yahud (yhwdy)	犹太人
(N.P./Arab.) Yahudiyah	犹太城
(Arab.) Yamāma	（地名）叶麻默
(Av.) *Yasna* / (M.P.) *Yasn*	《祭》（《亚斯纳》）
(M.P.) *Yašt*	《颂》（《亚什特》）
(Av.) Yaϑā ahū vairiiō / (M.P.) Ahunwar	阿胡瓦咒
(M.P.) yazd(ān)	神（耶兹丹）
(M.P.) yazdān kardagān	神祭
(M.P./N.P.)Yazd(e)gerd	耶兹德卡尔德（伊嗣俟）
(M.P.) yazišn-nāmag	神判书
Yingdak	（地名）英德
(M.P.) Yišoboxt	（人名）耶稣佑

Z

(Arab.) *Zabūr* / (Hebr.) *Mizmōr* / Psalter/ Psalms	《圣经·诗篇》
(M.P.) Zādspram	（人名）扎兹普兰
(N.P.) Żaḥḥāk / (M.P.) Dahāg	（人名）佐哈克
(L.) Zaitha	（地名）齐塔
(M.P./N.P.) Zam/Jam	（人名）贾姆
(M.P./N.P.) Zāmāsp/Jāmāsp	（人名）贾马斯帕
(M.P.) zamīg	地
(M.P.) zamīg paymānīh / (Gr.) geōmetria	测地 / 几何
(M.P.) zan	女人
(M.P.) zand	释经（赞德）
(M.P.) zandīk (zndyky)	异教徒，摩尼教徒
(M.P.) *Zand ī Wahman Yasn*	《善思祭之释经》
(M.P.) zan ī šahr	女国民
(M.P.) zanjīr-wāzīg	锁链戏
Zanzibar	（地名）桑给巴尔
(M.P.) Zarang / (N.P.) Zaranj	（地名）疾陵
(M.P.) Zar(a)du(x)št / (N.P.) Zardošt/ Zartošt / (Av.) Zaraθuštra / Zoroaster	（人名）琐罗亚斯德，扎尔多什特
(M.P.) zarduxšttom	（职官名）至似琐罗亚斯德
(Arm.) Zarehawan	（地名）扎雷哈万（扎雷城）
(Arm.) Zarishat	（地名）扎雷沙特（扎雷之乐）
(M.P.) Zarmihr	（人名）扎尔密希拉
(M.P.) zarr(ī)gar	金匠
(N.P.) Zāyandeh Rūd	（地名）扎因代河
(M.P./N.P.) zendān	监狱，监禁
(N.P.) Zendān-e Valerian	（地名）瓦勒良监狱
(M.P.) zendānīg	（职官名）司狱
(M.P.) zēngar	鞍匠
Zeno	（人名）芝诺
(M.P.) zēn-wāzīg	铠甲戏

(续表)

(M.P.) zīg ī hindūg	印度天文表
(M.P.) zīh	弦
Zik / (M.P.) Žik	(人名/族名)齐克(七大家族之一)
(N.P.) Zurvan / (M.P.) Zurwan	(神名)察宛(时间/祖尔万)
(M.P.) Zurwandād	(人名)察宛赐
(Aram.) zy 'lhy' / (M.P.) ī yazdān/ bayān	属于诸神/诸帝

索 引

A

阿巴利西 190

阿拔斯（哈里发国）III, 211,

阿卜杜拉·伊本·穆加发 203

阿卜杜勒·卡伊斯部落 28

阿尔达旺（阿尔达班四世，安息王朝）3-7, 128, 136, 195, 230, 251n19

阿尔达希尔 / 阿尔达沙赫尔（安息王朝波斯省之王）3

阿尔达希尔 - 阿娜希塔，萨珊波斯王后 108

阿尔达希尔二世，萨珊波斯王中之王 36, 72n104, 184

阿尔达希尔三世，萨珊波斯王中之王 60

阿尔达希尔一世，萨珊波斯王中之王 VII, 3, 4, 7, 11, 16, 22, 23, 36, 78, 88, 90, 136, 145, 175–177, 183, 193, 230, 242, 244, 254n91

阿尔沙克，亚美尼亚王 33, 35

阿尔塔什特斯，亚美尼亚王 40

阿尔塔薛西斯二世，阿契美尼德波斯王中之王 5, 58

阿夫沙尔（伊朗王朝）183

阿赫里曼（邪灵）7, 113, 133, 146–148

阿胡拉马兹达 1, 5, 7, 10, 11, 16, 26, 33, 36, 58, 67n30, 70n69, 81, 106, 109, 127, 132, 133, 144, 145–148, 156, 158, 184, 185, 191

阿胡拉马兹达所佑 214

"阿胡瓦"咒 164, 165

阿伽提亚斯 VII, 38, 220

《秘史》VII|

阿卡狄乌斯，罗马皇帝 39

阿拉伯人菲利普，罗马皇帝 12–14, 68n34, 243

阿拉米文字 180

阿拉米语 128, 141, 175, 199

阿米安·马塞林 VI, 30, 86, 88, 234

阿娜希塔（神）5, 22, 26, 33, 58, 66n6, 70n69, 127, 129, 131, 145, 184, 185

《阿努席尔旺本纪》214

阿契美尼德（伊朗王朝）1–3, 8, 57, 58, 116, 127, 195

阿契美尼德铭文 180

阿瓦拉尔战役 42
"阿维斯陀" 5, 8, 10, 15, 24, 35, 38, 43, 46, 58, 77, 78, 84, 95, 100, 114, 120n26、35, 131, 139, 148-150, 152-155, 157, 159, 166, 193, 195, 197, 201, 202
　释经 188-189
阿扎尔姆公主，萨珊波斯女王 62, 108
阿扎里语 177
哀悼仪式 116-117
埃德萨的巴尔戴桑 134
埃拉伽巴路斯，罗马皇帝 4
埃兰 1, 115, 175
安地冈家族 17, 99
安宁霍尔姆兹 17
安条克·斯特拉太古 57
安息（伊朗王朝）I, 4, 7, 62, 69n43, 250
奥斯曼帝国"自治法庭"体系 35

B

巴巴·塔黑尔使用的语言 177
巴比伦语 175
《巴比伦塔木德》177, 189
巴尔巴德 95
巴赫拉姆（阿罗憾）65, 66
巴赫拉姆二世，萨珊波斯王中之王 18, 19, 20, 21, 97, 108
巴赫拉姆六世·楚宾（萨珊将军，后自称王中之王）54-56
巴赫拉姆三世（塞人之王）19, 21, 70n61, 181, 182
巴赫拉姆-沙普尔，波斯亚美尼亚王 37, 39, 40
巴赫拉姆四世，萨珊波斯王中之王 36, 37, 71n103, 72n104
巴赫拉姆五世·古尔，萨珊波斯王中之王 39, 40, 90, 104, 118, 141, 146
巴赫拉姆一世，萨珊波斯王中之王 16, 18, 24, 134-136, 138, 144
巴赫拿姆 21, 116, 182
巴克尔（·伊本·瓦伊尔）部落 28
巴克特里亚语文献 X, 198-200
巴克特里亚语 178, 198-200
巴拉米 215
巴拉什，萨珊波斯王中之王 44, 243
巴拉什（沃洛吉斯六世，安息王朝）4, 6
巴列维语 179
巴列维语《辟魔律》158
"巴列维语教义问答" 189
巴列维语（中古波斯语）文本 181, 186-197
巴扎 239-241
巴兹兰齐家族 5
巴兹兰齐浆 96
《白得巴的故事》203
白尔才 203
堡长 99
杯戏 93
贝利撒留，罗马将军 48

本都伊 54
《本元创造》 75n158, 109, 112, 157, 163, 188, 193
比鲁尼 117, 165
匕首戏 94
"边境守护" 40, 89, 220, 249
（亚美尼亚）边境守护时期 40, 215
辩论文本 189-191
镖枪戏 94
兵部 86
波斯帝国的省督辖区 1
波斯人保罗 202
波斯语 175-180
步兵 86, 88

C

查士丁二世，罗马皇帝 53
查士丁尼，罗马皇帝 VII, 51-53, 202, 234
察宛（神） 132, 146-147
察宛赐 146
察宛主义 145-147
城市，城镇 228-230
城镇化 77-80
惩罚 107, 115-118
"赤贫者" 105
厨师 94, 121n47, 240
处置尸体 116-118
杵戏 94
吹笛者 93
词典 196-197

D

达拉（凯氏王朝，对应于阿契美尼德王朝大流士三世） 195
答儿密 52, 79, 88
大公 98, 99
（琐罗亚斯德教）"大祭司" 158, 171n84
大流士三世，阿契美尼德波斯王中之王 183
大流士一世，阿契美尼德波斯王中之王 21, 116
戴克里先，罗马皇帝 20
但丁《神曲》 191
"悼夏沃什" 117, 165
德拉斯塔玛特（亚美尼亚宦官） 33
德·梅纳斯 221
狄奥多勒 142
狄奥多西二世，罗马皇帝 39, 243
迪娜，萨珊波斯王后 43
地理文本 193-195
蒂兰，亚美尼亚王 33
盾戏 94

F

法官 215-217, 219-225
法里东 160
法列维方言 177
法律书吏 101
法律文本 195-196
翻译技术 204-206
"方" 85, 212, 220, 224

"方国/府" 214, 215
"方国/省" 215
"非伊朗" 8, 10, 23, 24, 220
菲尔多西 11, 49, 194
费耐生 I, 35, 115, 227
"丰灵" 146
丰真言之子圣火护（琐罗亚斯德教祭司） 105, 149-151, 154
佛教 92, 134, 165, 166, 199, 200
弗拉欧尔特斯 116
福卡斯，罗马皇帝 56
"府" 215
副王 16, 99

G

《该死的阿巴利西》 119n19, 190, 200
戈尔迪安，罗马皇帝 11-13, 68n34, 243
哥巴德二世（希鲁耶），萨珊波斯王中之王 59-61, 76n177,
哥巴德一世，萨珊波斯王中之王 44, 45, 54, 64, 80, 85, 90, 102, 106, 154, 155, 212, 213, 243, 249
歌唱 204
哥特人 12, 13, 78, 93, 178
格伦巴底斯，匈人之王 29, 31
工匠 90, 239
工匠长 92, 240
弓术 95
公马奴 62
宫监 99

宫廷 16-17, 93-99
供需长 99
《古兰经》 178
古波斯语 175-180
古典波斯语 179
古典梵语 179
古什塔斯帕王（凯氏王朝） 38, 192, 194
古斯塔哈姆 54, 56, 75n164,
古兹赫尔（伊斯塔赫尔地方统治者） 5
官僚制度 16-17
官员 216-226
广耀 147
"贵族" 204
国内经济 237-239

H

哈姆则·伊斯法罕尼 228
海军 88-89
赫希俄德的《神谱》 191
恒宁 169n44, 199, 209n55, 217
宏般（埃兰神） 1
猴戏 94
胡尔达德（人名） 214
胡什纳瓦兹 44
花剌子模语 178, 200
花园拱门 36, 55, 58, 59, 86-88, 96, 97, 183-185
婚姻 110-115
火崇拜 5

货币 244-247

霍尔姆兹二世，萨珊波斯王中之王 25, 26, 205

霍尔姆兹公主 25

霍尔姆兹三世，萨珊波斯王中之王 43

霍尔姆兹四世，萨珊波斯王中之王 53, 54

霍尔姆兹五世 62

霍尔姆兹一世，萨珊波斯王中之王 17, 18, 134, 138, 219

霍雷纳的摩西 212

霍斯鲁，亚美尼亚王 15

霍斯鲁二世，萨珊波斯王中之王 51, 54–61, 75n158, 86–88, 95, 97, 104, 184, 185, 187, 193, 211, 214, 245, 247

霍斯鲁三世 62

霍斯鲁四世 62

霍斯鲁一世，萨珊波斯王中之王 IV, VII, 47, 48, 49–54, 60, 64, 75n158, 80, 82, 85, 86, 89, 90, 95, 102, 155, 156, 188, 193, 202, 203, 211, 212, 214, 215, 220, 230, 243, 249,

《霍斯鲁与少年》93, 196

J

击鼓者 93

鸡奸 113–114

基督教 V–VIII, 14, 23, 25, 26, 32, 35, 37–39, 43, 47, 59, 79, 85, 91, 92, 103, 104, 132, 136, 139–143, 164, 166, 167, 168n28, 189, 190, 197–199

基督教文献 84, 197, 198

吉兰部落 79

计宿者 204

妓（女魔）109

"祭司"，穆护 102, 216–220, 222–224

祭拜马兹达者，马兹达教徒（Mazdēsn/Māzdēsn）2, 10, 24, 37, 42, 84, 128, 153

祭司阶层 83–85

"祭司长" 20, 44, 47, 49, 136, 138, 139, 145, 153, 214–216, 219–225

"祭司长本职书" 219

寄多罗 29

伽迪西亚战役 63

伽列里乌斯，罗马皇帝 22, 70n66

"家主" 102, 217, 252n28

贾马斯帕，萨珊波斯王中之王 46, 192, 194, 235

《贾马斯帕书》192

谏议长 83, 99, 102, 217, 222–224

箭戏 93

教义学 190, 200

阶层（社会等级）划分 82–93

（廷臣和贵族的）阶序 98–99

洁净 116–118

禁卫首领 86, 223,

经济 227–228

景教（基督教聂斯托里派）VIII, 38, 47, 103

景教教会 VIII, 103

《酒神的伴侣》194

巨魔 160

"军" 86

军长（spāhbed）47, 52, 99, 212, 223

君士坦丁，罗马皇帝 23, 27, 37, 140

君士坦提乌斯，罗马皇帝 29

"君主书"/"王书" IV

K

卡拉卡拉，罗马皇帝 4

《卡里来和笛木乃》203

卡谅 17, 99

卡谅家族的苏法拉伊/扎尔密希拉 44,

卡鲁斯，罗马皇帝 20, 70n60

卡乌斯（凯·乌斯）49, 74n144, 155

铠甲戏 94

"坎儿井" 227

《可与不可》151, 157, 195

克尔迪尔（琐罗亚斯德教祭司）IX, 8, 9, 15, 18, 19, 21, 22, 24, 115, 134–141, 143–146, 169n38, 170n63, 176, 180, 192, 219

克尔曼 9, 28, 123n99, 213, 238, 251n9 Kermān

克尔曼人 80

箜篌声 95

库尔德人，游牧民 79, 80, 178

库尔德语 178

《库姆史》215

L

拉丁语 178

拉贾布岩雕 7, 17, 137, 181

离婚 111

"礼仪书" 189, 203

量星者 204

（菲尔多西）《列王纪》11, 49, 51, 194, 199

灵光赐圣火 85, 89

"领地" 215

"领地执守" 215

流产 110

（犹太教）"流散宗主" VIII, 35, 141

鲁尔语 178

鲁斯塔姆 63

鲁斯塔姆岩雕 7, 11, 12, 14, 17, 19, 22, 127, 128, 145, 181, 205

伦理二元论 III

《论奇迹般的巴赫拉姆到来》65, 162

《论书仪》196, 226

吕底亚的普里西安 202

M

马尔丹沙 60

马尔杜克（美索不达米亚神）1

马赫迪，阿拔斯哈里发 158

马厩长 99

马利亚，东罗马帝国公主，萨珊波斯霍斯鲁二世王后 59

马蒙，阿拔斯哈里发 190

马球 195, 196, 204

马上长矛比武 184, 204
马苏第 225
马西昂 134
马兹达克（祭司） 45, 46, 49, 50, 72n130, 151–156, 159, 171n68
马兹达克派 46, 47, 49, 50, 102, 106, 152–155
玛丽·博艾斯 199
玛努切赫尔 147
曼苏尔，阿拔斯哈里发 211
贸易 230–236
玫瑰公主 103
梅鲁让·阿尔克鲁尼 34
梅珊 9, 130
梅珊之王圣火灵光赐 61
美赫兰（波斯将军） 48
门长 99
密希拉（神） 5, 36, 58, 131, 132, 147, 168n10, 184
密希拉节 81
密希拉-纳尔西 40, 42, 72n117, 146, 183, 184
摩尼 IX, 15, 16, 18, 24, 132–136, 144–146, 149, 152, 198
摩尼教 IX, 24, 92, 95, 132, 133, 135, 140
摩尼教出家选民 91, 133, 198
摩尼教文献 198
摩尼教在家信众 91
摩尼教中古波斯语文本 180
魔法 160–164
魔咒碗 IX, 160, 162,

莫里斯，罗马皇帝 53, 56, 75n163, 88
墨刑 105, 115
（景教）牧首 VIII, 47, 61, 141
穆尔太齐赖派 190
穆谢格·马米科尼安 35

N

纳迪尔沙 183
纳尔西，萨珊波斯王中之王 18, 20–24, 70n66, 98, 116, 141, 144, 176, 181–183
纳哈万德战役 64
娜奇萨 95
男性联盟 106
尼西比斯和约 22
农民 90
农业 227–228
奴役 107
努曼三世·伊本·孟迪尔（希拉王） 56
诺斯替传统 IX
女性 92, 108–115

O

欧麦尔，哈里发 63
欧特罗庇厄斯 32

P

帕巴克 4, 5, 66n5, 128, 129, 195, 204, 251n19
《帕巴克之子阿尔达希尔功行纪》

183, 194, 204, 223, 231, 246
《帕尔皮的噶扎尔的史书》 224
帕普，亚美尼亚王 35
帕提亚语 175-178, 190, 198-200
帕提亚语文献 198-200
赔素撕（女魔） 133
皮鲁兹（卑路斯） 64, 65, 104
皮鲁兹，萨珊波斯王中之王 43, 44, 73n125, 73n126, 88, 243
皮鲁兹二世 62
"贫穷者" 105
贫穷者的说情者和法官 47, 155, 220-222
瓶戏 94
颇希 241
《破疑释》 190, 200,
葡萄酒 96
普兰，萨珊波斯女王 61-62, 76n184, 104, 108,
普罗布斯，罗马皇帝 20
普罗科比 VII, 47, 236, 243,
《秘史》VII

Q

齐克（波斯人） 34
骑兵 86
骑术 95, 204
棋类游戏 196, 203, 204, 210n75
启示录文本 191-192
千夫长 17, 99, 219, 220, 223
《千条判决书》 51, 111, 195, 211, 216,

220, 223, 224, 225, 227, 238
桥战 63
亲婚 114-115, 153
"青年团" 106, 155
《求知之子》 190
球戏 94
"区" 215
圈戏 93

R

热神判 151
日耳曼语 178

S

萨尔吉斯 202
萨纳特鲁格，巴林国王 230
萨萨 10
萨珊 204
塞贝奥斯 54
塞琉古，书吏 183
塞琉古一世（塞琉古王朝） 2
塞人之王（锡斯坦王）沙普尔 179, 183, 217
赛马 204
瑟森（闪米特神） 10
森 152, 157, 171n84
沙赫兰古拉兹（波斯将军） 57, 60
沙基 105
沙克德 147, 154, 159, 221
沙普尔二世，萨珊波斯王中之王 26, 27, 29-37, 69n56, 71n79, 71n91, 140,

147, 176, 183, 184
沙普尔公主（沙普尔一世之女） 130
沙普尔公主（沙普尔一世孙女，巴赫拉姆二世王后） 19, 108
沙普尔三世，萨珊波斯王中之王 36, 183, 184
《沙普尔书》 132, 134, 198
沙普尔一世，萨珊波斯王中之王 X, 6, 11–18, 22–25, 67n17, 67n30, 69n44, 78, 88, 96–98, 129, 130, 132, 134, 136, 139, 142, 143, 148, 149, 168n28, 175, 176, 182, 183, 198, 201, 202, 217, 224, 241, 243
沙普尔之埏 29
沙欣，波斯将军 57
善沙普尔（琐罗亚斯德教祭司） 188
《善思祭之释经》 191, 192
商人 90–90, 239, 241
绍尔玛格，格鲁吉亚王 34
蛇戏 93
射箭 204
神化统治者/国王 68n30
声 95
绳戏 93
省督/知府 217–218
圣阿巴 225
圣火祠 5, 9, 58, 72n117, 84, 85, 89, 90, 92, 101, 107, 116, 119n19, 130, 131, 136, 138, 145, 161, 162, 181, 215, 218, 219, 247, 248
圣火－纳尔西 26

《圣经》 142, 143, 149, 197
圣卡尔达克 225
圣耶稣赐 62
胜利城（菲鲁扎巴德） 7, 8, 231
胜女 164
诗歌 204
《(圣经·)诗篇》 180, 197
《(圣经·)诗篇》文本 180, 197
《时藏》 201
食物 93–99
史诗文本 193–195
侍从长 99
"释经" 84, 150, 152–159, 195
释经体文本 160, 180, 190, 201
收继婚 110, 153
狩猎 96–97
书法 100, 204
书吏 99–102, 134, 179, 183, 226
书吏长 99–101
书体 100, 101, 226
书仪 100
说斯拉夫语的人 178
司库 99
司令 99
"司廷" 99
司仪首领 99
司狱 99
司盏 99
丝绸之路 III, 66, 234, 235
"四一区" 215, 216
苏非主义 154

苏谅家族 17, 32, 99
宿命论者（无神论者，唯物论者）190
粟特语和文献 198-200
算命家 204
琐罗亚斯德 159, 164, 165, 189, 191, 192, 194
琐罗亚斯德《歌》（伽萨）146, 147, 151, 159
琐罗亚斯德教 V, VI, VIII, IX, 5, 15-16, 23-24, 35-36
　克尔迪尔之后的 145-149
琐罗亚斯德天房（法尔斯省）12
锁链戏 93

T
塔阿利比 212
塔格里布部落 28
塔米姆部落 28
《塔木德》141, 142
塔特图斯 21
塔提语 177
太医长 99
泰伯里 IV, V, 17, 31, 66n1, 66n6, 70n63, 72n104, 86, 88, 120n26
坦萨尔（琐罗亚斯德教祭司）23, 129, 131, 159
《坦萨尔书》68n33, 130
唐高宗 64, 65
梯利达底四世，亚美尼亚王 21, 25, 32, 33
提贝里乌斯，罗马皇帝 53
甜点 95
"廷长" 99
同性恋 113, 114, 124n124
突厥语 177, 178
屠障（战神）26, 33, 70n69, 138, 219
托勒密《至大论》 201

W
瓦罕·马米科尼安（亚美尼亚王子）25, 34
瓦合甫 123n89, 155, 222
瓦赫雷兹 89
瓦拉兹巴库尔，格鲁吉亚王 34
瓦拉兹家族 17
瓦勒良，罗马皇帝 13, 14
瓦伦斯，罗马皇帝 32, 34, 35
外来影响 200-204
完全神 116
王公 98, 179
"王中之王" 80-82
忘却之狱 46
维蒂吉斯，哥特王 52
维拉兹 114, 144, 170n63, 191, 192
《维斯与朗明》199
文化文本 196
文化院 204
污染 116-118, 125n136, 173n108
《五卷书》203
武士 85
舞蹈 204

X

《西缅行传》140

西辛公主 141

希拉克略,罗马皇帝 57, 60, 62, 247

希腊化时代 1

希腊－马其顿人 2

希腊语 175, 176, 178

希琳 59, 95, 103

锡斯坦 130, 212

《锡斯坦的奇迹与价值》193

锡斯坦方言 178

《锡斯坦史》194

夏沃什(波斯英雄)117, 165

弦乐器 95

"县" 214, 215, 220, 224

"乡" 214, 215

"乡绅"(德赫干)50, 54, 62, 63, 65, 74n147, 76n187, 80, 90, 102, 214, 248, 249

象兵 88

"邪祭司" 161

"邪诗人" 161

新埃兰方言(属伊朗语)177

新日,新年,诺鲁孜节 81

《新约》197, 199

星谈(star-gōwišnīh)204

星占 204

行政 211–216

行政人员 211–226

性 108–115

性别 108–115

兄弟相弑 59–60

匈人 29, 31, 37, 42, 47, 48

休尼克的帕朗杰姆,亚美尼亚王后 35

叙利亚语 177, 178

Y

亚哈随鲁(阿尔塔薛西斯)142

亚迦毗乌 246

亚历山大大帝 1, 2, 11, 68n30, 128, 150, 170, 200,

亚历山大·塞维鲁,罗马皇帝 4, 6, 7, 12, 67n15, 67n16

亚美尼亚"封建家族" 25, 32, 42

亚述酒 96

《亚述之树》190, 198

"宴饮" 19–20, 69n55, 93, 108

《宴饮词》121n47, 196, 223

嚈哒 40, 43–47, 51–53, 64, 88, 154, 213, 243

《业因果经》199

耶吉谢 143, 146, 220

《耶稣佑法典》189, 238

耶兹德卡尔德二世,萨珊波斯王中之王 42, 43, 118, 143, 146

耶兹德卡尔德三世,萨珊波斯王中之王 62–64, 104

耶兹德卡尔德一世,萨珊波斯王中之王 38–40, 43, 45, 118, 141

《以诺书》197

衣着 109

伊本·巴尔黑 79
伊本·米斯凯韦《各民族的经验》 214
伊本·纳迪姆 226
伊朗 104
《伊朗国的诸城》 78, 141, 194, 211, 228
伊朗军长 47, 52, 212, 223
"伊朗人" 8
伊斯兰 91, 92, 190
伊斯兰苦行僧 105
艺人 94
饮品 96
印度笈多王朝 29
印度教 134, 165, 166
《印度象棋与双陆棋释》 196
印度语 179
印章 V, IX, X, 45, 73n128, 100, 103, 108, 160, 162, 163, 172n100, 186, 211, 212, 216-221, 223-226, 237, 238, 249, 257n145
印章护符 162-164
《永恒智慧》 192
永久和平 52, 243
尤利安，罗马皇帝 31-33, 36
犹太人 VIII, 18, 38, 42, 44, 103, 104, 118, 134, 139-143, 157, 166, 167, 177, 179, 190, 230
游牧 77-80
游戏 203
于阗语和文献 198-200

语言 175-180
预言 144
约维安，罗马皇帝 32, 33, 243
"月经室" 110, 123n99
月经，经期 109-111, 115
乐器 93, 95

Z

在外地主 248
葬礼 116
扎尔多什特 153
《扎里尔志》 38, 68n30, 115, 194, 198
《扎兹普兰选集》 112, 189
哲学文本 189-191
《真实者维拉兹之书》 109, 114, 150, 191
真言领诵者 95
箴言文本 192-193
政事论 203
芝诺，罗马皇帝 44, 243
知时者 204
执剑 99
执事 217, 226
职计/记账书吏 101, 214, 217, 220, 225-226
职业 203, 239, 240
"至先者"（波斯省之王称号） 3, 66n2
《智慧之灵（的判决）》 84, 90, 113, 116, 146, 189, 241, 248
中古波斯语 175-176, 179, 180
  铭文 180-186

文本 186-197

　　语言（巴列维语）179

中空戏 94

"州" 220, 224

州府书吏 101

柱戏 93

（维尔纳·）宗德曼 199

《宗教事》 38, 85, 86, 114, 115, 120n35, 129, 139, 145, 148, 149, 152-154, 156, 157, 159, 161, 168n24, 188-190, 195, 200, 201, 207n22, 239, 248,

（阿维斯陀）"宗卷" 139, 151, 188, 189

宗教 127-173, 247-249

宗教书吏 101

走绳戏 94

奏冬不拉者 93

奏箜篌者 93, 94

奏琵琶者 93

奏诗琴者 93

奏竖琴者 93

奏唢呐者 93

佐哈克 160